Day 01

[1 ~ 3] 밑줄 친 부분에 들어갈 말로 가장 적절한 것을 고르시오.

1. Only those who meet the criteria will be considered _____ for the scholarship program.

   ① disqualified
   ② excluded
   ③ eligible
   ④ uncertain

2. The book, once thought to be missing, _____ in the attic among a pile of dusty old photographs.

   ① was discovered
   ② discovering
   ③ discovered
   ④ was discovering

3.
Oliver King: I've been looking forward to the art exhibition this Friday! 10:42

Sophia Turner: Oh, really? I can't wait to see it too. 10:42

Oliver King: You know what? There might be some controversial pieces on display. 10:43

Sophia Turner: Oh, what do you mean? 10:44

Oliver King: _____. 10:45

Sophia Turner: Wow, that'll definitely spark some disputes! 10:45

① Some pieces are just for decoration
② The artists are mostly from the same school
③ There might be a live performance during the exhibition
④ Some pieces are inspired by political issues

4. 밑줄 친 부분 중 어법상 옳지 않은 것은?

The availability of remote learning opportunities ① has surged, making education more accessible to a diverse range of students. Many educational institutions ② are now offered online courses and degree programs. This shift ③ is attributed to technological advancements and the growing demand for flexible learning options. However, remote learning has decreased in popularity as students prefer traditional in-person classes to ④ attending online lectures and navigating virtual platforms.

5. 다음 글의 목적으로 가장 적절한 것은?

To: citylibrary@support.com
From: Jane Miller
Date: May 10
Subject: About Library Resources

Hello,

My name is Jane Miller, and I am a resident of Parkview. I recently came across your website and noticed some new resources and services being offered at the library. They seem very useful, and I'd like to better understand how I can access and benefit from them.

Specifically, I'm interested in details about e-book lending services, language learning programs, and any upcoming workshops. Could you provide information on how to access these resources and register for the programs? Additionally, if there are any membership requirements or fees associated with these services, I would appreciate clarification.

Thank you for your assistance, and I look forward to your response.

Best regards,
Jane Miller

① to inquire about details of library resources
② to request feedback on library workshops
③ to propose new services for the library
④ to apply for membership at the library

[6 ~ 7] 다음 글을 읽고 물음에 답하시오.

(A)

Join us for the annual Riverfront Wellness Weekend, a unique opportunity to rejuvenate your body and mind while connecting with nature. Enjoy a tranquil atmosphere filled with inspiring activities and breathtaking river views. Whether you're seeking relaxation or adventure, there's something for everyone! Don't miss out on this refreshing event!

Details
- Dates: Saturday, September 2 – Sunday, September 3
- Times: 8:00 a.m. – 6:00 p.m. (both days)
- Location: Riverfront Park, Willow Avenue

Highlights
- Yoga and Meditation Classes: Participate in guided yoga and meditation sessions suitable for all experience levels.
- Wellness Talks: Learn from experts about mental health, fitness, and sustainable living through interactive workshops and talks.
- Outdoor Activities: Enjoy activities like paddleboarding, nature walks, and kayaking along the river. (Equipment rental fees will be added.)

For more information about the event and a detailed schedule, visit www.riverfrontwellness.com or call (512) 789-6543.

6. (A)에 들어갈 윗글의 제목으로 가장 적절한 것은?
① An Artistic Journey to Inspire Your Creativity
② A Weekend of Relaxation and Refreshment Awaits You
③ Celebrate the Local History of Riverfront Communities
④ Dive into the World of Outdoor Sports and Competition

7. 윗글에서 Riverfront Wellness Weekend에 관한 내용과 일치하지 않는 것은?
① 이틀간 오전 8시부터 오후 6시까지 열린다.
② 초보자도 참여할 수 있는 요가 수업이 있다.
③ 건강 강연은 전문가들이 강의를 진행한다.
④ 강가에서 카약을 무료로 즐길 수 있다.

8. 글의 흐름상 가장 어색한 것은?

Rationality was not sufficient for survival in the unpredictable and challenging environments early humans faced. Relying solely on reasoning was neither practical nor effective in addressing these challenges. ① In such complex circumstances, rational thinking would have led humans to become unstable. ② Instead, we were selected also for being able to make quick decisions on little information, and for that we needed guidance from intuition, emotion, instinct, judgment, and reflex. ③ After millions of years of evolution we continue to make decisions in such a manner, often using contradictory and inconclusive information. ④ The main strength of a rational decision making model is that it provides structure and discipline to the decision making process. In other words, human beings have not become optimal decision makers through evolution.

9. 주어진 글 다음에 이어질 글의 순서로 가장 적절한 것은?

People in different cultures all over the world have different family systems. In most cultures, people live in extended families, in which several generations share the same house.

(A) If this new system becomes widespread, it could have enormous effects on American society.
(B) However, in others, the nuclear family is the norm, with only the parents and young children sharing the same house.
(C) In America, some couples are experimenting with still another system of family life: living together without marriage.

① (B) − (A) − (C)   ② (B) − (C) − (A)
③ (C) − (A) − (B)   ④ (C) − (B) − (A)

10. 밑줄 친 부분에 들어갈 말로 가장 적절한 것은?

Popular public opinion in modern, western cultures seems generally to support the view that there is a positive association in the degree of sentiment felt by people for humans and for animals. A British researcher found that people in a London park were more likely to be approached if accompanied by a dog. Studies assessing photos of people with or without a pet show that people with a dog are often perceived as more approachable and friendly. The general conclusion from these studies remains the same: in societies where pet keeping is accepted and participated in by the majority, it likewise appears to be regarded by the majority as reflecting _____ in those who indulge in it.

① prejudice and distrust   ② qualities of individuality
③ positive social personalities ④ shared critical perspectives

Day 02

[1 ~ 3] 밑줄 친 부분에 들어갈 말로 가장 적절한 것을 고르시오.

1. The investigator had to _____ the documents carefully to uncover any inconsistencies.

   ① overlook ② scrutinize
   ③ discard   ④ simplify

2. After weeks of frustration with constant errors, she finally had the outdated software _____ by a professional technician.

   ① update   ② updating
   ③ to update ④ updated

3.
   Sarah Johnson
   Hi, I'd like to report an issue with the Route 15 bus.
   10:42

   City Transit Representative
   What seems to be the problem?
   10:42

   Sarah Johnson
   It hasn't arrived, and I've been waiting for over 30 minutes.
   10:43

   City Transit Representative
   I'm sorry to hear that. Could you tell me where you're waiting?
   10:44

   Sarah Johnson
   I'm at the Main Street stop, near 3rd Avenue.
   10:45

   City Transit Representative
   _____
   10:45

   Sarah Johnson
   Oh, I wasn't aware of that. Could you tell me the updated schedule?
   10:46

   City Transit Representative
   Sure, let me check that for you. Just a moment, please.
   10:46

   ① Can you confirm if Route 15 is still operational?
   ② The bus might be delayed due to traffic in that area.
   ③ The schedule for Route 15 has changed as of February 1st.
   ④ Did you check the live bus tracker for real-time updates?

4. 밑줄 친 부분 중 어법상 옳은 것은?

   The companies said they were well aware that travelling faster than the speed of sound has proven ① commercial difficult and that finding a viable market for it, even if the technical challenges are overcome, ② have not been successfully tried before. Boeing won a government competition to build a supersonic transport in the 1960s but abandoned the project in 1971 ③ because Congress eliminated funding. The Concorde, a creation of a British-French consortium, whisked passengers at twice the speed of sound on intercontinental flights for 27 years. But it proved an expensive option for passengers and was taken out of service in 2003. No one has found a model that ④ work commercially since.

[5 ~ 6] 다음 글을 읽고 물음에 답하시오.

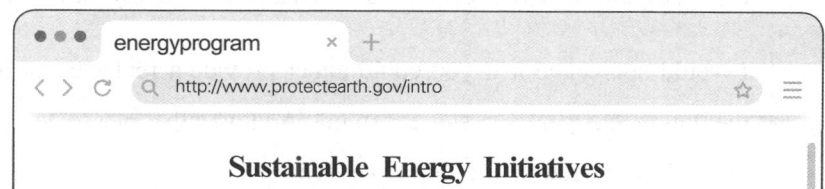

Sustainable Energy Initiatives

Introduction and Purpose

Sustainable Energy Initiatives focus on promoting renewable energy sources and reducing dependence on fossil fuels. These programs aim to cover climate change by supporting solar, wind, and hydropower technologies, ensuring a cleaner and more sustainable future.

Key Strategies

The initiatives emphasize increasing energy efficiency in industries, homes, and transportation. They also encourage investments in research and development to create innovative energy storage solutions and improve access to renewable energy worldwide.

Global Collaboration and Progress

With participation from governments, private sectors, and communities, these initiatives have led to significant advancements in reducing greenhouse gas emissions. They play a pivotal role in combating climate change and building a sustainable energy framework for future generations.

5. 윗글에서 Sustainable Energy Initiatives에 관한 내용과 일치하지 않는 것은?

   ① They aim to reduce the use of fossil fuels.
   ② They promote research and development for energy storage.
   ③ They contribute to reducing greenhouse gas emissions globally.
   ④ They focus exclusively on tackling climate change.

6. 밑줄 친 "cover"의 의미와 가장 가까운 것은?

   ① address ② hide
   ③ include ④ report

7. 다음 글의 목적으로 가장 적절한 것은?

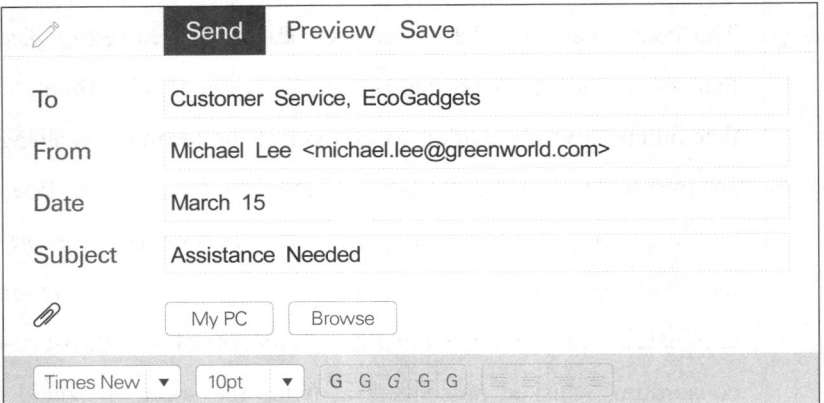

Dear Customer Service Team,

I am Michael Lee, and I purchased a solar-powered charger (Order #56321) from your website on March 10. Unfortunately, the charger I received is not functioning properly. Despite following the instructions provided, it fails to charge any of my devices.

I would appreciate it if you could either provide a replacement for the faulty charger or issue a refund. Additionally, please let me know how to return the defective item.

Thank you for your immediate attention to this issue. I look forward to your reply.

Best regards,
Michael Lee
Green World Solutions

① to seek technical support for a product
② to inquire about the shipping status of an order
③ to request a resolution for a defective product
④ to cancel an existing order

8. 밑줄 친 부분에 들어갈 말로 가장 적절한 것은?

What readers most commonly remember about John Stuart Mill's classic exploration of the liberty of thought and discussion concerns the danger of complacency. In the absence of challenge, one's opinions, even when they are correct, grow weak and fragile. Yet Mill had another reason for encouraging the liberty of thought and discussion. _____.
Since one's opinions, even under the best circumstances, tend to embrace only a portion of the truth, and because opinions opposed to one's own rarely turn out to be completely erroneous, it is crucial to supplement one's opinions with alternative points of view.

① It is the danger of partiality and incompleteness
② It is the defense of individual liberties
③ It is the replication of opinions
④ It is the constraints on spreading opinions and information

9. 다음 글의 제목으로 가장 적절한 것은?

Digital technologies are not completely new to the manufacturing sector. Manufacturers not only are familiar with digitalization but also may even have initiated the application of specific digital elements in their business. However, in the past decade, digital technologies have triggered a massive amount of new market opportunities and expanded the competition beyond the traditional device business. Digital technologies make it possible to collect and analyze data gathered over a period of time from devices, which provides raw material for further investigation. As an example, data analytics can be applied to improve the efficiency, accuracy, and performance of devices while minimizing human intervention. The competitive landscape in this field, unlike the traditional device business, has become turbulent due to disruptions from new entrants. This disruption is associated with not only fast-evolving digital technologies, but also the business model, as well as business logic changes in this digital era.

① What's New in Digital Technology
② How to Apply Technology in Business
③ New Opportunities Triggered by Technology
④ How Digital Technologies are Reshaping Industries

10. 주어진 문장이 들어갈 위치로 가장 적절한 것은?

The former have a vocabulary that is twice as large as that of the latter and are better able to understand what is going on at school.

Between the ages of 18 months and about three years of age is the most influential time with regard to language learning. It is therefore important to read to children often from an early age. (①) For example, children who have a lot of children's books at home and who have been read to before the age of two, and children who have few children's books at home and who have only been read to aloud after the age of four, start school. (②) On the other hand, the latter have poorer vocabulary, which negatively impacts their ability to keep up with their education. (③) These facts show that it is very important to have good basic reading skills and a good understanding of written material. (④) A child's vocabulary can be enhanced by providing a good reading environment at home.

Day 03

[1~3] 밑줄 친 부분에 들어갈 말로 가장 적절한 것을 고르시오.

1. The instructions provided in the manual were so _____ that many users were left confused and unsure of what to do.

   ① coherent ② precise
   ③ ambiguous ④ transparent

2. The guests _____ by the staff at their designated tables for the formal dinner.

   ① seated ② were seated
   ③ was seated ④ were sat

3. A: Again! Now I need to get a new cell phone.
   B: Something wrong with your phone?
   A: Even though I fully charged its battery, it only lasted three hours.
   B: Maybe your phone is about to die. So, _____?
   A: Well, I haven't decided yet. I'm going to visit the electronics store first.

   ① do you need someone to help you choose
   ② did you take it to the repair center and check it
   ③ how long have you been using your old one
   ④ what kind of cell phone are you thinking about buying

4. 밑줄 친 부분 중 어법상 옳지 않은 것은?

   Literature serves as a mirror of its time, reflecting the social and cultural contexts ① in which it was created. Through storytelling, authors capture the values, struggles, and ② believes of their era, offering insight into the human condition. However, literature also transcends its historical moment, addressing universal emotions and experiences ③ that resonate across generations. While many works are deeply tied to their specific context, others speak to timeless themes, proving that literature is both a product of its age ④ and a bridge to universal understanding.

[5~6] 다음 글을 읽고 물음에 답하시오.

	Send Preview Save
To	Sales Team
From	Management Team
Date	October 2
Subject	[Urgent] Quarterly Update

Dear Team,

This is a reminder to all sales staff of the impending deadline for submitting your quarterly sales reports. Punctual <u>submission</u> is essential for assessing the department's performance and setting strategic objectives for the next quarter.

Deadline
- Date: October 6, 5:00 p.m.

Submission Process
- Format: Ensure that the official company sales report template is used.
- Method: Submit the completed reports via email to salesmanagement@everest.com.

Follow-Up
- Delayed submissions may disrupt the overall reporting process.
- Should you encounter technical difficulties, inform your manager promptly.
- Let us uphold our commitment to excellence by ensuring that all reports are submitted on time.

Thank you for your cooperation.

Everset Corporation
Management Team

5. 윗글의 목적으로 가장 적절한 것은?

   ① 회사의 분기별 판매 전략을 발표하려고
   ② 보고서 제출 기한과 절차를 안내하려고
   ③ 분기별 목표 달성을 위한 동기부여를 제공하려고
   ④ 기술적 문제 해결을 위한 지원 방법을 알리려고

6. 밑줄 친 "submission"의 의미와 가장 가까운 것은?

   ① turning in ② handover
   ③ giving in ④ signing off

7. 다음 글의 내용과 일치하지 않는 것은?

Career Opportunities Job Fair 2025

Are you recent graduates, job seekers exploring new opportunities, or professionals looking to advance your careers? Join us at the Career Opportunities Job Fair 2025 for a chance to connect with top employers from various industries and take the next step in your professional journey.

Event Details
- Date: Saturday, April 12, 2025
- Time: 10:00 a.m. − 4:00 p.m.
- Location: Grand Convention Center, 456 Career Avenue, New York

Highlights
- Meet and network with recruiters from over 50 leading companies.
- Attend workshops on resume writing, interview preparation, and career planning.
- Explore full-time, part-time, and internship opportunities.
- Get personalized career advice on the spot at our counseling booths.

Registration
- Pre-registration is recommended but not required.
- Register at http://www.careerfair2025.com
- Contact us at info@careerfair2025.com and (555) 789-1011

① The event is designed for professionals seeking career growth.
② Participants can network with recruiters from over 50 companies.
③ Participants can attend workshops on resumes and interviews.
④ Advance registration is required for personalized career counseling.

8. 다음 글의 제목으로 가장 적절한 것은?

Miami is moving to designate the famed, mural-adorned Bacardi headquarters on Biscayne Boulevard as historic, an action that would bar demolition or alteration of the landmark blue-and-white tiled tower and its square-annex companion. The surprise action, initiated by Mayor Manny Diaz, comes as Bacardi USA gets ready to vacate the buildings — its corporate home since 1963 — for new headquarters in Coral Gables later this year. The impending move has prompted broad concern over the fate of the distinctive buildings, which some preservationists and architects regard as the most architecturally distinguished and historically significant of the 1960s in Miami. The city has legal authority to protect buildings without regard to owners' wishes, and it routinely does so.

① Preservation of Historic Site
② Renovation of Old Building
③ Protection of Corporate Capital
④ Artistic Building in Miami

9. 주어진 문장 다음에 이어질 글의 순서로 가장 적절한 것은?

Troubled couples showed all the signs of arousal — of being in fight-or-flight mode — in their relationships.

(A) For example, each member of a couple could be talking about their days, and a highly aroused husband might say to his wife, "Why don't you start talking about your day. It won't take you very long."

(B) Having a conversation sitting next to their spouse was, to their bodies, like facing off with a tiger. Even when they were talking about pleasant or mundane facets of their relationships, they were ready to attack, which raised their heart rates and made them more aggressive.

(C) Mastered couples, by contrast, showed low physiological arousal. They felt calm and connected together, which translated into warmth in their fights. It's that the mastered couples had created a climate of trust and intimacy that made both of them more emotionally and thus physically comfortable.

① (B) − (A) − (C) ② (B) − (C) − (A)
③ (C) − (A) − (B) ④ (C) − (B) − (A)

10. 밑줄 친 부분에 들어갈 말로 가장 적절한 것은?

History is full of stories. Some are inspiring and uplifting, while others reveal chaos and immorality. Delving into history allows us to uncover lessons that are deeply relevant to our lives. By examining times of suffering and joy, we learn principles that can be applied to our own experiences. Moreover, history fosters a profound understanding of cultural differences across the world. It offers insights into how our ancestors engaged with people who had different lifestyles, both positively and negatively. These insights are particularly crucial in today's world, where inclusivity and understanding diversity are celebrated as essential values. Learning from history teaches us how societies have successfully integrated their differences, providing a roadmap for becoming better members of a global community. In short, by studying history, _____.

* inclusivity: 포용력

① you can gain valuable lessons about storytelling
② you will better understand how societies function
③ you will become a more rounded person
④ you will learn how to overcome challenges

Day 04

[1 ~ 3] 밑줄 친 부분에 들어갈 말로 가장 적절한 것을 고르시오.

1. The manager tried to _____ the angry customer by offering a full refund and additional discounts.

   ① provoke
   ② dispute
   ③ ignore
   ④ appease

2. The injured who were trapped in a cave _____ in critical condition due to severe wounds since being rescued.

   ① has remained
   ② have remained
   ③ remain
   ④ was remained

3. A: Could you tell me which subway line I should take?
   B: Sure! You'll need to take the Green Line and get off at City Hall Station.
   A: Do I need to transfer anywhere?
   B: No, it's a direct route. Just make sure you're heading toward the downtown direction.
   A: _____?
   B: Yes, it's 3 stops from here.

   ① Is City Hall close by
   ② How long will the ride take
   ③ How many stops before I get off
   ④ Will there be any delays

4. 밑줄 친 부분 중 어법상 옳지 않은 것은?

   Open trucks are the most commonly used as far as car transportation by trucks ① is concerned. There are lots of different open trucks racing down the highways with either a single car or multiple cars ② are loaded onto them. Open trucks use open carriers. They might have a roof over themselves but the sides are not covered ③ so that one is able to see whatever is being transported. Some also don't have roofs but might as well have closed sides that make it only possible for people ④ to view what's being transported from above.

5. 다음 글의 목적으로 가장 적절한 것은?

	Send Preview Save
To	citycleanup@kcity.gov
From	localresident96@kmail.com
Date	October 15, 2025
Subject	Street Trees

   Dear City Cleanup Team,

   Tree-lined streets add great value to our neighborhood, providing shade, fresh air, and an overall pleasant atmosphere. The fruit trees along Sunflower Street are a wonderful addition to the area, creating a natural charm that many residents appreciate.

   However, the fallen fruits from these trees have become a growing problem. They scatter across the sidewalks, which makes it difficult for pedestrians to walk safely. As they decay, they emit a strong, unpleasant odor and create a messy and unsightly appearance. Many residents, including myself, are concerned about the hygiene and safety issues caused by this situation. I kindly request the city cleanup team to address this issue by scheduling regular maintenance to remove the fallen fruits.

   Thank you for your attention to this matter. I look forward to seeing a cleaner and safer neighborhood soon.

   Sincerely,
   Mary Adams

   ① To complain about the lack of maintenance of urban cleanliness.
   ② To complain about the low quality and high price of the fallen fruits
   ③ To complain about the mess caused by fallen fruits on sidewalks.
   ④ To complain about the diseases caused by the decaying fruits.

6. 밑줄 친 부분에 들어갈 말로 가장 적절한 것은?

   Although trust may require a meaningful relationship to satisfy its more demanding analysts, it need not _____. When A is a person and B is a bank, A may trust B to keep her money safe although she does not imagine for a moment that the bank feels warmly disposed to her, and she may well suspect that it will assert its interests at her expense when it gets a chance to impose charges or manipulate interest rates. If A enters hospital and is examined by Doctor B, she may trust B's professional expertise and integrity even though B appears indifferent to her as a person. Until relatively recently indifference on the part of medical professionals was if anything regarded as a sign of trustworthiness: it implied the objectivity needed for expertise, and asserted the superior status that medical expertise granted.

   ① require goodwill
   ② be permanent
   ③ rely on objectivity
   ④ demand any agreement

[7~8] 다음 글을 읽고 물음에 답하시오.

(A)

Dive into the wonders of Marine Conservation Weekend, an interactive event designed to inspire ocean lovers and educate participants about protecting marine ecosystems. Join us for a weekend filled with hands-on activities, informative talks, and opportunities to support marine conservation efforts. This event welcomes everyone, from seasoned environmentalists to curious newcomers!

Details
- Dates: Saturday, November 4 — Sunday, November 5
- Times: 9:00 a.m. — 5:00 p.m. (both days)
- Location: Oceanview Community Center, 123 Coastal Road

Highlights
- Marine Biology Workshops: Learn about marine life and ecosystems through workshops led by marine biologists.
- Conservation Talks: Hear from experts about the challenges facing our oceans and how to take action to protect them.
- Beach Cleanup: Participate in a beach cleanup event to make a tangible impact on your local shoreline. (Cleanup supplies are provided.)

For more information about the event and a detailed schedule, visit www.marineconservationweekend.org or call (123) 456-7890.

7. (A)에 들어갈 윗글의 제목으로 가장 적절한 것은?
① A Celebration of Coastal Culture and Heritage
② Adventures in Underwater Exploration and Diving
③ Discover the Science of Marine Biology and Ecology
④ Marine Conservation Event for Our Healthier Oceans

8. 윗글에서 Marine Conservation Weekend에 관한 내용과 일치하지 않는 것은?
① 이틀간 오전 9시부터 오후 5시까지 열린다.
② 해양 생물학자는 워크숍을 진행한다.
③ 전문가 강연은 주로 심해 탐사를 다룬다.
④ 참가자는 해변 정화 활동에 필요한 물품을 제공받는다.

9. 다음 글에서 필자가 주장하는 바로 가장 적절한 것은?

Whenever you find yourself reacting differently than you would if you had unlimited time, you're acting out of neediness and won't be reading people clearly. Stop and consider alternative courses of action before you go forward. It's often best to find a temporary solution to begin with, and decide on a permanent one later. The parents urgently seeking child care could put their immediate efforts into convincing a friend or family member to help out for a week or two, buying them time to look for permanent help. If they can afford it, they can hire a professional nanny for a while. Temporary solutions may be more expensive or inconvenient in the short run, but they'll give you the time you need to make a wise choice about your long-term selection.

① Act according to principles in the urgent situation.
② Secure time to make a wise choice through a temporary solution.
③ Establish affordable short-term goals to one's ability.
④ Consider time and cost the top priority in decision making.

10. 주어진 문장 다음에 이어질 글의 순서로 가장 적절한 것은?

The production of information may be obtained at various costs.

(A) The reproduction cost involves no more than copying its content from one format to another. Concretely, its production mode depends on the (fixed) costs involved and on the potential users.

(B) It may be very cheap when it results from a natural observation, or more expensive when obtained by means of a complicated apparatus. But its main characteristic is its 'reproducibility' once it has been produced.

(C) Additionally, the production of information is usually public when it concerns global and collectively relevant events (such as meteorological information). It is likely private when it concerns only local and individually relevant events.

① (A) — (B) — (C)   ② (A) — (C) — (B)
③ (B) — (A) — (C)   ④ (B) — (C) — (A)

Day 05

[1 ~ 3] 밑줄 친 부분에 들어갈 말로 가장 적절한 것을 고르시오.

1.
| The artwork in the museum remained _____ for decades because no noticeable changes were made to its original form. |

① static　　　　　② dynamic
③ evolving　　　　④ fluctuating

2.
| Her performance was as impressive as _____ during the competition, and the judges had a hard time deciding the winner. |

① he　　　　　② him
③ his　　　　　④ those

3.

Emily Carter: Hi, do you know if we can make copies at the library? 10:42

Library Help Desk: Yes, there's a copy machine on the second floor near the reference section. 10:42

Emily Carter: Oh, that's great. Do we need to pay for it? 10:43

Library Help Desk: Yes, it's 10 cents per page. 10:44

Emily Carter: _____? 10:45

Library Help Desk: No, you can only pay with cash or through your library account balance. 10:45

① Is the copy machine available 24/7
② Will you copy large-sized documents
③ Can I pay with a credit card
④ What kinds of payment options are available

4. 밑줄 친 부분 중 어법상 옳지 않은 것은?

| The renowned research institute, ① founded by a team of scientists in the early 20th century, has made groundbreaking discoveries in medicine. Over the decades, the talented ② were given opportunities to participate in cutting-edge research projects. To keep up with rapid advancements, the institute kept its laboratories ③ renovating with state-of-the-art equipment. As a result, it is now regarded ④ by far the most innovative facility in the field of biotechnology. |

[5 ~ 6] 다음 글을 읽고 물음에 답하시오.

Bird Conservation Society

Protecting Migratory Birds

The Bird Conservation Society (BCS) is dedicated to safeguarding migratory bird populations. By preserving natural habitats, BCS ensures that migratory birds have safe and sustainable environments for breeding, resting, and feeding during their long journeys.

Managing Key Habitats

BCS works closely with local and international organizations to manage habitats for migratory birds. This includes <u>overlooking</u> population trends, preventing habitat destruction, regulating hunting to protect endangered species, and conducting research to preserve bird populations.

Promoting Global Awareness

BCS actively educates the public about the importance of conserving migratory birds and their habitats. Through partnerships with global environmental groups, BCS inspires communities to take action and protect these vital species for future generations.

5. 윗글에서 BCS에 관한 내용과 일치하는 것은?
① It focuses on restoring damaged habitats for migratory birds.
② It regulates hunting activities to protect endangered bird species.
③ It conducts research to increase migratory bird populations.
④ It creates partnerships with zoos to promote bird conservation.

6. 밑줄 친 "overlooking"의 의미와 가장 가까운 것은?
① reporting　　　　② glancing
③ neglecting　　　④ monitoring

7. 다음 글의 목적으로 가장 적절한 것은?

To: staff@hospital.org
From: admin@hospital.org
Date: February 15, 2025
Subject: Update on Mandatory Health Check-Ups

Dear Staff,

We would like to remind all staff about the upcoming mandatory health check-ups scheduled for March. These check-ups are essential for ensuring the well-being of all employees and maintaining a healthy workplace environment. To assist you in completing this process smoothly, please follow the steps below:

- Schedule an appointment through the HR portal by February 28, 2025.
- Bring a valid ID and your employee badge to the appointment.
- Submit any additional medical records, if necessary, before your appointment date.

For further assistance, please reach out to the HR department at healthcheck@hospital.org.

Sincerely,
Hospital Administration

---

① to inform staff of scheduling health check-ups
② to inform staff of updating medical records
③ to inform staff of submitting check-up results
④ to inform staff of contacting the HR department

8. 다음 글의 제목으로 가장 적절한 것은?

It can be hard to be around someone who is manipulative, and it can feel draining and cause you stress and lack of confidence. A feature of a manipulative person is that they tend to only care for themselves. This will mean that, if you are having a heated discussion or argument, they will often change or avoid certain subjects that show their manipulative traits. If they are in the wrong, they will steer the conversation away, either back to you or to something completely unrelated so that you will stop questioning the situation. This helps them avoid the truth, they cannot be blamed and yet again, have the power over you in the situation. You may then feel hopeless and know that you won't win, so you carry on a different conversation with them, letting them take advantage of you. This often shows that they don't care what you have to say and are emotionally unavailable unless it is about themselves.

① Causes of Manipulative Relationship
② Manipulation Makes People Change Subjects
③ Manipulators Rationalize Their Behavior
④ How to Deal with a Manipulative Person

9. 주어진 문장 다음에 이어질 글의 순서로 가장 적절한 것은?

To keep the sunlight while reducing the glare, the company has been working on improvements to "electrochromic" windows which can generate electricity.

(A) When a small voltage is applied across the two layers, they act as electrodes, producing an electric field that causes lithium ions to move through the solution and cling to the nickel oxide layer.

(B) The company's goal is a window that can darken at the flip of a switch to filter out the worst of the glare, while letting just the right amount of sunlight through for comfort.

(C) To do that, the company's windows incorporate a layer that combines indium tin oxide with platinum, and a second layer of nickel oxide, with a solution of lithium between them.

* nickel oxide: 산화니켈
* indium tin oxide: 투명 전도막

① (A) − (C) − (B)   ② (A) − (B) − (C)
③ (B) − (A) − (C)   ④ (B) − (C) − (A)

10. 밑줄 친 부분에 들어갈 말로 가장 적절한 것은?

Contrary to popular perception, leaders are not people who are always certain of themselves and their direction. Rather, leaders are people who _____. What's more, they are not afraid to let others see them in this light. In fact, creating an environment in which learning and its natural by-product, mistakes, are okay can be a potent tool to unite a group and inspire creativity, risk-taking, and effort. Today, those who practice leadership must be open to learning about their colleagues and followers. That includes their differences in personality and work styles, their lifestyle as it affects their effort, and the interplay of such factors as age, race, religion, and gender. No one can be expected to grasp all the implications of such a wide range of differences, so leaders especially must show they are willing and able to learn.

① are open-minded learners
② are unconditionally sacrificial
③ always maintain a strict attitude
④ take on important responsibilities

Day 06

[1 ~ 3] 밑줄 친 부분에 들어갈 말로 가장 적절한 것을 고르시오.

1. Many scientists from the leading university say that the media often presents a _____ image of mental illness, creating myths about already stigmatized conditions. They say that mental illness may not be as violent as the media describes it to be.

① distorted   ② fortified
③ conferred   ④ emitted

2. _____ the archaeologists discovered during their excavation in the ancient ruins revealed significant details about the early civilization's way of life.

① That   ② Which
③ What   ④ Where

3. A: Excuse me, I ordered the chicken pasta, but this looks like seafood pasta.
B: Oh, I'm so sorry about that! Let me fix it for you right away.
A: Thank you. I've been looking forward to trying the chicken pasta.
B: No problem at all. It'll only take a few minutes. _____?
A: That's very thoughtful, but I'm fine. Thanks for your kindness.
B: Alright! Your correct order will be ready soon.

① Could I change your order to seafood pasta
② Would you like some breadsticks while you wait
③ Could I confirm the dish you ordered again
④ Would you like to cancel your order instead

4. 밑줄 친 부분 중 어법상 옳지 않은 것은?

Maintaining a balanced diet is essential for good health, ① because it provides the nutrients your body needs to function properly. People often underestimate ② how important hydration is for mental clarity and energy. Exercise is another key factor, the benefits ③ of which include improved mood and reduced risk of disease. Failing to prioritize your healthy habits ④ lead to long-term problems that are difficult to reverse.

[5 ~ 6] 다음 글을 읽고 물음에 답하시오.

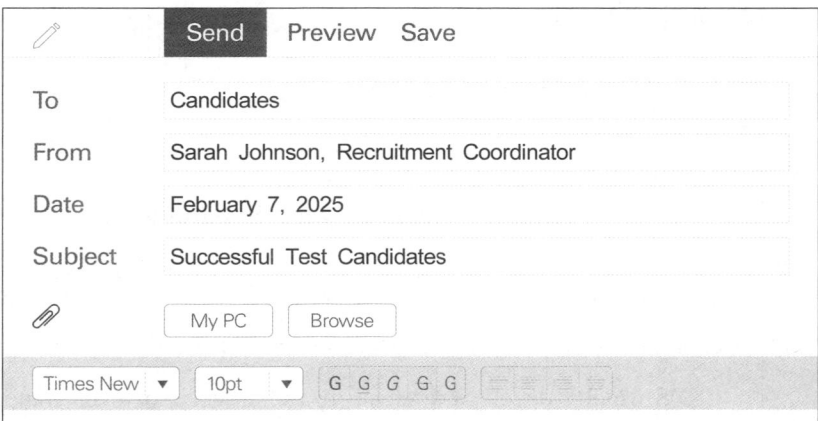

Dear Candidates,

Thank you for your continued interest in the marketing specialist position at Dream Tech Company. We'd like to congratulate you on passing the written examination for the position. We are pleased to invite you to the next stage of the recruitment process: the group interview.

Interview Details:
• Date: February 21, 2025
• Time: 10:00 a.m.
• Venue: Dream Tech Company Headquarters, Conference Room A
• Duration: Approximately 2 hours

Please prepare to discuss your qualifications, work experiences, and skills in a collaborative setting. Arrive at least 15 minutes early, and bring a valid ID along with any required documents.

If you have any questions or need further assistance, feel free to contact us at recruitment@dreamcompany.com or call (555) 123-4567.

Best regards,
Sarah Johnson
Recruitment Coordinator
Dream Tech Company

5. 윗글의 목적으로 가장 적절한 것은?
① 채용 절차의 최종 결과를 통보하려고
② 필기시험 결과에 대한 피드백을 전해주려고
③ 지원자들에게 단체 면접 일정을 알려주려고
④ 합격한 지원자들에게 추가 서류를 요청하려고

6. 밑줄 친 "valid"의 의미와 가장 가까운 것은?
① reasonable   ② effective
③ groundless   ④ impressive

7. Complex Regional Pain Syndrome에 관한 다음 글의 내용과 일치하지 않는 것은?

Complex Regional Pain Syndrome

Complex Regional Pain Syndrome (CRPS) is a chronic pain condition that primarily affects the arms, legs, hands, or feet. CRPS usually develops after an injury, surgery, or even minor trauma. The pain is often described as excruciating, burning, or stabbing, and is typically disproportionate to the initial injury. Symptoms include intense pain, swelling, changes in skin color and temperature, and hypersensitivity to touch or movement. The affected skin may appear red, purple, or unusually cold or warm. The exact cause of CRPS remains unclear, but it is believed to involve interactions between the nervous and immune systems. Early diagnosis and appropriate treatment, such as pain management, physical therapy, and psychological support, are critical for preventing symptom escalation and chronic disability.

① It often causes chronic pain in the affected limbs.
② Its symptoms involve changes in skin color or temperature.
③ It is a fully understood pain condition with a well-defined cause.
④ Its treatment may include pain management therapy.

8. 다음 글의 제목으로 가장 적절한 것은?

Our emotions can not only distort our perception and reasoning, but also lead us to make poor decisions. Many of our emotions are urgent and short-sighted and can blind us to the longer-term consequences of our actions. How often have you said something in a moment of anger that you immediately regretted? Or given in to temptation when it would have been better to exercise self-control? Aristotle defined man as a rational animal, and economics is based on the assumption that we are all — producers and consumers alike — rational people. But the underlying reality may be more in line with Thomas Shelling's amusing description of a smoker. Like a smoker, we are all masters of acting against our own best interests and making resolutions that we break at the first sign of temptation.

① How to Get Your Emotions Under Control
② You Can't Be Rational If You Are Not Emotional
③ False Assumption: We Are Rational Agents
④ The Temptation of Instant Gratification

9. 주어진 문장이 들어갈 위치로 가장 적절한 것은?

Many believe that the social order of a pack is determined by fear of him and his dominance, as he is the one in charge.

The social structure of a wolf pack is one of the most fascinating ones that have ever been observed. They have a very strict hierarchical structure that must be adhered to by all members of the pack. This may sound harsh initially but it is a method that allows these packs of wolves to survive. (①) The leader of the pack is the alpha male and his mate is the beta female. (②) However, it isn't necessarily established by an attack on one and the winner does not always become the leader: It is much more complex than that. (③) The lowest ranking individual in a pack is the omega. Through careful research, experts have found that this type of social structure helps to promote unity and social order. (④) It also helps to reduce conflicts and to lower the chances of aggressive behaviors occurring among the members of the pack. The upper level of social structure doesn't change very often. However, it can change quite a bit at the lower levels.

10. 밑줄 친 부분에 들어갈 말로 가장 적절한 것은?

Discussions of ecological sustainability typically focus on greenhouse gas emissions, biodiversity, and other measurements of the natural world. They include economic and social trends in production or population. But they rarely feature time use. Yet patterns of human time use are key drivers of ecological outcomes. People combine time, money, and natural resources to carry out their daily lives and activities. Firms combine time, physical capital, and natural capital to create production. To a great extent, time and natural resources are substitutes for each other: doing things faster usually takes a greater toll on Earth. So _____ tend to have heavier ecological footprints and greater per capita energy use.

① misconceptions about time and money
② time-stressed households and societies
③ temporal constraints on resource development
④ time-honored notions of sustainable environments

Day 07

[1~3] 밑줄 친 부분에 들어갈 말로 가장 적절한 것을 고르시오.

1. The family was known for their _____ lifestyle; they tried to save as much money as possible without unnecessary spending.

   ① excessive
   ② frugal
   ③ wasteful
   ④ lavish

2. The archaeologists discovered the ancient artifacts _____ under layers of sand near the excavation site.

   ① bury
   ② burying
   ③ buries
   ④ buried

3.
   A: Hello, I'm calling to schedule an appointment with Dr. Lee this weekend.
   B: I'm afraid we're booked solid for this weekend. What about next weekend?
   A: Ummm... I'd like to meet him as soon as possible.
   B: Then, _____, but you will have only 10 minutes.
   A: That will be enough. Please do that.

   ① I can squeeze you into his schedule if you want
   ② there is nothing I can do for you
   ③ you have to wait until next weekdays
   ④ you can make an appointment with Dr. Kim

4. 밑줄 친 부분 중 어법상 옳은 것은?

   The tour guide explained that the next stop after the museum ① will be the historic castle. While walking through the museum, guests were advised to avoid ② being distracted by their phones so they could fully enjoy the exhibits. The museum had an interactive section, ③ which visitors could try their hand at medieval crafts. If the weather had been sunny, the guide said, the group could ④ explore the castle more thoroughly.

[5~6] 다음 글을 읽고 물음에 답하시오.

_____(A)_____

Calling all gardening enthusiasts! We are delighted to host the Spring Gardening Workshop and Expo, an event designed to inspire and educate gardeners of all skill levels. The event will feature hands-on workshops on planting techniques, soil health, and pest control, as well as a plant swap where you can exchange plants with fellow gardeners. Vendors will also be on-site to sell gardening tools, seeds, and other supplies at the best discounted prices. Whether you're a seasoned green thumb or a curious beginner, this event holds special significance in advancing gardening skills!

Event Details:
- Sponsored by: Green Thumb Association and City Parks Department
- Location: Willow Garden Center (rain venue: City Community Hall)
- Date: Saturday, April 15
- Time: 10:00 a.m. — 4:00 p.m.

For more information about the event and to register for workshops, visit our website at www.springgardeningexpo.org or call (555) 789-1234.

5. (A)에 들어갈 윗글의 제목으로 가장 적절한 것은?

   ① Urban Gardening for Small Spaces
   ② Grow Your Skills at the Gardening Expo
   ③ Flower Arranging Workshop for Beginners
   ④ Reduce Waste with Composting Techniques

6. 윗글에서 Spring Gardening Workshop and Expo에 관한 내용과 일치하지 않는 것은?

   ① 참가자들은 식물을 교환할 수 있다.
   ② 모든 참가자는 무료 씨앗을 받을 수 있다.
   ③ 비가 오면 City Community Hall에서 열린다.
   ④ 오전 10시부터 오후 4시까지 진행된다.

7. International Animal Adoption Agency에 관한 다음 글의 내용과 일치하지 않는 것은?

International Animal Adoption Agency Responsibilities

The International Animal Adoption Agency (IAAA) is dedicated to facilitating the safe and ethical adoption of animals across international borders. It ensures that all animals are healthy, vaccinated, and fit for travel before adoption. The agency strictly follows international and local animal welfare regulations to protect the well-being of animals and adopters. Additionally, the IAAA provides educational resources to adopters about responsible pet care and ensures adopters meet specific requirements to provide a safe home environment. The agency also works with global organizations to address issues of illegal wildlife trade and promote animal welfare awareness worldwide. It is the mission of the IAAA to create lasting bonds between animals and adopters while advocating for the humane treatment of all animals.

① It guarantees animals are in good condition prior to adoption.
② It verifies adopters provide a safe home for the animals.
③ It works to address issues related to illegal pet adoptions.
④ It seeks to form deep connections between pets and owners.

8. 다음 글의 주제로 가장 적절한 것은?

Jupiter has 2.5 times more mass than all the other planets of the solar system combined and is 11 times as large as Earth in diameter. Jupiter is so large that scientists believe it almost became a star: as the gases and dust contracted to form the planet, gravitational forces created tremendous pressure and temperature inside the core — as high as tens of thousands of degrees. But there was not enough mass available to create the temperature needed to start a fusion reaction such as that of the Sun (above 27,000,000 Fahrenheit, or 15,000,000 Celsius, at the Sun's core); thus Jupiter has been cooling down ever since. Even so, Jupiter radiates about as much heat as it receives from the Sun.

① the mass of Jupiter relative to other planets in the solar system
② differences between the Sun and Jupiter
③ how Jupiter's mass has affected its development
④ the temperature at which a planet's core can start a fusion reaction

9. 밑줄 친 부분에 들어갈 말로 가장 적절한 것은?

There may be good evolutionary reasons for the prevalence of negative emotions. If you ignore something good, no harm is done; if you ignore something bad, you could die. So when we consider potential threats, it makes sense to err on the side of caution and over-react to them rather than under-react to them. There is an element of truth in the English expression, _____. As this suggests, we are quick to generalize from negative events, and a single bad experience can wipe out a whole series of good ones. One moral transgression may be enough for us to revise our opinion of someone who has done many good deeds. Campaigning politicians seem to be instinctively aware of the power of negative emotions and they often spend more time criticizing their opponents and playing on people's fears than on building up their hopes.

① actions speak louder than words
② least said, soonest mended
③ once bitten, twice shy
④ sow the wind and reap the whirlwind

10. 글의 흐름상 가장 어색한 것은?

Traditional advertisements are typically defined as persuasive, nonpersonal communications delivered to consumers via the mass media on behalf of identifiable sponsors, and humor is often a key tool employed. ① Because most consumers are exposed to a large number of advertisements on a daily basis, humorous advertisements may be the most frequent way that many come into contact with intentional humor. ② Advertisers use humor as a message tactic, with the intent of enhancing an advertisement's potential for achieving various strategic objectives. ③ Humor was used rather infrequently during the early years of modern advertising; researchers, however, have confirmed that its use in contemporary advertising is prevalent, especially in the broadcast media. ④ It is thus widely accepted in many countries and cultures that humor is crucial to let conversations freely flow among people and keep them going.

Day 08

[1~3] 밑줄 친 부분에 들어갈 말로 가장 적절한 것을 고르시오.

1. Since the teleprompter stopped working unexpectedly, the actor, who hadn't memorized the lines yet, had no choice but to _____ some dialogue to continue the scene smoothly.

① applaud
② recite
③ improvise
④ rehearse

2. _____ as it is on the hill, the old mansion has become a prominent landmark in the area.

① Situate
② Situated
③ Situating
④ To be situated

3.
Chris Bale: Hanna, are you ready to lead the presentation tomorrow? 10:42

Hanna Evans: I thought you were leading it. 10:42

Chris Bale: Well, I assumed you'd want to take charge. You're great at presenting. 10:43

Hanna Evans: Thanks, but I really thought this was your moment to shine. 10:44

Chris Bale: Wait... did neither of us plan to lead this? 10:45

Hanna Evans: Oh no. Do you think we should flip a coin? 10:45

Chris Bale: Actually, _____? 10:46

Hanna Evans: Perfect. Let's combine forces and make it unforgettable. 10:46

① how about we team up and present together
② do you think it is important to choose a leader
③ have you ever been lucky with coin tosses
④ do shining moments come around that often

4. 밑줄 친 부분 중 어법상 옳지 않은 것은?

This isn't the first time Berlin's government has stepped in to help the city's clubbing scene. In 2012, €1 million ① was pledged to protect it in the wake of what was called *Clubsterben* (literally club death), ② helping it to find new locations and ③ hold fundraising concerts. City politicians were forced to address the significant economic impact of a potential drop in visitors, ④ many of which are young Europeans who fly to Berlin, sometimes just for one or two nights.

5. 다음 글의 목적으로 가장 적절한 것은?

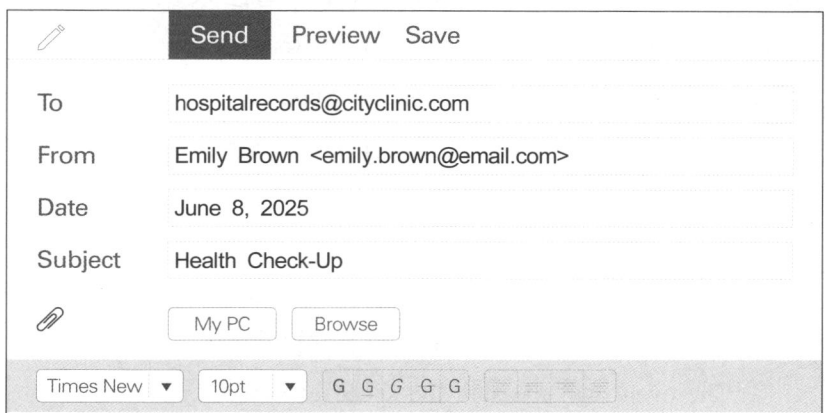

Dear Records Department,

My name is Emily Brown, and I had a health check-up at your clinic on December 5, 2024. I am writing to request a copy of my full check-up report for my personal records. While I received a summary of the results during my consultation, I would like to review the detailed report.

Could you please send the complete report to my email address listed above? If there are any forms I need to fill out or additional steps to complete this request, kindly let me know.

Thank you for your assistance, and I look forward to your response.

Best regards,
Emily Brown

① To schedule a follow-up appointment after a health check-up
② To request a detailed health check-up report
③ To inquire about the fee for issuing a check-up report
④ To report an issue with the clinic's record system

[6 ~ 7] 다음 글을 읽고 물음에 답하시오.

(A)

Are you ready to test your strength and have some fun? The community invites you to exciting shooting games. This soccer-based challenges allow participants to compete in kicking a soccer ball as fast as possible and performing high-difficulty shots. Speed is measured using advanced speed-measuring equipment, while artistry is evaluated by a panel of expert judges. Three winners will be selected in each category, and all winners will receive prizes.

The event aims to promote physical fitness and bring residents together in a friendly and energetic environment. Join us on Sunday, March 2, 2025, at Lakeside Community Sports Field. The event starts at 11:00 a.m., and registration is free.

For more details, visit www.lakesidepowerchallenge.org.

6. (A)에 들어갈 윗글의 제목으로 가장 적절한 것은?
① Testing Speed for Powerful Young Runners
② Fitness and Fun Through Soccer Shooting
③ A Guide to Professional Soccer Competitions
④ Promoting Athletic Talent Among Children

7. 위 안내문의 내용과 일치하지 않는 것은?
① The event will measure the speed of soccer kicks.
② The artistic abilities of the shooting are assessed by judges.
③ Prizes will be awarded to a total of three participants.
④ The event aims to improve the resident' physical health.

8. 밑줄 친 부분에 들어갈 말로 가장 적절한 것은?

Unlike ordinary parks, botanical gardens are laid out with more than just the beauty of the landscape in mind. Although trees and shrubs may be interspersed throughout the area to enhance the pleasant surroundings, _____. Often there are small, special gardens, such as rose gardens, rock gardens, or wildflower gardens contained within the larger botanical gardens. Many have sections devoted to plants of particular geographic origins, such as a tropical plant section, or an aquatic plant section.

① their arrangement is based on scientific classification and study
② a botanical garden is not always judged by its origin and history
③ various plants need certain climatic conditions at certain seasons
④ their maintenance requires good techniques of cultivating plants

9. 다음 글의 주제로 가장 적절한 것은?

Drinking water can contribute to good health, and schools are in a unique position to promote healthy dietary behaviors, including drinking sufficient water. More than 95% of children and adolescents are enrolled in schools, and students typically spend at least 6 hours at school each day. Ensuring that students have access to safe, free drinking water throughout the school environment gives them a healthy substitute for sugar-sweetened beverages. Access to clean and free water helps to increase students' overall water consumption, maintain hydration, and reduce unhealthy calories intake. Adequate hydration may improve cognitive function among children and adolescents, which is important for learning.

① importance of a well-balanced diet
② difficulty of securing clean water sources
③ harm of sugar-sweetened beverages for children
④ necessity of providing drinkable water at school

10. 주어진 문장이 들어갈 위치로 가장 적절한 것은?

For example, the way others portray themselves on social media might lead to young people trying to mimic those qualities or actions in an attempt at conformity.

Research suggests there are a variety of benefits from social media use, such as increased socialization, broader exposure to ideas, and greater self-confidence. (①) There is, however, also evidence of negative influences such as exposure to inappropriate behavior or fake news and especially increasing peer pressure. (②) These versions of digital peer pressure could exist between youth, adults and businesses. (③) In some cases, people can feel pressure to make themselves available 24/7 or to be perfect. Within this digital conversation there can be pressure to conform, especially as people are impacted by the frequency of times others hit the like button. (④) It may also lead to a fear of missing out, which can pressure youth into irresponsible actions or decisions. Actions and influence on social media may lead to changes in identity, confidence, or habits in real life for children, adolescents, and adults.

Day 09

[1 ~ 3] 밑줄 친 부분에 들어갈 말로 가장 적절한 것을 고르시오.

1.
Inclusive immigration policies and racial anti-discrimination laws are necessary to _____ the divided society into a unified one.

① separate
② integrate
③ fragment
④ isolate

2.
The number of students enrolling in online courses _____ significantly since the introduction of remote learning platforms.

① increases
② increase
③ has increased
④ have increased

3.
A: Hi, I'm calling to ask about the membership program you offer.
B: Of course! May I know what kind of services you're looking for in a membership?
A: I'm mainly interested in something that is cost-effective and fits my budget.
B: We have several options, including monthly, quarterly, and annual plans.
A: That sounds good. _____?
B: The annual plan offers the best deal since it includes two months free compared to the monthly plan.

① Can you tell me which is the most affordable
② What kind of plans are included in the membership
③ How can I cancel the membership if needed
④ Is there a trial period for new members

4. 밑줄 친 부분 중 어법상 옳지 않은 것은?

The Declaration of Independence was ① bold enough to inspire nations worldwide. Drafted with great care and precision, it was worth ② to examine for its revolutionary ideals. ③ To be recognized as a symbol of freedom, it had to be endorsed by leaders risking their lives. With its principles ④ upheld, it became a cornerstone for democracy and human rights.

[5 ~ 6] 다음 글을 읽고 물음에 답하시오.

Education and Development Bureau

Mission
Our mission is to empower individuals through quality education and training, fostering lifelong learning and innovation. We develop programs that support educational equity, improve skills, and prepare citizens for a rapidly evolving global landscape.

Vision
We envision a world where accessible, high-quality education drives sustainable development, bridges social gaps, and builds a brighter future for all communities.

Core Values
- Inclusion & Accessibility: We ensure equal access to resources and opportunities, leaving no one behind.
- Excellence & Innovation: We strive for excellence by adopting ground-breaking methods and nurturing creativity in education.

5. 윗글에서 Education and Development Bureau에 관한 내용과 일치하지 않는 것은?

① It strives to prepare individuals for global advancements.
② It imagines fostering sustainable progress through education.
③ It allocates resources selectively based on individual achievements.
④ It pursues excellence through innovative approaches in education.

6. 밑줄 친 "empower"의 의미와 가장 가까운 것은?

① enable
② enervate
③ enforce
④ engage

7. 다음 글의 목적으로 가장 적절한 것은?

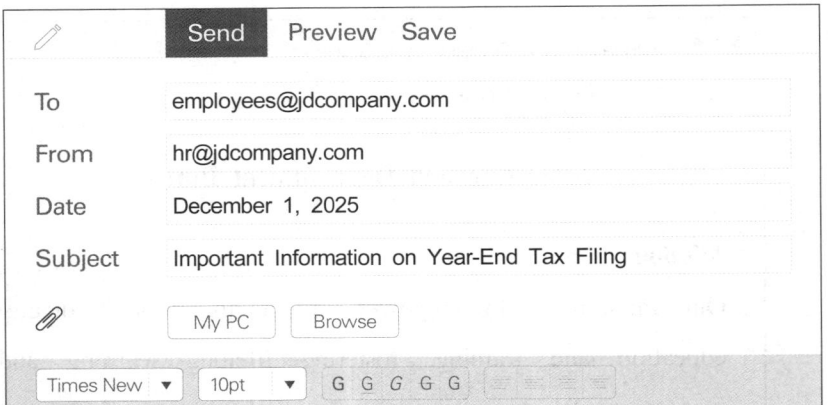

Dear All employees,

As the year comes to an end, it's important to wrap up administrative tasks efficiently. One of the key responsibilities during this time is filing your taxes for the year. To help you prepare for the annual tax filing process, this email aims to guide you on how to gather and organize the necessary documents.

1. Gather all necessary documents, including income statements and receipts for deductions.
2. Review your personal details in the company's payroll system to ensure accuracy.
3. Submit any additional claims for tax-deductible expenses before December 15, 2025.
4. Visit the HR portal for detailed instructions on how to complete your year-end tax forms.

If you have any questions, do not hesitate to contact the HR department at hr@jdcompany.com.

Sincerely,
Human Resources Department

① to guide employees on preparing tax documents
② to guide employees on meeting the tax filing deadline
③ to guide employees on how to choose a tax professional
④ to guide employees on submitting expense claims

8. 글의 흐름상 가장 어색한 것은?

Fiction has many uses and one of them is to build empathy. When you watch TV or see a film, you are looking at things happening to other people. Prose fiction is something you build up from 26 letters and a handful of punctuation marks, and you, and you alone, using your imagination, create a world and live there and look out through other eyes. ① You get to feel things, and visit places and worlds you would never otherwise know. ② Fortunately, in the last decade, many of the world's most beautiful and unknown places have been put in the spotlight. ③ You learn that everyone else out there is a me, as well. ④ You're being someone else, and when you return to your own world, you're going to be slightly changed.

9. 주어진 문장 다음에 이어질 글의 순서로 가장 적절한 것은?

When Swedish academics revealed a list of celebrity 'super emitters' with huge carbon footprints from flying, the results were shocking.

(A) He travelled 213,130 miles on 59 flights in 2017, mostly on his private Bombardier BD-700 jet — which he admits is his 'guilty pleasure' — pumping out 1,629 tons of carbon dioxide.

(B) Others mentioned in the report, published in the journal Annals of Tourism Research, included Paris Hilton (68 flights, 1,261 tons), Jennifer Lopez (77 flights, 1,051 tons) and, in tenth place, Harry Potter actress Emma Watson (14 flights, 15 tons).

(C) Jet-setting famous names were found to be responsible for up to 300 times more carbon emissions than the average person, with Bill Gates, the Microsoft billionaire, leading the way.

① (A) − (B) − (C) ② (B) − (C) − (A)
③ (C) − (A) − (B) ④ (C) − (B) − (A)

10. 밑줄 친 부분에 들어갈 말로 가장 적절한 것은?

All mammals need to leave their parents and stand on their own feet at some point. But human adults generally provide a comfortable existence — enough food arrives on the table, money is given at regular intervals, the bills get paid and the electricity for the TV doesn't usually run out. If teenagers didn't build up a fairly major disrespect for and conflict with their parents or carers, they'd never want to leave. In fact, _____ is probably a necessary part of growing up. Later, when you live independently, away from them, you can start to love them again because you won't need to be fighting to get away from them. And you can come back sometimes for a home-cooked meal.

① learning from other people's experiences
② managing relationship problems with your peers
③ developing financial management skills
④ falling out of love with the adults who look after you

Day 10

1. 밑줄 친 부분에 들어갈 말로 가장 적절한 것은?

   The new manager was so _____ that he would change his mind whenever anyone disagreed with him.

   ① pliable
   ② obstinate
   ③ strict
   ④ greedy

2. 밑줄 친 (A), (B)에 들어갈 말로 가장 적절한 것은?

   ___(A)___ the fact that the method ___(B)___ the data was collected has been questioned, the study's findings are considered reliable.

	(A)	(B)
①	Despite	which
②	Despite	by which
③	Although	which
④	Although	by which

3. 밑줄 친 부분에 들어갈 말로 가장 적절한 것은?

   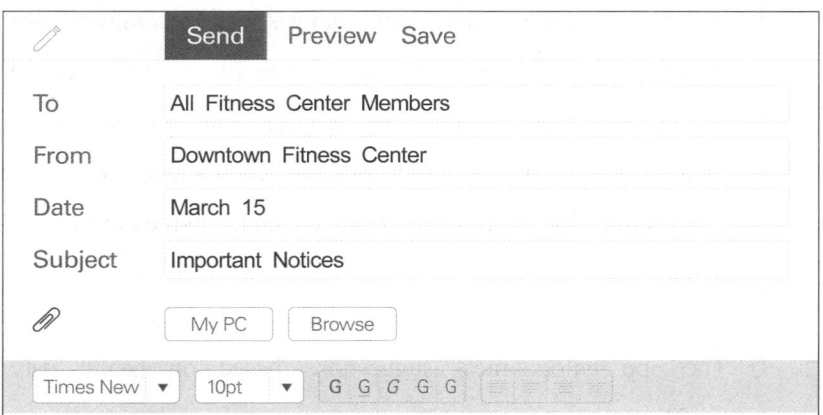

   Kimberly Hill: Hi, I ordered a sweater last week, but it still hasn't arrived. 10:42
   Customer Service: Let me check your order. One moment, please. 10:42
   Kimberly Hill: Sure, thanks. 10:43
   Customer Service: I'm sorry, but it seems the order didn't go through. 10:44
   Kimberly Hill: _____? 10:45
   Customer Service: If you'd like, I can place the order again, and we'll expedite the shipping. 10:45

   ① Can I get a refund for the delayed order
   ② How long will it take for the order to be processed
   ③ Could you confirm if the payment was successful
   ④ Do I need to reorder, or will you handle it

4. 밑줄 친 부분 중 어법상 옳지 않은 것은?

   The ancient manuscript, which had been hidden for centuries, seems ① to have been written by a renowned scholar. Historians are analyzing the text ② as if it were a direct account of historical events. The book contains intricate illustrations, ③ many of which are still vibrant despite their age. The discovery was made in a sealed chest, containing delicate pages ④ damaging over time by moisture.

[5 ~ 6] 다음 글을 읽고 물음에 답하시오.

To: All Fitness Center Members
From: Downtown Fitness Center
Date: March 15
Subject: Important Notices

Dear Members,

We are excited to announce updates to our fitness center services designed to better <u>accommodate</u> your needs. Starting April 1st, the center will extend its weekday operating hours, staying open until 11:00 p.m. from Monday through Friday, allowing you greater freedom to schedule your workouts.

In addition, we are introducing a new mobile app to make managing your fitness routine easier. The app lets you book classes, check equipment availability, and stay updated on events and promotions, helping you make the most of your visits.

If you have any questions or need help with the app, please don't hesitate to reach out to our staff. Thank you for choosing Downtown Fitness Center, and we look forward to seeing you soon!

Sincerely,
Downtown Fitness Center

5. 윗글의 목적으로 가장 적절한 것은?

   ① 헬스장 운영 시간 연장과 새로운 앱 도입을 알리려고
   ② 헬스장 회원들의 규정 준수를 당부하려고
   ③ 헬스장 홍보 행사에 대한 참여를 독려하려고
   ④ 헬스장 안전 수칙 변경 사항에 대해 공지하려고

6. 밑줄 친 "accommodate"의 의미와 가장 가까운 것은?

   ① lodge
   ② adapt
   ③ meet
   ④ finalize

7. SmartDiet에 관한 다음 글의 내용과 일치하지 않는 것은?

SmartDiet: Your Personal Nutrition Assistant

SmartDiet helps users maintain a healthy lifestyle by offering meal recommendations tailored to their dietary preferences and health goals. The app analyzes your daily activity, calorie intake, and nutrition balance, providing customized meal plans. Additionally, SmartDiet integrates with wearable fitness devices to track exercise data and adjusts its recommendations accordingly. The app is currently available on both Android and iOS platforms, but some features, like fitness tracking, require a subscription. Future updates will include AI-powered suggestions for recipes based on available ingredients in your kitchen.

① The app tailors meal suggestions based on health data and preferences.
② Exercise data is tracked through integration with wearable fitness devices.
③ A subscription is required for advanced features like fitness tracking.
④ AI recipe suggestions are included in the current app version.

8. 글의 흐름상 가장 어색한 것은?

Much of what we do each day is automatic and guided by habit, requiring little conscious awareness, and that's not a bad thing. As Duhigg explains, our habits are necessary mental energy savers. We need to relieve our conscious minds so we can solve new problems as they come up. ① Once we've solved the problem of how to ballroom dance, for example, we can do it by habit, and so be mentally freed to focus on a conversation while dancing instead. ② But try to talk when first learning to dance the tango, and it's a disaster — we need our conscious attention to focus on the steps. ③ Tango musicians bring different genres of music together to attract a more diverse audience from varying backgrounds. ④ Imagine how little we'd accomplish if we had to focus consciously on every behavior — e.g., on where to place our feet for each step we take.

9. 밑줄 친 부분에 들어갈 말로 가장 적절한 것은?

Anger is considered to disrupt rational discourse and evoke illogical passions. However, there are studies suggesting that anger has positive aspects. Researchers tested the effectiveness of expressing anger in three types of negotiations: those that are chiefly cooperative, chiefly competitive, and balanced between the two. In the experiments, negotiators made greater concessions to those who expressed anger in only one of the three situations. When cooperating, hostility seems inappropriate, and when competing, additional heat causes tempers to flare. But in balanced situations, anger appears to send a strategically useful signal. In a word, anger has a clear rule of application; it may be raw, but _____. Used carefully, it can get us better deals and improve all our lives.

① it is crucial to express anger
② it has its own particular logic
③ it is beneficial to everyone
④ it is a factor in ruining negotiations

10. 주어진 문장이 들어갈 위치로 가장 적절한 것은?

This problem is formally overcome in many business settings, where notes of meetings are taken.

In many interpersonal transactions, one encounter is influenced by decisions and commitments made in the previous meeting. (①) Also, it is important to establish that all parties are in agreement as to the main points arising from prior interactions and the implications of these for the present discussion. (②) If there is disagreement or confusion at this stage, it is unlikely that the following encounter will be fruitful. (③) The notes from a previous meeting are reviewed, and agreed upon at the outset, before the main agenda items for the current meeting are discussed. (④) This procedure ensures that all participants are in agreement about what has gone before, and have therefore a common understanding for the forthcoming meeting.

Day 11

[1~3] 밑줄 친 부분에 들어갈 말로 가장 적절한 것을 고르시오.

1. The lawyer argued that the accusations against his client were _____ and lacked credible evidence.

   ① valid
   ② spurious
   ③ authentic
   ④ legitimate

2. She enjoys listening to her favorite band _____ live at outdoor concerts during the summer.

   ① plays
   ② playing
   ③ to play
   ④ to be played

3. A: I heard you recently moved to the downtown neighborhood.
   B: Yeah, I did last Tuesday.
   A: How do you like your new place?
   B: Not so great. I haven't slept well since day one.
   A: Why? Is there something wrong with the apartment?
   B: _____.
   A: Now you must know how I felt when I lived in the bustling city center.
   B: Back then, I thought living in the city would be great, but I was wrong.

   ① My landlords refused to make repairs
   ② It's really hard to find a place to rent
   ③ It's the area, not the apartment
   ④ Even taking a nap doesn't help

4. 밑줄 친 부분 중 어법상 옳지 않은 것은?

   The manager is wondering ① how effective the plan will work in boosting sales this quarter. She expressed concern about whether the team had enough resources to execute it. However, she remained ② optimistic, knowing it was such ③ an innovative approach that it could lead to significant growth ④ if implemented well.

[5~6] 다음 글을 읽고 물음에 답하시오.

(A)

Does your child struggle to focus on tasks or seem overly restless? Join us for an insightful session where parents can explore effective strategies for supporting children with ADHD (Attention Deficit Hyperactivity Disorder). This program offers expert advice, practical solutions, and a chance to get your questions answered by a specialist.

Program Details
- Date: Saturday, March 22, 2025
- Time: 2:00 p.m. – 4:00 p.m.
- Location: Academy Hall, 123 Learning Way (Hybrid: In-person and Zoom)
- Audience: Parents of children with ADHD and anyone interested
- Fee: Free

Highlights
- Interactive Q&A with ADHD specialists
- Evidence-based parenting strategies and actionable advice

Registration
- Pre-registration required: www.brightmindsacademy.com
- Contact us: info@brightmindsacademy.com | (555) 723-6567

5. (A)에 들어갈 윗글의 제목으로 가장 적절한 것은?

   ① Participating in an ADHD Self-Diagnosis
   ② Supporting and Empowering Your Child with ADHD
   ③ Parents' Alliance for Children with Developmental Disabilities
   ④ Providing Strategies for Managing Overwhelming Workloads

6. 위 안내문의 내용과 일치하지 않는 것은?

   ① The event is designed to support parents with children who have ADHD.
   ② Participants can ask questions and receive answers from experts.
   ③ The event provides implementable tips and emotional support on ADHD.
   ④ The event is open to everyone, free of charge, but requires registration.

7. 다음 글의 요지로 가장 적절한 것은?

Steroids and Their Benefits

Steroids effectively reduce inflammation and regulate immune responses, which makes them a common treatment for conditions like autoimmune diseases and severe allergies.

Risks of Long-Term Use

However, long-term use of steroids can lead to serious side effects. These include osteoporosis, high blood pressure, and diabetes, as well as immune system suppression that increases susceptibility to infections. Hormonal imbalances, such as adrenal insufficiency, and cardiovascular risks like heart disease are also concerns.

To ensure patient safety, steroids must be used cautiously and under medical supervision. Proper monitoring and tailored treatment plans help minimize risks while maximizing therapeutic benefits. Addressing these challenges responsibly ensures that steroids remain a valuable but carefully managed medical tool.

① Steroids are too dangerous to be used as a general treatment.
② Steroids strengthen the immune system and reduce the risk of infections.
③ Steroids have potentially negative effects on physical health.
④ Steroids should be used cautiously under professional supervision.

8. 주어진 문장이 들어갈 위치로 가장 적절한 것은?

But this unproductive land left such farmers at a chronic risk of starvation.

The Irish overreliance on potatoes was worsened by certain economic trends in the early 19th century. The development of the British textile industry, for example, made the traditional handicraft sector useless, destroying a key mechanism for achieving food security for the Irish rural poor. (①) A second negative trend was falling real wages and rising rents, which gradually reduced the relative standard of living of wage-dependent Irish. (②) In desperation, many Irish farmers resorted to cultivating wetlands or rocky hillsides. (③) This Irish famine caused the poor to rely more heavily on the "lumper" variety of potato, a tasteless potato that nonetheless could produce impressive yields even on substandard soil. (④) Unfortunately this potato proved particularly vulnerable to the potato blight of 1845-52.

* blight: (식물의) 마름병

9. 다음 글의 제목으로 가장 적절한 것은?

As an introvert, you may struggle with the negative effects of your introverted nature on your social lives. The key to managing these limitations is to recognize them, set clear boundaries, and respect your personal limits. Introverts thrive in small, intimate settings with one or two close friends, rather than large groups. When in a big group, focus on a few individuals instead of trying to engage with everyone. This approach helps you build meaningful connections without feeling overwhelmed. If your energy feels drained, don't hesitate to leave early and avoid being questioned about your quietness. While spending time in noisy, crowded places with extroverted friends can occasionally be enjoyable, it's crucial to set boundaries and identify venues that frequently and consistently exhaust you.

① Advice for Introverts: Set Healthy Boundaries
② A Guide to Introverts: Act More Extroverted
③ How the Introverts Avoid Being in a Crowd
④ Importance of Healthy Social Engagement

10. 밑줄 친 (A), (B)에 들어갈 말로 가장 적절한 것은?

Pop art emerged in reaction to consumerism, mass media, and popular culture. This movement surfaced in the 1950s and gained major momentum throughout the 1960s. Pop art moved away from the theory and methods used in Abstract Expressionism, the leading movement that preceded it. ____(A)____, it drew upon everyday objects and media like newspapers, comic books, magazines, and other mundane objects to produce vibrant compositions, which established the movement as a cornerstone of contemporary art. Many artists associated with the movement achieved unprecedented fame and status, which was an experience that brought them closer to mainstream celebrity. ____(B)____, Andy Warhol has been called the pope of 20th-century pop culture, who captivated audiences with his innovative influence not only on modern art, but also on film, music, fashion, and even the idea of celebrity. Today, Pop art is one of the most instantly recognizable forms of art.

	(A)	(B)
①	Furthermore	Interestingly
②	Instead	For example
③	Nevertheless	For instance
④	Rather	However

Day 12

[1 ~ 3] 밑줄 친 부분에 들어갈 말로 가장 적절한 것을 고르시오.

1. The invasive virus posed a serious threat to the company's data security, so the IT team had to _____ it to prevent further damage.

① nurture ② exterminate
③ preserve ④ harvest

2. If the company _____ in advanced technology last year, it would be leading the market and enjoying significant growth now.

① invested ② has invested
③ had invested ④ would have invested

3.
Tim Jones: Did you hear about the company's new "Green Office" program? 10:42

Jane Baker: No, what's it for? 10:42

Tim Jones: They're planning to reduce paper use and encourage employees to bring reusable items. 10:43

Jane Baker: That sounds great for the environment. But how will they enforce it? 10:44

Tim Jones: They're setting up a tracking system to monitor how much paper each team uses. 10:45

Jane Baker: Wait, you mean _____? 10:45

Tim Jones: Yes, they'll track usage per department and reward teams with the least paper waste. 10:46

① teams will be measured based on paper consumption
② we need to report how much effort we make for environment
③ employees should share their ideas on Green Office initiative
④ the company expects employees to bring their own office supplies

4. 밑줄 친 부분 중 어법상 옳지 않은 것은?

Ever since the details of the criminal case started to come to light, I ① have investigated the intellectual origin of the criminal's mentality. In other words, I have looked into what has been ② referred to the "culture of abuse," or what some ancient philosophers ③ would have called "cultural thought" — a kind of metaphor ④ that, in this context, could conceivably justify the sexual exploitation of young girls.

5. 다음 글의 목적으로 가장 적절한 것은?

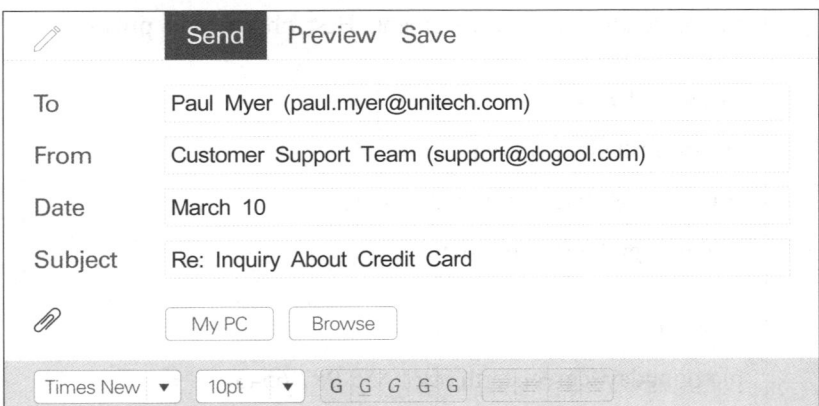

Dear Mr. Myer,

Thank you for reaching out to us and for your continued trust in our services. We understand the importance of ensuring uninterrupted service and are here to assist you with updating your payment information.

To update your credit card details, please follow these steps:
1. Log in to your account on our website or mobile app.
2. Navigate to the Billing Information section under your account settings.
3. Select Update Payment Method and enter your new credit card details, including the expiration date.
4. Confirm the changes and save your updated information.

If you have any issues or need additional support, please let us know. We are happy to assist further if required.

Best regards,
Customer Support Team

① to offer a refund for a service issue
② to guide the process of payment updates
③ to assist with account termination
④ to confirm a payment for an order

[6~7] 다음 글을 읽고 물음에 답하시오.

(A)

Combine fitness with eco-action! Plogging — picking up litter while jogging — is the perfect way to stay healthy and help the planet. Join this Plogging Day to clean our community and make a difference!

- Date: May 24, 2025 (Saturday) | Time: 9:00 a.m. − 12:00 p.m.
- Location: Lakeside Park, Main Plaza

Schedule
- 9:00 − 9:30 a.m. Registration & supply distribution
- 9:30 − 11:30 a.m.: Plogging activity (park & nearby areas)
- 11:30 a.m.− 12:00 p.m.: Waste sorting & group photo

SNS Challenge
Share your plogging moments on SNS with hashtags #PloggingDay #EcoFriendly #GreenMovement. Best photos win prizes!

What to Bring
- Comfortable workout attire
- Gloves & bags provided on-site
- Trash grabbers optional

Contact
ploggingday@greenearth.org | 555-987-6543

A small step for you, a giant leap for Earth!

6. (A)에 들어갈 윗글의 제목으로 가장 적절한 것은?
① Walking: the Best Choice for the Environment
② Let's Keep Our Parks Clean with Our Own Efforts
③ Let's Promote the Meaning of Plogging Day Widely
④ Join Plogging Day: A Step Toward a Cleaner Earth

7. 위 안내문의 내용과 일치하지 않는 것은?
① The plogging activity will take place in the park and nearby areas.
② Participants can post plogging photos on social media for prizes.
③ Bringing trash grabbers is mandatory for participants.
④ Gloves and trash bags will be distributed to participants at the venue.

8. 밑줄 친 (A), (B)에 들어갈 말로 가장 적절한 것은?

For most police officers, acute stress reactions begin at the scene of a traumatic event or within 24 hours after the event. Yet, some officers will have little or no reaction to a traumatic scene. ___(A)___, their delayed stress reaction tends to show up days, weeks, months, and in some extraordinary cases, years after the event. Post-traumatic stress is confusing to the officer who cannot pinpoint the exact incident that caused the reaction. ___(B)___, the reaction is as real and painful as if it occurred at the time of the crisis event.

(A)	(B)
① Instead	Nonetheless
② Therefore	Likewise
③ On the other hand	Therefore
④ However	Rather

9. 주어진 글 다음에 이어질 글의 순서로 가장 적절한 것은?

I have always been fascinated by the moon. While teaching in Australia, far from my hometown in North America, I checked a local newspaper's weather report. To my surprise, the moon's illustration looked unfamiliar.

(A) The waxing moon was lit on the left instead of the right as I had always seen it in North America. Thinking it might be a mistake, I decided to turn to a globe for answers.

(B) This realization showed me that what we see depends on our location. Just as the moon looked strange to me in Australia, it would look unusual to Australians observing from North America.

(C) I imagined standing in the southern hemisphere, looking at the globe. It became clear that the moon's appearance reverses in the south of the equator due to our shifted perspective.

① (A) − (B) − (C)   ② (A) − (C) − (B)
③ (B) − (A) − (C)   ④ (B) − (C) − (A)

10. 글의 흐름상 가장 어색한 것은?

One festival that was attended by Greeks of all the cities was the Olympia in honor of Zeus Olympios of Mount Olympus. ① First recorded as taking place in 776 BCE at Olympia, the Olympic Games were held every four years and only the Greeks were allowed to attend them. ② The games initially involved just one event, a foot race, but over time, several other competitions were added to the Olympic programme for the competitors. ③ Modern Olympic games consist of over 300 competitions and have no religious ceremony. ④ Though it was an athletic competition, the religious nature of the festival was always present. The Olympia began with sacrifices to Zeus, where competitors swore an oath at his altar, with penalties for breaking it.

Day 13

[1~3] 밑줄 친 부분에 들어갈 말로 가장 적절한 것을 고르시오.

1.
| The doctor explained that the patient's condition was _____, as it had persisted for several years without significant improvement. |

① acute ② temporary
③ unstable ④ chronic

2.
| It will be very helpful to get a person to _____ when you have to go through the harsh world. |

① rely ② rely on
③ relying ④ relying on

3.
| A: This is the first time I've seen these batteries on sale.
B: I'm sorry, but they aren't on sale today.
A: Look at the ad. The ad says they're on sale.
B: Yes, _____.
A: I see. I've got the wrong brand. |

① the ad is just to get you into the store
② they are out of stock right now
③ batteries are on sale, but not this brand
④ I'll bring you the batteries that are on sale

4. 밑줄 친 부분 중 어법상 옳지 않은 것은?

| Scientists are used to ① analyze data carefully to ensure accuracy. It was required that he, as a young scientist, ② follow strict guidelines during experiments. However, he ③ should have considered several factors, such as environmental variables, before drawing conclusions. Without such consideration, his findings turned out ④ to lack reliability and failed to contribute meaningfully to the field of study. |

[5~6] 다음 글을 읽고 물음에 답하시오.

Dementia Care Association

Role
The Dementia Care Association (DCA) supports caregivers and families by offering education on managing dementia symptoms and progression capably. It works alongside healthcare experts to encourage early detection and effective care strategies in an <u>impartial</u> manner.

Initiatives
The association hosts workshops focusing on caregiver well-being, including techniques for stress relief and patient communication. It also funds cutting-edge research, helping to bring new therapies closer to implementation.

Vision
We aim to create a network where dementia patients retain independence, caregivers gain practical support, and families strengthen connections. By uniting professionals and researchers, we strive to improve care and quality of life for all impacted by dementia.

5. 윗글에서 Dementia Care Association에 관한 내용과 일치하는 것은?

① It educates caregivers on handling dementia challenges effectively.
② It organizes seminars centered on the welfare of dementia patients.
③ It provides financial supports for new treatments currently in practice.
④ It prioritizes local caregiver networks over expert partnerships.

6. 밑줄 친 "impartial"의 의미와 가장 가까운 것은?

① advantaged ② impressed
③ unbiased ④ revised

7. 다음 글의 내용과 일치하지 않는 것은?

Education Innovation Summit 2025

Join educators, researchers, and policymakers at the Education Innovation Summit 2025 to explore how technology and creativity are shaping the future of education.

Event Details
- Date: Monday, January 20, 2025
- Time: 10:00 a.m. − 3:00 p.m.
- Location: Learning Hub Center

Key Features
- Presentations on AI and virtual reality in education.
- Interactive sessions on designing inclusive learning environments.
- Networking with global education leaders.
- Exhibition of cutting-edge educational tools and platforms.

Registration
- Free for students with valid ID.
- Register by January 10 for guaranteed entry.

For more information, visit our website(www.educationsummit2025.com) or contact us at help@educationsummit2025.com

Reimagine the way we learn together!

① Participants can explore how artificial intelligence transforms education.
② Participants can interact with experts from global education sectors.
③ All students are eligible to participate in the event with a minimal fee.
④ Those completing registration in advance will secure their spot.

8. 다음 글의 요지로 가장 적절한 것은?

It is important to caution students, teachers, and parents not to move up the scale too quickly. Change takes time. The best changes occur over time, where small steps are mastered again before taking larger steps. Change does not begin at one point and climb upward steadily. Consider the metaphor of an adolescent learning how to play the piano. As she practices a new song the mastery increases, but with each new song, mastery must occur again. Try to encourage the person in counseling to take small steps by specifying small amounts of time to perform the new behavior and to modify the steps to the new behavior.

① If we expect some change, we should be patient.
② Students should learn what to do before setting a new goal.
③ Skills as counselors lie between being too passive and too assertive.
④ Teachers and parents should be ready to accept any change.

9. 주어진 글 다음에 이어질 글의 순서로 가장 적절한 것은?

In the debate over how to safely reopen schools and effective strategies to keep kids, teachers, school staff and their extended family members safe, a new study from South Korea sheds light on the possible consequences of hastily reopening schools.

(A) That means kids going to high school and middle school are likely to pass the virus each other and then bring it home, even if they do not have any symptoms.
(B) These findings suggest that as schools reopen, communities will start to see clusters of infection take root that include children of all ages.
(C) The large study found that older children, mainly teens and tweens, are more likely to spread the virus than young children or adults.

① (B) − (A) − (C) ② (B) − (C) − (A)
③ (C) − (A) − (B) ④ (C) − (B) − (A)

10. 밑줄 친 부분에 들어갈 말로 가장 적절한 것은?

Sometimes a person is acclaimed as "the greatest" because _____. For example, violinist Jan Kubelik was acclaimed as "the greatest" during his first tour of the United States, but when impresario Sol Hurok brought him back to the United States in 1923, several people thought that he had declined in skill. However, Sol Elman, the father of violinist Mischa Elman, thought differently. He said, "My dear friends, Kubelik played the Paganini concerto tonight as splendidly as ever he did. Today you have a different standard. You have Elman, Heifetz, and the rest. All of you have developed and grown in artistry, technique, and, above all, in knowledge and appreciation." The point is that you know more, not that Kubelik plays less well.

*impresario: 기획자

① he or she longs to be such a person
② he or she was born with great artistic talent
③ there are moments of inspiration
④ there is little basis for comparison

Day 14

[1 ~ 3] 밑줄 친 부분에 들어갈 말로 가장 적절한 것을 고르시오.

1. Due to budget cuts, the government had to _____ several programs aimed at community development.

① expand
② curtail
③ initiate
④ revive

2. Housing prices _____ in major cities due to increasing demand and limited availability of new properties.

① have expected to keep raising
② are expected to keep raising
③ have expected to keep rising
④ are expected to keep rising

3.

Emily Carter
Hi, I'd like to ask about exchanging currency online. Can I pick it up at a branch?
10:42

Global Exchange Bank
Yes, you can pick up your exchanged currency at any branch during regular business hours.
10:42

Emily Carter
_____
10:43

Global Exchange Bank
You can pick it up at the airport, which operates 24/7.
10:44

Emily Carter
That's convenient. Can I exchange all currencies there?
10:45

Global Exchange Bank
Most major currencies are available, but it's best to check in advance.
10:45

① What about outside of regular business hours?
② Can I schedule a pickup time for my currency?
③ Is there a limit to how much currency I can exchange?
④ Do I need to bring identification to collect my currency?

4. 밑줄 친 부분 중 어법상 옳지 않은 것은?

Methanol, a fuel used ① to power light aircraft and racing cars, ② is being tried out as the alternative for ships, highlighting its potential in an industry under pressure to cut emissions. By next year, shipping firms ③ will have had to cut polluting sulphur emissions in vessels, ④ sparked a race for alternatives to standard diesel between fuel sources such as methanol and liquefied natural gas.

[5 ~ 6] 다음 글을 읽고 물음에 답하시오.

	Send Preview Save
To	Customer Support Team (support@bestplatform.com)
From	Alice Benson (alice.benson@doogool.com)
Date	February 18
Subject	Inquiry About Subscription

Dear Customer Support Team,

I have been a loyal customer and have greatly appreciated the convenience and reliability of your services over the years. Your platform has been <u>instrumental</u> in enabling me stay organized and efficiently manage my tasks.

Recently, I received a notification regarding the upcoming renewal of my subscription. Upon reviewing the details, I noticed that the renewal fee and package details seem different from my current plan. As this subscription is essential for my daily workflow, I would like to ensure that the renewal process proceeds smoothly and that I retain the correct plan.

Could you please guide me through the steps to verify and update my subscription details? Additionally, if there are any other actions required on my part to ensure uninterrupted access to the service, kindly let me know.

Thank you for your prompt attention. I look forward to your reply.

Best regards,
Alice Benson

5. 윗글의 목적으로 가장 적절한 것은?

① To cancel the subscription due to dissatisfaction with the service
② To inquire about the subscription renewal process
③ To request a refund for the subscription fee already charged
④ To upgrade the current subscription to include additional features

6. 밑줄 친 "instrumental"의 의미와 가장 가까운 것은?

① supplementary
② harmonious
③ contributory
④ mechanical

7. CardMaker 앱에 관한 다음 글의 내용과 일치하지 않는 것은?

Use the new CardMaker app for personalized mobile cards.

Use the new CardMaker app to create customized digital cards for any occasion. One key feature of CardMaker is its wide range of templates, allowing users to design cards for birthdays, Christmas, New Year's Day, and many more events. The app also supports adding personal messages, photos, and themes for extra customization. As part of the developer's continuous improvement plan, additional card templates and features are regularly updated to enhance the user experience. Simply download the app from the official app store, or use the online web version for desktop users. Enjoy the ease of designing and sharing your digital cards directly through the app.

① It provides templates for multiple special occasions.
② It allows creating personalized cards with photos and clips.
③ It adds new features on a regular basis.
④ It can be downloaded from the app store or accessed online.

8. 밑줄 친 부분에 들어갈 말로 가장 적절한 것은?

We _____ in order to forget "it." When something unpleasant happens to us, we often say "I'd rather not talk about it" because not talking makes it easier to forget. Once you tell what happened to you, you will be less able to forget the parts of the story that you told. In some sense, telling a story makes it happen again. If the story is not created in the first place, however, it will only exist in its original form, i.e., in a form distributed among the mental structures used in the initial processing. Thus, in the sense that it can be reconstructed, the experience remains. When the experience was a bad one, that sense of being in memory can have annoying psychological consequences.

① choose not to create a story
② encounter specific setting
③ try to admit a mistake
④ don't mind retelling a story

9. 다음 글의 주제로 가장 적절한 것은?

Do Europeans and U.S. consumers eat alike? People's eating habits are strongly influenced by a number of factors besides taste. Cultural values, demographic characteristics, and advances in technology all help determine what you eat. To the extent that U.S. and European consumers are influenced similarly by these factors, you would expect and, indeed, would find their eating habits to be remarkably similar. However, because the relative influence of many of these variables differs on the two sides of the Atlantic, U.S. diners and Europeans often find themselves eating different things. A recent study found both U.S. and European consumers primarily interested in the fat content of foods. After this commonality, however, the concerns of the two groups diverged. Europeans want in descending order freshness, vitamin and mineral content, and nutritional value while Americans look for foods low in salt, cholesterol, and sugar.

① popularity of diet in America and Europe
② nutritional differences in American and European foods
③ comparisons of American and European eating habits
④ Americans' and Europeans' eating healthy food

10. 주어진 문장 다음에 이어질 글의 순서로 가장 적절한 것은?

Think of something funny and it's unlikely to feature the pharaohs of ancient Egypt or the great Greek thinkers Plato and Aristotle.

(A) Extra points should be awarded for audacity, since the joker was teasing the big boss from low down on the hierarchical ladder.

(B) The joke itself won't provoke any boisterous hilarity in a modern audience, but thousands of years later it still boils down to something infinitely relatable: for example, one guy teasing another guy falling in love — boldly aimed at someone far above him socially.

(C) Still, humour is inseparable from human history, with the first recorded joke reportedly directed at an Egyptian king by his court magician for amusement. According to Jim Holt, a famous author, that joke was delivered back in 2,600 B.C. — written on papyrus in hieroglyphics, surprisingly enough.

* boisterous: 떠들썩한

① (A) – (B) – (C) ② (A) – (C) – (B)
③ (C) – (A) – (B) ④ (C) – (B) – (A)

실전동형모의고사 1 (Day 15~16)

[1 ~ 3] 밑줄 친 부분에 들어갈 말로 가장 적절한 것을 고르시오.

1. The student's _____ remark during the lecture shocked everyone with its blatant disregard for the professor's authority.

① courteous
② impertinent
③ respectful
④ humble

2. Wandering aimlessly and struggling to find food, the dog finally found its way home after _____ for two days in an unfamiliar area.

① lost
② losing
③ being lost
④ to lose

3.
A: Hello, Brad. I must say you're looking good.
B: Thanks for saying that, Karen. I've joined the school fitness program. It's changed my life.
A: I've heard about it. Have you changed your diet, too?
B: As a matter of fact, I eat more fresh fruit and vegetables now.
A: And how about exercise?
B: I'm doing yoga twice a week.
A: That's great. It's obviously having a good effect.
B: Why don't you give it a try? You'd be amazed at the results.
A: I'd love to, but it sounds far too difficult for me.
B: _____

① Don't worry. The diet will definitely help.
② No, it isn't. You will be all thumbs.
③ You're certainly doing a great job.
④ Oh, come on. I know you can do it.

4. 밑줄 친 부분 중 어법상 옳지 않은 것은?

Galileo didn't know that the Earth ① revolves around the Sun until he studied celestial motion through his telescope. No sooner ② he had shared his findings than he faced strong opposition. Though not accustomed ③ to defending his ideas publicly, he was made ④ to argue his case, ultimately shaping the foundation of modern astronomy despite the challenges he endured.

5. 다음 글의 요지로 가장 적절한 것은?

Aquaculture Fish Management Association

Aquaculture Health Emergencies

Sudden disease outbreaks in aquaculture can lead to significant economic losses, disrupt food supplies, and threaten the sustainability of global fisheries. Therefore, the primary focus of the Aquaculture Fish Management Association (AFMA) is preparing for large-scale fish health issues.

Mass Mortality Events

Mass mortality events in aquaculture involve the sudden deaths of large numbers of farmed fish, often caused by disease outbreaks, water quality issues, or environmental changes. AFMA investigates these incidents to identify causes and prevent future occurrences.

AFMA operates 24/7 to respond to emergency reports from aquaculture farms. It collaborates with fishery stakeholders and researchers to develop solutions, promote sustainable practices, and support the global aquaculture industry.

① AFMA focuses on investigating fish mortality events in aquaculture.
② AFMA ensures sustainable fish farming through global collaboration.
③ AFMA actively supports research into the causes of fish diseases.
④ AFMA's primary goal is to manage large-scale fish health emergencies effectively.

6. 다음 글의 주제로 가장 적절한 것은?

Psychologists and behavioral economists are identifying the traits that separate savers from spenders, focusing on how people value immediate versus future rewards. This distinction helps explain why some people can delay gratification and save effectively, while others struggle to plan for the future. In one experiment, a neuroeconomist gave volunteers a choice: $20 now or more money later. Some participants, valuing the future almost as much as the present, chose $21 after a month. Others, who prioritized immediate rewards, demanded as much as $68 to wait the same amount of time. Economists refer to these behaviors as "flat discounting" and "steep discounting," reflecting how differently individuals perceive future value.

① how to start your business with $20
② two types of personality about spending and saving
③ how to get prepared for going to graduate school
④ an effective way to suppress a desire to spend

[7~8] 다음 글을 읽고 물음에 답하시오.

(A)

The City Parks Department is thrilled to announce the grand reopening of the Prospect Park after extensive renovations aimed at creating a more enjoyable and inclusive space for all!

The revitalized park now features state-of-the-art playground equipment, a spacious picnic area, and a multi-functional fitness zone suitable for people of all ages. Visitors can also enjoy newly paved walking paths, enhanced with energy-efficient lighting to ensure safety and accessibility during evening hours. Furthermore, a small outdoor amphitheater has been added, providing a venue for community performances and events.

We invite you to join us for the grand reopening celebration, where there will be live music, interactive family activities, and complimentary refreshments. This is your chance to experience the park's new amenities and connect with your community.

Event Details
- Date: Saturday, May 2, 2025
- Time: 10:00 a.m. − 2:00 p.m.
- Location: Main Entrance, Prospect Park

For more information, visit www.prospectpark.gov or contact (555) 987-6543.

7. (A)에 들어갈 윗글의 제목으로 가장 적절한 것은?

① Discover the Exciting Changes in Your Park
② Guidelines for a Safe Park Experience
③ New Policies for Park Maintenance
④ A Guide to Exploring Nearby Parks

8. 위 안내문의 내용과 일치하지 않는 것은?

① The park now has improved playground amenities for children.
② People of different age groups can use the new fitness facilities.
③ Energy-saving lighting has been installed in walking paths to ensure evening safety.
④ Visitors need to pay for the food provided at the event.

9. 글의 흐름상 가장 어색한 것은?

Since Aristotle, people have thought it possible to infer personality traits from the face, an art known as physiognomy. In the last decade, breakthroughs in 3-D modeling and animation software have opened up the field. ① At the same time, ideas from genetics and evolutionary psychology are reanimating old debates on biological determinism, race, gender differences and physiognomy. ② Some psychologists went through the database of mug shots of inmates and found that prisoners' faces were significantly wider than a population of undergraduates. Their conclusion, thus, was that face width predicts violent crime. ③ To make things even more complicated, the same facial expression can have several meanings at the same time depending on the context. ④ However, others argue that pro hockey players have even wider faces than the prisoners and thus we cannot rely on face-ism just as the old saying "Never judge a book by its cover".

*physiognomy: 관상학

10. 밑줄 친 부분에 들어갈 말로 가장 적절한 것은?

We tend to assume that the way to get more time is to speed up. But speeding up can actually slow us down. Anyone who has ever rushed out of the house only to realize that his or her keys and wallet are sitting on the kitchen table knows this only too well. And it's not just our efficiency that is reduced. The quality of the experience suffers too, as we become less aware or 'mindful.' Have you ever eaten an entire meal without tasting any of it? Hurrying up doesn't just give us less time, and it can also steal the pleasure and benefit from the time that we do have. For many of us, hurrying is a way of life. Some of us enjoy the thrill that it gives us while others are driven crazy by the constant pressure and feel that their lives are speeding up to an unacceptable degree. Either way, there are almost certainly areas of our life that could be _____.

① affected by temporary sufferings
② disturbed by inconsistent behaviors
③ enhanced by a little go-slow behavior
④ complicated by slow-but-steady actions

[11 ~ 13] 밑줄 친 부분에 들어갈 말로 가장 적절한 것을 고르시오.

11. During the important board meeting, the sudden loud noise from the construction site outside completely _____ the discussion and made it difficult to concentrate.

① disturbed
② inspired
③ exploited
④ evoked

12. The more time you spend practicing English every day, _____ when speaking with native speakers.

① more confident you will become
② you will become more confident
③ the more confident you will become
④ the more you will become confident

13.

Eva Gardener: Hey, I printed something on the office copier a few hours ago, but the printout didn't come out. 10:42

Bill Austin: Really? I just used it, and it was working fine. 10:42

Eva Gardener: It worked fine earlier this morning. That's strange. 10:43

Bill Austin: Was it the Q1 marketing analysis report you printed? 10:44

Eva Gardener: How did you know? 10:45

Bill Austin: _____. 10:45

Eva Gardener: Thank god. I'll come and grab it. 10:46

① I'll redo the marketing analysis document for you
② I make mistakes when analyzing things like that
③ I will report the issue to the service center for you
④ I accidentally brought it along with my printouts

14. 밑줄 친 부분 중 어법상 옳지 않은 것은?

In the United States, it seems children aren't allowed to walk anywhere by themselves, play by themselves or ① be left to themselves. In contrast to the American parenting style, defined by the idea ② that every stranger is a potential child molester, Japanese parents often allow their preschool children to ③ walk alone to and from kindergarten. They are taught to rely on the group for help if needed, and the number of children walking alone ④ foster both the perception and reality of safety.

15. 다음 글의 목적으로 가장 적절한 것은?

	Send Preview Save
To	allstaff@novatech.com
From	techsupport@novatech.com
Date	June 1, 2025
Subject	Important Announcement

Dear Valued Employees,

We are excited to announce the rollout of a new company-wide system designed to improve operational efficiency and enhance our work processes. To ensure a smooth transition, we need every employee to complete the following steps by the end of this month.

1. Log in to the Employee Portal and navigate to the "System Setup" section.
2. Update your contact details and emergency information as required.
3. Complete the training module to familiarize yourself with the new system's features.
4. Acknowledge the user agreement and provide the electronic signature.
5. Obtain your personalized system access credentials during the onboarding session.

If you have any questions or need assistance, please reach out to the IT Support Team at techsupport@novatech.com or contact extension 321. Thank you for your cooperation in making this transition seamless and successful!

Best regards,
The IT Support Team

① To remind employees to provide their electronic signature
② To remind employees to complete the setup for the new system
③ To remind employees to update their contact details
④ To remind employees to complete the training module

16. 주어진 문장이 들어갈 위치로 가장 적절한 것은?

In one famous case, alchemist Wei Boyang tested his potion on a dog, proclaiming: "If the dog can survive after taking it, then it is edible for man; if the dog dies, then it is not."

Chinese alchemists began making immortality potions as early as 3000 years ago. (①) Alchemy was an ancient practice in many cultures of experimenting to try to enhance people or objects. (②) In spite of the common knowledge that immortality potions could be deadly, alchemists continued to make them until the 1700s. (③) They were particularly popular during the Han dynasty, when Emperor Wu employed many alchemists who claimed to possess the highly sought-after recipe. (④) Sadly, it died instantly, but Wei and one of his alchemy students took the medicine anyway and also died immediately.

[17~18] 다음 글을 읽고 물음에 답하시오.

(A)

The Annual Career Fair returns, offering job seekers a unique opportunity to connect with leading employers and industry experts.

This year's event boasts participation from over 70 major companies representing a diverse range of industries, including technology, healthcare, finance, education, and manufacturing. Beyond networking opportunities, attendees can take advantage of various professional development activities, such as interactive resume workshops, mock interviews, career counseling sessions, and panel discussions with seasoned professionals.

A highlight of this year's event is the keynote speech by a renowned CEO, who will share insights on navigating the evolving job market and building a fulfilling career. Attendees are encouraged to bring multiple copies of their résumé, dress professionally, and prepare questions for potential employers.

Don't miss this comprehensive career-building experience that will help you explore job opportunities, enhance your skills, and expand your network.

Event Details
• Date: Friday, March 21, 2025
• Time: 9:00 a.m. – 4:00 p.m.
• Location: Downtown Convention Center, Hall A

For more information, visit www.annualcareerfair.org or contact us at (555) 345-6789.

17. (A)에 들어갈 윗글의 제목으로 가장 적절한 것은?
① Learn How to Start Your Own Business
② Expand Your Network and Advance Your Career
③ Unlocking Your Potential in Local Industries
④ A Guide for a Virtual Job Market

18. 위 안내문의 내용과 일치하지 않는 것은?
① Actual job interviews will be made on site during the event.
② Attendees will receive helpful advice on advancing their careers.
③ The event features a presentation by a distinguished business leader.
④ Participants are advised to bring printed copies of their résumés.

19. 다음 글의 제목으로 가장 적절한 것은?

To reconstitute democracy in line with our present situation, we need to challenge the frightening, but false, assumption that increased diversity automatically brings increased tension and conflict in society. Indeed, the exact reverse can be true. Conflict in society is not only necessary, it is, within limits, desirable. But if one hundred men all desperately want the same goal, they may be forced to fight for it. On the other hand, if each of the hundred has a different objective, it is far more rewarding for them to trade, cooperate, and form symbiotic relationships. Given appropriate social arrangements, diversity can make for a secure and stable civilization. It is the lack of appropriate political institutions today that unnecessarily sharpens conflict between minorities to the knife-edge of violence. The answer to this problem is not to stifle dissent or to charge minorities with selfishness. The answer lies in imaginative new arrangements for accommodating and legitimating diversity — new institutions that are sensitive to the rapidly shifting needs of changing and multiplying minorities.

① Are Democracy's Weaknesses Inherent?
② Does Diversity Harm Democracy?
③ The Majority Rule: A Basic Principle of Democracy
④ The Rise of Diversity Is a Threat to Democracy

20. 밑줄 친 부분에 들어갈 말로 가장 적절한 것은?

Stanford University professor Baba Shiv's research shows just how fleeting our willpower can be. He divided 165 undergraduate students into two groups and asked them to memorize either a two-digit or a seven-digit number. Both tasks were well within the average person's cognitive abilities, and they could take as much time as they needed. When they were ready, students would then go to another room where they would recall the number. Along the way, they were offered a snack for participating in the study. The two choices were chocolate cake or a bowl of fruit salad — guilty pleasure or a healthy treat. Here's the kicker: students asked to memorize the seven-digit number were nearly twice as likely to choose cake. This tiny extra cognitive load was just enough to _____.

*kicker: 뜻밖의 결말

① find a creative solution
② lead to true cooperation
③ prevent a prudent choice
④ maintain short-term memory

Day 17

[1~3] 밑줄 친 부분에 들어갈 말로 가장 적절한 것을 고르시오.

1. The professor's explanation was so _____ that even the most complex concepts became easy to understand.

   ① profound
   ② comprehensible
   ③ extreme
   ④ obscure

2. Despite her detailed explanation, the new policy seemed _____ to most employees who were unfamiliar with the technical terminology it involved.

   ① confusion
   ② confused
   ③ confusing
   ④ confuse

3.

   TechFix Support: Hi Anna, this is TechFix Support. Can we review your account? 10:42

   Anna Lee: Sure, what's the issue? 10:42

   TechFix Support: It seems your software license has expired and hasn't been renewed for two months. 10:43

   Anna Lee: That's strange. I thought it was set to renew automatically. 10:44

   TechFix Support: _____. 10:45

   Anna Lee: Oh, I didn't know that. I'll renew it manually this time. 10:45

   TechFix Support: Thanks, Anna. Please make sure to renew the license soon to avoid interruptions. 10:46

   Anna Lee: I'll handle it right away. 10:46

   ① We recommend upgrading to a lifetime license
   ② Your auto renewal setting may have been turned off
   ③ The license has already been renewed successfully
   ④ Please check if your email reminders have been overlooked

4. 밑줄 친 부분 중 어법상 옳지 않은 것은?

   In today's world, people ① are overwhelmed by countless options that shape their preferences and actions regularly. Many argue that technological advancements have brought both opportunities and challenges, ② offering endless convenience while also complicating decision-making. The complexity of ③ how we interpret reality will undoubtedly shift as long as individual values and cultural contexts ④ will keep expanding.

[5~6] 다음 글을 읽고 물음에 답하시오.

(A)

As a member of this vibrant community, you are invited to participate in an exciting event that combines creativity, fun, and competition. Imagine colorful kites filling the sky, each telling its own story. Whether you're an expert flyer or a first-timer, this is a chance to express yourself and celebrate the joy of flight.

Yes, it's the Annual Kite Festival! This year's theme is "Kites of Innovation," where participants are encouraged to design unique kites that reflect futuristic ideas. Join us for a day of fun activities, including kite-making workshops, a flying competition, and live music performances.

Sponsored by the Local Creativity Council and held at Sunshine Meadow on Sunday, February 16, 2025, from 10:00 a.m. to 4:00 p.m., this event is free for all ages. Bring your family and friends to witness the spectacular sight of kites soaring high above the city.

For details, visit www.localcreativitycouncil.org/kitefestival or contact us at (555) 759-6434.

5. (A)에 들어갈 윗글의 제목으로 가장 적절한 것은?

   ① Designing Kites for a Greener Future
   ② A Celebration of Kites and Creativity
   ③ The History of Kite-Making Traditions
   ④ How to Fly Kites Like a Professional

6. 위 안내문의 내용과 일치하는 것은?

   ① The kite festival is specifically designed for professionals.
   ② The event is centered around the theme of reviving tradition.
   ③ Participants can enjoy designing and making kites and live concerts.
   ④ The event is organized by the Local Creativity Council.

7. 다음 글의 목적으로 가장 적절한 것은?

To: New Employees
From: HR Department <hr@welltech.com>
Date: July 1, 2025
Subject: Important Information

Dear New Employees,

We're thrilled to have you join us. To ensure a smooth start to your journey here, please complete the following steps:

1. Submit Required Documents: Upload a scanned copy of your ID and signed employment contract to the HR portal by July 5.
2. Register on the Company System: Log in to the Employee Portal using the credentials sent to your email and update your profile details, including emergency contact information.
3. Attend the Welcome Session: Join the mandatory session scheduled for July 7, 2025, at 10:00 a.m. in Conference Room B.

If you have any questions or require assistance, feel free to reach out to the HR team at hr@welltech.com or call extension 100.

Best regards,
HR Department

① To provide details about the company's interview process
② To guide new employees on how to begin their work at the company
③ To remind new employees about the document submission deadline
④ To inform new employees of the company's training policy

8. 다음 글의 제목으로 가장 적절한 것은?

If you long for those days of pure innocence at the seaside, relive them on island getaways around the British Isles. Some of the best Isles of Scilly are perfect for family resorts. Take an island small enough to walk around. No vehicles, except for the odd tractor or truck. Throw yourself in sandy beaches and seals basking on rocks. Pepper with stories of shipwrecks and pirates — then add children and see what happens. Islands tap into a child's sense of adventure in a way that children's clubs rarely manage. They evoke an era in which family fun was gauged by the complexity of sandcastles built, and interesting shells collected. Yet they are not without contemporary chic. All feature noteworthy restaurants, informal hotels, and self-catering cottages — so their appeal for parents is as much about enjoying a peaceful retreat as revisiting childhood memories.

① Holidays Loaded with Wonderful Memories
② Hotels and Restaurants Recommendable
③ An Overview of the British Isles
④ Shipwrecks and Pirates in England and Ireland

9. 주어진 글 다음에 이어질 글의 순서로 가장 적절한 것은?

Regular caffeine intake reduces the volume of grey matter in the brain, suggesting coffee intake could impair our information processing ability, a new study shows. Swiss researchers gave volunteers three 150 mg servings of caffeine a day for 10 days — a caffeine intake equating to about four or five small cups of brewed coffee a day, or seven single espressos.

(A) However, the effect appeared to be temporary — just 10 days without any caffeine reversed the changes.
(B) The reduction was particularly striking in the right medial temporal lobe, including the hippocampus, a region of the brain that is essential to memory consolidation.
(C) They found a reduction in grey matter, which is mostly found on the outermost layer of the brain, or cortex, and serves to process information.

* temporal lobe: 측두엽
* hippocampus: 해마

① (B) − (A) − (C)   ② (B) − (C) − (A)
③ (C) − (A) − (B)   ④ (C) − (B) − (A)

10. 밑줄 친 부분에 들어갈 말로 가장 적절한 것은?

The discovery that man's knowledge is not, and never has been, perfectly accurate has had a humbling and perhaps a calming effect upon the soul of modern man. The nineteenth century, as we have observed, was the last to believe that the world, as a whole as well as in its parts, could ever be perfectly known. We realize now that this is, and always was, impossible. We know within limits, not absolutely, even if the limits can usually be adjusted to satisfy our needs. Curiously, from this new level of uncertainty even greater goals emerge and appear to be attainable. Even if we cannot know the world with absolute precision, we can still control it. Even our inherently incomplete knowledge seems to work as powerfully as ever. In short, we may never know precisely how high is the highest mountain, but we _____.

① continue to be certain that we can get to the top nevertheless
② keep denying our limited knowledge and sticking to preciseness
③ give up seemingly unattainable goals by admitting our limitedness
④ can perfectly satisfy our needs only after we climb it

Day 18

[1 ~ 3] 밑줄 친 부분에 들어갈 말로 가장 적절한 것을 고르시오.

1. The evolution of language _____ traditional expressions: it leads to the emergence of new phrases, modifies existing meanings, and causes some words to fade over time.

① preserves
② erases
③ transforms
④ isolates

2. New evidence that suggests a possible solution to the long-standing problems _____ by scientists.

① has recently discovered
② have recently discovered
③ has recently been discovered
④ have recently been discovered

3. A: Excuse me, you look familiar. Do I know you from somewhere?
B: You might! I attend quite a few industry events. Have we met at one of those?
A: That could be it. _____.
B: Same here. By the way, my name is Alex Green.
A: Nice to meet you again, Alex. I'm Jamie.

① I think we've never actually met before, though
② I'm not a person who usually attends events like those
③ I've been to several networking events this year
④ This is actually my first time meeting someone like you

4. 밑줄 친 부분 중 어법상 옳지 않은 것은?

There are two ways that we might respond to the underdetermination of theory by data — a situation where the given data or evidence is insufficient to fully support or determine a specific theory. One response, which we can call the agnostic response, is to suspend judgment: ① The other response, which we can call the fideist response, is ② to be believed whatever we would like to believe. A researcher recognized these options and suggested ③ evading the dilemma. It is a logical maxim, he suggests, ④ that there could be no genuine underdetermination.

[5 ~ 6] 다음 글을 읽고 물음에 답하시오.

The International Society for Environmental Ethics

Founding and Mission
The International Society for Environmental Ethics (ISEE) was established in 1993 to promote the study and discussion of environmental ethics. Its mission is to encourage scholarly research and public discourse on ethical issues related to the environment, helping to foster a deeper understanding of our responsibilities to the natural world.

Goals and Objectives
ISEE aims to facilitate interdisciplinary dialogue among philosophers, scientists, policymakers, and the public on environmental ethical concerns. It provides a platform for researchers to share their findings, hosts conferences, and publishes a journal that addresses a wide range of topics, including conservation, climate change, and the ethical treatment of animals. The organization seeks to influence policy and practice by emphasizing the importance of ethical considerations in environmental decision-making.

5. 윗글에서 ISEE에 관한 내용과 일치하지 않는 것은?

① It was founded to promote environmental ethics and research.
② It encourages interdisciplinary dialogue on environmental ethical concerns.
③ It hosts conferences and publishes a journal related to environmental issues.
④ Its main focus is on legal aspects of environmental protection.

6. 밑줄 친 "treatment"의 의미와 가장 가까운 것은?

① medication
② processing
③ fairness
④ handling

7. 다음 글의 목적으로 가장 적절한 것은?

To All Employees
From HR Department (hr@nextlevel.com)
Date August 1, 2025
Subject Important Update

Dear All Employees,

We would like to inform you of an important update to the company's remote work policy, effective August 15, 2025. These changes have been made to ensure flexibility while maintaining productivity and collaboration.

Key Updates

1. Work Schedule: Employees may work remotely up to three days per week, with prior approval from their manager.
2. Availability: All remote employees must be available online during core working hours (9:00 a.m. to 4:00 p.m.).
3. Equipment: The company will provide necessary equipment such as laptops and monitors. Employees are responsible for maintaining a secure and stable internet connection.
4. Requests and Approvals: Remote work requests must be submitted through the HR portal at least one week in advance.

Thank you for your cooperation in implementing these updates.

Best regards,
HR Department

① To introduce a new flexible work schedule for employees
② To inform employees about changes to the remote work policy
③ To provide guidance on how to submit remote work requests
④ To announce the availability of new equipment for remote workers

8. 밑줄 친 (A), (B)에 들어갈 말로 가장 적절한 것은?

A decision can be rational without being right and right without being rational. This has been illustrated through many examples in history. ____(A)____, in the battle of Narva (on the border between Russia and what we now call Estonia) on 20 November 1700, King Carl of Sweden and his 8,000 troops attacked the Russian army, led by Tsar Peter the Great. The tsar had about ten times as many troops at his disposal. Most historians agree that the Swedish attack was irrational, since it was almost certain to fail. ____(B)____, the Swedes had no strategic reason for attacking; they could not expect to gain very much from victory. However, because of an unexpected snowstorm that blinded the Russian army, the Swedes won. The battle was over in less than two hours. The Swedes lost 667 men and the Russians approximately 15,000.

(A)	(B)
① For instance	Moreover
② For instance	Therefore
③ However	Moreover
④ However	Similarly

9. 주어진 문장이 들어갈 위치로 가장 적절한 것은?

The colour of the water also depends on other factors, such as what particles are floating in it.

The sea often appears blue because of the way light interacts with the water. White light is made up of many different visible colours ranging from red to violet — red has the longest wavelength and blue light the shortest. (①) As water molecules are better at absorbing light with longer wavelengths, they absorb much of the red, orange, yellow and green light. (②) The bluer colours, with shorter wavelengths, are less likely to be absorbed, giving the sea its blue hues. Shallow water often appears clear as there are fewer water molecules to absorb the light, so other colours are able to reach the seafloor and reflect. (③) The deeper you go, the more other colours are absorbed and the deeper blue the light becomes, until you reach the point where no visible light can reach, where it is completely dark. (④) Coastal areas can sometimes look murky and brown as they contain sand from the seabed that has been churned up by waves.

10. 다음 글의 요지로 가장 적절한 것은?

The earthquake and tsunami are sure to have an economic impact. The question is to what scale. Dennis Sullivan, the director of international business programs at Miami University, expects the economic impact on the world to be minimal because the most severe damage was not in the business or industrial center of Japan. He also points out that neither a major port nor the airport was destroyed. Sullivan said the largest impact would not be on the economy, but on the people. There will be homelessness and illness. Sullivan said, "It does not appear that Sendai itself is particularly important to the Japanese economy or to the region, so the effects of this will be correspondingly smaller." The Miami University professor adds that the impact could change immediately if there is another earthquake that causes more damage.

① There will be a series of natural disasters.
② The earthquake didn't hit the major industrial cities in Japan.
③ The economic consequence of Japan earthquake will be limited.
④ The earthquake in Japan will cause incalculable damage to the world's economy.

Day 19

[1 ~ 3] 밑줄 친 부분에 들어갈 말로 가장 적절한 것을 고르시오.

1. The company is _____ to implement the new system because it requires burdensome employee training and disruptive adjustments to existing workflows.

① eager
② reluctant
③ excited
④ disheartened

2. The new electric vehicle is _____ than its previous version because of its extended range and advanced technology.

① highly efficient
② as efficient
③ very more efficient
④ much more efficient

3.
A: Are you ready?
B: What are you talking about?
A: You're transferring tomorrow.
B: Oh. Yes, I'm ready but nervous.
A: Why? What are you nervous about?
B: _____.
A: That's not a problem. It's fun to meet new people.
B: Well, that's a good way to think about it.

① I have no idea what to do
② I'm not going to know anybody there
③ I couldn't meet requirements of the school
④ I can't believe I got accepted to my dream school

4. 밑줄 친 부분 중 어법상 옳지 않은 것은?

The global economic slowdown is causing widespread consequences. ① Discouraging businesses from expanding, the uncertain market conditions have led to reduced investments. Policymakers are working to address the crisis, but neither a clear solution nor effective strategies ② appears to be in place. Many companies have had their budgets ③ cut drastically to survive in the competitive environment. However, consumer confidence remains ④ weak, with some analysts insisting that the recovery process is delayed by external factors beyond control.

[5 ~ 6] 다음 글을 읽고 물음에 답하시오.

To: Apartment Management Office <management@apartmentcomplex.com>
From: Emily Parker <emily.parker@penmail.com>
Date: April 12, 2025
Subject: Recent Policy Changes

Dear Management Team,

Thank you for your continued efforts to maintain and improve the quality of our apartment community. Your dedication has made this a pleasant and well-organized place to live in for all residents.

I am writing to inquire about the recent changes to our apartment's waste disposal policy. Several residents, including myself, have found the new guidelines unclear, particularly regarding the updated recycling schedule and the disposal of bulky items.

Could you please give a detailed explanation of the following?
• The specific days and times for recycling collection under the new schedule
• The proper procedure for disposing of large or hazardous items

Additionally, if there are any printed guides or updated notices available, I kindly request that you <u>distribute</u> them to all residents. Clear communication will ensure that all residents can follow the new policy correctly and maintain a clean and organized living environment.

Thank you for your assistance. I look forward to your response.

Best regards,
Emily Parker

5. 윗글의 목적으로 가장 적절한 것은?
① To request clarification on the updated waste disposal policy
② To report violations of the apartment's waste disposal rules
③ To suggest improvements for apartment maintenance services
④ To express gratitude for the management's excellent efforts

6. 밑줄 친 "distribute"의 의미와 가장 가까운 것은?
① remove
② provide
③ classify
④ announce

7. PlantBuddy에 관한 다음 글의 내용과 일치하지 않는 것은?

PlantBuddy: Your Personal Plant Care Assistant

PlantBuddy is a dedicated app designed to help users take better care of their houseplants. By using the app, users can take photos of their plants, and PlantBuddy will analyze the images to provide specific recommendations on watering, sunlight exposure, and ideal temperature. The app also sends reminders based on each plant's unique needs, ensuring that users never miss a watering or care session. PlantBuddy includes a database of over 1,000 plant species, offering detailed care instructions for each one. While most features are free, premium users gain access to advanced tools like pest detection and personalized growth tracking. Future updates will include a feature to diagnose diseases based on plant symptoms uploaded by users.

① PlantBuddy analyzes plant photos to offer plant care tips.
② Users can receive reminders for plant care routines through the app.
③ The app provides care instructions for more than 1,000 plant species.
④ The current version of the app allows premium users to diagnose plant diseases.

8. 글의 흐름상 가장 어색한 것은?

The gila monster is a species of venomous lizard native to the southwestern United States and the northwestern Mexican state of Sonora. Over 30 years ago scientists discovered the potential of gila monster venom as a treatment for type 2 diabetes. ① Using venom as medication is not a recent innovation: the first venom-based medicine is from the 1970s, but using venom goes back millennia. ② Although venom components may have potential practical applications, the time between discovery and a drug being approved for human use can be over 20 years. ③ People in ancient India, for example, were always exposed to snake venom, and discovered that snake venoms were used for biological treatments. ④ So there has always been an interest to not just neutralize the effects of it but also use venom to cure other things. Now, scientists are increasingly looking to venoms as a source for innovative medicines. Hi1a, a protein in the deadly venom of Australia's funnel-web spider, has been found to have the ability to protect the brain from damage caused by strokes.

9. 밑줄 친 부분에 들어갈 말로 가장 적절한 것은?

If creators knew when they were on their way to fashioning a masterpiece, their work would progress only forward: they would halt their idea-generation efforts as they struck gold. But in fact, they backtrack, returning to versions that they had earlier discarded as inadequate. In Beethoven's most celebrated work, the *Fifth Symphony*, he scrapped the conclusion of the first movement because it felt too short, only to come back to it later. Had Beethoven been able to distinguish an extraordinary from an ordinary work, he would have accepted his composition immediately as a hit. When Picasso was painting his famous *Guernica* in protest of fascism, he produced 79 different drawings. Many of the images in the painting were based on his early sketches, not the later variations. If Picasso could have judged his creations as he produced them, he would have gotten consistently warmer and used the later drawings. But in reality, it was _____.

① just as common that he got colder
② uncommon that he used the earlier drawings
③ desirable that he followed the colder trends
④ easy for him to return to his masterpiece

10. 주어진 문장이 들어갈 위치로 적절한 것은?

Who's going to take care of all of those people?

For a country that has managed to outspend every other developed nation in the world on health care, the U.S. is oddly short on doctors. (①) We have about 30 primary-care physicians per 100,000 people. That is far fewer than any other industrialized country. (②) You may have seen the headlines about U.S. physician shortages and how they're posed to get even worse, with baby boomers entering retirement. (③) This is only worsened by the millions of previously uninsured people about to enter the health care system. (④) The most viable solution is a growing population of nurses and other clinicians who have obtained advanced and academic training and are licensed to do many of the same things as physicians.

Day 20

[1 ~ 3] 밑줄 친 부분에 들어갈 말로 가장 적절한 것을 고르시오.

1.
Renting out their space has become a(n) _____ business for millions of homeowners who want to earn some extra income, and more and more people are joining this business.

① lucrative
② adverse
③ broke
④ confidential

2.
Had she _____ the significance of the data, she would have presented it more confidently during the meeting.

① understood
② understand
③ to understand
④ understands

3.
Local Park Staff
This is the city park office. How can I assist you today?
10:42

Emily Johnson
Hi, I wanted to ask if the opening hours for the park have been extended for the summer.
10:42

Local Park Staff
Yes, they have! The new hours are from 6 a.m. to 9 p.m.
10:43

Emily Johnson
That's great to hear. Also, I noticed there's a lot of litter near the playground. How can I report it?
10:44

Local Park Staff
_____.
10:45

Emily Johnson
That's very convenient. Can I report it using my phone?
10:45

Local Park Staff
Absolutely. Once you submit the report, I'll notify the maintenance team immediately.
10:46

① I think you can clean it up if you have time
② You can report it directly through our website
③ The playground is currently closed for repairs
④ The news about this issue has already been shared

4. 밑줄 친 부분 중 어법상 옳지 않은 것은?

Menno Aden is fascinated by the influence of architecture and design on spaces and the people who inhabit ① them. The 41-year-old artist has explored both the exteriors of residential developments and interiors of corporate buildings in his home city of Berlin, rearranging images of each into grids and panel mosaics, ② occasionally transposing them into video works. But the inspiration for his recent project came from a photographic food diary, ③ which he shot his meals by standing on a chair and aiming his camera downward. This view put more emphasis on the space than the food, and he wondered ④ if he could capture an overhead view of an entire room.

[5 ~ 6] 다음 글을 읽고 물음에 답하시오.

(A)

During the dry summer months, the risk of fires increases significantly, putting both residential and commercial areas at greater risk. To help prevent and respond to such emergencies effectively, the City Fire Department is taking proactive measures.

The City Fire Department organizes a workshop to enhance community preparedness for fire emergencies. This workshop includes hands-on fire extinguisher training, evacuation drills, and basic fire safety tips.

The event will take place on the first Saturday of every month, from 9:00 a.m. to 12:00 p.m., at the City Hall Parking Lot. All necessary equipment will be provided by the organizers. Participants must register online at our website in advance to secure a spot. There is no cost for participation as it is fully funded by the City Fire Department.

For additional details about the workshop, please visit our website at www.cityfiredept.gov/events or call us at (555) 123-4567.

5. (A)에 들어갈 윗글의 제목으로 가장 적절한 것은?

① Regional Emergency Response Drills
② What to Prepare for the Dry Season
③ Local Fire Safety Training Program
④ How to Use Fire Extinguishers

6. 위 안내문의 내용과 일치하지 않는 것은?

① Participants will receive training on exiting a building safely.
② Fire extinguishers are provided during the training.
③ The training sessions are held every Saturday morning.
④ The event is free of charge for all participants.

7. 다음 글의 요지로 가장 적절한 것은?

Library Association for Knowledge and Growth

The Library Association for Knowledge and Growth (LAKG) is a non-profit organization dedicated to enhancing the development and accessibility of libraries worldwide. The association's primary mission is to support libraries in underserved communities, ensuring that everyone has access to information, educational resources, and opportunities for personal growth.

Key Goals of LAKG
- Providing funding and resources for libraries in low-income areas
- Organizing community outreach programs to encourage library usage
- Developing digital platforms to enhance access to e-books and online educational content, especially in underserved regions

By working with global partners and local communities, LAKG strives to bridge the knowledge gap and foster a culture of lifelong learning.

① LAKG focuses on preserving ancient manuscripts in libraries.
② LAKG develops digital platforms to promote online learning.
③ LAKG provides training programs for librarians worldwide.
④ LAKG aims to improve access to libraries in underserved areas.

8. 다음 글의 제목으로 가장 적절한 것은?

People do not analyze every problem they meet. Sometimes they try to remember a solution from the last time they had a similar problem. Other times they begin to act without thinking. However, when all these methods fail, they have to start analyzing. There are five stages in analyzing a problem. First, the person must recognize that there is a problem. For example, Sam's bicycle is broken, and he cannot ride it. Next, the person must define the problem. Before Sam can repair his bicycle, he must find the reason why it does not work. Now the person must look for information that will lead to possible solutions. For instance, suppose Sam decided that his bike does not work because there is something wrong with the gear wheels. At this time, he can look in his bicycle repair book or talk to his friends at the bike shop. After studying the problem, he might have several suggestions for a possible solution: put oil on the gear wheels; buy new gear wheels and replace the old ones. Finally, Sam chooses one of the suggestions and he has solved the problem.

① Problem Solving Based on Prior Experience
② Steps of Analytical Problem Solving
③ Five Stages for Repairing Sam's Bike
④ Necessities of Problem Analysis

9. 주어진 글 다음에 이어질 글의 순서로 가장 적절한 것은?

21st-century consumers will change capitalism for the better. They are a new species of shoppers; less centered on America and more intent on ensuring that what they buy reflects what they believe.

(A) Even Heinz, the hardest-nosed of America's food giants, is trying to rebrand itself as a force for environmental clean-up, as well as ketchup.

(B) One change they have brought to the world is that all around the world the new shoppers are not just value-conscious, but also increasingly project their ethical and political values onto their decisions about what to buy.

(C) So, for example, they select firms on the basis of their environmental credentials and supply-chain standards. Shoppers are using their power to support trends such as veganism. Fashion is increasingly conscious of its carbon footprint.

① (A) − (C) − (B) ② (A) − (B) − (C)
③ (B) − (A) − (C) ④ (B) − (C) − (A)

10. 밑줄 친 부분에 들어갈 말로 가장 적절한 것은?

In science, we can never really prove that a theory is true. All we can do in science is to use evidence to reject a hypothesis. Experiments never directly prove that a theory is right; all they can do is to provide indirect support by rejecting all the other theories until _____. For example, sometimes you hear people say things like 'evolution is only a theory: science has never proved it.' That's true, but only in the sense that science never proves that any theory is positively true. But the theory of evolution has assembled an enormous amount of convincing data proving that other competing theories are false. So though it hasn't been proved, evolution is the best theory that we have to explain the data we have.

① scientists admit using false data
② there remains only one likely theory
③ people go back to their original hypothesis
④ the theories can be explained in words

Day 21

[1 ~ 3] 밑줄 친 부분에 들어갈 말로 가장 적절한 것을 고르시오.

1. Even after the project was completed, the team continued to _____ and analyze the results to identify areas for improvement.

   ① scrutinize
   ② disregard
   ③ finalize
   ④ underestimate

2. The incident _____ when the alarm system was unexpectedly triggered, causing panic among the staff.

   ① was occurred
   ② occurred
   ③ was being occurred
   ④ has occurred

3. A: Did you hear that our usual meeting room is under renovation next week?
   B: Really? That's inconvenient. Where should we hold the meeting then?
   A: Good question. _____
   B: That sounds good. I'll check its availability and let the team know.
   A: Perfect. Let me know if there are any issues.

   ① Let's check if the usual meeting room is available.
   ② Why don't we hold the ceremony at a café nearby?
   ③ I think we'd better postpone the meeting to another week.
   ④ How about relocating the meeting to the main conference room?

4. 밑줄 친 부분 중 어법상 옳은 것은?

   The numerous benefits of gardening, including its positive impact on mental health, physical well-being, and environmental sustainability, ① are widely recognized for centuries. Many gardeners have practiced their craft for years, suggesting to others that their techniques ② be passed on to future generations. The growth rate of homegrown plants ③ are often faster than those of store-bought ones, making them a more appealing option. Plants, ④ which roots require proper care, thrive better when nurtured with attention and patience. As a result, gardening continues to inspire people of all ages.

[5 ~ 6] 다음 글을 읽고 물음에 답하시오.

National Food Safety Bureau

Mission
The National Food Safety Bureau (NFSB) ensures that all food businesses comply with safety regulations. The bureau oversees the licensing process for restaurants, grocery stores, and food manufacturers to guarantee public health and safety.

License Application
All food businesses must apply for a license before operations. The process involves submitting detailed documentation about food handling practices, storage facilities, and employee training. These documents can be downloaded online, but applications must be submitted via mail or in person, as online submissions are not accepted.

Support Services
The bureau offers workshops on food safety standards and guidance on maintaining <u>compliance</u> to help businesses avoid penalties.

5. 윗글에서 NFSB에 관한 내용과 일치하지 않는 것은?

   ① It oversees licensing process for various types of food businesses.
   ② It requires businesses to provide detailed food handling documentation.
   ③ It allows businesses to submit license applications online.
   ④ It offers workshops to help businesses meet safety standards.

6. 밑줄 친 "compliance"의 의미와 가장 가까운 것은?

   ① adherence
   ② violation
   ③ observation
   ④ independence

7. 다음 글의 목적으로 가장 적절한 것은?

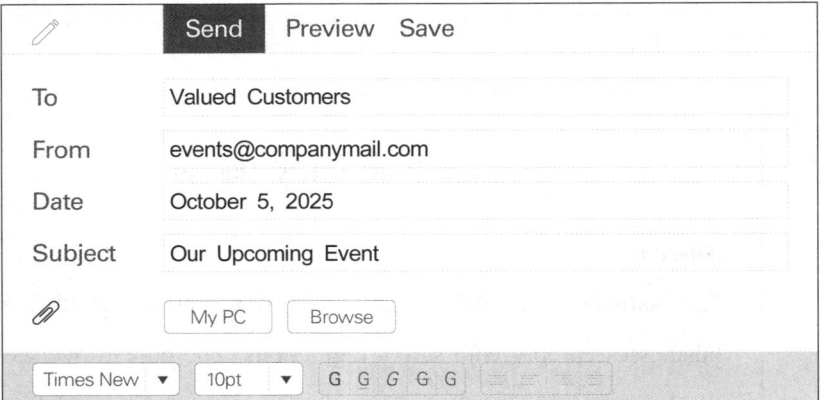

Dear Valued Customer,

We're thrilled to host the "Future Innovations Summit 2025", where industry leaders and innovators gather for insightful talks and networking. We're writing to remind you that registration closes on October 10, 2025, so don't miss your chance to secure a spot!

Event Details
• Date: October 20, 2025
• Time: 9:00 a.m. − 5:00 p.m.
• Location: Grand Innovation Hall, City Center

Register now on our website at www.innovationsummit.com.

We look forward to seeing you at the summit!

Best regards,
The Events Team

① To announce the launch of a new event
② To remind customers about the event registration deadline
③ To provide a detailed agenda for the upcoming event
④ To request feedback on past events from customers

8. 주어진 글 다음에 이어질 글의 순서로 가장 적절한 것은?

Have you ever thought about what skin does for us? Most of us are aware that skin protects us from liquid, heat, cold, dirt, and bacteria.

(A) But that is not its only job. The skin is where our bodies make the vitamin D that we need. Another function has to do with the sense of touch.

(B) The wrong color — slightly gray or very pale — may be a sign of disease. Skin may reflect a person's mental state, too. Unusual sweating, for example, may be a sign that a person is nervous or under stress.

(C) Without that sense, we could not feel any difference between rough and smooth surfaces. Skin can even help us determine if someone is sick.

① (A) − (C) − (B) ② (B) − (A) − (C)
③ (B) − (C) − (A) ④ (C) − (A) − (B)

9. 다음 글의 요지로 가장 적절한 것은?

The study of history provides many benefits. First, we learn from the past. We may repeat mistakes, but, at least, we have the opportunity to avoid them. Second, history teaches us what questions to ask about the present. Contrary to some people's view, the study of history is not the memorization of names, dates, and places. It is the thoughtful examination of the forces that have shaped the courses of human life. We can examine events from the past and then draw inferences about current events. History teaches us about likely outcomes. Another benefit of the study of history is the broad range of human experience which is covered. War and peace are certainly covered as are national and international affairs. And, matters of culture (art, literature, and music) are also included in historical study. Human nature is an important part of history: emotions like passion, greed, and insecurity have influenced the shaping of world affairs. Anyone who thinks that the study of history is boring has not really studied history.

① Studying history is not just about memorization but about exploring deep philosophical questions.
② We should study both national and international history.
③ Studying history helps us understand and explore life and society.
④ History is not boring but interesting subject for everyone.

10. 밑줄 친 (A), (B)에 들어갈 말로 가장 적절한 것은?

Is there anything more romantic than falling in love by campfire glow? Having the opportunity to sit around a fire and see different aspects of each other is a great source of bonding with your partner.   (A)   , campfires are also a source of air pollution. Burning wood releases a surprisingly large number of toxic volatile organic compounds. Wood fires also release large amounts of carbon dioxide, a potent greenhouse gas. For people sitting by a campfire, or even just staying at a busy campground, the air pollution may be intense enough to cause eye and respiratory inflammation and trigger asthma or emphysema attacks.   (B)   , there are several other environmental impacts caused by campfires. Firstly, in areas where campers build fires regularly, dead wood is often collected so heavily that local ecosystems are affected and soil erosion becomes apparent. Also, as many try to burn trash in campfires, not only does it cause even more air pollution, but half-burnt trash is often left behind in the fire pit.

*emphysema: 폐기종

	(A)	(B)		(A)	(B)
①	Likewise	For example	②	Nevertheless	For example
③	However	Moreover	④	Furthermore	Moreover

Day 22

[1 ~ 3] 밑줄 친 부분에 들어갈 말로 가장 적절한 것을 고르시오.

1. The documentary provided a _____ account of the events, ensuring that all perspectives were fairly represented.

   ① biased   ② impartial
   ③ distorted   ④ subjective

2. I couldn't understand _____ doing the same thing, even though I knew it wasn't working.

   ① why kept I   ② why did I keep
   ③ why I kept   ④ I kept why

3.
   Emma Jackson: Hi, I noticed that the delivery for my package has been delayed. 10:42

   Customer Service: I'm sorry to hear that. Can you provide me with your order number so I can check? 10:42

   Emma Jackson: Sure, the order number is 45678912. 10:43

   Customer Service: Thank you. Let me check... It looks like the package is currently at the local distribution center and will be delivered tomorrow. 10:44

   Emma Jackson: _____? 10:45

   Customer Service: Yes, I'll send you the updated tracking information right now. 10:45

   Emma Jackson: Perfect, thanks for your help! 10:46

   ① Can I pick it up myself
   ② Can you speed up the delivery
   ③ Can you send me the tracking details
   ④ Can you refund the shipping fee

4. 밑줄 친 부분 중 어법상 옳지 않은 것은?

   The Kepler-452b has fascinated scientists since its discovery. If it ① were closer to our solar system, missions to study it in detail might be underway. This exoplanet is more similar to Earth in size and conditions than any other ② planet discovered so far. Researchers estimate that it costs decades of development ③ to create a spacecraft capable of reaching such distant worlds. However, ④ that excites scientists most about Kepler-452b is that it might have conditions suitable for life.

[5 ~ 6] 다음 글을 읽고 물음에 답하시오.

To: Ocean Breeze Hotel Reservation Team (reservations@oceanbreezehotel.com)
From: Stacy Smith (stacy.smith@zmail.com)
Date: March 15, 2025
Subject: Inquiry

Dear Ocean Breeze Hotel Reservation Team,

I have always appreciated the excellent services by your esteemed hotel and I was looking forward to yet another wonderful experience with my recent reservation.

However, upon reviewing my reservation confirmation, I noticed a few discrepancies that require clarification. Specifically:

1. The room type I selected (ocean view with king-size bed) is incorrectly reflected as a city view with a queen-size bed in the confirmation.
2. I opted for the breakfast-inclusive package during booking, but this detail is not mentioned in the confirmation.

Could you please verify the accuracy of my reservation and correct any discrepancies? Additionally, I would like to confirm if my initial requests and preferences can be accommodated.

Thank you for your prompt attention to this issue.

Best regards,
Stacy Smith

5. 윗글의 목적으로 가장 적절한 것은?

   ① to cancel the hotel reservation
   ② to address an issue with incorrect billing
   ③ to inquire about additional hotel services
   ④ to resolve an issue with the hotel reservation

6. 밑줄 친 "accommodated"의 의미와 가장 가까운 것은?

   ① housed   ② fulfilled
   ③ refused   ④ adapted

7. 다음 글의 내용과 일치하지 않는 것은?

Education Innovation Summit 2025

Join educators, researchers, and policymakers at the Education Innovation Summit 2025 to explore how technology and creativity are shaping the future of education.

Event Details
- Date: Monday, July 21, 2025
- Time: 10:00 a.m. − 3:00 p.m.
- Location: Learning Hub Center

Key Features
- Presentations on AI and virtual reality in education
- Interactive sessions with leading global education experts
- Exhibition of cutting-edge educational tools and platforms

Registration
- Free for students with valid ID
- Register by July 10 for guaranteed entry.
- Contact: help@educationsummit2025.com | (555) 123-4567

① Attendees will interact with influential educators worldwide.
② Participants can explore new educational tools at the event.
③ Students are eligible to participate in the event with no fee.
④ Participants can register at any time to guarantee their entry.

8. 주어진 글 다음에 이어질 글의 순서로 가장 적절한 것은?

Segway is to end production of its £4,000 namesake vehicle after 19 years, admitting that its longed-for transport revolution has failed to materialize.

(A) But the machines failed to catch on, and quickly earned a reputation for being unsafe, as they could spin out of control and throw users to the ground.

(B) In 2009, just ten months after he bought the company, 62-year-old millionaire Jimi Heselden rode a Segway off a 30-foot cliff to his death while at his country estate, north of London. And in 2015, a cameraman riding a Segway ran over Usain Bolt as he did a victory lap. Luckily, Bolt wasn't injured.

(C) The Segway PT was known as an easy way to get around for short trips, with riders standing on a platform suspended between two wheels and leaning forwards, backwards and side-to-side to direct it.

① (B) − (A) − (C) ② (B) − (C) − (A)
③ (C) − (A) − (B) ④ (C) − (B) − (A)

9. 다음 글의 제목으로 가장 적절한 것은?

As a system for transmitting specific factual information without any distortion or ambiguity, the sign system of honey-bees would probably win easily over human language every time. However, language offers something more valuable than mere information exchange. Because the meanings of words are not invariable and because understanding always involves interpretation, the act of communicating is always a joint, creative effort. Words can carry meanings beyond those consciously intended by speakers or writers because listeners or readers bring their own perspectives to the language they encounter. Ideas expressed imprecisely may be more intellectually stimulating for listeners or readers than simple facts. The fact that language is not always reliable for causing precise meanings to be generated in someone else's mind is a reflection of its powerful strength as a medium for creating new understanding. It is the inherent ambiguity and adaptability of language as a meaning-making system that makes the relationship between language and thinking so special.

① Power of Language: Ambiguity and Creative Understanding
② Not Creative but Simple: The Way Language Works
③ Communication as a Universal Goal in Language Use
④ Erase Ambiguity in Language Production!

10. 밑줄 친 부분에 들어갈 말로 가장 적절한 것은?

A thousand years ago, when the earth was reassuringly flat and the universe revolved around it, the ordinary person had no last name, let alone any claim to individualism. The self was subordinated to church and king. Then came the Renaissance explosion of scientific discovery and humanist insight and, as both cause and effect, the rise of individual self consciousness. All at once, it seemed, humanity had replaced God at the center of earthly life. And perhaps more than any great war or invention or feat of navigation, this upheaval marked the beginning of our modern era. There are now 20 times as many people in the world as there were in the year 1000. Most have last names, and many of us have a personal identity or reasonable expectation of acquiring one. This discussion examines _____ through different lenses and concludes with reflections on how hard it is, in a time of gathering global conformity, to find one's own way.

① the development of scientific discovery
② the transformation of identity
③ the rise of the last name
④ the importance of human rights

Day 23

[1 ~ 3] 밑줄 친 부분에 들어갈 말로 가장 적절한 것을 고르시오.

1. Companies are required to _____ financial information to their investors to ensure transparency and trust.

   ① underestimate ② disclose
   ③ ignore ④ withhold

2. The city's old strict regulations keep the old building _____ despite its considerable age and condition.

   ① of demolishing ② from demolishing
   ③ of being demolished ④ from being demolished

3.
   A: Hey, it's a bit late, but happy birthday!
   B: Thank you. I thought you forgot my birthday.
   A: No way! How can I forget your birthday? I've been on the go so far.
   B: I totally understand that. It's better late than never!
   A: Thanks for understanding. _____
   B: I'll accept that! My favorite restaurant is only one block from here. Let's go there.

   ① Would you recommend the restaurant near here?
   ② Let me treat you to dinner today as an apology.
   ③ How did you spend your birthday?
   ④ Tell me what you want for your birthday.

4. 밑줄 친 부분 중 어법상 옳지 않은 것은?

   The company is currently facing significant challenges, ① struggling to adapt to a rapidly changing market. It is essential that management take immediate steps to revise policies, ensuring they align with current trends. Never ② the staff has worked so diligently without facing immense pressure, sacrificing personal time and energy. Employees have reached a point ③ where communication and transparency are urgently needed. The situation highlights that any effort to recover is worth ④ addressing.

[5 ~ 6] 다음 글을 읽고 물음에 답하시오.

(A)

We're excited to announce the upcoming Hillside Art Fair Weekends, a vibrant annual gathering showcasing our community's creativity, craftsmanship, and artistic expression. Save the dates and come enjoy a colorful weekend!

Event Details
- Dates: Friday, September 8 – Sunday, September 10
- Times: 9:00 a.m. – 7:00 p.m. (Friday & Saturday)
  10:00 a.m. – 5:00 p.m. (Sunday)
- Location: Hillside Park, Oak Street, and adjacent areas

Highlights
- Art Exhibitions
  Explore unique works by talented local artists, ranging from paintings and sculptures to photography and mixed-media installations.
- Workshops
  Join hands-on art workshops suitable for all ages, led by expert artists and instructors. Materials will be provided on a first-come, first-served basis.

For the complete list of activities and events, please visit our website at www.hillsideartfair.org or reach out to the Fair Office at (553) 789-0123.

5. (A)에 들어갈 윗글의 제목으로 가장 적절한 것은?
   ① Exhibit Your Photos at the Hillside Art Fair Weekend!
   ② Show Your Sculptures at the Hillside Art Fair Weekend!
   ③ Discover Creativity at the Hillside Art Fair Weekend!
   ④ Enjoy Local Musicians' Concert!

6. 위 안내문의 내용과 일치하지 않는 것은?
   ① 매년 열리는 예술 행사이다.
   ② 일요일에는 오후 7시까지 열린다.
   ③ 주요 행사로 지역 예술가의 예술품 전시가 진행된다.
   ④ 웹사이트나 전화를 통해 행사와 활동을 알 수 있다.

7. TimeWhisper에 관한 다음 글의 내용과 일치하지 않는 것은?

TimeWhisper: Relive the Moments of the Past

TimeWhisper is an app designed to let users revisit and relive significant days from the past. By selecting a specific date, users can explore curated information such as major news events, top music charts, and historical weather data for that day. The app's unique timeline interface makes it easy to navigate through different years and months, providing a nostalgic journey through time. Additionally, TimeWhisper allows all users to create personal memories by adding notes or photos linked to specific dates. While the app's core features are free, premium users, who pay a $10 monthly subscription fee, can access rare historical data, such as archived magazine covers and old advertisements. Future updates will include an AI-powered feature to recreate personal memories based on user-uploaded content.

① TimeWhisper provides news, music charts, and weather data for a chosen date.
② Premium users can add personal notes or photos to specific dates in the app.
③ Users are required to pay a subscription fee to use archived rare historical data.
④ AI-based personal memory recreation is now available in the app at the moment.

8. 주어진 문장이 들어갈 위치로 가장 적절한 것은?

> Yet in class we tend to give most attention to assessing outputs of learning, rather than to the processes that lead to them.

One of the reasons why students may be less motivated to engage in learning behavior is that teachers don't always demand to see it. (①) Consider how activities that may be seen as unpleasant, such as exercise or dieting, are far easier to keep up if we have someone to watch us do them and congratulate us on our efforts. (②) For example, we frequently set students speaking tasks rather than encourage them to initiate a conversation, or we may design a listening task rather than have them attend to language of their own accord. (③) In doing so, we are signaling to students that simply following instructions is the route to learning and that good learner behavior has little value. (④) We can strengthen good learner behavior by designing classroom activities that aim to assess it.

9. 다음 글의 제목으로 가장 적절한 것은?

Many of the greatest economic evils of our time are the fruits of risk, uncertainty, and ignorance. It is because particular individuals, fortunate in situation or in abilities, are able to take advantage of uncertainty and ignorance, and also because for the same reason big business is often a lottery, that great inequalities of wealth come about. And these same factors are also the causes of the unemployment of labor, of the disappointment of reasonable business expectations, and of the impairment of efficiency and production. Yet the cure lies outside of the operations of individuals. I believe that the cure for these things is partly to be sought in the deliberate control of the currency and of credit by a central institution, and partly in the collection and dissemination of data relating to the business situation including the full publicity, by law if necessary, of all business facts which it is useful to know. Even if these measures prove insufficient, they will furnish us with better knowledge than we have now for taking the next step.

① Economic Evils and Solutions to Them
② Economic Evils and Money-oriented Society
③ Role of the Central Institution
④ Origins of Economic Evils

10. 밑줄 친 부분에 들어갈 말로 가장 적절한 것은?

Psychologist Stanley Milgram hoped to understand how so many people came to participate in the cruel acts of the Holocaust. He theorized that people _____ and in 1961, he began to conduct the experiment. Participants were under the impression that they were part of a study of memory. Each trial had a pair divided into "teacher" and "learner," but one person was an actor, so only one was a true participant. The drawing was rigged so that the participant always took the role of "teacher." The two were moved into separate rooms and the "teacher" was given instructions. He or she pressed a button to shock the "learner" each time an incorrect answer was provided. These shocks would increase in voltage each time. Eventually, the actor would start to complain by screaming. Milgram learned that the majority of participants followed orders to continue delivering shocks despite the clear discomfort of the "learner."

① can naturally hurt each other or themselves
② try to find the correct answer no matter what
③ would reluctantly accept the order given them
④ are generally inclined to obey authority figures

Day 24

[1~3] 밑줄 친 부분에 들어갈 말로 가장 적절한 것을 고르시오.

1.
   The witness's account of the incident was deemed _____ due to inconsistencies in her statements.

   ① credible ② dubious
   ③ plausible ④ reliable

2.
   The garden provides a space of tranquility, peace, and _____ that allows visitors to unwind and enjoy a serene environment.

   ① relax ② relaxes
   ③ relaxed ④ relaxation

3.
    ABC Auto Sales
   Hello, this is Mike from ABC Auto Sales. How can I help you today?
   10:42

    David Miller
   Hi, I have an appointment to see a car this afternoon at 3 p.m.
   10:42

    ABC Auto Sales
   Yes, I see your appointment in our system. Are you still coming at that time?
   10:43

    David Miller
   _____.
   10:44

    ABC Auto Sales
   When would you like to come instead?
   10:45

    David Miller
   Can I come tomorrow morning?
   10:45

    ABC Auto Sales
   Sure, I'll update your appointment.
   10:46

   ① Sure, I am still coming at 3 p.m. as planned
   ② I need to schedule an appointment to see the car
   ③ I am afraid I already visited the dealership yesterday
   ④ Actually, I have a scheduling conflict and need to reschedule

4. 밑줄 친 부분 중 어법상 옳은 것은?

   The traditional diamond industry ① has begun in Kimberley, South Africa, in 1871, when a gem discovery in the rocks of a nearby farm triggered a "diamond rush." During the 1880s, the area attracted entrepreneurs and, according to historians, 50,000 miners, including women and children. The great majority of them ② was black, poorly paid and inexperienced. They lived in cramped quarters and were put to work using shovels and picks to dig manually ③ what became known as "the Big Hole." It covered 42 acres and reached depths of 790 feet. The hole is still ④ enough big to be seen from space. And it is still believed to produce 13.6 million carats of diamonds.

[5~6] 다음 글을 읽고 물음에 답하시오.

The Global Wildlife Conservation Network

The Global Wildlife Conservation Network (GWCN) is dedicated to protecting endangered species and their habitats worldwide. Founded in 2001, the organization focuses on conserving biodiversity through various initiatives that include habitat restoration, anti-poaching efforts, and community engagement.

Key Initiatives

- Habitat Preservation: Working with local communities to protect <u>critical</u> ecosystems
- Research and Monitoring: Conducting scientific studies to track wildlife populations and assess the health of ecosystems
- Community Outreach: Educating communities about the importance of biodiversity and sustainable practices

Get Involved

- Volunteer Opportunities: Join our team and participate in conservation projects around the world.
- Donations: Support our initiatives by making a financial contribution.
- Partnerships: Collaborate with us to create a sustainable future for wildlife.

Together, we can make a difference and ensure a thriving planet for future generations!

5. 윗글에서 GWCN에 관한 내용과 일치하지 않는 것은?

   ① It focuses on protecting endangered species and their habitats.
   ② It primarily provides shelter for rescued animals.
   ③ It conducts scientific studies to track wildlife populations.
   ④ It teaches local communities to promote biodiversity.

6. 밑줄 친 "critical"의 의미와 가장 가까운 것은?

   ① judgemental ② various
   ③ dangerous ④ faultfinding

7. 다음 글의 목적으로 가장 적절한 것은?

To: homeowners@smarthomesecurity.com
From: securityteam@smarthome.com
Date: January 10, 2025
Subject: Important Notice

Dear Homeowners,

In today's world, ensuring the safety of your home and loved ones is more important than ever. By embracing smart technology, you can significantly enhance your home's security. Here are three simple yet effective ways to integrate smart devices into your security system:

1. Install a doorbell with video surveillance to monitor visitors.
2. Set up a home security camera system to keep an eye on all areas of your house.
3. Connect your security systems to a mobile app for remote monitoring.

For more information, visit our Smart Home Security Center.

Sincerely,
Your Smart Home Security Team

① to inform homeowners how to improve their home security systems
② to inform homeowners how to install new smart home devices
③ to inform homeowners how to connect their security systems to the internet
④ to inform homeowners of the importance of interior design for security

8. 다음 글에서 필자가 주장하는 바로 가장 적절한 것은?

Since cell phones can do pretty much everything in life, I love using the daily alarm to remind me to stay grateful. In the craziness of our day, not only can we forget to be grateful, but we can get frustrated, annoyed, or even pessimistic. So I set the alarm on my phone to go off every day at three different times, accompanied by a description that pops up when the alarm goes off. At 10 a.m. the alarm sounds, and it reads, "Be optimistic, enthusiastic, and loving." At 3 p.m. it goes off again and reads, "You can handle anything." And then again at 7 p.m., when I am typically home with my family, I see, "You are truly blessed. Be grateful." These little reminders make me take a 30-second break from whatever is going on and appreciate everything I have in this world.

① Go to your happy place when it gets a little gloomy.
② Use the gratitude alarms to be grateful every day.
③ Organize your daily routine on your cell phone.
④ Be grateful for everything even on the hard days.

9. 주어진 문장이 들어갈 위치로 가장 적절한 것은?

And this will not ever go away — not now, not in the twenty-second century, not in a thousand years: All leaders die.

In looking at the charismatic leader model, we think the world is heading in exactly the opposite direction. Just look at the twenty-first century. Nearly the entire world has moved toward democracy. The very essence of democracy is to avoid overdependence on any single leader and put the primary focus on the process. (①) Even Churchill — perhaps the single greatest leader of the last century — was secondary to the nation and its processes, kicked out of office at the end of World War II. (②) Hitler, Stalin, Mussolini — these were charismatic leaders, who did not understand that they were fundamentally less important than the institutions they served. (③) And even if there were a truly exceptional charismatic leader, the model itself would still have one fundamental flaw. (④) To transcend this unchanging reality of human mortality, the focus must be first and foremost on building the characteristics of the organization, instead of being a great charismatic leader.

10. 밑줄 친 부분에 들어갈 말로 가장 적절한 것은?

Do you think that buying a new car is going to make you happy? Are you convinced that marrying your current sweetheart will bring you all the happiness any one person could desire? Or are perhaps you terrified of trying out for a promotion because you are sure that failure will send you into a permanent funk? According to Daniel Gilbert, a psychologist professor at Harvard, whatever your prediction, it's probably wrong. Gilbert has studied what's called "affective forecasting" — predicting how one will feel or behave if an event does or does not occur — and the results are pretty clear: Humans _____. According to Gilbert, his studies, conducted over several years, show that most people consistently under- or overestimate the length and intensity of their emotional reactions. In other words, the things we think will overwhelm us with joy often don't. And by the same token, the things we think will devastate us often faze us far less than we imagined.

① aren't very good at predicting how future events will affect them
② are worried about how future will bring them happiness
③ like to have optimistic views of their future
④ tend to like to do what they have in mind

Day 25

[1 ~ 3] 밑줄 친 부분에 들어갈 말로 가장 적절한 것을 고르시오.

1. The charity aims to _____ poverty by providing education and resources to underprivileged communities.

   ① eradicate ② perpetuate
   ③ exacerbate ④ tolerate

2. Many people wonder what gives life meaning. It is when we are contributing to environment around us _____ we feel the most purposeful and the most alive.

   ① what ② who
   ③ which ④ that

3. A: Hi! I'm here to guide you through the new library system. Do you have any specific questions?
   B: Yes! I'm having trouble finding e-books. The system seems a bit confusing.
   A: I understand. Let me walk you through it step by step. It should only take a moment.
   B: Thank you!
   A: Okay, it looks like you need to update your library account settings to access e-books. I can help you fix it right now.
   B: _____?
   A: No, your current borrowed books won't be affected. You'll just need to log in again after the update.
   B: That's great to know. Thank you for your help!

   ① Are there any other steps I need to follow
   ② Why is the system so hard to use for e-books
   ③ Will my borrowed books disappear after the update
   ④ Should I create a new account to access e-books

4. 밑줄 친 부분 중 어법상 옳은 것은?

   Managing time effectively can be challenging, ① despite it allows you to focus on priorities and avoid unnecessary distractions. Many people fail to recognize ② how critically setting clear goals is for achieving desired outcomes. Another key skill is organization, ③ which benefits include improved productivity and reduced stress. Neglecting proper time management strategies ④ results in missed opportunities and diminished progress.

[5 ~ 6] 다음 글을 읽고 물음에 답하시오.

To: Department of the City Maintenance
From: Jonathan Carter
Date: March 6, 2025
Subject: Peace From Noises

To Whom It May Concern,

I am reaching out to express my concern and disappointment regarding the elevated noise levels stemming from the recently opened recreation complex in our neighborhood. As a resident of the Singlewood community, I have long valued the serene atmosphere that makes our area special. Unfortunately, the ongoing noise — including loud cheering, amplified announcements, and persistent game-related sounds — has greatly disrupted our family's peace and daily routine.

I kindly ask that measures be taken to mitigate the noise and restore the quiet environment we cherish. Thank you for your attention to this issue, and I look forward to your prompt response and consideration.

Best regards,
Jonathan Carter

5. 윗글의 목적으로 가장 적절한 것은?
   ① 레크리에이션 단지에서의 소음에 대해 주민들의 양해를 구하려고
   ② 레크리에이션 단지에서의 소음에 대해 조치를 요청하려고
   ③ 레크리에이션 단지에서의 소음을 신고하는 방법을 문의하려고
   ④ 레크리에이션 단지의 음향 시설에 대한 보수를 요청하려고

6. 밑줄 친 "atmosphere"의 의미와 가장 가까운 것은?
   ① climate ② habitat
   ③ ambience ④ air

7. Mosque Dress Code에 관한 다음 글의 내용과 일치하지 않는 것은?

Islamic Mosque Dress Code Guidelines

Visiting a mosque requires adherence to specific dress code guidelines to show respect for Islamic customs and traditions. Men and women are both expected to wear modest clothing that covers their arms and legs. For women, a headscarf or veil is typically required to cover their hair. Tight or revealing clothing, such as sleeveless tops or shorts, is not allowed for either gender. Shoes must be removed before entering the prayer area, and visitors should place them in designated storage spaces. Some mosques provide temporary robes or scarves for those who are not dressed appropriately. However, it is recommended that visitors come prepared with their own modest attire. Following these dress code guidelines is an essential part of showing cultural respect and ensuring a positive experience for everyone.

① Women are required to wear a headscarf or veil to cover their hair.
② Tight or revealing clothing is prohibited for both men and women.
③ Visitors must remove their shoes before entering the prayer area in a mosque.
④ All mosques provide robes or scarves for visitors who are not dressed modestly.

8. 주어진 문장 다음에 이어질 글의 순서로 가장 적절한 것은?

Scientists at Australia's national science agency investigated ways to estimate the natural lifespan of a species by using its DNA, ultimately developing a specific tool to achieve this.

(A) However, the life expectancy of modern humans is more than twice as long as the natural lifespan. This remarkable increase is down to the profound impact of living standards and modern medicine on human longevity.

(B) The scientists succeeded in developing a genetic 'clock' computer model to estimate the expected lifespan of various animals with backbones, including both living and extinct species.

(C) By applying this innovative model to the human genome, they found that the maximum natural lifespan of humans is 38 years. This finding aligns with the maximum lifespan of 37.8 years of Neanderthals, our closest relatives.

① (B) – (A) – (C) ② (B) – (C) – (A)
③ (C) – (A) – (B) ④ (C) – (B) – (A)

9. 밑줄 친 부분에 들어갈 말로 가장 적절한 것은?

It is often said that the writings and ideas of philosophers are difficult and inaccessible to many. However, there is no reason why philosophers should not aim to express their ideas with precision and literary skill. The philosopher does not speak only to other philosophers; he speaks also to the men of letters and politicians, who directly mould the ideas of the coming generation. They, naturally enough, are taken by a philosophy that is striking and not too difficultly assimilated. We all know how the philosophy of Nietzsche has affected some parts of the world; it has prevailed, not by such profundity of thought as it may have, but by a vivid style and an effective form. The philosopher who will not take the trouble _____ shows only that he thinks his thought of no more than academic value.

① to make himself clear
② to impact public opinions
③ to overcome his instinct
④ to assimilate himself to scholars

10. 글의 흐름상 가장 어색한 것은?

Learning a second language can provide a deeper understanding of a foreign culture. Social habits that may not make sense to outsiders can become clearer after a few vocabulary lessons. For example, I always wondered why my Dutch cousins rarely said "you're welcome" after I said "thank you." ① At first I thought they were being rude, but when I learned more about their language I realized that they don't use "you're welcome" the same way we do: in response to "thank you." ② The Dutch are very proficient at speaking foreign languages and can easily pick up on foreign dialects. ③ This is one of the first things I learned about Dutch culture when I started learning their language. ④ It gave me a new perspective on host and guest roles, as politeness is the host's duty, not the guest's in Dutch.

Day 26

[1 ~ 3] 밑줄 친 부분에 들어갈 말로 가장 적절한 것을 고르시오.

1. The scientist's discoveries were so _____ that they completely changed our understanding of the universe.

   ① insignificant   ② revolutionary
   ③ ordinary   ④ traditional

2. The report written by professors _____ recent market trends as well as projections for future growth.

   ① cover   ② covers
   ③ covering   ④ to cover

3.
Tom Holland: Are you attending the annual budget review session? 10:42

Emma Brown: I don't know. Those sessions are always long and tedious. 10:42

Tom Holland: I know, but they're changing it up a bit this year. 10:43

Emma Brown: Oh? How so? 10:44

Tom Holland: They'll be giving out some prizes for participation. 10:45

Emma Brown: _____? 10:45

Tom Holland: Well, you know how financial motivation works wonders for you. 10:46

① Is there any promotion, like a gift card event
② Do only the top contributors get promoted
③ Is the department head doing a survey
④ Do I need to offer raffle tickets at the end

4. 밑줄 친 부분 중 어법상 옳지 않은 것은?

Dedicated men and women volunteers of this group staying in the remote Vanavasi areas ① <u>convey</u> the importance of education to the parents and persuade them ② <u>to send</u> their kids to schools. These volunteers, ③ <u>though having deprived</u> of all the modern facilities, living in thatched huts and getting exposed to the wilderness of nature, are dedicating themselves ④ <u>to fulfilling</u> this social cause of education. While living with the Vanavasi people, these volunteers earn the trust of them and become one among them.

[5 ~ 6] 다음 글을 읽고 물음에 답하시오.

(A)

To ensure the safety of everyone in our apartment community, we will be conducting an Emergency Preparedness Drill to educate residents on how to respond effectively to potential emergencies such as fires and earthquakes. This drill is designed to familiarize residents with evacuation procedures, emergency tools, and safety protocols.

Details of the Drill
• Date: Saturday, May 15, 2025
• Time: 10:00 a.m. − 12:00 p.m.
• Location: Main Courtyard (assembly point)

What to Expect
• Guided practice on evacuation routes
• Demonstration and hands-on use of fire extinguishers
• Tips on preparing emergency kits for your household

All necessary equipment will be provided. Residents are strongly encouraged to participate to enhance community preparedness. For further information, visit our website at www.apartmentcommunity.com/emergencydrill or contact the management office at 555-789-1234.

5. (A)에 들어갈 윗글의 제목으로 가장 적절한 것은?

① Vote on Enhancing Safety Measures
② Apartment Community Safety Training Session
③ Preparing Your Apartment for a New Season
④ How to Stay Calm During Emergencies

6. 위 안내문의 내용과 일치하지 않는 것은?

① 훈련은 5월 중순에 열린다.
② 비상 대피 경로를 연습할 수 있다.
③ 참가자는 훈련 도구를 직접 가져와야 한다.
④ 훈련 정보는 관리사무소에 문의할 수 있다.

7. 다음 글의 목적으로 가장 적절한 것은?

Send Preview Save

To: allstaff@tstech.com
From: hrdept@tstech.com
Date: March 10, 2025
Subject: Regarding Parking Permit

Dear Employees,

We'd like to remind everyone to stay up to date with important administrative tasks as we approach the end of the quarter. Completing the necessary steps below in advance will help ensure everything proceeds smoothly.

1. Visit the HR Portal on our intranet and navigate to the "Parking Permit Renewal" section.
2. Fill out the renewal form with your updated vehicle information.
3. Submit the completed form along with a copy of your valid driver's license.
4. Pay the annual parking fee through the online payment system.
5. Collect your renewed parking permit from the HR Office starting April 1, 2025.

If you have any questions or require assistance with the renewal process, please contact the HR Department at hrdept@tstech.com or call extension 723.

Sincerely,
Human Resources Department

① To remind employees to renew their parking permits
② To remind employees to update their vehicle information
③ To remind employees to submit the necessary documents
④ To remind employees to pay the annual parking fee

8. 주어진 문장이 들어갈 위치로 가장 적절한 것은?

Scientists prefer determining the age of fish by counting the growth rings on their scales rather than relying on such stories.

There are stories of fish that are believed to have lived for a century or more. For example, in 1610 a pike was caught with a copper ring engraved with the date 1448 attached to its fin. (①) Another story tells of carp that were put into the pools at the French Palace of Versailles in the late 1600s. (②) In 1830, many people believed that the same carp were still in the pools. Scientists doubt such extreme claims. (③) They believe that in the case of the Versailles pools, for instance, the original fish could easily have died and been replaced by new fish. The date on the pike's ring could easily have been engraved incorrectly. (④) Using this method, scientists have found that a sturgeon caught in a Wisconsin lake was eighty-two years old.

9. 글의 흐름상 가장 어색한 것은?

The Moon is a relatively large, terrestrial, planet-like natural satellite. It has a diameter about one-quarter of Earth's, which makes it the largest moon in the Solar System. ① Based on its unique characteristics, the most widely accepted theory of the Moon's origin is the giant-impact hypothesis. ② The hypothesis states that it formed from the collision of a Mars-size protoplanet called Theia with the early Earth. ③ The Moon has been the all-time theme for the poets who fall in love with a beautiful woman. ④ It also explains the Moon's relative lack of iron and volatile elements and the fact that its composition is nearly identical to that of Earth's crust. While the giant-impact hypothesis is widely accepted, alternative variations suggest different impacts or multiple collisions. Research continues to refine our understanding of the Moon's formation.

* protoplanet: 원시행성

10. 밑줄 친 부분에 들어갈 말로 가장 적절한 것은?

Creativity is a step further on from imagination. Imagination can be an entirely private process of internal consciousness. You might be lying motionless on your bed in a fever of imagination and no one would ever know. Private imaginings may have no outcomes in the world at all, but creativity does. Being creative involves doing something. It would be odd to describe as creative _____. To call somebody creative suggests they are actively producing something in a deliberate way. People are not creative in the abstract; they are creative in mathematics, engineering, writing, music, business, and whatever involves concrete tasks. Creativity involves putting your imagination to work. In a sense, creativity is applied imagination.

① someone who discovered a physical law
② someone who created computers
③ someone who wrote some novels
④ someone who never did anything

Day 27

[1 ~ 3] 밑줄 친 부분에 들어갈 말로 가장 적절한 것을 고르시오.

1. The student who consistently submits high-quality work is likely to _____ a scholarship.

   ① forfeit
   ② disregard
   ③ relinquish
   ④ attain

2. She preferred to read a book at home rather than _____ out with her friends from the debate club.

   ① going
   ② to going
   ③ go
   ④ goes

3.
   A: Hello, could I order dinner?
   B: Of course. What would you like?
   A: Can I have a bottle of champagne, lobster tail, and filet mignon, medium rare?
   B: _____.
   A: That's too bad. Then, what menus are available now?
   B: Um... May I suggest the porterhouse instead?
   A: Okay, porterhouse will be fine then.

   ① The filet mignon was so popular tonight that we ran out
   ② Actually, our business hours are over for the day
   ③ Unfortunately, that would be difficult due to the alcohol ban
   ④ You must make a deposit before ordering dinner

4. 밑줄 친 부분 중 어법상 옳지 않은 것은?

   Sleep deprivation, ① whose negative effects are well-documented, has become a serious issue in modern society. Many people regret ② staying up late for work or entertainment, only to realize the impact it has on their health. Chronic fatigue makes it difficult for individuals to concentrate during the day even if they try ③ hardly. The less sleep people get, ④ the more productive they believe they are, but this belief often leads to decreased efficiency and poor decision-making.

[5 ~ 6] 다음 글을 읽고 물음에 답하시오.

(A)

Our region has traditionally been famous for silk production. Using this local specialty, we plan to host a Silk Pouch Workshop at the Cultural Heritage Center. By creating traditional Korean silk pouches, we aim to celebrate Seollal, one of the most significant holidays in our culture. Participants will not only learn traditional crafting techniques but also discover the cultural significance of these pouches.

- Date: January 25 – 31 (Sat - Fri)
- Time: 10:00 a.m. – 4:00 p.m.
- Location: Cultural Heritage Center, Workshop Room A
- Fee: $15 per person (Materials included)

Tickets must be purchased online at culturalheritagecenter.org/events, as there will be no on-site ticket sales. Spots are limited and may sell out quickly. After purchasing online, participants will receive an email confirmation. Please bring the confirmation as proof of purchase.

- Note: The workshop is not open on legal holidays. (except the three-day Seollal holiday)
- Inquiries: Call (555) 123-4567 for more information.

5. (A)에 들어갈 윗글의 제목으로 가장 적절한 것은?

   ① Let's Party: Lunar New Year Celebration
   ② Creating Silk Pouches for Lunar New Year
   ③ Silk Promotion Event: Choose Your Silk
   ④ Learning the Advanced Sewing Techniques

6. 위 안내문의 내용과 일치하지 않는 것은?

   ① A crafting event using a regional product will be held.
   ② Traditional crafting techniques are taught in this event.
   ③ The event charges participants both an entry fee and additional material costs.
   ④ Tickets are not available for purchase on-site.

7. 다음 글의 요지로 가장 적절한 것은?

World Cheese Research Center

Preserving Cheese-Making Traditions
Preserving traditional cheese-making methods has been the cornerstone of the World Cheese Research Center. These methods are vital to maintaining the cultural and culinary heritage of cheese, ensuring that ancient techniques are passed down through generations.

Sustainable Dairy Practices
WCRC collaborates with dairy farmers to implement traditional, sustainable farming practices that ensure high-quality milk production for exceptional cheese. The organization emphasizes preserving time-honored methods while researching the nutritional value of traditional cheeses, showcasing their significance in global diets.

Cheese Festivals and Education
The center organizes annual cheese festivals to celebrate cheese heritage and provides training programs to equip aspiring cheese makers with essential skills.

① WCRC focuses on blending modern techniques with traditional cheese-making methods.
② WCRC aims to improve global awareness of the health benefits of modern cheeses.
③ WCRC primarily organizes cheese festivals to promote innovation in cheese production.
④ WCRC's primary goal is to preserve traditional cheese-making practices and their cultural heritage.

8. 다음 글의 요지로 가장 적절한 것은?

Throughout most of the 20th century, national security focused primarily, and sometimes exclusively on military affairs. In the 21st century, this has changed as new and more comprehensive ways of thinking about, studying, and planning for national security and global security are being adopted in response to new security challenges and threats that go beyond the dangers posed by traditional causes of war and conflict. In addition to terrorism, these other threats to security are posed by, but not limited to, shortfalls of energy and nonfuel mineral resources, scarcity of food and fresh water and cyber attacks. To some, these new challenges and threats present as many of a challenge and threat to security as guns and missiles do, and perhaps more than that as time goes by.

① understanding of paradigm shift in military security in the new era
② relativity of danger posed by traditional war and conflicts
③ difference in the concept of war between the 20th and the 21st century
④ newly emerging security challenges and threats in the 21st century

9. 주어진 문장이 들어갈 위치로 가장 적절한 것은?

However, we do need to teach them that there is more to life than winning and that they need the skills for successful cooperation.

Without guidance from their teacher, students will not embark on a journey of personal development that recognizes the value of cooperation. Left to their own devices, they will instinctively become increasingly competitive with each other. They will compare scores, reports and feedback within the classroom environment just as they do in the sporting arena. (①) We don't need to teach our students about winners and losers as the playground and the media do that for them. (②) A group working together successfully requires individuals with a multitude of social skills as well as a high level of interpersonal awareness. (③) While some students inherently bring a natural understanding of these skills with them, they are always in the minority. (④) To bring cooperation between peers into your classroom, you need to teach these skills consciously and carefully, and nurture them continuously throughout the school years.

10. 밑줄 친 (A), (B)에 들어갈 말로 가장 적절한 것은?

Paraphrases require listing the source just as the direct quotes do. The words of a paraphrase may be yours, but the idea belongs to someone else. Failure to give that person credit, in the form of a reference list, may make you vulnerable to a charge of plagiarism. What kind of paraphrased material requires you to list the source? Basic materials that you find in several sources need not be documented by a reference. ___(A)___, it is unnecessary to cite a source for the information that Mahatma Gandhi was assassinated on January 30, 1948, because this is a commonly known fact. ___(B)___, Professor Smith's opinion, published in a recent article, that Gandhi's kindness to Muslims hastened his death is not a fact, but a theory. If you wish to use Smith's opinion in a paraphrase, you need to credit her.

	(A)	(B)
①	Nevertheless	Furthermore
②	For example	However
③	Similarly	Accordingly
④	On the other hand	Therefore

Day 28

[1 ~ 3] 밑줄 친 부분에 들어갈 말로 가장 적절한 것을 고르시오.

1. With her years of experience and extensive knowledge, the professor was able to _____ complex topics with ease.

① elucidate
② obscure
③ complicate
④ muddle

2. However _____, he succeeded in overcoming it.

① the obstacle seemed difficultly
② the obstacle seemed difficult
③ difficultly the obstacle seemed
④ difficult the obstacle seemed

3.

Emily Watson: Hi, I recently purchased a product from GreenTech Electronics, but I think there's a defect. 10:42

Customer Service: I'm sorry to hear that. Could you tell me more about the issue? 10:42

Emily Watson: Sure, the screen keeps flickering, and it's only been a week since I bought it. 10:43

Customer Service: That sounds frustrating. Could you take it to one of our service centers? 10:44

Emily Watson: _____? 10:45

Customer Service: Yes, please provide the receipt and the product box for a faster process. 10:45

① Can I exchange it without the original receipt
② Do I need to bring anything for the inspection
③ Will you replace it or repair it immediately
④ What are the service center operating hours

4. 밑줄 친 부분 중 어법상 옳지 않은 것은?

① Roughly 250 to 300 protesters responded by ② heading toward the suburb, seeking a confrontation with ③ whomever they believed had attacked the officers. According to the French online investigative website Mediapart, the protesters walked into people's homes, ④ terrorizing the residents.

[5 ~ 6] 다음 글을 읽고 물음에 답하시오.

	Send Preview Save
To	All Customers
From	Customer Service Manager, Wonderful Bank
Date	May 6, 2025
Subject	Important Notes

Dear Valued Customers,

In today's interconnected world, protecting your financial assets is more crucial than ever. We are dedicated to helping you keep your finances secure and shielded from potential risks. Here are five key steps you can take to strengthen your financial security:

1. Regularly review our bank statements for any unauthorized transactions.
2. Set up alerts for account activity to stay informed of all financial movements.
3. Be cautious when sharing delicate financial details over the phone or online, especially with unknown parties.
4. Consider enabling our fraud protection tools which we offers online always.
5. Securely store any physical documents containing personal information and shred those no longer needed.

For more information on protecting your financial well-being, please visit our Financial Security Center.

Sincerely,
Customer Service Manager
Wonderful Bank

5. 윗글의 목적으로 가장 적절한 것은?
① 고객에게 금융 보안을 강화하는 방법을 알리기 위해
② 고객에게 은행 명세서를 검토하는 방법을 알리기 위해
③ 실제 문서를 보호하는 방법을 고객에게 알리기 위해
④ 계정 알림을 설정하는 방법을 고객에게 알리기 위해

6. 밑줄 친 "delicate"의 의미와 가장 가까운 것은?
① weak
② sensitive
③ elegant
④ polite

7. 다음 글의 내용과 일치하지 않는 것은?

Spring Delights Coffee Festival 2025

Celebrate the beauty of spring with our exclusive events at Spring Delights Coffee Festival 2025! Whether you're a coffee enthusiast or just looking for a relaxing day out, we've got something special for everyone.

Event Details
- Date: Sunday, March 30, 2025
- Time: 9:00 a.m. − 6:00 p.m.
- Location: Aroma Café Garden, 789 Brew Lane

What to Expect
- Barista Workshop: Learn the art of brewing the perfect coffee with our award-winning baristas.
- Spring Blend Tasting: Savor exclusive spring-inspired coffee blends with seasonal treats.
- DIY Latte Art Contest: Show off your creativity and win exciting prizes.

Registration

Pre-registration for workshops is encouraged. Walk-ins are welcome based on availability.
- Register at: www.springcoffee2025.com
- Contact us: info@springcoffee2025.com | (555) 987-6543

Don't miss this opportunity to experience coffee like never before!

① The Spring Delights Coffee Festival 2025 is a one-day event held on Sunday.
② Participants can join workshops to learn coffee brewing techniques.
③ Visitors can enjoy exclusive spring-themed coffee blends.
④ Registration is mandatory for all events, including the latte art contest.

8. 밑줄 친 부분에 들어갈 말로 가장 적절한 것은?

Have you ever flipped a coin to decide whether or not to do something? People have flipped coins for more than two thousand years. Julius Caesar began the practice when he was the dictator in ancient Rome. A picture of Caesar's head was printed on one side of every Roman coin. When Caesar flipped a coin and saw his head, that meant the Roman gods gave a 'yes' response to a question. If he didn't see his head, the answer was 'no'. Romans began flipping coins to help make important decisions. Coin flips helped people know whom to marry, what house to buy, or who was guilty of a crime. Seeing Caesar's head meant the dictator and the Roman gods _____.

① disagreed with Caesar
② agreed with a person's decision
③ was not sure of his decision
④ disagree with each other

9. 다음 글의 주제로 가장 적절한 것은?

Theories about how brain works remain a topic of debate. It is agreed, though, that the hippocampus, a part of the brain, is undeniably important for memory. When we experience something, the information is sent via our senses to the hippocampus, where it is processed. Scientists believe that brain cells called neurons first transform the sensory stimuli we experience into images in our immediate memory. Then, these images are sent to the hippocampus and stored temporarily in short term memory. In the hippocampus information is organized, and it is during this process that parts of the image of our experience fade away. Finally, certain information is then transferred to long term memory in a section in the frontal lobe of the brain known as the cerebral cortex. Scientists think this process may happen while we are sleeping, but exactly how the information is transferred from one area of the brain to another is a mystery.

* hippocampus: 해마

① why some of the information in short term memory fades away
② illness that results in severe memory loss
③ how human brain processes and stores information
④ the importance of neurons in transferring sensory stimuli

10. 주어진 문장 다음에 이어질 글의 순서로 가장 적절한 것은?

The use of photography to reduce the size of messages to be transmitted was pioneered by the French during the Franco-Prussian War.

(A) For it to work, however, the messages would have to be small and lightweight. The solution was to produce photographic copies of the original messages and strap them to the pigeon. During the eight months of the siege, nearly 60 messages got past the watchful eyes, and guns, of the Prussians.

(B) It was during that war that the city of Paris was completely surrounded and cut off from all outside communications. In such a circumstance, it was impossible for Parisians to communicate with the outside world.

(C) Parisians had tried a number of means to pass communications, including sending messages aloft in balloons, but none of them proved effective. At that time, one of the pigeon-racing clubs suggested strapping messages to the tail feathers of their birds.

① (A) − (C) − (B)
② (B) − (A) − (C)
③ (B) − (C) − (A)
④ (C) − (A) − (B)

Day 29

[1~3] 밑줄 친 부분에 들어갈 말로 가장 적절한 것을 고르시오.

1. The criminal tried to _____ his involvement in the robbery by providing a false alibi.

   ① conceal ② admit
   ③ reveal ④ clarify

2. We need to adjust our schedule in order to complete the task _____ the end of this year.

   ① until ② with
   ③ as ④ by

3.

Customer: Hi, I'm looking for a replacement filter for my air purifier. Can you help? 10:42

Repair Center: Sure, could you provide the model number and details about the filter you need? 10:42

Customer: It's Model AP300, and I need the HEPA filter replacement. 10:43

Repair Center: Let me check our inventory for that part... _____. 10:44

Customer: Oh, really? What are my options then? 10:45

Repair Center: Unfortunately, that model's filters have been discontinued. 10:45

Customer: That's disappointing. Can you suggest any alternatives? 10:46

Repair Center: I recommend upgrading to our newer models, which have compatible filters readily available. 10:46

① This filter is currently out of stock but will arrive next week.
② I'm afraid we no longer stock filters for this model.
③ I've located the filter and can ship it to you immediately.
④ Please visit a nearby service center to find compatible filters.

4. 밑줄 친 부분 중 어법상 옳지 않은 것은?

When it comes to maintaining a balanced lifestyle, small decisions often lead to big changes. Half of the respondents in the study ① believe that setting a regular sleep schedule is essential for better health. Many regret they ② should have taken more time to relax and recharge instead of overworking themselves. Engaging in physical activities such as yoga or jogging is valuable, and many people prefer practicing mindfulness ③ to ignore their mental health. Additionally, researchers find ④ it necessary to balance nutrients to ensure long-term health maintenance.

[5~6] 다음 글을 읽고 물음에 답하시오.

(A)

As a member of our community, you might be interested in supporting our local small businesses and boosting the neighborhood economy.

Our community has always been a great place for small businesses, but recent challenges have made it harder for them to thrive. So, let's come together and help these businesses grow while we still have the opportunity.

A group of dedicated community members is organizing a local small business fair. They are hosting a meeting to share their plans and ways you can participate. The purpose of this meeting is to discuss ways to better support local businesses and increase community involvement. Supporting local businesses will enhance our community and keep it vibrant.

- Location: Hansdale Community Center
  (backup location in case of rain: Eastside School Auditorium)
- Date: Saturday, April 12, 2025
- Time: 4:00 p.m.

For additional details about the meeting, please visit our website at www.neighborhoodbusinessalliance.org or call our office at (987) 654-3210.

5. (A)에 들어갈 윗글의 제목으로 가장 적절한 것은?

① Breathing Life Back into Our Local Businesses
② Honoring Our Handcrafted Heritage
③ The Heart of Hansdale: A Community Center Story
④ Nurturing Youth Dreams Through Local Businesses

6. 위 안내문의 내용과 일치하지 않는 것은?

① 최근 중소기업들이 번창하고 있다.
② 주민들이 지역 중소기업 박람회를 계획하고 있다.
③ 우천 시에는 학교 강당에서 회의가 열린다.
④ 웹사이트 방문이나 전화로 회의에 관해 알 수 있다.

7. 다음 글의 목적으로 가장 적절한 것은?

	Send　Preview　Save
To	All Employees
From	John Smith, CEO(john.smith@betterfuture.com)
Date	October 17, 2024
Subject	Make a Difference with Us

Dear Employees,

Our Annual Charity Drive, held in partnership with the Bright Futures Foundation to support underprivileged children, has officially begun. This event gives us the opportunity to come together and make a lasting impact on our community.

We encourage everyone to participate and contribute to this meaningful cause. You can get involved by donating essential items, volunteering your time, or making a financial contribution through the company charity portal. For more details on how to participate, please visit www.betterfuture.com/charitydrive or contact charity@betterfuture.com.

Let's work together to make this year's charity drive a success. Thank you for your support!

Best regards,
John Smith
Chief Executive Officer

① To request feedback on the company's charity events
② To share the company's contributions to the local community
③ To motivate employees to engage in the company's charity drive
④ To provide details about the Bright Futures Foundation

8. 글의 흐름상 가장 어색한 것은?

The Inca were a people indigenous to South America who, at the time of the Spanish conquest in 1532, ruled an empire that spanned from the northern border of modern Ecuador to central Chile. ① Establishing their capital at Cusco (a city in modern-day Peru) in the 12th century, the Inca began a campaign of expansion in the early 15th century which would see some 12 million people come under their rule. ② At its peak, the Inca Empire was the largest and richest in the America. ③ Its downfall is thought to have come about through rebellion, disease and the Spanish invasion. ④ The Spanish Empire gained vast indigenous civilizations and silver wealth through the Inca Empire's conquests. The most famous and perhaps best-preserved site that remains from Inca times is the citadel of Machu Picchu, located in Peru.

9. 주어진 문장이 들어갈 위치로 가장 적절한 것은?

> Then, approximately 65 million years ago, these huge reptiles died out completely.

For almost 140 million years, dinosaurs ruled the land, sky and sea. (①) Dinosaurs came in sizes and shapes suited to every corner of the world. (②) Few mysteries have ever excited the imaginations of scientists as much as this great extinction. (③) Over the years, scientists have developed many theories to explain this event. (④) The most common explanations are a gradual change in the Earth's climate, a lack of food, and the Earth's collision with a large asteroid.

10. 밑줄 친 부분에 들어갈 말로 가장 적절한 것은?

Capital and human resources in the traditional sector are wasted if a country's technology policy is geared to meet only the technology demand arising in the modern sector of the economy. This must be obvious as soon as one realizes that the majority of the developing country's human resources are in rural areas, which will continue for a number of years. Further, it was argued in the past that rapid industrialization based on the modern sector would bring all the fruits of modernization. It has now been generally accepted the economic change must take place in all sectors of the economy in order not to cause overwhelming social and political problems. Consequently, _____
in the traditional sector must be given equal emphasis to that in the modern sector.

① capital liberalization and manpower utilization
② economic development and political renovation
③ industrial exploitation and modernization process
④ technology policy and its implementation

Day 30

[1 ~ 2] 밑줄 친 부분에 들어갈 말로 가장 적절한 것을 고르시오.

1.
> Due to their being _____ to customer concerns, the company lost many loyal clients.

① indifferent ② responsive
③ accustomed ④ accommodating

2.
> Hardly _____ the station when it came to an abrupt halt due to a technical issue.

① the train left ② had the train left
③ the train had left ④ did the train leave

3. 밑줄 친 부분 중 어법상 옳지 않은 것은?

> Environmental pollution has reached alarming levels, affecting both urban and rural areas. Had governments implemented stricter environmental policies earlier, much of the current damage could ① have been prevented. Many people consider climate change ② to be one of the most critical challenges of our time. Efforts to reduce pollution must be prioritized, with citizens and industries ③ cooperated closely to create a sustainable future. Experts insist that every country ④ take immediate steps to reduce carbon emissions.

4. 밑줄 친 부분에 들어갈 말로 가장 적절한 것은?

> A: Excuse me, is there a problem, ma'am? Is your food all right?
> B: Look at this. There's a hair in my spaghetti. It's so disgusting!
> A: Really? Such a thing has never happened here before! Let me take your plate and replace it with another plate of fresh spaghetti.
> B: Well, I don't think I want to eat here now. I'd rather go somewhere else, instead.
> A: _____, ma'am. Let me bring you a bottle of wine and some dessert on the house.

① You shouldn't have ordered it
② I hope you're right
③ I wish you'd consider staying
④ I really appreciate that

[5 ~ 6] 다음 글을 읽고 물음에 답하시오.

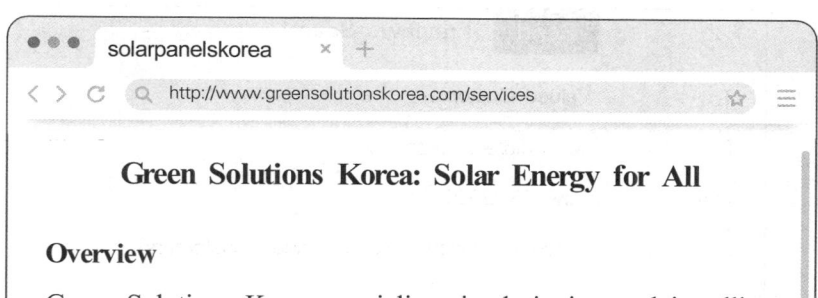

Green Solutions Korea: Solar Energy for All

Overview

Green Solutions Korea specializes in designing and installing solar panel systems across the country. Their mission is to provide sustainable energy solutions for residential, commercial, and industrial clients.

Services

The company offers customized solar panel installation packages <u>tailored</u> to client's needs. Their team also handles maintenance and repair services to ensure long-term performance. Repairs are provided free of charge within one year after installation, but charges apply for any repairs requested beyond the one-year period.

Government Support

By partnering with local governments, Green Solutions Korea has helped reduce energy costs and increase the use of renewable energy sources nationwide. For installations done in collaboration with local governments, subsidies are provided. The amount of the subsidy varies depending on the regulations of the local government. Clients are encouraged to contact their respective local governments for precise subsidy details.

5. 윗글에서 Green Solutions Korea에 관한 내용과 일치하지 않는 것은?

① It provides services to households, commercial, and industrial sites.
② It offers customized solar panel installation packages.
③ It provides free repairs within one year of installation.
④ Subsidies are consistent regardless of the installation location.

6. 밑줄 친 "tailored"의 의미와 가장 가까운 것은?

① standardized ② fitted
③ temporary ④ rigid

7. 다음 글의 목적으로 가장 적절한 것은?

To: Valued Customer
From: support@ecostream.com
Date: June 15, 2025
Subject: Important Update for Our Valued Customers

Dear Valued Customer,

Thank you for your continued support of our products.

Recently, we have identified a manufacturing defect in some units of the EcoStream Water Filter sold between November 1, 2024, and March 31, 2025. As a result, we are initiating a product recall to ensure your safety and satisfaction.

Please follow the steps below to participate in the recall process:
1. Visit our recall portal at www.ecostreamrecall.com.
2. Enter your product's serial number to verify its eligibility.
3. Follow the instructions to return the product at no cost.
4. Choose between a replacement product or a full refund.

For any questions or further assistance, contact us at recall@ecostream.com or call 1-800-555-2025. Thank you for your understanding and cooperation as we work to resolve this matter promptly.

Sincerely,
The EcoStream Team

① To announce the launch of a new product
② To provide details about a product recall process
③ To inform customers of an upcoming sale
④ To request feedback on recently purchased products

8. 주어진 문장이 들어갈 위치로 가장 적절한 것은?

Humor, in this perspective, serves as a defense mechanism that allows people to better handle difficult and stressful life situations.

Laughter resulting from humor shows itself when people find themselves in an unfavorable situation, for which they generally would have felt anger and/or fear, and the detection of incongruent elements allows them to watch it from a different perspective. (①) In this instance, thus, laughter comes from the release of energies generally associated with negative feelings, but that in the specific situation, thanks to the change of perspective, can be expressed as laughter of relief. (②) Freud even describes this humor as "the highest of the defense mechanisms." (③) This self-defense mechanism — differently from the ability to understand jokes, which is very widespread — does not present itself in every human being. (④) Actually, some individuals are able to see the funny and positive side of a certain situation, while others, even in the same circumstances, react showing negative feelings.

9. 다음 글의 주제로 가장 적절한 것은?

Every day more than 100 million people hear the sound of background music. They hear it while they are working in offices, shopping in stores, or eating in restaurants. Why is background music played in so many places? The answer is easy: music is such a powerful force that it can affect people's behavior. Studies show that background music can affect the sales of business. Ronald Milliman, a marketing professor, measured the effects that fast music, slow music, and no music had on customers in a supermarket. He found that fast music did not affect sales very much when compared with no music. However, slow music made a big difference. When slow music was played, shoppers bought more and sales increased 38 percent. Milliman also found that restaurant owners could use music to their advantage. In the evening, playing slow music lengthens the amount of time customers spend in the restaurant.

① the effect of music on diet
② slow music and supermarket sales
③ the effect of music on human behavior
④ the importance of background music in restaurants

10. 밑줄 친 부분에 들어갈 말로 가장 적절한 것은?

For a long time English had been considered inferior to Latin and not capable of expressing abstract and complex thoughts. It took time for English to establish itself as a recognized medium. It needed to establish a regular and uniform orthographical system and to expand its vocabulary to meet the increased demands caused by the demise of Latin and by developments in science and new discoveries during the expansion of the British Empire. From the 16th century onward, English flourished. A large number of classical works were translated into English. They became available to the monolingual middle classes and the uneducated. The printing press played a crucial role in this process, making English-language books widely distributed and popular. This rising demand for English books further established its role as a dominant language, as market forces worked to _____.

* orthographical: 철자법의

① decrease the demands of translating into English
② keep the illiteracy rate high
③ establish a standardized spelling system
④ strengthen the position of English

실전동형모의고사 2 (Day 31~32)

[1 ~ 3] 밑줄 친 부분에 들어갈 말로 가장 적절한 것을 고르시오.

1. The company's profits have _____ significantly due to the recent economic downturn.

   ① doubled
   ② surged
   ③ stabilized
   ④ declined

2. The new model is _____ faster and more efficient than the previous version in every aspect.

   ① so
   ② very
   ③ much
   ④ as

3.
Alex White
Hey, are we still on for hiking this Saturday?
10:42

Jamie Hall
Yep! Can't wait. What time are we meeting?
10:42

Alex White
How about 8:30 a.m. at the ticket office?
10:43

Jamie Hall
Sounds good. _____?
10:44

Alex White
Just water, snacks, and maybe a jacket — it might get chilly!
10:45

Jamie Hall
Got it. See you then!
10:45

① Do we need to ask someone to go with us
② Do we need to buy tickets in advance
③ Do we need to bring anything special
④ Is there anything I can help you with

4. 밑줄 친 부분 중 어법상 옳지 않은 것은?

The renowned novelist, ① whose books had inspired generations of readers, continued to write even in his later years. To him, nothing is more fulfilling than bringing his characters to life, so he dedicated himself ② to creating the most realistic and multidimensional characters possible, ③ ensuring that each one felt truly alive. After finishing his latest novel, he left the manuscript unedited for weeks, because he was unsure whether it needed further revision. At the annual literary awards, the prize ④ giving to the most influential writer of the year was presented in his honor.

[5 ~ 6] 다음 글을 읽고 물음에 답하시오.

(A)

Join us as we celebrate outstanding creativity, industry contributions, and impactful achievements within our organization. The Excellence in Innovation Award honors individuals who have made a significant difference and inspired us all with their dedication and innovation.

Event Details
- Date: Saturday, December 14 at 7:00 p.m.
- Location: Grand Hall, Downtown Convention Center
- Parking: Complimentary parking available at Lot B
- Award Prize: $7,500 cash prize for the winner

A special keynote speech will be delivered before dinner by our CEO, Michael Thompson.

Kindly confirm your attendance and the number of guests you will be bringing. We look forward to sharing this special occasion together.

5. (A)에 들어갈 윗글의 제목으로 가장 적절한 것은?

① The Ultimate Talent Recognition Gala
② Join Us: Innovation Award Celebration
③ Excellence in Workplace Harmony Awards
④ Invitation: The Grand Appreciation Night

6. 위 안내문의 내용과 일치하는 것은?

① The award is given to the best-performing team.
② Parking is free regardless of where you park.
③ The winner's speech will be given before dinner.
④ Guests can be accompanied by attendees.

7. 다음 글의 요지로 가장 적절한 것은?

Time Capsule Society

Cultural Preservation Across Time

The Time Capsule Society (TCS) is dedicated to preserving cultural, historical, and technological artifacts for future generations. By designing and managing time capsules, TCS ensures that the spirit of the present is carefully safeguarded as a gift to those who come after us. These capsules represent humanity's shared heritage and values, fostering a sense of continuity across generations.

Global Collaboration for the Future

TCS collaborates with communities, schools, and organizations worldwide to organize time capsules that reflect the unique identity of each group. The society provides guidance on selecting meaningful items and strives to store capsules properly so they remain well-preserved over time. This global effort aims to connect the past, present, and future in a meaningful way.

The Time Capsule Society (TCS) strives to create a bridge between generations, inspiring future societies with a snapshot of our world today.

① TCS focuses on promoting cultural exchange through exhibitions.
② TCS aims to preserve humanity's legacy for future generations.
③ TCS collaborates with schools to educate about historical preservation.
④ TCS primarily works on preserving technological advancements.

8. 주어진 문장이 들어갈 위치로 가장 적절한 것은?

But humans have not only added noise to the ocean, they have also eliminated natural sounds.

With rumbling ships, hammering oil drills, and booming blasts from geological surveys, humans have drastically altered the underwater soundscape. (①) In some cases human-made noise has deafened or disoriented whales, dolphins and other marine mammals that rely on sound to navigate. (②) These noises and their impacts need more attention from scientists and policy makers, particularly the effects on sea turtles and other reptiles, seabirds, seals, walruses and plant-eating mammals. (③) Whaling in the 1900s, for example, removed millions of whales from the world's oceans — along with much of their whale song. (④) And the chirp sounds around coral reefs are growing quieter as more corals die from ocean warming, acidification, and pollution.

9. 다음 글의 제목으로 가장 적절한 것은?

People who communicate to others about themselves rather freely, who are frank and open, who express their views, opinions, knowledge, and feelings freely, and who share their knowledge and personal experiences with others can be considered as the self-disclosing type. These people constantly communicate with others and make an impact on them. This communication or self-disclosure helps generate data and such an individual has more of an open and public self than a private self. Without an optimal amount of self-disclosure we deny an opportunity for others to know us and for ourselves to get appropriate feedback. People who don't communicate openly are private individuals who may have difficulty discovering themselves fully. At least it is difficult for them to see themselves fully through the eyes of others and also they make limited impact on others.

① Open Yourself Up for Yourself
② Confidence: A Key to Effective Communication
③ How to Be Honest Without Being Harsh
④ Don't Underestimate the Power of Feedback

10. 밑줄 친 부분에 들어갈 말로 가장 적절한 것은?

To fight productivity-slowing energy burnout in offices during the day, a design firm in Amsterdam has recently introduced a new method for ensuring that its employees go home on time and rest. Every day promptly at 6 p.m., everyone's desks are raised to the ceiling by iron cables, and the space is then transformed into either a dance floor or yoga studio open for free to the community. The creative director of the firm, Sander Veenendaal, stated that this new measure has not only improved workers' lives, but helped to build up their brand as well. _____ is becoming a serious priority in offices around the world hoping to achieve similar results.

① Enforced rest time ② A flexible work schedule
③ Enhanced cooperation ④ Managing conflicts

[11 ~ 13] 밑줄 친 부분에 들어갈 말로 가장 적절한 것을 고르시오.

11.

Even though the evidence was _____, the lawyer managed to construct a convincing argument.

① abundant
② insufficient
③ reliable
④ thorough

12.

If she _____ harder in school, she would be enjoying a successful career now.

① studied
② has studied
③ studies
④ had studied

13.

A: Did you apply for the singing contest?
B: I was going to, but I couldn't.
A: Why? I saw you rushing into the community center. Were you late?
B: It wasn't easy to find the reception desk, but I wasn't late.
A: Then why couldn't you apply for it?
B: _____.
A: Oh, I didn't know that. You must be so disappointed.
B: Yes, but it's okay.
A: So will you apply again later?
B: Yes, I will. The minimum limit is 18 years so I can apply next year.

① I didn't expect this to happen
② There is an age limit for the contest
③ I couldn't get to the reception desk in time
④ I got a ticket for violating the speed limit

14. 밑줄 친 부분 중 어법상 옳지 않은 것은?

Maintaining strong relationships in today's interconnected world is more essential than ① doing anything else. Before embarking on new ventures, reflect on how they might affect the people closest to you. You'd be ② amazed at how much support from loved ones can influence your success. Many challenges, the roots of which ③ lies in neglecting connections, can ④ be overcome with consistent effort and communication.

[15 ~ 16] 다음 글을 읽고 물음에 답하시오.

(A)

Our community takes pride in its unique identity as the home of a thriving sock industry. To support the hardworking local sock factories, we are thrilled to announce the Annual Sock Festival, a fun-filled event that showcases the creativity and craftsmanship of our sock makers.

Event Highlights

- Sock Market: Purchase high-quality socks crafted by local factories at special festival prices.
- Sock Art Contest: Join or vote in the contest to create the most artistic sock designs.
- Sock Run: Join a charity race that raises funds for factory improvements, with participants wearing colorful mismatched socks.

Event Details

- Date: Sunday, May 11, 2025
- Time: 10:00 a.m. − 6:00 p.m.
- Location: Central Park, Blue Ridge

This festival is not just about fun; it's about supporting the local industry that defines our town. All proceeds from the event will go toward upgrading machinery and improving working conditions in participating factories.

For more information or to register for events, visit www.sockfestival.com or contact us at info@sockfestival.com.

15. (A)에 들어갈 윗글의 제목으로 가장 적절한 것은?

① Celebrate the Festival, Support Local Factories
② A Guide to the Sock Art Contest
③ Supporting Sustainable Fashion Through Socks
④ How to Participate in the Sock Run

16. 위 안내문의 내용과 일치하지 않는 것은?

① 참가자들은 지역 공장에서 생산된 양말을 구매할 수 있다.
② 양말을 디자인하는 대회가 축제의 일부로 진행된다.
③ 양말 축제는 지역 내 주요 쇼핑몰에서 개최된다.
④ 축제 수익금은 공장 개선을 위한 자금으로 사용될 예정이다.

17. 다음 글의 목적으로 가장 적절한 것은?

Send Preview Save

To: All Residents
From: management@parkviewresidences.com
Date: June 10, 2025
Subject: Community Update

Dear Residents,

As many of you are aware, parking availability has been a growing concern within our community. After careful consideration and review of multiple proposals, the management team has decided to repurpose the underutilized tennis court into additional parking spaces to address this issue effectively.

The construction is scheduled to begin on September 1, 2025, and will take approximately four weeks to complete. We understand that this decision may impact some residents who actively use the tennis court, and we apologize for any inconvenience caused. Our priority is to enhance the overall parking convenience and accessibility for all residents.

If you have any questions or concerns, please feel free to contact us at management@parkviewresidences.com or 555-123-4567. Thank you for your understanding and cooperation as we work to improve our community.

Sincerely,
Parkview Residences Management Team

---

① To inform the temporary closure of the tennis court
② To inform residents of a new parking solution
③ To request feedback on alternative parking proposals
④ To announce the opening of a new parking lot

18. 밑줄 친 부분에 들어갈 말로 가장 적절한 것은?

The total impression made by any work of fiction cannot be rightly understood without _____ of the artistic aims of the writer. Consciously or unconsciously, he has accepted certain facts, and rejected or suppressed other facts, in order to give unity to the particular aspect of human life which he is depicting. No novelist possesses the impartiality, the indifference, the infinite tolerance of Nature. Nature displays to us, with complete unconcern, the beautiful and the ugly, the pure and the impure, the precious and the trivial. But a writer must select the aspects of Nature and human nature that are demanded by the work in hand. He is forced to select, to combine, and to create.

① an aesthetic simulation
② emotional impartiality
③ the critical standard
④ perceptive awareness

19. 다음 글의 주제로 가장 적절한 것은?

Agriculture is responsible for providing food for a growing population and as it becomes clear that yields cannot continue to rise without limit, the sustainability of agricultural practices becomes an increasingly important question. Crop rotation is one of the most important management practices in a sustainable agriculture system, both as a means of conserving soil and of maintaining its fertility. A well-thought-out crop rotation is worth seventy-five percent of everything else that might be done, including fertilization and pest control. Crop rotation is by no means confined exclusively to organic farming, although much of what is considered in planning a rotation sequence encompasses the concerns of the organic farmer.

① crop rotation for sustainable agriculture
② challenge of organic farming
③ providing more food for more people
④ fertilization and pest control for crop rotation

20. 주어진 글 다음에 이어질 글의 순서로 가장 적절한 것은?

The hunters, armed only with primitive weapons, were no real match for an angry mammoth. Many were probably killed or severely injured in the close encounters that were necessary to slay one of these gigantic animals.

(A) Some of them may have traveled by small boat along the coast, but many walked. Twenty thousand years ago, at the height of the last glacial period, sea level was so low that dry land connected what are now separate continents.

(B) But the rewards were great when one was brought down. A single mammoth could feed, clothe, and support a band for a long time. The hunters had followed the mammoths and other large animals eastward from Asia across what is now the Bering Sea.

(C) Slowly, imperceptibly, and probably unconsciously, hunters had moved across the land bridge and become the first immigrants to the new land. Without the ice age, North America might have remained unpopulated for thousands of years more.

① (B) − (A) − (C) ② (B) − (C) − (A)
③ (C) − (A) − (B) ④ (C) − (B) − (A)

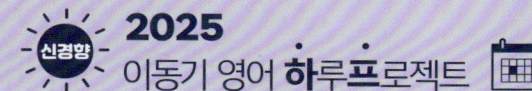

2025 이동기 영어 하루프로젝트 — 실전 Vol.2

Study Plan

WEEK 1
Day 01	/10
Day 02	/10
Day 03	/10
Day 04	/10

WEEK 2
Day 05	/10
Day 06	/10
Day 07	/10
Day 08	/10

WEEK 3
Day 09	/10
Day 10	/10
Day 11	/10
Day 12	/10

WEEK 4
Day 13	/10
Day 14	/10
Day 15	/10
Day 16	/10

WEEK 5
Day 17	/10
Day 18	/10
Day 19	/10
Day 20	/10

WEEK 6
Day 21	/10
Day 22	/10
Day 23	/10
Day 24	/10

WEEK 7
Day 25	/10
Day 26	/10
Day 27	/10
Day 28	/10

WEEK 8
Day 29	/10
Day 30	/10
Day 31	/10
Day 32	/10

공무원 영어의 시작과 끝

2025 이동기 영어
신경향 하루 프로젝트

프로젝트 2. Completion / Vol. 2

정답과 해설

2025 이동기 영어 하루 프로젝트 — 실전 Vol.2 빠른 정답

DAY 1
01	③	02	①	03	④	04	②	05	①
06	②	07	④	08	④	09	②	10	③

DAY 2
01	②	02	④	03	③	04	③	05	④
06	①	07	③	08	①	09	④	10	②

DAY 3
01	③	02	②	03	④	04	②	05	②
06	①	07	④	08	①	09	①	10	③

DAY 4
01	④	02	②	03	①	04	②	05	③
06	①	07	④	08	③	09	②	10	③

DAY 5
01	①	02	③	03	③	04	③	05	②
06	④	07	①	08	②	09	④	10	①

DAY 6
01	①	02	③	03	②	04	④	05	③
06	②	07	③	08	③	09	②	10	②

DAY 7
01	②	02	④	03	①	04	②	05	②
06	②	07	③	08	③	09	③	10	④

DAY 8
01	③	02	②	03	①	04	④	05	②
06	②	07	③	08	①	09	④	10	④

DAY 9
01	②	02	③	03	①	04	②	05	③
06	①	07	①	08	②	09	③	10	④

DAY 10
01	①	02	②	03	④	04	④	05	①
06	③	07	④	08	③	09	②	10	③

DAY 11
01	②	02	③	03	③	04	①	05	②
06	③	07	④	08	③	09	①	10	②

DAY 12
01	②	02	③	03	①	04	②	05	②
06	④	07	③	08	①	09	②	10	③

DAY 13
01	④	02	②	03	③	04	①	05	①
06	③	07	③	08	①	09	③	10	④

DAY 14
01	②	02	④	03	①	04	④	05	②
06	③	07	②	08	①	09	③	10	④

실전동형 모의고사 1 (DAY 15~16)
01	②	02	①	03	④	04	②	05	④
06	②	07	①	08	④	09	②	10	③
11	①	12	③	13	④	14	④	15	②
16	④	17	②	18	①	19	②	20	③

DAY 17
01	②	02	③	03	②	04	④	05	②
06	③	07	②	08	①	09	④	10	①

DAY 18
01	③	02	②	03	③	04	②	05	④
06	④	07	②	08	①	09	④	10	③

DAY 19
01	②	02	④	03	②	04	②	05	①
06	②	07	④	08	②	09	①	10	④

DAY 20
01	①	02	①	03	②	04	③	05	③
06	①	07	④	08	①	09	④	10	②

DAY 21
01	②	02	②	03	④	04	②	05	③
06	②	07	②	08	③	09	②	10	③

DAY 22
01	②	02	③	03	③	04	②	05	④
06	②	07	④	08	③	09	①	10	②

DAY 23
01	②	02	④	03	②	04	②	05	③
06	②	07	④	08	②	09	①	10	④

DAY 24
01	②	02	④	03	④	04	③	05	②
06	③	07	①	08	②	09	④	10	①

DAY 25
01	①	02	④	03	③	04	④	05	②
06	③	07	④	08	②	09	①	10	②

DAY 26
01	②	02	②	03	①	04	③	05	②
06	②	07	①	08	④	09	③	10	④

DAY 27
01	④	02	③	03	①	04	③	05	②
06	②	07	④	08	④	09	②	10	②

DAY 28
01	①	02	③	03	②	04	③	05	①
06	②	07	④	08	②	09	②	10	③

DAY 29
01	①	02	④	03	②	04	②	05	①
06	①	07	③	08	④	09	②	10	④

DAY 30
01	①	02	②	03	②	04	③	05	④
06	②	07	②	08	②	09	③	10	④

실전동형 모의고사 2 (DAY 31~32)
01	④	02	③	03	③	04	②	05	②
06	④	07	②	08	③	09	②	10	②
11	②	12	④	13	②	14	③	15	①
16	③	17	②	18	④	19	①	20	①

DAY 01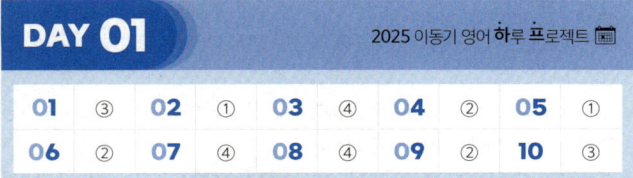

01	③	02	①	03	④	04	②	05	①
06	②	07	④	08	④	09	②	10	③

1

어휘
criterion 기준 (*pl.* criteria) scholarship 장학금
disqualified 자격을 잃은 excluded 제외된 eligible 자격이 있는
uncertain 불확실한

해석
기준을 충족하는 사람들만 장학금 프로그램에 자격이 있는 것으로 간주될 것이다.

정답 ③

2

어휘
missing 분실된 attic 다락방 a pile of ~ 더미 dusty 먼지투성이의
photograph 사진

해석
한때 분실된 것으로 여겨졌던 그 책은 다락방에서 먼지투성이의 오래된 사진 더미 사이에서 발견되었다.

해설
[문법포인트] 문장의 구성 / 능동태 vs. 수동태 구분 콤마 사이에 분사구문이 삽입되어 있고, 주어 The book과 부사구만 있는 상태이므로 문장의 동사가 필요하다. 책이 '발견되다'라는 수동의 의미를 나타내야 하므로 능동태이거나 분사인 ②, ③, ④는 답이 될 수 없다. 따라서 정답은 ① was discovered이다.

정답 ①

3

어휘
look forward to ~을 기대하다 exhibition 전시회
can't wait to 빨리 ~하고 싶다 controversial 논란의 여지가 있는
piece 작품 on display 전시되는 definitely 정말로 spark 불러일으키다
dispute 논쟁 mostly 대부분 performance 공연 inspire 영감을 주다
political 정치적인

해설
Oliver King: 이번 금요일의 미술 전시회를 정말 기대하고 있었어!
Sophia Turner: 정말? 나도 빨리 보고 싶어.
Oliver King: 그거 알아? 논란의 여지가 있는 작품들이 전시될 수도 있어.
Sophia Turner: 오, 무슨 뜻이야?
Oliver King: 일부 작품이 정치적 문제에서 영감을 받았어.
Sophia Turner: 와, 정말 논쟁을 불러일으키겠네!

① 일부 작품은 장식용으로만 사용돼
② 예술가들은 대부분 같은 학교 출신이야
③ 전시회 동안 라이브 공연이 있을 수 있어

정답 ④

4

어휘
availability 이용 가능성 remote learning 원격 학습 surge 급증하다
accessible 접근이 가능한 a diverse range of 다양한 institution 기관
degree 학위 shift 변화 be attributed to ~ 때문이다
technological 기술의 advancement 발전 flexible 유연한
decrease 감소하다 traditional 전통적인 in-person 대면의
attend 출석하다 navigate 탐색하다 virtual 가상의

해석
원격 학습 기회의 이용 가능성이 급증하면서 다양한 학생들에게 교육이 더 많이 접근 가능해졌다. 많은 교육 기관이 온라인 강좌와 학위 프로그램을 현재 제공하고 있다. 이러한 변화는 기술 발전과 유연한 학습 선택권에 대한 수요 증가 때문이다. 하지만 학생들이 온라인 강의에 출석하고 가상 플랫폼을 탐색하는 것보다 전통적인 대면 수업을 선호하기 때문에 원격 학습은 인기가 감소했다.

해설
② [문법포인트] 능동태 vs. 수동태 구분 주어가 offer의 행위 주체이고, 뒤에 목적어인 online courses and degree programs를 동반하고 있어 능동태가 되어야 하므로 are 뒤의 과거분사 offered를 현재분사인 offering으로 고쳐야 한다. 또는 능동태로 now offer로 고쳐도 된다. (are now offered → are now offering/now offer)
① [문법포인트] 주어 - 동사 수 일치 주어가 availability로 단수이므로 동사의 단수형인 has surged가 바르게 쓰였다. 이때 surge는 완전자동사로 쓰였으므로 뒤에 목적어나 보어가 오지 않는다.
③ [문법포인트] 동사의 유형별 수동태 'A의 원인을 B로 돌리다'라는 뜻의 「attribute A to B」는 수동태가 되면 「A be attributed to B」의 형태가 되어 'A는 B 때문이다'라는 의미로 쓰인다. 표현이 바르게 쓰였다.
④ [문법포인트] 전치사의 목적어 「prefer A to B」에서 to는 전치사이므로 목적어로 동명사가 바르게 쓰였다.

정답 ②

5

어휘
inquiry 문의 recently 최근에 come across ~을 우연히 알게 되다
benefit from ~로부터 혜택을 받다 specifically 특히 lending 대여
upcoming 다가오는 register for ~에 등록하다 additionally 또한
requirement 요건 associated with ~와 관련된 appreciate 감사하다
clarification 설명 assistance 도움 look forward to ~을 기대하다
inquire 문의하다 apply for ~을 신청하다

해설
수신: citylibrary@support.com
발신: Jane Miller
날짜: 5월 10일

제목: 도서관 자료에 관하여

안녕하세요.

제 이름은 Jane Miller이고 Parkview의 주민입니다. 최근에 귀하의 웹사이트를 우연히 알게 되었고 도서관에서 새로운 자료와 서비스가 제공되고 있는 것을 발견했습니다. 그것들은 매우 유용해 보이는데, 어떻게 접근하고 그것들로부터 혜택을 받을 수 있는지 더 잘 알고 싶습니다.

특히 전자책 대여 서비스, 언어 학습 프로그램 그리고 다가오는 워크숍에 관한 세부 사항에 관심이 있습니다. 이러한 자료에 접근하고 프로그램에 등록하는 방법에 대한 정보를 제공해 주실 수 있나요? 또한 이러한 서비스와 관련된 회원 자격 요건이나 수수료가 있다면 설명해 주시면 감사하겠습니다.

도와주셔서 감사하며, 답변을 기대하겠습니다.

안부를 드리며,
Jane Miller

① 도서관 자료에 대한 세부 사항을 문의하려고
② 도서관 워크숍에 대한 피드백을 요청하려고
③ 도서관을 위한 새로운 서비스를 제안하려고
④ 도서관 회원 가입을 신청하려고

해설
첫 번째 문단에서 도서관에서 제공하는 새로운 자료와 서비스에 어떻게 접근하고 혜택을 받을 수 있는지 더 잘 알고 싶어 한다고 했고, 두 번째 문단에서 자료 접근 방법과 프로그램 등록 방법 등을 묻고 있으므로 글의 목적으로 가장 적절한 것은 ① '도서관 자료에 대한 세부 사항을 문의하려고'이다.

정답 ①

[6 ~ 7]

어휘
annual 연례의 unique 특별한 rejuvenate 되살리다 connect 교감하다 tranquil 고요한 atmosphere 분위기 inspiring 영감을 주는 breathtaking 숨이 막히게 아름다운 relaxation 휴식 adventure 모험 miss out on ~을 놓치다 refreshing 심신을 상쾌하게 하는 meditation 명상 sustainable 지속 가능한 paddleboarding 패들보딩: 물 위에서 팔이나 노로 물을 저으며 보드를 타는 스포츠 kayaking 카약 타기 equipment 장비 rental 대여 artistic 예술적인 journey 여정 inspire 불어넣다 creativity 창의력 refreshment 상쾌함 await ~을 기다리다 dive into ~에 뛰어들다 competition 경쟁

해석
　　　　　(A) 휴식과 상쾌함의 주말이 당신을 기다리고 있어요

자연과 교감하면서 몸과 마음을 되살릴 특별한 기회인 연례 'Riverfront 건강 주간'에 참여하세요. 영감을 주는 활동과 숨 막히게 아름다운 강 전망으로 가득한 고요한 분위기를 즐기세요. 휴식을 원하든 모험을 원하든 모두를 위한 무언가가 준비되어 있습니다! 이 심신을 상쾌하게 하는 행사를 놓치지 마세요!

세부 사항
• 날짜: 9월 2일 토요일 - 9월 3일 일요일
• 시간: 오전 8시 - 오후 6시 (양일)
• 장소: Riverfront 공원, Willow 가

주요 볼거리
• 요가 및 명상 수업: 모든 경험 수준에 적합한 안내자가 있는 요가와 명상 시간에 참여하세요.
• 건강 강연: 참여형 워크숍과 강연을 통해 정신 건강, 체력 단련, 그리고 지속 가능한 삶에 관해 전문가로부터 배워보세요.
• 야외 활동: 강을 따라 패들보드 타기, 자연 산책, 카약 타기와 같은 활동을 즐기세요. (장비 대여료가 부과됩니다.)

이벤트에 대한 자세한 정보와 자세한 일정은 www.riverfrontwellness.com을 방문하거나 (512) 789-6543으로 전화하세요.

6 ① 창의력을 불어넣기 위한 예술적 여정
　③ Riverfront 공동체의 지역 역사를 기념하세요
　④ 야외 스포츠와 경쟁의 세계로 뛰어드세요

해설

6 첫 번째 문단에서 행사의 제목인 'Riverfront 건강 주간'에 대해 설명하고 있다. 몸과 마음을 되살릴 기회이면서 휴식이나 모험을 원하는 사람이라면 이 행사를 놓치지 말라고 말한다. 이후 행사에 대해 상세히 안내하고 있으므로 글의 제목으로 가장 적절한 것은 ② '휴식과 상쾌함의 주말이 당신을 기다리고 있어요'이다.

7 ④ <주요 볼거리>의 '야외 활동'에서 장비 대여료가 부과된다고 하므로 글의 내용과 일치하지 않는다.
　① <세부 사항> '시간'에서 이틀간 오전 8시부터 오후 6시까지 열린다고 하므로 글의 내용과 일치한다.
　② <주요 볼거리>의 '요가 및 명상 수업'에서 모든 수준의 요가 수업이 있다고 하므로 글의 내용과 일치한다.
　③ <주요 볼거리>의 '건강 강연'에서 전문가들의 강의로부터 배우라고 하므로 글의 내용과 일치한다.

정답 6 ② 7 ④

8

어휘
rationality 합리성 sufficient 충분한 unpredictable 예측 불가능한 rely on ~에 의존하다 reasoning 이성 practical 실용적인 effective 효과적인 circumstance 상황 rational 합리적인 intuition 직관 instinct 본능 judgment 판단 reflex 반사 행동 evolution 진화 contradictory 모순되는 inconclusive 결론이 나지 않는 structure 구조 discipline 규율 process 과정

해석
합리성은 초기 인류가 직면했던 예측 불가능하고 도전적인 환경에서 생존하기에 충분하지 않았다. 이성에만 의존하는 것은 이러한 도전에 대처하는 데 실용적이거나 효과적이지 않았다. ① 이러한 복잡한 상황에서 합리적인 사고는 인간을 불안정하게 만들었을 것이다. ② 대신 우리는 또한 정보가 거의 없는 상태에서 신속하게 결정을 내릴 수 있도록 선택되었고, 그것을 위해 직관, 감정, 본능, 판단, 반사적 행동의 지침이 필요했다. ③ 수백만 년의 진화 후에도 우리는 종종 모순되고 결론이 나지 않는 정보를 사용하여 이러한 방식으로 의사결정을 계속 내리고 있다. ④ 합리적인 의사결정 모델의 주요 강점은 의사결정 과정에 구조와 규율을 제공한다는 점이다. 다시 말해, 인간은 진화를 통해 최적의 의사 결정권자가 되지 못했다.

해설
글의 중심 소재는 진화적 과정에서 인간의 의사결정 특징이다. 글의 첫 부분을 포함해 ①~③까지 합리성이나 이성만으로는 충분하지 않았고 직관, 감정, 본능 등 비합리적 요소가 인간의 의사결정 과정에 필요했다고 주장한다. 하지만 ④는 합리

적 의사결정 모델의 장점을 이야기하는 것으로 비합리적 요소의 중요성을 이야기하는 나머지 글과 어울리지 않는다. 따라서 정답은 ④이다.

정답 ④

9

어휘

extended family 대가족   widespread 광범위하게 퍼진
enormous 엄청난   effect 영향   nuclear family 핵가족   norm 표준
experiment with ~을 실험하다

해석

전 세계적으로 서로 다른 문화권의 사람들은 서로 다른 가족 제도를 가진다. 대부분의 문화에서 사람들은 대가족을 이루고 그 안에서 여러 세대가 동일한 집에서 함께 생활한다. (B) 그러나 또 다른 곳에서는 핵가족 형태가 표준이며 오직 부모와 어린 자녀만이 동일한 집에서 생활한다. (C) 미국에서, 몇몇 커플들은 또 다른 가정생활 제도를 실험하고 있다: 결혼 없이 함께 사는 것이다. (A) 이 새로운 시스템이 광범위하게 퍼진다면 그것은 미국 사회에 엄청난 영향을 줄 것이다.

해설

글의 중심 소재는 가족 제도이다. 일반적인 가족 형태를 설명한 글이 가장 먼저 오고, However를 기점으로 특수한 가족 형태를 설명하는 (B)가 바로 이어지는 것이 자연스럽다. 그다음에는 미국에서 발생하고 있는 새로운 가족 제도를 소개한 (C)가 오고, 이 '새로운 가족 제도(this new system)'가 광범위하게 퍼질 경우 몰고 올 사회적 영향을 염려하는 내용의 (A)가 맨 마지막에 오는 것이 가장 자연스럽다. 따라서 글의 순서는 ② (B) – (C) – (A)가 가장 적절하다.

정답 ②

10

어휘

public opinion 여론   association 연관성   degree 정도
sentiment 감정   approachable 말을 걸기 쉬운
be accompanied by ~을 동반하다   assess 평가하다   perceive 인지하다
likewise 마찬가지로   reflect 반영하다   indulge in ~을 열심히 하다
prejudice 편견   distrust 불신   individuality 개성   social 사교적인
personality 성격   indicate 나타내다   perspective 관점

해석

현대 서구 문화권에서의 대중적인 여론은 일반적으로 사람들이 인간과 동물에 대해 느끼는 감정의 정도에 긍정적인 연관성이 있다는 견해를 지지하는 것으로 보인다. 한 영국 연구자는 한 런던의 공원에서 사람들이 개와 함께 있을 때 지나가는 사람들이 더 자주 말을 걸었다는 사실을 발견했다. 사람들과 애완동물이 함께 있거나 없는 사진을 평가한 연구에서는 개와 함께 있는 사람들이 더 말을 걸기 쉽고 친근하게 인식된다는 것을 보여준다. 이러한 연구의 일반적인 결론은 변함이 없다: 반려동물 키우기가 대다수에게 받아들여지고 참여하는 사회에서는 대다수가 그것(반려동물 키우기)을 열심히 하는 사람들도 마찬가지로 <u>긍정적인 사교적 성격</u>을 반영하는 것으로 간주되는 것으로 보인다.

① 편견과 불신
② 개성의 속성
④ 공유된 비판적 관점

해설

글의 첫머리에 사람들이 인간과 동물에 대해 느끼는 감정의 정도에 긍정적인 연관성이 있다는 서구 사회의 통념을 주제로 제시하고, 이후 두 가지 실험 연구를 제시해서 반려동물과 함께 있는 사람을 더 호감 있게 긍정적으로 판단하였다고 하면서 첫 문장에서 제시한 통념이 맞다는 것을 뒷받침한다. 빈칸이 있는 마지막 문장에서 이러한 연구들의 결론이 통념과 다르지 않다고 주장하므로 콜론 뒤의 내용도 통념과 다르지 않아야 한다. 따라서 빈칸에는 ③ '긍정적인 사교적 성격'이 가장 적절하다.

정답 ③

Day 01 5

DAY 02

01	②	02	④	03	③	04	③	05	④
06	①	07	③	08	①	09	④	10	②

1

어휘

investigator 조사관 uncover 발견하다 inconsistency 불일치
overlook 간과하다 scrutinize 면밀히 조사하다 discard 버리다
simplify 단순화하다

해석

그 조사관은 어떠한 불일치라도 발견하기 위해 문서를 꼼꼼하게 면밀히 조사해야 했다.

정답 ②

2

어휘

frustration 좌절 constant 끊임없는 outdated 구식의
professional 전문적인 technician 기술자

해석

몇 주 동안 끊임없는 오류로 좌절한 끝에, 마침내 그녀는 전문 기술자가 구식 소프트웨어를 업데이트하도록 했다.

해설

[문법포인트] 불완전타동사와 동작의 목적격보어 사역동사 have는 목적어와 목적격보어의 관계가 능동이면 목적격보어에 동사원형을 쓰고, 수동이면 과거분사를 써야 한다. software와 update의 관계가 '업데이트되는'이라는 수동관계이므로 목적격보어에 과거분사를 써야 한다. 따라서 ④ updated가 정답이다.

정답 ④

3

어휘

report 신고하다 route 노선 transit 대중교통 representative 담당관
be aware of ~을 알고 있다 confirm 확인하다 operational 운행 중인
traffic 교통 정체 as of ~ (날짜) 부로 tracker (위치) 추적 시스템

해설

Sarah Johnson: 안녕하세요, 15번 노선버스의 문제를 신고하고 싶습니다.
시 대중교통 담당관: 무엇이 문제인 것 같나요?
Sarah Johnson: 버스가 아직 도착하지 않아서, 제가 버스를 30분 넘게 기다리고 있습니다.
시 대중교통 담당관: 유감입니다. 어디서 기다리고 계시는지 말씀해 주시겠어요?
Sarah Johnson: 저는 3번가 근처의 중심 거리 정류장에 있습니다.
시 대중교통 담당관: 2월 1일부로 15번 노선의 일정이 변경되었습니다.
Sarah Johnson: 아, 그건 몰랐어요. 새로 바뀐 일정을 알려주실 수 있나요?
시 대중교통 담당관: 네, 제가 확인해 드리겠습니다. 잠시만 기다려 주세요.

① 15번 노선이 아직 운행 중인지 확인해 주실 수 있나요?
② 그 지역의 교통 체증으로 인해 버스가 지연될 수도 있습니다.
④ 실시간 업데이트를 위해 실시간 버스 추적 시스템을 확인하셨나요?

정답 ③

4

어휘

aware 알고 있는 prove 입증되다 commercial 상업적인
viable 실행 가능한 competition 경쟁 supersonic 초음속의
transport 운송 수단 abandon 포기하다 Congress 의회
eliminate 없애다 funding 자금 지원 creation 결과물
consortium 컨소시엄 whisk 재빠르게 수송하다 passenger 승객
intercontinental 대륙 간의 take ~ out of service 서비스를 중단하다

해석

그 회사들은 음속보다 빠르게 이동하는 것이 상업적으로 어렵다고 입증되었으며 기술적 어려움이 설사 극복되더라도 이것의 실행 가능한 시장을 찾는 것이 이전에 성공적으로 시도된 적이 없음을 잘 알고 있다고 말했다. 보잉은 1960년대 초음속 운송 수단을 건조하기 위한 정부 경쟁에서 승리했지만 의회가 자금 지원을 없앴기 때문에 1971년 이 프로젝트를 포기했다. 영국과 프랑스 컨소시엄의 결과물인 콩코드는 27년 동안 대륙 간 항공편에서 음속의 두 배 속도로 승객을 재빠르게 수송했다. 하지만 이것은 승객에게 비싼 옵션이었음이 드러났고 2003년에 서비스가 중단되었다. 그 이후로 상업적으로 작동하는 모델을 발견한 사람은 아무도 없었다.

해설

③ [문법포인트] 부사절 접속사의 선택 프로젝트를 포기한 것은 의회가 자금 지원을 없앴기 때문이라고 원인을 말하는 완전한 절이 이어지므로 이유, 원인을 나타내는 부사절 접속사 because가 바르게 쓰였다.
① [문법포인트] 형용사 vs. 부사 prove의 형용사 보어인 difficult를 수식하는 것은 부사이어야 한다. 따라서 형용사인 commercial을 부사인 commercially로 고쳐야 한다. (commercial → commercially)
② [문법포인트] 주어 – 동사 수 일치 have의 주어는 finding a viable market for it으로 동명사이므로 단수 취급해야 한다. 따라서 have를 has로 고쳐야 한다. (have → has)
④ [문법포인트] 주어 – 동사 수 일치 주격 관계대명사절의 동사는 선행사에 수를 일치시켜야 한다. 선행사가 단수인 a model이므로 단수 동사인 works가 와야 한다. (work → works)

정답 ③

[5 ~ 6]

어휘

sustainable 지속 가능한 initiative 계획 introduction 소개
purpose 목적 focus on ~에 초점을 두다 promote 촉진하다
renewable 재생 가능한 energy source 에너지원 dependence 의존도
fossil fuel 화석 연료 cover 다루다, 숨기다 hydropower 수력의
strategy 전략 emphasize 강조하다 efficiency 효율성
transportation 운송 investment 투자 storage 보관
collaboration 협력 participation 참여 private 민간의 sector 부문

significant 상당한   advancement 진전   greenhouse gas 온실가스
emission 배출(량)   pivotal 중요한   combat 막다   framework 틀
exclusively 오로지   contribution 기여   sustainability 지속 가능성
address 다루다   hide 숨기다   include 포함하다   report 보고하다

 해설

지속 가능한 에너지 계획

소개 및 목적
'지속 가능한 에너지 계획'은 재생 가능 에너지원을 촉진하고 화석 연료에 대한 의존도를 낮추는 데 중점을 둔다. 이러한 프로그램은 더 깨끗하고 지속 가능한 미래를 보장하면서, 태양광, 풍력, 수력 발전의 기술을 지원하여 기후 변화를 다루는 것을 목표로 한다.

주요 전략
이 계획은 산업, 가정, 그리고 운송 분야에서 에너지 효율성을 높이는 것을 강조한다. 또한 혁신적인 에너지 저장 솔루션을 만들고 전 세계 재생 에너지에 대한 접근성을 개선하기 위한 연구와 개발에 대한 투자를 장려한다.

전 세계적 협력 및 발전
정부, 민간 부문, 그리고 지역 사회의 참여로 이러한 계획은 온실가스 배출량을 줄이는 데 있어 상당한 진전을 이루었다. 이러한 계획은 기후 변화를 막고 미래 세대를 위한 지속 가능한 에너지 틀을 구축하는 데 중요한 역할을 한다.

5 ① 그것들은 화석 연료 사용을 줄이는 것을 목표로 한다.
② 그것들은 에너지 저장을 위한 연구와 개발을 촉진한다.
③ 그것들은 전 세계적으로 온실가스 배출량을 줄이는 데 기여한다.
④ 그것들은 기후 변화를 해결하는 데만 집중한다.

해설

5 ④ <전 세계적 협력 및 발전> 두 번째 문장에서 지속 가능한 에너지 틀을 구축하는 데에도 중요한 역할을 한다고 하므로 글의 내용과 일치하지 않는다.
① <소개 및 목적> 첫 문장에서 재생 가능 에너지원을 촉진하고 화석 연료에 대한 의존도를 낮추는 데 중점을 둔다고 하므로 글의 내용과 일치한다.
② <주요 전략>의 두 번째 문장에서 혁신적인 에너지 저장 솔루션을 만들고 전 세계 재생 에너지에 대한 접근성을 개선하기 위한 연구 개발에 투자를 장려한다고 하므로 글의 내용과 일치한다.
③ <전 세계적 협력 및 발전> 첫 번째 문장에서 온실가스 배출량을 줄이는 데 상당히 진전을 이루었다고 하므로 글의 내용과 일치한다.

정답 5 ④ 6 ①

7

어휘
purchase 구매하다   solar-powered 태양광의   charger 충전기
unfortunately 안타깝게도   function 작동하다   properly 제대로
instructions (pl.) 지침   charge 충전시키다   appreciate 감사하다
replacement 교체(품)   faulty 결함이 있는   issue 처리하다   refund 환불
additionally 또한   return 반품하다   defective 결함이 있는
immediate 즉각적인   inquire 문의하다   shipping 배송   status 상태
resolution 해결   existing 기존의

해설
수신: 고객 서비스, EcoGadgets
발신: Michael Lee <michael.lee@greenworld.com>
날짜: 3월 15일
제목: 지원 필요

고객 서비스 팀께,

저는 Michael Lee이고, 3월 10일에 귀하의 웹사이트에서 태양광 충전기(주문 번호 56321)를 구매했습니다. 안타깝게도 제가 받은 충전기가 제대로 작동하지 않습니다. 제공된 지침을 따랐음에도 불구하고 제 기기 어느 것도 충전시키지 못합니다.

결함이 있는 충전기를 교체해 주시거나 환불을 처리해 주시면 감사하겠습니다. 또한 결함이 있는 제품을 반품하는 방법도 알려주세요.

이 문제에 즉각적인 관심을 가져주셔서 감사합니다. 답변 기대하겠습니다.

안부를 전하며,
Michael Lee
Green World Solutions

① 제품에 관한 기술 지원을 구하려고
② 주문의 배송 상태에 관해 문의하려고
③ 결함 있는 제품에 대한 해결을 요청하려고
④ 기존 주문을 취소하려고

해설
제목에서 지원이 필요하다고 했고, 첫 번째 문단에서 구매한 충전기에 결함이 있음을 말하고 두 번째 문단에서 교체나 환불을 원한다고 말하고 있다. 따라서 글의 목적으로 가장 적절한 것은 ③ '결함 있는 제품에 대한 해결을 요청하려고'이다.

정답 ③

8

어휘
exploration 탐구   liberty 자유   discussion 토론   concern 관련하다
complacency 현실 안주   in the absence of ~이 없을 때   fragile 취약한
encourage 권장하다   circumstance 환경   tend to ~하는 경향이 있다
embrace 포용하다   portion 부분   oppose 반대하다   turn out 밝혀지다
erroneous 잘못된   crucial 매우 중요한   supplement 보충하다
alternative 대안이 되는   replication 복사본   defense 방어
partiality 편파성   incompleteness 불완전성   constraint 제약

해설
독자들이 존 스튜어트 밀의 사상과 토론의 자유라는 고전 탐구에서 가장 흔하게 기억하는 것은 현실 안주의 위험성에 관련한 것이다. 도전이 없을 때, 한 사람의 의견들은, 그것들이 옳을 때조차 설득력이 없고 취약해진다. 그러나 밀이 사상과 토론의 자유를 장려한 데에는 또 다른 이유가 있었다. 그것은 편파성과 불완전성의 위험이다. 한 사람의 의견들은, 심지어 최고의 환경에서라도, 진실의 일부만을 포용하는 경향이 있기 때문에, 그리고 한 사람의 의견에 반대하는 의견들이 전적으로 잘못된 것으로 판명되는 경우는 드물기 때문에, 대안적인 견해로 한 사람의 의견들을 보충하는 것은 중요하다.

② 그것은 개인적 자유의 방어이다
③ 그것은 의견들의 복사본이다
④ 그것은 의견들과 정보 확산에 대한 제약들이다

해설
글의 중심 소재는 사상과 토론의 자유이다. 밀은 두 가지를 근거로 사상과 토론의 자유가 필요하다고 주장한다. 첫 번째 이유는 도전이 없다면 의견이 설득력이

약해진다는 것이다. 두 번째 이유는 빈칸이 있는 문장이고, 빈칸 이하 부분에서 근거를 찾아야 한다. 한 사람은 진실의 일부만 포용하는 불완전성과, 반대편 의견도 전적인 오류로 판명되는 경우는 드물다는 편파성에 대해 언급하고 그렇기 때문에 대안적인 견해로 의견을 보충할 필요가 있다고 말한다. 따라서 이와 같은 맥락의 말인 ① '그것은 편파성과 불완전성의 위험이다'가 빈칸에 들어가는 것이 가장 적절하다.

정답 ①

9

어휘

manufacturing 제조업   sector 부문   manufacturer 제조업자
initiate 시작하다   application 적용   specific 특정한   element 요소
trigger 촉발시키다   massive 막대한   expand 확대하다
competition 경쟁   analyze 분석하다   gather 수집하다   device 기기
raw material 원자료   investigate 분석하다   analytics 분석 정보
efficiency 효율성   accuracy 정확성   performance 성능
intervention 개입   competitive 경쟁적인   landscape 환경
turbulent 격동하는   disruption 혼란   entrant 진입자
be associated with ~와 관련되다   evolve 발전하다   logic 논리
reshape 재편하다

해석

제조 부문에서 디지털 기술은 완전히 새로운 기술은 아니다. 제조업자들은 디지털화에 익숙할 뿐만 아니라 자신들의 산업에 특정 디지털 요소를 적용하기 시작했을 수도 있다. 그러나 지난 10년 동안 디지털 기술은 막대한 양의 새로운 시장 기회를 촉발하고 기존의 기기 비즈니스를 넘어 경쟁을 확대시켰다. 디지털 기술은 기기로부터 일정 기간에 걸쳐 수집되는 데이터를 모으고 분석하는 것을 가능하게 하고, 이는 추가 조사를 위한 원자료를 제공한다. 예를 들어, 인간의 개입을 최소화하면서 기기의 효율성, 정확성, 그리고 성능을 향상시키기 위해 데이터 분석 정보가 적용될 수 있다. 이 분야의 경쟁 환경은 기존 기기 비즈니스와는 달리 신규 진입자로 인한 혼란으로 인해 격동의 양상을 띠고 있다. 이러한 혼란은 빠르게 발전하는 디지털 기술뿐만 아니라, 비즈니스 모델과 이 디지털 시대의 비즈니스 논리 변화와도 관련이 있다.

① 디지털 기술에서 새로운 것
② 비즈니스에 기술을 적용하는 방법
③ 기술로 촉발된 새로운 기회
④ 디지털 기술이 산업을 재편하는 방식

해설

글의 중심 소재는 디지털 기술이 산업과 시장에 미친 영향이다. 주제문은 However로 시작하는 세 번째 문장으로 디지털 기술은 지난 10년 동안 새로운 시장 기회를 창출하고 전통적인 기기 비즈니스를 넘어 경쟁 구도를 확대시켰다고 한다. 이어 데이터 분석을 구체적인 사례로 들어 디지털 기술이 관련 산업의 효율성과 경쟁력을 어떻게 향상시키는지 설명하고 경쟁 구도의 변화로 이루어졌음을 설명한다. 즉 디지털 기술이 제조업에 새로운 시장 기회를 창출하고 기존의 전통적 경쟁 구조를 변화시켰다는 점을 강조하므로 글의 제목으로 가장 적절한 것은 ④ '디지털 기술이 산업을 재편하는 방식'이다.

정답 ④

10

어휘

former 전자   latter 후자   influential 영향력이 있는
with regard to ~에 관해서   aloud 소리 내어   start school 학교에 들어가다
impact 영향을 주다   keep up with ~을 따라가다   material 자료
enhance 향상시키다   environment 환경

해석

언어 학습과 관련하여 가장 영향력 있는 시기는 18개월에서 약 3세 사이이다. 따라서 어릴 때부터 아이들에게 자주 책을 읽어주는 것이 중요하다. (①) 예를 들어, 집에 많은 아동 도서를 가지고 있고 2세 이전에 책을 읽어준 아이들과 집에 아동 도서를 거의 가지고 있지 않고 4세 이후에 소리 내어 책을 읽어주기만 한 아이들이 학교에 들어간다고 하자. (②) 전자는 후자의 어휘력보다 두 배 많은 어휘력을 가지고 있고 학교에서 돌아가는 일을 더 잘 이해할 수 있다. 반면에, 후자는 더 약한 어휘력을 가지고 있고, 이는 교육을 따라가는 그들의 능력에 부정적으로 영향을 미친다. (③) 이러한 사실은 기본적인 읽기 능력이 좋고 글을 잘 이해하는 것이 매우 중요하다는 것을 보여준다. (④) 아이의 어휘력은 가정에서 좋은 읽기 환경을 제공함으로써 향상될 수 있다.

해설

이 글은 연령에 따른 독서 환경과 어휘력 발달의 관계에 대해 다룬다. 주어진 문장은 전자가 후자보다 어휘력이 뛰어나고 학교 일을 잘 이해한다고 설명한다. 그러므로 이 문장의 앞에는 전자와 후자를 구체적으로 지칭하는 표현이 등장해야 하고, 이 문장의 뒤에는 전자와 달리 학교 일을 잘 이해하지 못하는 후자에 대한 부연 설명이나 예시가 이어질 것으로 예측할 수 있다. ②의 앞에서 먼저 2세 이전에 보유한 도서량이 많고 책 읽는 것을 들은 아이들과 이후에 책이 없고 4세 이후 책 읽는 것만 들은 어린이의 두 집단을 언급했고 ②의 뒤에서 역접의 연결어로 시작해, 후자가 어휘력이 약하고 교육을 잘 따라가지 못한다고 설명했다. 따라서 주어진 문장은 ②에 들어가는 것이 적절하다.

정답 ②

DAY 03

01	③	02	②	03	④	04	②	05	②
06	①	07	④	08	①	09	①	10	③

1

어휘

instructions (pl.) 지침 confused 혼란스러운
unsure of ~을 확신하지 못하는 coherent 일관된 precise 정밀한
ambiguous 애매모호한 transparent 투명한

해석

설명서에 제공된 지침이 너무 애매모호해서 많은 사용자가 혼란스럽고 무엇을 해야 할지 확신하지 못하는 상태에 놓였다.

 ③

2

어휘

staff 직원들 designated 지정된 seat 착석시키다

해석

손님들은 격식 있는 저녁 식사를 위해 직원들에 의해 지정된 테이블에 착석되었다.

해설

[문법포인트] 혼동하기 쉬운 동사의 불규칙 변화 수동태 행위자인 by the staff가 있고 목적어가 없으므로 타동사의 수동태형 동사가 와야 한다. 자동사인 sit은 수동태로 쓸 수 없고, 타동사인 seat와 주어 guests가 수동 관계이므로 과거형 수동태가 되어야 한다. 또한, 주어진 The guests가 복수형이므로 동사 역시 복수형이 되어야 한다. 따라서 정답은 ② were seated이다.

정답 ②

3

어휘

charge 충전하다 be about to 막 ~하려 하다
electronics store 전자제품 상점 repair 수리

해설

A: 또야! 나 이제 새 휴대 전화가 필요해.
B: 네 전화에 무슨 문제라도 있어?
A: 배터리를 완전히 충전해도 이게 겨우 세 시간밖에 못 가.
B: 아마 네 전화가 수명이 다하려는 것 같네. 그래서, 어떤 종류의 휴대 전화를 사려고 생각 중인데?
A: 글쎄 아직 결정하지 않았어. 먼저 전자제품 상점을 방문하려고 해.

① 네가 고르는 것을 도와줄 사람이 필요하니
② 그걸 수리 센터에 가져가서 확인해 봤니
③ 네 기존 휴대 전화를 얼마나 오래 사용했니

정답 ④

4

어휘

literature 문학 serve as ~ 역할을 하다 reflect 반영하다 context 맥락
capture 포착하다 struggle 투쟁 insight 통찰력 transcend 초월하다
address 다루다 universal 보편적인 resonate 반향을 불러일으키다
work 작품 speak to ~을 다루다 timeless 시대를 초월한 product 산물

해석

문학은 문학이 만들어진 사회적, 문화적 맥락을 반영하는 당대의 거울 역할을 한다. 작가들은 스토리텔링을 통해 당대의 가치관, 투쟁, 그리고 신념을 포착하여 인간의 조건에 대한 통찰력을 제공한다. 그러나 문학은 또한 역사적 순간을 초월하여 세대들에 반향을 불러일으키는 보편적인 감정과 경험을 다룬다. 많은 작품이 특정 맥락과 깊이 연관되어 있지만, 다른 작품들은 시대를 초월한 주제를 다루며 문학이 시대의 산물이자 보편적 이해의 가교라는 것을 증명한다.

해설

② [문법포인트] 등위접속사의 병렬 구조 등위접속사 and에 의해 values, struggles와 함께 연결되어 있으므로 believes도 명사인 beliefs로 고쳐야 한다. 참고로 belief는 '믿음'이라는 의미로 불가산명사이지만, 특정한 신념이나 믿음을 나타낼 때는 가산명사로 사용된다. (believes → beliefs)

① [문법포인트] 관계대명사의 선택 장소, 영역에 해당하는 선행사 contexts가 있고, 관계사절이 수동태로 완전하므로 「전치사+관계대명사」 또는 관계부사가 와야 한다. 장소의 전치사 in과 which가 바르게 쓰였다.

③ [문법포인트] 관계대명사의 선택 emotions and experiences라는 복수 명사가 선행사로 쓰였고, 뒤에 복수 동사가 있으므로 주격 관계대명사 that 또는 which가 올 수 있다. 따라서 that이 바르게 쓰였다.

④ [문법포인트] 등위접속사의 병렬 구조 is의 보어로 명사구 a product ~와 a bridge 두 개가 「both A and B」라는 등위상관접속사에 의해 바르게 연결되었다.

 ②

[5 ~ 6]

어휘

urgent 긴급한 quarterly 분기별의 reminder 알림 impending 임박한
submit 제출하다 punctual 정시의 submission 제출
essential 필수적인 assess 평가하다 performance 실적
strategic 전략적인 objective 목표 format 형식 ensure 확인하다
template 견본 method 방법 follow-up 후속 조치
disrupt 차질을 일으키다 overall 전체의 encounter 접하다
technical 기술적인 promptly 즉시 uphold 지키다 commitment 약속
excellence 탁월함 cooperation 협조 corporation 법인
turning in 제출 handover 이양 giving in 항복 signing off 승인

해석

수신: 영업팀
발신: 관리팀
날짜: 10월 2일
제목: [긴급] 분기별 업데이트

친애하는 팀에게,

이것은 분기별 판매 보고서 제출 마감일이 임박했음을 모든 영업 직원에게 상기시

켜드리기 위한 알림 메일입니다. 정시 제출은 부서의 실적을 평가하고 다음 분기의 전략적 목표를 설정하는 데 필수적입니다.

마감 기한
• 날짜: 10월 6일 오후 5시

제출 절차
• 양식: 공식 회사 판매 보고서 견본이 사용되는지 확인하세요.
• 방법: 완료된 보고서를 이메일로 salesmanagement@everest.com에 제출하세요.

후속 조치
• 지연된 제출은 전체 보고 과정에 차질을 일으킬 수 있습니다.
• 기술적인 어려움을 접하게 되면 즉시 관리자에게 알려주세요.
• 모든 보고서가 제때 제출되도록 함으로써 탁월함에 대한 우리의 약속을 지키세요.

협조해 주셔서 감사합니다.

Everset 법인
관리팀

해설

5 첫 번째 문단의 첫 번째 문장에서 분기별 판매 보고서 제출 마감일이 임박했음을 알리는 메일이라고 했고, 이후 마감일과 제출 방법을 상세히 안내하고 있으므로 글의 목적으로 가장 적절한 것은 ② '보고서 제출 기한과 절차를 안내하려고'이다.

정답 5 ② 6 ①

7

어휘

fair 박람회   graduate 졸업생   job seeker 구직자   explore 탐색하다
advance 발전시키다   connect 소통하다   employer 고용주
journey 여정   location 장소   network 인맥을 쌓다
recruiter 채용 담당자   resume 이력서   personalized 맞춤형의
on the spot 현장에서   registration 등록   recommend 권장하다
required 필수적인   advance 사전의

해석

직업 기회 채용 박람회 2025

최근 졸업생이거나, 새로운 기회를 모색하는 구직자, 또는 경력을 발전시키고자 하는 전문가이신가요? 다양한 산업 분야의 최고 고용주들과 소통하고 전문가로서의 여정에서 다음 단계로 나아갈 기회를 얻기 위해 2025년 '직업 기회 채용 박람회'에 참여하세요.

행사 세부 정보
• 날짜: 2025년 4월 12일 토요일
• 시간: 오전 10시 – 오후 4시
• 위치: Grand Convention 센터, Career 가 456번지, 뉴욕

주요 볼거리
• 50개 이상의 선도 기업에서 온 채용 담당자들과 만나 인맥을 쌓으세요.
• 이력서 작성, 면접 준비, 그리고 경력 계획에 관한 워크숍에 참석하세요.
• 정규직, 시간제, 인턴십 기회를 탐색하세요.
• 상담 부스에서 현장에서 맞춤형 진로 상담을 받으세요.

등록
• 사전 등록은 권장되지만 필수는 아닙니다.
• http://www.careerfair2025.com에서 등록하세요.
• info@careerfair2025.com과 (555) 789-1011로 문의하세요.

① 행사는 경력 성장을 모색하는 전문가들을 위해 설계되었다.
② 참가자들은 50개 이상의 회사에서 온 채용 담당자들과 인맥을 쌓을 수 있다.
③ 참가자들은 이력서 및 인터뷰에 관한 워크숍에 참여할 수 있다.
④ 개인 맞춤형 진로 상담을 위해서는 사전 등록이 필수적이다.

해설

④ <등록>의 첫 번째 항목에서 등록은 권장되지만 필수는 아니라고 하므로 글의 내용과 일치하지 않는다.
① 첫 번째 문단의 처음 두 문장에서 최근 졸업생이거나, 새로운 기회를 모색하는 구직자, 또는 경력을 발전시키고자 하는 전문가들에게 행사에 참여하라고 하므로 글의 내용과 일치한다.
② <주요 볼거리>의 첫 번째 항목에서 50개 이상의 선도 기업에서 온 채용 담당자들과 만나 인맥을 쌓으라고 하므로 글의 내용과 일치한다.
③ <주요 볼거리>의 두 번째 항목에서 이력서 작성, 면접 준비, 그리고 경력 계획에 관한 워크숍에 참석하라고 하므로 글의 내용과 일치한다.

정답 ④

8

어휘

designate 지정하다   famed 유명한   mural 벽화   adorn 장식하다
headquarter 본사   boulevard 대로   bar 금지하다   demolition 철거
alteration 개조   landmark 주요 지형지물   tiled 타일을 붙인
annex 부속 건물   companion 한 짝   initiate 시작하다   mayor 시장
vacate 비우다   impending 임박한   prompt 촉발하다   concern 염려
fate 운명   distinctive 독특한   preservationist 보호주의자
architect 건축가   regard 간주하다   architecturally 건축학적으로
distinguished 뛰어난   significant 중요한   legal 법적인   authority 권한
without regard to ~와 상관없이   routinely 통상적으로
preservation 보존   corporate 기업의   capital 자본

해석

마이애미는 비스케인 대로에 있는 유명한 벽화로 장식된 Bacardi 본사를 역사적인 장소로 지정하려는 움직임을 보이고 있는데, 이 조치는 주요 지형지물인 청백색 타일을 붙인 탑과 그 짝인 정사각형 부속 건물의 철거 또는 변경을 금지한다. Manny Diaz 시장이 시작한 이 깜짝 조치는 Bacardi USA가 그 건물들 — 1963년부터 그 기업의 본사 — 을 비우고 올해 말 Coral Gables의 새 본사로 이전할 준비를 하면서 나온 것이다. 임박한 이전은 일부 보존가들과 건축가들이 1960년대 마이애미에서 가장 건축학적으로 뛰어나고 역사적으로 중요한 것으로 간주하고 있는 이 독특한 건물들의 운명에 대한 광범위한 우려를 불러일으켰다. 이 도시는 소유주의 의사와 상관없이 건물을 보호할 법적 권한을 가지고 있으며, 통상적으로 그렇게 하고 있다.

① 역사적 장소의 보존
② 오래된 건물의 개보수
③ 기업 자본 보호
④ 마이애미의 예술적 건물

해설

글의 중심 소재는 Bacardi 본사이다. 주제문은 첫 번째 문장으로 마이애미시가

Bacardi 본사를 역사적인 장소로 지정하여 철거나 변경을 금지하려고 조치를 취하고 있다고 한다. 따라서 글의 제목으로 가장 적절한 것은 ① '역사적 장소의 보존'이다.

정답 ①

9

어휘
arousal 흥분 fight-or-flight mode 투쟁-도피 상태: 위기 상황에서 생존을 위해 신체와 정신이 빠르게 반응하는 상태 aroused 흥분된 flight 도피
spouse 배우자 face off with ~와 대결하다 pleasant 유쾌한
mundane 일상적인 facet 측면 heart rate 심박동수
aggressive 공격적인 mastered 숙달된 by contrast 그에 반해서
physiological 생리적인 calm 침착한 translate 해석하다
intimacy 친밀 physically 신체적으로 comfortable 편안한

해석
문제가 있는 부부들은 자신들의 관계에서 모든 각성의 징후 — 투쟁-도피 상태에 있다는 — 를 보인다는 것이었다. (B) 배우자 옆에 앉아 대화를 나누는 것은 그들의 신체에 마치 호랑이와 대결하는 것과 같았다. 그들은 관계의 유쾌하거나 일상적인 측면에 관해 이야기할 때조차도 공격할 준비가 되어 있었고, 이는 그들의 심박수를 높이고 그들을 더 공격적으로 만들었다. (A) 예를 들어, 한 부부의 각 구성원이 자신의 하루에 관해 이야기할 수 있고, 몹시 흥분한 남편이 아내에게 "당신의 하루에 관해 이야기해볼래? 오래 걸리지 않을 거잖아."라고 말할 수 있다. (C) 그에 반해서 숙달된 부부는 낮은 생리적 흥분을 보였다. 그들은 침착하고 서로 연결되어 있다고 느껴서, 이는 싸울 때도 따뜻함으로 해석되었다. 숙달된 부부는 그들 둘 다를 정서적으로 그리하여 신체적으로 편안하게 만드는 신뢰와 친밀감을 형성했기 때문이다.

해설
주어진 문장은 문제 있는 부부들의 흥분 징후에 대해 언급하고 있으므로 이에 대한 부연 설명을 하며 문제 있는 부부의 대화를 다루며 논의를 구체화하는 (B)로 이어지는 것이 자연스럽다. (B)의 대화 모습의 구체적인 예시를 (A)에서 제시하며 대화에서조차 부정적이고 공격적인 언행이 되는 과정을 보여준다. 마지막으로 문제 부부를 다룬 (B), (A)와 대조되게 (by contrast) 생리적으로 안정되어 있고 정서적으로도 연결되어 있는 숙달된 부부의 모습을 설명하는 (C)로 마무리하는 것이 자연스럽다. 따라서 글의 순서는 ① (B) - (A) - (C)이다.

정답 ①

10

어휘
inspiring 영감을 주는 uplifting 고양시키는 reveal 드러내다
chaos 혼란스러움 immorality 부도덕 delve into ~을 캐보다
uncover 발견하다 relevant to ~에 관여된 suffering 고통 joy 기쁨
principle 원칙 apply 적용하다 foster 증진하다 profound 깊은
insight 통찰 ancestor 조상 engage with ~와 관계를 맺다
crucial 중요한 diversity 다양성 celebrate 찬양하다 essential 필수적인
integrate 통합하다 valuable 귀중한 function 작동하다
rounded 균형 잡힌 overcome 극복하다

해석
역사는 이야기로 가득 차 있다. 어떤 것들은 영감을 주고 고양시키는 반면에, 어떤 것들은 혼란스러움과 부도덕을 드러낸다. 역사를 캐보면 우리는 우리 삶에 깊이 관여된 교훈들을 발견하게 된다. 고통과 기쁨의 시대를 살펴봄으로써, 우리는 우리들의 경험에 적용될 수 있는 원칙들을 배운다. 더욱이 역사는 전 세계의 문화적 차이에 대한 깊은 이해를 증진한다. 그것은 조상들이 다양한 삶의 방식을 가진 사람들과 긍정적이든 부정적이든 어떻게 관계를 맺었는지에 대한 통찰을 제공한다. 포용성과 다양성에 대한 이해가 필수적인 가치로 찬양되는 오늘날의 세상에서 이러한 통찰은 특히 중요하다. 역사를 통해 배우는 것은 사회가 어떻게 자신들의 차이를 성공적으로 통합했는지 우리에게 가르쳐주며, 세계적 공동체의 더 나은 구성원이 되기 위한 로드맵을 제공한다. 간단히 말해서, 역사를 공부함으로써 당신은 더 균형 잡힌 사람이 될 것이다.

① 스토리텔링에 대한 귀중한 교훈을 얻을 수 있다
② 사회가 어떻게 작동하는지 더 잘 이해하게 될 것이다
④ 도전을 극복하는 방법을 배우게 될 것이다

해설
글의 중심 소재는 역사 공부의 이점들이고 주제문은 세 번째 문장이다. 이후 구체적으로, 역사를 통해 교훈과 원칙을 배우고, 문화적 차이에 대한 이해와 통찰을 얻게 되며, 더 나은 공동체 구성원으로 성장하게 한다고 설명한다. 빈칸은 In short로 시작하므로 앞에서 언급한 역사를 공부함으로써 얻는 전체 이점들을 아우를 수 있는 말이 와야 한다. 따라서 앞서 언급한 이점들을 포괄하는 ② '당신은 더 균형 잡힌 사람이 될 것이다'가 빈칸에 가장 적절하다.

정답 ③

DAY 04

2025 이동기 영어 하루 프로젝트

| 01 | ④ | 02 | ② | 03 | ① | 04 | ② | 05 | ③ |
| 06 | ① | 07 | ④ | 08 | ③ | 09 | ② | 10 | ③ |

1

어휘
customer 고객   full refund 전액 환불   additional 추가의
provoke 도발하다   dispute 반박하다   ignore 무시하다   appease 달래다

해석
매니저는 전액 환불과 추가 할인을 제공하여 화난 고객을 달래려고 노력했다.

정답 ④

2

어휘
injured 부상당한   trap 가두다   cave 동굴   critical 위독한   severe 심각한
wound 부상   rescue 구조하다

해석
동굴에 갇혔던 부상자들은 구조된 이후 심각한 부상으로 인해 계속 위독한 상태를 유지하고 있다.

해설
[문법포인트] 주어 – 동사 수 일치 / 완료시제 「the + 형용사/분사」는 '~하는 사람들'이라는 복수 보통명사를 뜻하므로 동사도 복수를 써야 한다. 동사는 「since + 과거 시점」이 쓰였을 경우 현재완료 시제로 쓰므로 have p.p. 형태로 써야 한다. 따라서 이 두 가지를 종합하여 정답은 ② have remained이다.

정답 ②

3

어휘
subway line 지하철 노선   take (차를) 타다   get off 내리다
transfer 환승하다   route 노선   make sure 확인하다
head toward ~ 쪽으로 향하다   downtown 시내의   direction 방향
stop 정거장   close by 가까운   delay 연착

해설
A: 어느 지하철 노선을 타야 하는지 말씀해 주시겠어요?
B: 물론이죠! 그린 라인을 타고 시청역에서 내리셔야 합니다.
A: 어딘가에서 환승해야 하나요?
B: 아니요, 직행 노선입니다. 시내 방향으로 가고 있는지만 확인하세요.
A: 시청이 가까운가요?
B: 네, 여기서 세 정거장 떨어져 있어요.

② 승차 시간은 얼마나 걸릴까요
③ 몇 정거장 가서 내려야 하나요
④ 연착이 혹시 있을까요

정답 ①

4

어휘
as far as ~ is concerned ~에 관한 한   transportation 수송
multiple 여러 개의   load A onto B A를 B 위로 적재하다   race 질주하다
open carrier 개방형 적재 장치   so that ~하도록   view 보다

해석
트럭으로 자동차를 운송하는 데 관한 한 오픈 트럭은 가장 일반적으로 사용된다. 한 대의 자동차나 여러 대의 자동차를 싣고 고속도로를 질주하는 많은 다양한 오픈 트럭들이 있다. 오픈 트럭은 개방형 적재 장치를 사용한다. 그것들은 위에 지붕이 있을 수도 있지만 누구나 운송 중인 것이 무엇이든 볼 수 있도록 측면이 덮이지 않는다. 일부는 또한 지붕이 없지만 닫힌 옆면을 가지고 있어서 사람들이 위에서만 운송 중인 것을 볼 수 있도록 한다.

해설
② [문법포인트] 분사구문 접속사 없이 다시 동사가 나올 수 없다. 구조상 이미 앞에 주어와 동사가 있으므로 with 분사구문이 되어야 한다. 「with + 목적어 + 분사」의 어순을 취해야 하고 목적어와 분사의 관계가 '적재되다'라는 수동이어야 하므로 are loaded onto는 과거분사인 loaded onto로 고쳐야 한다. (are loaded onto → loaded onto)
① [문법포인트] 주어 – 동사 수 일치 타동사 concern의 뒤에 목적어가 없으므로 수동태가 되어야 하고 주어 car transportation이 단수이므로 단수 동사인 is concerned가 바르게 사용되었다.
③ [문법포인트] 부사절 접속사의 선택 주절 뒤에 목적을 나타내는 부사절 접속사 so that이 바르게 쓰였다.
④ [문법포인트] to부정사의 역할 가목적어 it에 대한 진목적어인 to view가 올바른 to부정사의 형태로 쓰였다.

정답 ②

5

어휘
cleanup 청소   neighborhood 동네   shade 그늘   overall 전반적인
pleasant 쾌적한   addition 보탬   charm 매력   appreciate 높이 평가하다
scatter 흩어지다   sidewalk 인도   pedestrian 보행자   decay 썩다
emit 풍기다   unpleasant 불쾌한   odor 냄새   messy 어질러진
unsightly 보기 흉한   appearance 외관   hygiene 위생
address 해결하다   schedule 일정을 짜다   maintenance 유지 관리
cleanliness 청결   mess 어질러짐

해석
수신: citycleanup@kcity.gov
발신: localresident96@kmail.com
날짜: 2025년 10월 15일
제목: 가로수

시 청소팀 귀하,

가로수가 늘어선 거리는 그늘과 신선한 공기, 그리고 전반적으로 쾌적한 분위기를 제공하면서 우리 동네에 큰 가치를 더합니다. Sunflower 거리를 따라 조성된 과일 나무는 이 지역에 훌륭한 보탬으로 많은 주민들이 높이 평가하는 자연의 매력을 만듭니다.

하지만 이 나무에서 떨어진 열매는 점점 더 커다란 문제가 되고 있습니다. 인도에

흩어져 있어 보행자가 안전하게 걷기 어렵게 만듭니다. 그것들은 썩으면서 강하고 불쾌한 냄새를 풍기고 지저분하고 보기 흉한 모습을 연출합니다. 저를 포함한 많은 주민들이 이 상황으로 인한 위생 및 안전 문제에 대해 우려하고 있습니다. 떨어진 과일을 제거하도록 정기적인 유지보수 일정을 짜서 시 청소팀이 이 문제를 해결해 주시기를 정중히 요청합니다.

이 문제에 관심을 가져주셔서 감사합니다. 더 깨끗하고 안전한 동네를 곧 보게 되기를 기대합니다.

진심으로,
Mary Adams

① 도시 청결의 유지 관리의 부족에 대해 불평하려고
② 떨어진 과일의 낮은 품질과 높은 가격에 대해 불평하려고
③ 인도에 떨어진 과일로 인한 어질러짐에 대해 불평하려고
④ 썩어가는 과일로 발생하는 질병에 대해 불평하려고

해설
인도에 떨어진 과일의 문제에 대해 두 번째 문단의 첫 번째 문장에서 언급하고 있고, 네 번째 문장에서는 그로 인해 위생과 안전 문제가 우려된다고 언급하고, 다섯 번째 문장에서 청소팀에서 이 문제를 처리해 달라고 요청하고 있다. 따라서 글의 목적으로 가장 적절한 것은 ③ '인도에 떨어진 과일로 인한 어질러짐에 대해 불평하려고'이다. ① 청결은 너무 포괄적이고, ②와 ④는 언급되어 있지 않으므로 모두 답이 될 수 없다.

정답 ③

6

어휘
demanding 까다로운 analyst 분석가 disposed 마음이 있는
suspect 의심하다 assert 확고히 하다 interest 이익 expense 비용
impose 부과하다 charge 수수료 manipulate 조작하다
interest rate 금리 examine 진찰하다 expertise 전문 지식
integrity 진실성 indifferent 무관심한 until recently 최근까지
relatively 비교적 recently 최근에 indifference 무관심
if anything 오히려 trustworthiness 신뢰성 imply 의미하다
objectivity 객관성 status 지위 grant 부여하다 goodwill 호의
permanent 영구적인 rely on ~에 의존하다 objectivity 객관성
demand 요구하다 agreement 동의

해석
비록 신뢰가 그것의 더 까다로운 분석가를 만족시키기 위해 의미 있는 관계를 요구할지라도, 그것이 반드시 호의를 요구할 필요는 없다. A가 사람이고 B가 은행일 때, A는 비록 그녀가 그 은행이 자신에게 따뜻한 마음을 지니고 있다고 잠시도 생각하지 않고, 은행이 수수료를 부과하거나 이자율을 조정할 기회를 갖게 되었을 때 그녀의 비용으로 은행의 이익을 확고히 할 것이라고 충분히 의심할 수도 있지만, B가 그녀의 돈을 안전하게 관리한다는 것을 아마도 신뢰할 것이다. 만약 A가 병원에 가서 의사 B에게 진찰을 받는다면, 그녀는 설령 B가 그녀에게 사람으로서는 무관심해 보일지라도 B의 전문적인 지식과 진실성을 아마도 신뢰할 것이다. 비교적 최근까지 의료 전문가 쪽에서의 무관심은 오히려 신뢰성의 표시로 여겨졌다: 그것은 전문성에 요구되는 객관성을 의미하였고, 의학적인 전문성이 부여한 우월한 지위를 확고히 했다.

② 영구적일
③ 객관성에 의존할

④ 어떤 동의든 요구할

해설
글의 중심 소재는 신뢰이고, 첫 문장이 주제문으로 주제문을 완성하는 빈칸 문제이다. 신뢰는 때로 의미 있는 관계를 필요로 할 수 있지만, 반드시 호의를 요구하지는 않는다는 것을 두 가지 사례인 은행과 의사를 통해 설명하고 있다. 은행의 경우 따뜻함을 기대하기보다는 안전성을, 의사의 경우도 관심보다는 전문적인 지식과 진실성을 중시한다고 설명한다. 따라서 빈칸에는 따뜻함이나 관심과 같은 맥락의 말이 빈칸에 들어가야 하므로 ① '호의를 요구할'이 가장 적절하다.

정답 ①

[7 ~ 8]

어휘
wonder 경이로움 marine 해양의 conservation 보존
interactive 참여형의 inspire 영감을 주다 educate 교육시키다
ecosystem 생태계 hands-on 체험의 informative 유익한 talk 강연
seasoned 경험 많은 environmentalist 환경운동가 newcomer 신입
biology 생물학 expert 전문가 cleanup 청소 tangible 실질적인
shoreline 해안선 celebration 기념행사 coastal 해안의 heritage 유산
adventure 모험 underwater 수중의 exploration 탐험
ecology 생태학

해석
(A) 더 건강한 바다를 위한 해양 보존 행사

해양 애호가들에게 영감을 주고 참가자들에게 해양 생태계 보호에 대해 교육하기 위해 기획된 참여형 행사인 '해양 보존 주말'의 경이로움에 빠져보세요. 체험 활동, 유익한 강연, 해양 보존 활동을 지원할 수 있는 기회로 가득한 주말을 저희와 함께 하세요. 이번 행사는 경험 많은 환경운동가부터 호기심 많은 초보자까지 모두를 환영합니다!

세부 사항
- 날짜: 11월 4일 토요일 – 11월 5일 일요일
- 시간: 오전 9시 – 오후 5시 (양일 모두)
- 위치: 오션뷰 지역센터, 해안로 123

주요 볼거리
- 해양 생물학 워크숍: 해양 생물학자들이 이끄는 워크숍을 통해 해양 생물과 생태계에 대해 알아보세요.
- 보존 강연: 전문가들로부터 우리 바다가 직면한 도전 과제와 바다를 보호하기 위해 어떻게 조치를 취해야 하는지에 대해 들어보세요.
- 해변 청소: 지역 해안선에 실질적인 영향을 줄 수 있도록 해변 청소 행사에 참여하세요. (청소용품은 제공됩니다.)

이벤트에 대한 자세한 정보와 자세한 일정은 www.marineconservationweekend.org를 방문하거나 (123) 456-7890으로 전화하세요.

7 ① 해안 문화와 유산의 기념행사
   ② 수중 탐험과 다이빙의 모험
   ③ 해양 생물학과 생태학의 과학을 탐구하라

해설
7 첫 문단의 첫 번째 문장에서 '해양 보존 주말' 행사가 해양 생태계 보호에 대해 교육하기 위해 기획된 참여형 행사라고 하고 해양 보존 활동을 지원할 기회로 가득하므로 참여하라고 하고 있다. 이후 참석 관련 정보를 제시하고 있으므로 글의

제목으로 가장 적절한 것은 ④ '더 건강한 바다를 위한 해양 보존 행사'이다.

8 ③ <주요 볼거리>의 '보존 강연'에서 전문가 강연은 우리 바다가 직면한 도전 과제와 바다를 보호하기 위한 조치를 취하는 방법에 대해 다룬다고 하므로 글의 내용과 일치하지 않는다.

① <세부 사항> '시간'에서 오전 9시 – 오후 5시(양일 모두)라고 하므로 글의 내용과 일치한다.

② <주요 볼거리>의 '해양 생물학 워크숍'에서 해양 생물학자들이 워크숍을 이끈다고 하므로 글의 내용과 일치한다.

④ <주요 볼거리>의 '해변 청소'에서 청소용품이 제공된다고 하므로 글의 내용과 일치한다.

 7 ④ 8 ③

9

어휘

react 반응을 보이다   act out of ~에서 행동하다   neediness 절박함
read 이해하다   alternative 대안이 되는   course of action 행동 방침
temporary 임시적인   permanent 영구적인   urgently 급히   seek 찾다
immediate 즉각적인   convince 설득하다   look for 찾다
afford ~할 여유가 되다   hire 고용하다   nanny 유모
inconvenient 불편한   in the short run 단기적으로 보면
long-term 장기적인   principle 원칙   urgent 긴급한   secure 확보하다
establish 수립하다   affordable 알맞은   priority 우선순위

해석

만약 당신이 무제한의 시간을 가질 경우 당신이 반응할 것과 다르게 반응하고 있는 자신을 발견할 때마다, 당신은 절박함에서 행동하고 있는 것이고 사람들을 분명히 이해하지 못할 것이다. 더 나아가기 전에 멈추고 대안이 되는 행동 방침들을 고려해보라. 임시적인 해결책을 우선 찾고 영구적인 해결책을 나중에 결정하는 것이 보통 제일 좋다. 아이를 돌볼 사람을 급히 찾고 있는 부모는 친구나 가족에게 한 주나 두 주 동안 도와달라고 설득하는 데 즉각적인 노력을 기울여, 자신들에게 영구적인 도움을 찾을 수 있는 시간을 벌어 줄 수 있다. 만약 그들이 여유가 된다면, 그들은 한동안 전문 보모를 고용할 수도 있다. 임시적인 해결책들은 단기간적으로는 더 비싸거나 더 불편할 수도 있지만, 장기적인 선택에 관해 현명한 선택을 하는 데 필요한 시간을 당신에게 줄 것이다.

① 시급한 상황에서는 원칙에 따라 행동하라.
② 임시 해결책을 통해 현명한 선택을 할 시간을 확보하라.
③ 자신의 능력에 알맞은 단기적 목표를 수립하라.
④ 의사 결정 시 시간과 비용을 최우선으로 고려하라.

해설

글의 중심 소재는 임시적인 해결책의 필요성이다. 글의 주제문은 세 번째 문장으로 임시적인 해결책을 우선 찾고 영구적인 해결책을 나중에 결정하는 것이 보통 제일 좋다고 하며, 급히 보모를 찾아야 하는 부모의 상황을 예로 들어 설명한다. 마지막 문장에서 임시적인 해결책이 더 비싸지만 현명한 선택을 할 시간을 벌어줄 수 있다며 주제문을 다시 한번 반복하고 강화하고 있다. 따라서 필자의 주장으로 가장 적절한 것은 ② '임시 해결책을 통해 현명한 선택을 할 시간을 확보하라.'이다.

 ②

10

어휘

obtain 얻다   reproduction 재생산   content 내용
concretely 구체적으로   fixed 고정된   potential 잠재적인
observation 관찰   by means of ~에 의해서   complicated 복잡한
apparatus 기구   reproducibility 복제 가능성   public 공공적인
concern 관련하다   relevant 관련 있는   meteorological 기상학의
private 사적인   individually 개별적으로

해석

정보의 생산은 다양한 비용으로 얻어질 수 있다. (B) 자연 관찰로 인해 비롯될 때 그것은 매우 저렴할 수도 있고 복잡한 기구를 통해 얻게 될 때는 더 비쌀 수도 있다. 하지만 생산되고 나면 그것의 가장 큰 특징은 '재생산 가능성'이다. (A) 재생산 비용은 그 내용을 한 형식에서 다른 형식으로 복사하는 것 이상을 포함하지 않는다. 구체적으로, 그것의 생산 방식은 관련된 (고정) 비용과 잠재적 사용자에 따라 달라진다. (C) 게다가 정보의 생산은 (기상학적 정보와 같은) 글로벌 및 집단적으로 관련된 사건에 관한 경우 일반적으로 공공적이다. 지역 및 개별적으로 관련된 사건에만 관련된 경우 사적일 가능성이 높다.

해설

글의 중심 소재는 정보의 생산이다. 주어진 문장에서 정보의 생산이 다양한 비용으로 얻어진다고 했으므로 다양한 비용에 대한 부연 설명이 이어질 것으로 예측할 수 있다. 그러므로 The reproduction cost를 It으로 받아 이것이 저렴할 때와 비쌀 때로 나누어 설명하는 (B)가 가장 먼저 오는 것이 적절하다. 이후 정보의 핵심 특징으로 재생산 가능성을 꼽았으므로 정보의 재생산 비용과 생산 방식을 결정하는 요소를 설명하는 (A)로 이어지는 것이 적절하다. 마지막으로 부가의 연결어 Additionally로 시작하는 (C)가 와서, 정보를 비용이나 재생산성과 연결하지 않고 정보 생산의 성격을 공공적인 것과 사적이라는 새로운 범주로 설명하는 흐름이 자연스럽다. 따라서 글의 순서로 가장 적절한 것은 ③ (B) – (A) – (C)이다.

 ③

DAY 05

| 01 | ① | 02 | ③ | 03 | ③ | 04 | ③ | 05 | ② |
| 06 | ④ | 07 | ① | 08 | ② | 09 | ④ | 10 | ① |

1

어휘
artwork 미술품 noticeable 눈에 띄는 original 원래의 form 형태
static 변화가 없는 dynamic 역동적인 evolving 진화하는
fluctuating 변동이 있는

해석
박물관의 예술 작품은 원래 형태에 어떠한 눈에 띄는 변화도 이루어지지 않았기 때문에 수십 년 동안 변화가 없는 상태로 남아 있었다.

정답 ①

2

어휘
performance 공연 impressive 인상적인 competition 대회
judge 심사위원 have a hard time -ing ~하는 데 어려움을 겪다

해석
대회에서 그녀의 공연은 그의 것만큼이나 인상적이어서 심사위원들이 우승자를 결정하는 데 어려움을 겪었다.

해설
[문법포인트] 비교대상의 일치 비교 구문에서 비교대상은 일치해야 한다. 원급 비교이므로 빈칸에는 Her performance와 비교될 수 있는 his performance가 들어가야 한다. 따라서 정답으로 his performance를 대신하는 소유대명사인 ③ his가 적합하다.

정답 ③

3

어휘
reference 참고 도서 section 구역 account 계정 balance 잔액
24/7 연중무휴 payment option 결제 방법

해설
Emily Carter: 안녕하세요. 도서관에서 복사를 할 수 있나요?
도서관 지원 센터: 네, 2층 참고 도서 구역 근처에 복사기가 있습니다.
Emily Carter: 아, 잘됐군요. 비용을 지불해야 하나요?
도서관 지원 센터: 네, 장당 10센트입니다.
Emily Carter: 신용카드로 결제할 수 있나요?
도서관 지원 센터: 아니요. 현금이나 도서관 계정 잔액으로만 결제할 수 있습니다.

① 복사기는 연중무휴로 이용할 수 있나요
② 큰 크기의 서류를 복사할 건가요
④ 어떤 결제 방법을 이용할 수 있나요

정답 ③

4

어휘
renowned 유명한 institute 기관 found 설립하다
groundbreaking 획기적인 medicine 의학 talented 재능이 있는
opportunity 기회 participate 참여하다 cutting-edge 최첨단의
advancement 발전 renovate 개조하다 state-of-the-art 최신의
equipment 장비 facility 시설 biotechnology 생명 공학

해석
20세기 초반에 한 과학자들의 팀에 의해 설립된 그 유명한 연구 기관은 의학에서 획기적인 발견을 이루어냈다. 수십 년 동안, 재능 있는 사람들은 최첨단 연구 프로젝트에 참여할 기회를 부여받았다. 급격한 발전을 따라가기 위해, 연구소는 실험실을 최신 장비로 개조된 채로 유지했다. 그 결과, 현재 그것은 생명 공학 분야에서 단연코 가장 혁신적인 시설로 여겨진다.

해설
③ [문법포인트] 불완전타동사와 동작의 목적격보어 불완전타동사 kept는 목적어와 목적격보어의 관계가 능동이면 목적격보어로 현재분사를, 수동이면 과거분사를 사용한다. 목적어 its laboratories와 renovate의 관계가 수동이므로 과거분사 renovated로 고쳐야 한다. (renovating → renovated)
① [문법포인트] 분사구문 주절의 주어인 The renowned research institute 와 분사구문에 사용된 동사 found의 관계가 수동이기 때문에 과거분사 founded가 바르게 쓰였다.
② [문법포인트] 관사의 이해 / 능동태 vs. 수동태 구분 주어인 the talented 가 「the + 형용사/분사」의 형태로 복수 보통명사를 표현하므로 복수형 동사인 were가 사용되었다. 수여동사 give의 간접목적어 the talented가 주어가 되고, 직접목적어 opportunities가 목적어로 동사 뒤에 위치했기 때문에 수동태로 쓰여야 한다. 그러므로 were given이 바르게 쓰였다.
④ [문법포인트] 비교 구문 최상급을 수식할 때는 '단연코'라는 의미의 by far를 사용해야 하므로 by far가 최상급 앞에서 바르게 쓰였다.

정답 ③

[5~6]

어휘
conservation 보존 society 협회 migratory birds 철새
be dedicated at ~에 전념하다 safeguard 보호하다 population 개체 수
preserve 보호하다 habitat 서식지 ensure 보장하다 breed 새끼를 낳다
feed 먹이를 먹다 journey 이동 manage 관리하다 overlook 감시하다
trend 동향 destruction 파괴 regulate 규제하다
endangered species 멸종 위기종 inspire 고무하다
take action 행동을 취하다 vital 중요한 restore 회복시키다
report 보고하다 glance 흘깃 보다 neglect 무시하다 monitor 감시하다

해석
새 보존 협회

철새 보호
새 보존 협회(BCS)는 철새의 개체 수 보호에 전념한다. 자연 서식지를 보호하여

Day 05 15

BCS는 철새들이 그들의 오랜 이동 동안 새끼를 낳고, 쉬고, 먹이를 먹는 데 안전하고 지속 가능한 환경을 가지도록 보장한다.

주요 서식지 관리
BCS는 철새를 위한 서식지를 관리하기 위하여 지역 조직 및 세계적인 조직과 긴밀히 협력한다. 이것은 개체 수 동향 감시하기, 서식지 파괴 막기, 멸종 위기종을 보호하기 위한 사냥 규제하기, 새 개체 수를 보호하기 위한 연구 수행하기를 포함한다.

전 세계적인 인식 촉진하기
BCS는 철새와 그들의 서식지 보호의 중요성에 대해 대중을 적극적으로 교육한다. 전 세계적인 환경 단체들과의 협력을 통해 BCS는 지역 사회가 미래의 세대를 위해 조치를 취하고 이 중요한 종을 보호하도록 고무한다.

5 ① 철새의 훼손된 서식지 회복에 초점을 둔다.
   ② 멸종 위기 새 종을 보호하기 위해 사냥 활동을 규제한다.
   ③ 철새 개체 수를 늘리기 위해 연구를 수행한다.
   ④ 새 보호를 촉진하기 위해 동물원들과 협력을 창출한다.

해설

5 ② 두 번째 문단의 두 번째 문장에서 멸종 위기종을 보호하기 위해 사냥을 규제한다고 했으므로 글의 내용과 일치한다.
   ① 첫 번째 문단의 두 번째 문장에서 자연 서식지를 보호한다고 했으나 훼손된 서식지 회복에 대한 언급은 없으므로 글의 내용과 일치하지 않는다.
   ③ 두 번째 문단의 두 번째 문장에서 개체 수 보호를 위해 연구한다고 했으나 개체 수의 증가를 위해 연구한다는 내용은 없으므로 글의 내용과 일치하지 않는다.
   ④ 마지막 문단의 마지막 문장에서 세계적인 환경 단체와 협력한다고 했으나 동물원에 관한 언급은 없으므로 글의 내용과 일치하지 않는다.

정답 5 ② 6 ④

7

어휘

mandatory 의무의   health check-up 건강검진   remind 상기시키다
essential 필수적인   ensure 보장하다   maintain 유지하다   assist 돕다
appointment 예약(일)   vaild 유효한   employee badge 사원증
submit 제출하다   additional 추가의   assistance 지원

해석

수신: staff@hospital.org
발신: admin@hospital.org
날짜: 2025년 2월 15일
제목: 의무 건강검진 업데이트

직원 여러분께,

모든 직원분들께 3월로 예정된 다가오는 의무 건강검진에 관해 상기시키고자 합니다. 이 건강검진은 모든 직원의 건강을 보장하고 건강한 근무 환경을 유지하는 데 필수적입니다. 여러분이 이 과정을 순조롭게 완료하는 것을 돕기 위해, 다음 과정을 따라주시기 바랍니다.

• 2025년 2월 28일까지 인사과 포털을 통해 예약 일정을 잡으세요.
• 유효한 신분증과 사원증을 예약일에 가져오세요.
• 필요하다면 예약일 전에 모든 추가적인 진료 기록을 제출하세요.

더 많은 지원을 받으려면 healthcheck@hospital.org의 인사과로 연락주세요.

진심으로,
병원 원무과

① 직원들에게 건강검진 일정 잡는 것에 대해 알리려고
② 직원들에게 진료 기록 업데이트에 대해 알리려고
③ 직원들에게 건강검진 결과 제출에 대해 알리려고
④ 직원들에게 인사과에 연락하는 것에 대해 알리려고

해설

첫 번째 문장에서 계획된 다가오는 의무 건강검진에 관해 상기시키고자 한다고 말하고, 이후 건강검진을 위한 예약 절차를 설명하고 있어 글의 목적으로는 ① '직원들에게 건강검진 일정 잡는 것에 대해 알리려고'가 가장 적절하다.

정답 ①

8

어휘

manipulative 교활한   drain 소모시키다   lack 부족   confidence 자신감
feature 특징   tend to ~하는 경향이 있다   discussion 토론
argument 논쟁   avoid 피하다   subject 주제   trait 특성
steer away ~의 방향을 틀다   unrelated 관련이 없는   blame 비난하다
carry on ~을 계속하다   take advantage of ~을 이용하다
unavailable 소통할 수 없는   manipulation 교활함
manipulator 교활한 사람   rationalize 합리화하다   deal with ~을 다루다

해설

교활한 사람 곁에 있는 것은 힘들 수 있고 소모시키는 느낌이 들 수도 있고 스트레스와 자신감 부족을 유발할 수도 있다. 교활한 사람의 한 가지 특징은 그들이 오직 자기 자신만을 돌보는 경향이 있다는 것이다. 이것은 그들이 열띤 토론과 논쟁을 한다면 자신들의 교활한 특징을 보여주는 특정한 주제를 종종 바꾸거나 피할 것임을 의미할 것이다. 만일 그들이 잘못하고 있다면 당신이 그 상황에 대해 질문하는 것을 멈추도록 하기 위해 그들은 논쟁의 방향을 당신에게 되돌리거나 또는 전혀 관련이 없는 쪽으로 틀 것이다. 이것은 그들이 진실을 피하는 데 도움을 주며, 그들은 비난받지 않게 할 수 있고 그래서 또 다시 그 상황에서 당신에 대한 통제권을 갖는다. 그러면 당신은 희망이 없다고 느낄 수도 있고 당신이 이길 수 없다는 것을 알게 될 수 있어서, 그들과 함께 다른 대화를 계속하게 되어 그들이 당신을 이용하도록 내버려둔다. 이것은 당신이 할 말이 무엇인지에 대해 그들이 신경 쓰지 않고 이것이 그들에 관한 것이 아니라면 감정적으로 소통할 수 없다는 것을 종종 보여준다.

① 교활한 관계의 원인
② 교활함은 사람들이 주제를 바꾸게 만든다
③ 교활한 사람들은 자신들의 행동을 합리화한다
④ 교활한 사람을 다루는 방법

해설

글의 중심 소재는 교활한 사람들의 특징이고, 세 번째 문장이 주제문으로 교활한 사람들은 토론을 하는 동안 자신들의 교활함이 드러나지 않도록 주제를 바꾸거나 토론의 방향을 바꾸어 상대방이 토론에서 이길 수 없다고 느끼게 만든다고 주장한다. 이후, 이에 대한 예시와 부연 설명이 이어진다. 따라서 이 글의 제목으로는 ② '교활함은 사람들이 주제를 바꾸게 만든다'가 가장 적절하다. 교활함의 원인, 행동의 합리화, 교활한 사람을 다루는 법은 각각 언급되어 있지 않다.

정답 ②

9

어휘

glare 눈부심 improvement 개선 electrochromic 전기적 착색의 generate 발생시키다 voltage 전압 layer 층 electrode 전극 lithium 리튬 solution 용액 cling to ~에 매달리다 flip 스위치 조작 filter out ~을 걸러내다 comfort 안락함 incorporate 통합하다 platinum 백금

해석

햇빛을 유지하면서도 눈부심은 줄이기 위해 회사는 전기를 발생시키는 '전기적 착색 창'의 개선에 노력해오고 있다. (B) 회사의 목표는 최악의 눈부심을 걸러내기 위해 한 번의 스위치 조작으로 어두워지지만 안락함을 위해 알맞은 양의 햇빛을 통과시킬 수 있는 창이다. (C) 그렇게 하기 위해 회사의 창들은 백금과 투명 전도막을 결합한 층과 산화니켈의 두 번째 층을 그들 사이에 있는 리튬 용액과 통합한다. (A) 작은 전압이 두 개의 층을 따라 적용될 때 그 층들은 전극으로 작용하여 리튬이온이 용액을 통과해 이동하여 산화니켈층에 매달리도록 하는 전기장을 만들어 낸다.

해설

주어진 문장에서 회사가 '햇빛은 유지하면서 눈부심을 줄이기 위한 창문'을 개발하고 있다는 내용을 소개하고 (B)에서는 '회사의 목표'가 어떤 창을 만들고자 하는지 a window로 이어 설명하며, (C)에서 to do that으로 이어받아 목표 달성을 위한 기술적 방법을 설명한다. (A)에서는 다시 구체적인 작동 원리를 설명하며 마무리한다. 따라서 주어진 문장에 이어질 글의 순서로 적절한 것은 ④ (B) – (C) – (A)이다.

정답 ④

10

어휘

contrary to ~와 반대로 perception 인식 rather 오히려 what's more 더욱이 environment 환경 by-product 부산물 potent 강력한 unite 통합시키다 inspire 고무시키다 creativity 창의성 effort 노력 colleague 동료 personality 성격 affect 영향을 미치다 interplay 상호작용 factor 요인 religion 종교 gender 성별 expect 예상하다 grasp 이해하다 implication 함의 a wide range of 광범위한 be willing to 기꺼이 ~하다 open-minded 열린 마음의 unconditionally 무조건으로 sacrificial 희생적인 maintain 유지하다 strict 엄격한 attitude 태도 take on ~을 떠맡다 responsibility 책임

해석

대중적인 인식과는 반대로, 리더는 자신과 자신의 방향에 항상 확신하는 사람이 아니다. 오히려 리더는 <u>열린 마음의 학습자인</u> 사람들이다. 더욱이 그들은 다른 사람들이 그들을 그런 시각으로 보도록 내버려 두는 것을 두려워하지 않는다. 사실 학습하는 것과 그것의 자연적인 부산물인 실수가 괜찮은 환경을 만드는 것은 그룹을 통합하고 창의력, 위험 부담, 노력을 고무시키는 강력한 도구이다. 오늘날 리더십을 실천하는 사람들은 그들의 동료와 부하 직원들에 대해 배우는 것에 열려 있어야만 한다. 그것은 성격과 업무 방식, 생활 방식에서 그들의 차이점을 포함하는데 그것이 그들의 노력과 나이, 인종, 종교, 성별과 같은 요소의 상호작용에 영향을 주기 때문이다. 아무도 그와 같은 광범위한 차이점의 함의를 모두 이해할 것으로 기대되지 않으며, 그래서 리더들은 그들이 배울 용의가 있고 배울 수 있다는 것을 특히 보여주어야 한다.

② 무조건적으로 희생적인
③ 항상 엄격한 태도를 유지하는
④ 중요한 책임을 떠맡는

해설

중심 소재는 리더의 정의이고 빈칸 문장이 주제문으로 리더를 정의하고 있다. 연결어 Rather로 보아, 리더의 정의는 빈칸 앞에 제시된 통념과 다름을 알 수 있으므로 빈칸에는 항상 자신과 자신의 방향에 대해 확신하지 못한다는 내용이 들어가야 한다. 또한 빈칸 이후에 리더는 동료나 부하 직원으로부터 배우는 것에 열려 있어야만 한다고 말하고, 마지막에서 리더는 배울 용의도 있고 배울 수 있다는 것을 보여주어야 한다고 말한다. 따라서 빈칸에는 ① '열린 마음의 학습자인'이 들어가야 한다.

정답 ①

DAY 06

01	①	02	③	03	②	04	④	05	③
06	②	07	③	08	③	09	②	10	②

1

어휘

leading 일류의 present 보여주다 myth 근거 없는 통념
stigmatize 낙인찍다 condition 질환 violent 폭력적인 distort 왜곡하다
fortify 강화하다 confer 주다 emit 방출하다

해석

일류 대학의 많은 과학자들은 대중 매체가 정신 질환에 대한 왜곡된 이미지를 종종 보여주어, 이미 낙인찍힌 질환에 관해 근거 없는 통념을 만들어 낸다고 말한다. 그들은 정신 질환이 대중 매체가 묘사하는 것만큼 폭력적이지 않을 수 있다고 말한다.

정답 ①

2

어휘

archaeologist 고고학자 discover 발견하다 excavation 발굴
ruins (pl.) 유적 reveal 드러내다 significant 중요한
early civilization 초기 문명 way of life 생활 방식

해석

고고학자들이 고대의 유적지에서 그들의 발굴 동안 발견한 것은 초기 문명의 생활 방식의 중요한 세부 사항을 드러내었다.

해설

[문법포인트] 명사절 접속사의 선택 문장 구조상 discovered와 revealed의 두 개의 동사가 한 문장에 접속사 없이 나올 수 없다. 따라서 빈칸에 명사절을 이끄는 접속사를 두어 명사절이 주어가 되게 만들어 주어야 한다. discovered의 목적어가 없는 불완전한 절이므로 불완전한 절을 이끄는 ③ What이 들어가야 한다.

 ③

3

어휘

order 주문하다 seafood 해산물 No problem at all. 알겠습니다.
thoughtful 사려 깊은 breadstick 막대 비스킷 confirm 확인하다

해설

A: 실례합니다. 저는 치킨 파스타를 주문했는데요, 이건 해산물 파스타처럼 보이네요.
B: 아 정말 죄송합니다. 제가 즉시 해결해 드리겠습니다.
A: 고맙습니다. 전 정말 치킨 파스타를 먹고 싶어요.
B: 전혀 문제없습니다. 단지 몇 분 정도 걸릴 거예요. 기다리는 동안 막대 비스킷을 드시겠어요?
A: 매우 사려 깊으시네요. 하지만 괜찮습니다. 친절함에 감사드립니다.

B: 알겠습니다. 바른 주문이 곧 준비될 것입니다.

① 당신의 주문을 해산물 파스타로 변경해 드릴까요
③ 주문하신 요리를 다시 한번 확인할 수 있을까요
④ 대신 당신의 주문을 취소하고 싶으신가요

정답 ②

4

어휘

maintain 유지하다 balanced 균형 잡힌 diet 식단 nutrient 영양분
function 기능하다 properly 적절하게 underestimate 과소평가하다
hydration 수분 섭취 clarity 명료함 factor 요소 benefit 혜택
mood 감정 reduced 감소한 prioritize 우선시하다 reverse 되돌리다

해석

당신의 몸이 적절하게 기능하기 위해 필요한 영양분을 제공하기 때문에 균형 잡힌 식단을 유지하는 것은 건강을 위해 중요하다. 수분 섭취가 정신적인 명료함과 에너지에 얼마나 중요한지를 사람들은 흔히 과소평가한다. 운동은 또 다른 중요한 요소로 이것의 혜택은 향상된 기분과 감소한 질병 위험을 포함한다. 건강 습관을 우선시하지 않는 것은 되돌리기 어려운 장기간의 문제로 이어진다.

해설

④ **[문법포인트] 주어 – 동사 수 일치** lead의 주어는 동명사인 Failing이다. 동명사는 단수로 취급하므로 동사도 단수인 leads가 되어야 한다. (lead → leads)

① **[문법포인트] 부사절 접속사의 선택** 밑줄 뒤에 주어, 동사, 목적어의 절 구조가 왔으므로 부사절 접속사 because가 적절하다.

② **[문법포인트] 의문문의 어순 / 형용사 vs. 부사** 타동사 underestimate의 목적어로 간접의문문이 왔다. 간접의문문 어순인 「의문사 + 주어 + 동사」의 어순이 바르게 쓰였다. 또한 be동사의 보어가 의문부사 how의 수식을 받아 목적절의 맨 앞으로 이동했으므로 형용사 important가 바르게 쓰였다.

③ **[문법포인트] 관계대명사의 선택** 선행사인 Exercise에 대해 '이것의 혜택'이라는 소유의 의미를 전달하기 위해 of which가 바르게 쓰였다. the benefits of which가 관계대명사절의 주어이다.

정답 ④

[5 ~ 6]

어휘

candidate 후보자 recruitment 채용 coordinator 책임자
continued 지속적인 written examination 필기시험 venue 장소
duration 기간 approximately 약 qualification 자격
work experience 직무 경험 collaborative 협력의 valid 유효한
assistance 지원 reasonable 합리적인 effective 유효한
groundless 근거 없는 impressive 인상적인

해석

수신: 후보자들
발신: Sarah Johnson, 채용 책임자
날짜: 2025년 2월 7일
제목: 시험 합격 후보자들

후보자분들께,

Dream Tech Company의 마케팅 전문가 직책에 대한 지속적인 관심에 감사드립니다. 직책에 대한 필기시험을 통과하신 것을 축하드립니다. 채용 과정의 다음 단계인 단체 면접에 당신을 초대하게 되어 기쁩니다.

면접 세부 일정:
• 날짜: 2025년 2월 21일
• 시간: 오전 10시
• 장소: Dream Tech Company 본사 A 회의실
• 기간: 약 2시간

당신의 자격, 업무 경험 그리고 협력 상황에서의 기술에 대해 토의할 준비를 해 주세요. 최소한 15분 일찍 도착해 주시고 유효한 신분증과 다른 필요 서류들을 가져오세요.

질문이 있으시거나 지원이 더 필요하시면 부담 없이 recruitment@dreamcompany.com으로 연락해 주시거나 (555) 123-4567로 전화해 주세요.

안부를 전하며,
Sarah Johnson
채용 책임자
Dream Tech Company

해설

5 첫 번째 문단의 세 번째 문장에서 채용 과정의 다음 단계인 집단 면접에 당신을 초대하게 되어 기쁘다고 했으며 이후 집단 면접 일정을 알리고 있으므로 글의 목적으로는 ③ '지원자들에게 집단 면접 일정을 알려주려고'가 가장 적절하다.

정답 5 ③ 6 ②

7

어휘

complex regional pain syndrome 복합부위 통증 증후군   chronic 만성의
condition 질환   primarily 주로   affect 영향을 주다   injury 부상
surgery 수술   excruciating 몹시 고통스러운   stabbing 쑤시는 듯한
disproportionate 균형이 맞지 않는   symptom 증상   intense 강력한
swelling 부기   hypersensitivity 과민증   nervous 신경의
immune system 면역 체계   diagnosis 진단   appropriate 적절한
treatment 치료   therapy 치료   psychological 심리적
escalation 확대   disability 장애   limb 팔다리   well-defined 잘 정의된

해석

복합부위 통증 증후군

복합부위 통증 증후군(CRPS)은 팔, 다리, 손, 발에 주로 영향을 주는 만성 통증 질환이다. CRPS는 부상, 수술 또는 심지어 작은 외상 후에 보통 발병한다. 그 고통은 몹시 고통스럽고, 타는 듯하며, 쑤시는 듯하다고 종종 묘사되고, 대개는 초기 부상과 균형이 맞지 않는다. 증상은 극심한 통증, 부기, 피부색과 체온의 변화, 그리고 접촉과 움직임에 대한 과민증이 포함된다. 영향을 받은 피부는 붉거나 자주색처럼 보이거나 평소와는 달리 차갑거나 뜨겁다. CRPS의 정확한 원인은 불명확한 상태로 남아있지만, 신경계와 면역 체계 사이의 상호작용이 관련된 것으로 믿어진다. 초기 진단과 통증 관리, 물리적 치료, 심리적 지원 같은 적절한 치료가 증상의 확대와 만성 장애를 막는 데 중요하다.

① 영향을 받은 팔다리에 만성적인 통증을 종종 유발한다.

② 증상은 피부색이나 체온 변화를 포함한다.
③ 잘 정의된 원인을 가진 완전히 이해된 통증 질환이다.
④ 치료는 통증 관리 치료가 포함된다.

해설

③ 여섯 번째 문장에서 CRPS의 정확한 원인은 불명확하게 남아있다고 했으므로 글의 내용과 일치하지 않는다.
① 첫 번째 문장에서 주로 팔, 다리, 손, 발에 영향을 주는 만성인 통증 질환이라고 했으므로 글의 내용과 일치한다.
② 네 번째 문장에서 증상은 피부색과 체온의 변화를 포함한다고 했으므로 글의 내용과 일치한다.
④ 마지막 문장에서 통증 관리 치료가 증상의 확대와 만성 장애를 막는 데 중요하다고 했으므로 글의 내용과 일치한다.

정답 ③

8

어휘

distort 왜곡하다   perception 인식   reasoning 추론   urgent 긴급한
short-sighted 근시안의   blind 보지 못하게 하다   long-term 장기적인
consequence 결과   immediately 즉시   give in to ~에 굴복하다
temptation 유혹   exercise 발휘하다   define 정의하다   rational 합리적인
assumption 가정   consumer 소비자   alike 똑같이
underlying 근본적인   in line with ~와 일치하는   amusing 재미있는
description 묘사   interest 이익   resolution 결심   agent 행위자
instant 즉각적인   gratification 만족감

해석

우리의 감정은 우리의 인식과 추론을 왜곡할 뿐만 아니라 우리가 잘못된 결정을 하도록 이끌 수 있다. 우리의 감정 중 다수는 긴급하고 근시안적이어서 우리가 우리 행동의 장기적인 결과를 보지 못하게 할 수 있다. 분노의 순간에 즉시 후회할만한 것을 얼마나 자주 말했는가? 또는 자제력을 발휘하는 것이 더 나을 때에 유혹에 (얼마나 자주) 굴복했는가? 아리스토텔레스는 인간을 이성적인 동물로 정의하고 경제학은 우리 모두 — 생산자와 소비자가 똑같이 — 이성적인 사람이라는 가정에 기초하고 있다. 그러나 근본적인 실체는 토마스 셸링의 재미있는 흡연자에 대한 묘사와 일치한다. 흡연자와 마찬가지로 우리 모두는 우리의 최고의 이익에 반하여 행동하기와 유혹의 첫 번째 징후에 깨뜨릴 만한 결심을 하기의 달인이다.

① 당신의 감정을 조절하는 방법
② 당신은 감정적이지 않으면 합리적일 수 없다
③ 잘못된 가정: 우리는 합리적인 행위자이다
④ 즉각적인 만족감의 유혹

해설

중심 소재는 우리 감정의 비합리성이고 주제문은 첫 번째 문장으로 감정이 우리의 인식과 추론을 왜곡할 뿐만 아니라 우리가 잘못된 결정을 하도록 이끌 수 있다고 말한다. 이어 아리스토텔레스와 경제학은 인간을 이성적인 사람으로 가정하고 있지만 실제로는 우리 모두는 최고의 이익에 반하여 행동하기와 유혹의 첫 번째 징후에 깨어질 만한 결심을 하기의 대가라고 말하며 기존의 가정을 반대한다. 따라서 제목으로 가장 적절한 것은 ③ '잘못된 가정: 우리는 합리적인 행위자이다'이다.

정답 ③

9

어휘
order 질서　pack 무리　determine 결정하다　dominance 지배
in charge 책임을 맡은　structure 구조　fascinating 매력적인
observe 관찰하다　strict 엄격한　hierarchical 계급의
adhere to ~을 고수하다　harsh 가혹한　initially 처음에　method 방법
establish 확립하다　complex 복잡한　individual 개체
promote 촉진하다　unity 단합　reduce 줄이다　conflict 갈등
aggressive 공격적인　quite a bit 꽤 많이

해석
늑대 무리의 사회 구조는 지금까지 관찰된 가장 매력적인 것들 중 하나이다. 그들은 무리의 모든 구성원들에 의해 고수되어야만 하는 매우 엄격한 계급 구조를 가지고 있다. 처음에는 가혹하게 들릴지 모르겠지만 이것은 늑대 무리들이 생존할 수 있도록 하는 방법이다. (①) 무리의 리더는 알파 수컷이고 그의 짝은 베타 암컷이다. (②) 많은 사람들은 (늑대) 무리의 사회적 질서가 그에 대한 두려움과 그의 지배에 의해 결정된다고 믿는데, 그가 책임자이기 때문이다. 그러나 그것은 반드시 누군가에 대한 공격에 의해 확립되는 것은 아니며, 승자가 항상 리더가 되는 것은 아니다: 그것보다 훨씬 더 복잡하다. (③) 무리의 가장 계급이 낮은 개체는 오메가이다. 면밀한 조사를 통해 전문가들은 이런 형식의 사회 구조는 단합과 사회적 질서를 촉진하는 것을 돕는다는 것을 밝혀냈다. (④) 이것은 또한 갈등을 줄이고 무리의 구성원들 사이에서 발생하는 공격적인 행동의 가능성을 낮추는 데 도움을 준다. 사회 구조의 더 높은 수준은 매우 자주 변하지 않는다. 그러나 더 낮은 수준에서는 꽤 많이 바뀔 수 있다.

해설
중심 소재는 늑대 무리의 사회 구조이다. 주어진 문장은 (늑대) 무리의 사회적 질서가 그에 대한 두려움과 그의 지배에 의해 결정된다는 의미이므로 그 앞에는 그(him, his)가 지칭하는 구체적인 대상이 언급되어야 하고 뒤에는 부연 설명이 뒤따라야 함을 알 수 있다. ②의 앞에서 리더인 알파 수컷에 대해 언급하고 있고 뒤에는 알파 수컷에 대한 두려움만이 아니라 더 복잡한 것에 의해 늑대 사회의 질서가 유지된다고 말한다. 따라서 주어진 문장은 ②에 들어가야 한다.

 ②

10

어휘
discussion 논의　ecological 생태학적인　sustainability 지속 가능성
greenhouse gas 온실가스　emission 배출　biodiversity 생물 다양성
measurement 측정　production 생산　population 인구
feature 특징으로 포함하다　driver 원동력　outcome 결과
combine 결합하다　natural resource 천연자원　carry out ~을 수행하다
physical 물리적인　capital 자본　to a great extent 대부분은
substitute 대체물　take a toll 피해를 주다　per capita 1인당
misconception 오해　time-stressed 시간의 압박을 받는
household 가정　temporal 시간적인　constraint 제약
time-honored 유서 깊은　notion 개념　sustainable 지속 가능한

해석
생태학적 지속 가능성에 대한 논의는 온실가스 배출, 생물 다양성 및 기타 자연계 측정에 일반적으로 초점을 맞춘다. 그것들은 생산 또는 인구의 경제적, 사회적 경향을 포함한다. 그러나 시간 사용은 거의 특징으로 포함되지 않는다. 그러나 인간의 시간 사용 패턴은 생태학적 결과의 주요 원동력이다. 사람들은 일상생활과 활동을 수행하기 위해 시간, 돈, 천연자원을 결합한다. 기업은 생산을 하기 위해서 시간, 물리적 자본, 천연 자본을 결합한다. 대부분 시간과 천연자원은 서로 대체물이다: 일을 더 빨리하는 것은 지구에 일반적으로 더 큰 피해를 준다. 따라서 시간의 압박을 받는 가정과 사회는 더 무거운 생태 발자국과 더 많은 1인당 에너지 사용량을 가지는 경향이 있다.

① 시간과 돈에 대한 오해
③ 자원 개발에 대한 시간적 제약
④ 지속 가능한 환경에 대한 시간 유서 깊은 개념

해설
글의 중심 소재는 인간의 시간 사용이 지구에 미치는 영향이며 주제문은 네 번째 문장으로 인간의 시간 사용 패턴은 생태학적 결과의 주요 원동력이라고 말한다. 이후 이에 대한 부연이 이어지는데 인간과 기업 모두 시간을 사용하는데 시간은 천연자원의 대체재라서 일을 빨리 처리하면 지구에 더 피해를 준다고 한다. 이후 빈칸에서 주제를 부연하며 빈칸의 내용이 더 무거운 생태 발자국과 1인당 에너지 사용량이 많은 경향이 있다고 언급한다. 따라서 빈칸에는 시간의 소비와 관련된 내용이 들어가야 하므로 ② '시간의 압박을 받는 가정과 사회'가 들어가야 한다.

 ②

DAY 07

2025 이동기 영어 하루 프로젝트

| 01 | ② | 02 | ④ | 03 | ① | 04 | ② | 05 | ② |
| 06 | ② | 07 | ③ | 08 | ③ | 09 | ③ | 10 | ④ |

1

어휘
save 저축하다 unnecessary 불필요한 spending 지출
excessive 과도한 frugal 검소한 wasteful 낭비하는 lavish 호화로운

해석
그 가족은 그들의 검소한 생활 방식으로 알려져 있다; 그들은 불필요한 지출 없이 가능한 많은 돈을 저축하려 노력했다.

정답 ②

2

어휘
archaeologist 고고학자 ancient 고대의 artifact 유물 layer 층
excavation 발굴 bury 묻다

해석
고고학자들은 발굴 장소 근처의 모래층 아래에 묻힌 고대 유물을 발견했다.

해설
[문법포인트] 문장의 구성 / 현재분사 vs. 과거분사 하나의 문장에 접속사 없이 두 개의 동사가 사용될 수 없다. 동사가 discovered이므로 빈칸에는 명사 artifacts를 수식하는 분사가 와야 한다. bury는 타동사이므로 목적어가 있어야 하는데 목적어가 없고 문맥상 유물이 묻힌다는 수동의 의미이므로 과거분사인 ④ buried가 들어가야 한다.

정답 ④

3

어휘
appointment 예약 booked solid 모두 예약된 squeeze 끼워 넣다
make an appointment 예약하다

해석
A: 여보세요, 이번 주말에 이 박사님과 예약 일정을 잡으려고 전화했어요.
B: 죄송합니다만 이번 주말에는 모두 예약이 되었습니다. 다음 주말은 어떠신가요?
A: 흠... 가능한 빨리 뵙고 싶은데요.
B: 그러면 원하실 경우 박사님 일정에 끼워 넣어 드릴 수는 있어요, 하지만 10분만 가능합니다.
A: 그 정도면 충분해요. 그렇게 해주세요.

② 제가 해 드릴 수 있는 것이 없어요
③ 다음 주까지 기다리셔야만 해요
④ 김 박사님과 예약을 하실 수 있어요

정답 ①

4

어휘
explain 설명하다 castle 성 advise 조언하다 avoid 피하다
distracte 산만하게 하다 exhibit 전시물 interactive 체험형의
section 구역 medieval 중세의 craft 공예품 explore 탐험하다
thoroughly 철저히

해석
관광 가이드는 박물관 다음 목적지가 역사적인 성이라고 설명했다. 박물관을 둘러보는 동안 관람객들은 전시물을 온전히 즐길 수 있도록 휴대폰에 주의가 산만해지는 것을 피하라는 조언을 받았다. 박물관에는 관람객들이 중세 공예품을 직접 체험해볼 수 있는 체험형 구역이 있었다. 가이드는 날씨가 맑았다면 이 그룹이 성을 더 철저히 탐험할 수 있었을 것이라고 말했다.

해설
② [문법포인트] 준동사의 형태 변화 avoid의 목적어로 동명사가 바르게 쓰였다. 이때 타동사 distract의 목적어가 없으므로 수동형 동명사로 바르게 쓰였다.
① [문법포인트] 시제 일치와 예외 주절의 시제가 과거이므로 종속절의 시제도 이에 맞춘 과거 또는 과거완료가 되어야 한다. 따라서 will be는 would be로 고쳐야 한다. (will be → would be)
③ [문법포인트] 관계대명사의 선택 which 뒤에 완전한 절이 왔으므로 관계대명사 which는 올 수 없다. 선행사가 구역을 의미하는 section이므로 장소를 의미하는 in which 또는 관계부사 where로 고쳐야 한다. (which → in which/where)
④ [문법포인트] 기본 가정법 조건절의 시제가 had been으로 가정법 과거완료이므로 주절의 시제도 여기에 맞춰 주어야 한다. 주절이 could explore의 가정법 과거이므로 가정법 과거완료가 될 수 있도록 explore는 have explored로 고쳐야 한다. (explore → have explored)

정답 ②

[5 ~ 6]

어휘
call 초대하다 gardening 정원 가꾸기 enthusiast 애호가
delighted 기쁜 host 개최하다 inspire 영감을 주다
feature 특별히 포함하다 hands-on 실습의 plant 식재하다; 식물
pest 해충 swap 교환 vendor 상인 supply 용품 seasoned 노련한
green thumb 원예 전문가 curious 호기심이 많은 beginner 초보자
significance 의미 advance 발전시키다 register 등록하다
urban 도시의 flower arranging 꽃꽂이 compost 비료를 주다

해석

(A) 원예 박람회에서 실력을 키우세요

모든 정원 가꾸기 애호가 여러분을 초대합니다! 모든 기술 수준의 정원사들에게 영감을 주고 그들을 교육하기 위해 기획된 행사인 '봄 정원 가꾸기 워크숍과 엑스포'를 개최하게 되어 기쁩니다. 이 행사에서는 식재 기술, 토양 건강, 해충 방제에 대한 실습 워크숍과 동료 정원사들과 식물을 교환할 수 있는 식물 교환이 특별히 포함될 예정입니다. 또한 상인들이 현장에서 정원 가꾸기 도구, 씨앗 및 기타 용품을 최상의 할인된 가격에 판매할 것입니다. 노련한 원예 전문가이든 호기심 많은 초보자이든 이번 행사는 원예 기술 발전이라는 면에서 특별한 의미가 있습니다.

행사 세부 사항
- 후원: 원예 전문가 협회 및 시 공원부
- 장소: Willow Garden 센터 (우천시 장소: City Community Hall)
- 날짜: 4월 15일 토요일
- 시간: 오전 10시 – 오후 4시

행사에 대한 더 많은 정보와 워크숍에 등록하려면 www.springgardeningexpo.org 웹사이트를 방문하거나 (555) 789-1234로 전화하세요.

5 ① 작은 공간을 위한 도시 정원 가꾸기
　　③ 초보자를 위한 꽃꽂이 워크숍
　　④ 퇴비화 기법으로 폐기물 줄이기

해설

5 첫 번째 문단의 두 번째 문장에서 '봄 정원 가꾸기 워크숍과 엑스포'를 개최한다고 했고, 마지막 문장에서 원예 기술 발전이라는 면에서 의미가 있다고 했으므로 제목으로는 ② '원예 박람회에서 실력을 키우세요'가 가장 적절하다.

6 ② 첫 번째 문단의 네 번째 문장에서 상인들이 현장에서 정원 가꾸기 도구, 씨앗 등을 판매할 것이라고 했으나 무료 씨앗에 대해서는 언급이 없으므로 글의 내용과 일치하지 않는다.
① 첫 번째 문단의 세 번째 문장에서 동료 정원사들과 식물을 교환할 수 있는 식물 교환이 포함된다고 했으므로 글의 내용과 일치한다.
③ <장소>에서 비가 오면 City Community Hall에서 열린다고 했으므로 글의 내용과 일치한다.
④ <시간>에서 오전 10시부터 오후 4시까지라고 했으므로 글의 내용과 일치한다.

정답 5 ② 6 ②

7

어휘
adoption 입양　be dedicated to ~에 전념하다　facilitate 용이하게 하다
ethical 윤리적인　border 국경　ensure 보장하다
vaccinate 예방 접종하다　strictly 엄격하게　regulation 규정
responsible 책임 있는　pet 반려동물　specific 구체적인
requirement 요건　address 다루다　illegal 불법의　wildlife 야생 동물
trade 거래　awareness 인식　mission 사명　create 만들다
lasting 지속적인　bond 유대감　advocate 지지하다　humane 인도적인
treatment 대우　guarantee 보장하다　verify 확인하다

해석

국제 동물 입양 기관 책임

국제 동물 입양 기관(IAAA)은 국가 간의 국경을 건너는 동물의 안전하고 윤리적인 입양을 용이하게 하는 데 전념한다. 그것은 모든 동물이 건강하고 예방 접종을 받았으며 입양 전 여행에 적합하다는 것을 보장한다. 기관은 동물과 입양인의 복지를 보호하기 위해 국제 및 지역 동물 복지 규정을 엄격하게 준수한다. 또한 IAAA는 입양인에게 책임감 있는 반려동물 돌봄에 대한 교육 자료를 제공하고 입양인이 안전한 가정 환경을 제공하기 위한 구체적인 요건을 충족하는 것을 보장한다. 또한 불법 야생 동물 거래 문제를 다루고 전 세계 동물 복지 인식을 증진하기 위해 세계적인 조직과 함께 일한다. 모든 동물에 대한 인도적 대우를 지지하면서 동물과 입양인 간의 지속적인 유대감을 만드는 것이 IAAA의 사명이다.

① 동물이 입양 전에 좋은 상태에 있는 것을 보장한다.
② 입양자들이 동물들에게 안전한 보금자리를 제공하는 것을 확인한다.
③ 불법 반려동물 입양과 관련된 문제를 다루기 위해 노력한다.
④ 반려동물과 주인들 사이에 깊은 유대감을 형성하려고 한다.

해설

③ 다섯 번째 문장에서 불법 야생 동물 거래 문제를 해결한다고 했으나 불법 반려동물 입양에 관한 내용은 없으므로 일치하지 않는다.
① 두 번째 문장에서 모든 동물이 건강하고 예방 접종을 받았으며 입양 전 여행에 적합하다는 것을 보장한다고 했으므로 글의 내용과 일치한다.
② 네 번째 문장에서 입양인이 안전한 가정환경을 제공하기 위한 구체적인 요건을 충족하도록 보장한다고 했으므로 글의 내용과 일치한다.
④ 마지막 문장에서 동물과 입양인 간의 지속적인 유대감을 만들려고 한다고 했으므로 글의 내용과 일치한다.

정답 ③

8

어휘
Jupiter 목성　mass 질량　solar system 태양계　combine 결합하다
diameter 지름　contract 수축하다　gravitational force 중력
tremendous 엄청난　temperature 온도　core 핵
available 이용할 수 있는　fusion reaction 핵융합 반응　Fahrenheit 화씨
Celsius 섭씨　radiate 방출하다　relative to ~과 비교한
affect 영향을 주다

해설

목성은 태양계의 다른 모든 행성을 결합한 것보다 질량이 2.5배 더 크고 지름은 지구의 11배 크다. 목성이 너무 커서 과학자들은 그것이 거의 별이 될 뻔했다고 생각한다: 가스와 먼지가 수축하여 이 행성을 형성하면서 중력이 핵 내부에 — 수만 도에 달하는 — 엄청난 압력과 온도를 만들어 냈다. 그러나 태양의 핵융합 반응(태양의 핵에서, 화씨 27,000,000도 이상, 섭씨 15,000,000도 이상)과 같은 것을 시작하는 데 필요한 온도를 생성하기 위해 이용할 수 있는 질량이 충분하지 않았다; 따라서 목성은 그 이후로 계속 냉각되고 있다. 그럼에도 불구하고 목성은 태양으로부터 받는 것만큼의 열을 방출한다.

① 태양계의 다른 행성과 비교한 목성의 질량
② 태양과 목성의 차이점
③ 목성의 질량이 목성의 발달에 어떻게 영향을 주었는가
④ 행성의 핵이 핵융합 반응을 시작할 수 있는 온도

해설

글의 중심 소재는 목성의 질량이 미친 영향이다. 목성은 그 크기로 봐서는 태양처럼 별이 될 뻔도 했지만 질량이 충분하지 않아서 그러지 못했다는 것이 글의 요지이다. 목성의 질량이 태양계의 다른 모든 행성을 합한 질량의 2.5배이지만 태양처럼 핵융합 반응을 일으키기 위해 필요한 내부 온도를 만들어 낼 수 있을 만큼 충분한 질량을 가지고 있지 않다고 설명한다. 따라서 글의 요지로 가장 적절한 것은 ③ '어떻게 목성의 질량이 목성의 발달에 영향을 주었는가'이다. ①, ②, ④는 지엽적인 내용을 다루고 있어서 답이 될 수 없다.

정답 ③

9

어휘

evolutionary 진화적인   prevalence 만연   ignore 무시하다
potential 잠재적인   threat 위협   err on the side of 지나치게 ~하다
caution 조심   over-react 과잉반응을 보이다
under-react 미온적인 반응을 보이다   element 요소
generalize 일반화하다   wipe out ~을 완전히 없애 버리다   moral 도덕적인
transgression 위반   revise 수정하다   deed 행동
campaign 선거운동을 하다   instinctively 본능적으로   opponent 상대방
play on ~을 이용하다
Actions speak louder than words. 말보다 행동이 중요하다.
Least said, soonest mended. 말은 적을수록 좋다.
Once bitten, twice shy. 자라 보고 놀란 가슴 솥뚜껑 보고 놀란다.
Sow the wind and reap the whirlwind. 되로 주고 말로 받는다.

해석

부정적 감정의 만연에 대한 훌륭한 진화적인 이유들이 있을 수 있다. 만약 당신이 훌륭한 어떤 것을 무시한다면, 어떤 해도 받지 않는다; 만약 당신이 나쁜 어떤 것을 무시한다면, 당신은 죽을 수도 있다. 그러므로 잠재적인 위협을 고려할 때 그것들에 미온적인 반응을 보이는 대신 그것들에 지나치게 조심하고 과잉반응을 보이는 것이 타당하다. 영어의 표현인 자라 보고 놀란 가슴 솥뚜껑 보고 놀란다에는 어느 정도의 진실이 있다. 이것이 의미하듯이 우리는 부정적인 사건을 빠르게 일반화하고 단 하나의 나쁜 경험이 훌륭한 경험들 전체를 완전히 없앨 수 있다. 하나의 도덕적 위반은 우리가 많은 훌륭한 행동을 한 어떤 사람에 대한 우리의 의견을 수정하는 데 충분할 수 있다. 선거운동을 하는 정치인들은 부정적인 감정의 힘을 본능적으로 알고 있는 것처럼 보이는데 그들은 대중의 희망을 쌓아 올리기보다 상대방을 비판하고 대중의 두려움을 이용하는 데 종종 더 많은 시간을 쓴다.

① 말보다 행동이 중요하다
② 말은 적을수록 좋다
④ 되로 주고 말로 받는다

해설

중심 소재는 부정적인 감정의 힘이다. 주제문은 첫 번째 문장으로 부정적 감정이 진화 면에서 유리하다고 하며, 이어 세 가지 근거를 들어 이에 대해 설명하고 있다. 첫 번째 근거로 위험을 피하는 데 부정적 감정이 유리하다고 한다. 빈칸은 두 번째 근거를 제시하는 부분으로, 빈칸 이후에 "이것이 의미하듯이"라고 했으므로 빈칸에는 부정적인 경험이 일반화되기 쉽다는 내용이 들어가야 한다. 이후에는 세 번째 근거인 정치인들이 부정적 감정을 이용하는 방식이 제시되어 있다. 따라서 정답은 ③ '자라 보고 놀란 가슴 솥뚜껑 보고 놀란다'가 가장 적절하다.

 ③

10

어휘

traditional 전통적인   advertisement 광고   define 정의하다
persuasive 설득력 있는   nonpersonal 비개인적인   consumer 소비자
via ~을 통해   on behalf of ~을 대신해서   identifiable 확인 가능한
sponsor 광고주   employ 활용하다   expose 노출하다
on a daily basis 매일   frequent 빈번한
come into contact with ~와 접촉하다   intentional 의도적인
advertiser 광고주   tactic 전략   intent 의도   enhance 높이다
potential 잠재력   achieve 달성하다   strategic 전략적인   objective 목표
infrequently 가끔   confirm 확인하다   contemporary 현대의
prevalent 만연한   broadcast media 방송 매체   crucial 매우 중요한

해석

전통적인 광고들은 확인 가능한 광고주들을 대신하여 대중 매체를 통해 소비자에게 전해지는 설득력 있고 비개인적인 의사소통이라고 전형적으로 정의되며, 유머는 종종 활용되는 중요한 도구이다. ① 대부분의 소비자들이 매일 수많은 광고에 노출되기 때문에 유머러스한 광고는 많은 사람들이 의도적인 유머와 접촉하게 되는 가장 빈번한 방식일 것이다. ② 광고주들은 다양한 전략적 목표를 달성하기 위해 광고의 잠재력을 높이려는 의도를 가지고 유머를 메시지 전략으로 사용한다. ③ 유머는 현대 광고의 초창기에는 상당히 가끔 사용되었다; 그러나 연구자들은 현대의 광고에서 특히 방송 매체에서의 유머의 사용이 만연하다는 것을 확인해 주었다. ④ 따라서 유머가 대화를 사람들 사이에 자유롭게 흐르게 하고 대화가 계속되게 하는 데 매우 중요하다는 것이 많은 국가와 문화권에서 폭넓게 받아들여지고 있다.

해설

글의 중심 소재는 광고에서의 유머의 사용이다. ①, ②, ③은 모두 광고에서 사용되는 유머에 대한 내용이지만 ④는 대화에서 유머의 중요성을 말하고 있다. 따라서 글의 흐름과 관련이 없는 것은 ④이다.

 ④

DAY 08

2025 O·동기 영어 하루 프로젝트

| 01 | ③ | 02 | ② | 03 | ① | 04 | ④ | 05 | ② |
| 06 | ② | 07 | ③ | 08 | ① | 09 | ④ | 10 | ④ |

1

어휘

unexpectedly 갑자기   line 대사   have no choice but to ~할 수밖에 없다
scene 장면   smoothly 매끄럽게   applaud 칭찬하다
recite 암송하다   improvise 즉석에서 짓다   rehearse 연습하다

해석

텔레프롬프터가 갑자기 작동을 멈췄기 때문에 대사를 아직 암기하지 못한 배우는 그 장면을 매끄럽게 계속하기 위해 일부 대화를 즉석에서 지어낼 수밖에 없었다.

정답 ③

2

어휘

mansion 저택   prominent 두드러진   situate 위치시키다

해석

언덕 위에 위치해 있지만, 그 오래된 저택은 그 지역의 두드러진 랜드마크가 되었다.

해설

[문법포인트] 주요 양보구문 접속사를 사용한 양보구문으로 as 앞에는 동사의 보어가 와야 한다. 또한 주어 it이 지칭하는 the old mansion과 situate가 수동의 관계이고, 타동사인 situate 뒤에 목적어가 없으므로 과거분사가 사용되어야 한다. 따라서 빈칸에는 ② Situated가 들어가야 한다.

정답 ②

3

어휘

lead 이끌다   assume 생각하다   take charge 주도하다   shine 빛나다
flip a coin 동전을 던져 결정하다   combine 합하다   team up 협력하다
toss 던지기

해석

Chris Bale: Hanna, 내일 발표를 이끌 준비 되었어?
Hanna Evans: 난 네가 이끄는 것으로 생각했는데.
Chris Bale: 음, 난 네가 주도하기를 원할 거라 생각했어. 넌 발표 잘하잖아.
Hanna Evans: 고마워, 그런데 난 정말 이번이 너가 빛날 순간이라고 생각했어.
Chris Bale: 잠깐만... 우리 둘 다 발표를 이끌 계획을 안 짠 거야?
Hanna Evans: 아 안 돼. 우리가 동전을 던져 정해야 할 거라고 생각해?
Chris Bale: 사실, 협력해서 함께 발표하는 것은 어떨까?
Hanna Evans: 아주 좋아. 힘을 합쳐 잊지 못하게 만들자고.

② 리더를 선정하는 것이 중요하다고 생각해
③ 동전 던지기에서 운이 있던 적이 있었어
④ 빛나는 순간이 그렇게 자주 와

정답 ①

4

어휘

step in 개입하다   pledge 약속하다   in the wake of ~의 여파로
fundraising 자금 모금   significant 상당한   impact 충격
potential 잠재적인

해석

베를린 정부가 그 도시의 클럽 지역을 도와주기 위해 개입한 것은 이번이 처음이 아니다. 2012년에 Clubsterben(문자 그대로 클럽의 죽음)이라 불리는 것의 여파에서 그것을 보호하기 위해 1백만 유로가 약속되었으며, 새로운 장소를 찾고 자금 모금 콘서트를 여는 데 도움을 주었다. 시 정치인들은 방문객의 잠재적 감소가 가져올 수 있는 상당한 경제적 영향을 해결해야만 했는데, 이 방문객들 중 다수는 단지 하룻밤이나 이틀 밤만을 위해 베를린으로 비행기를 타고 오는 젊은 유럽인들이다.

해설

④ [문법포인트] 관계대명사의 선택 which는 문맥상 visitors를 선행사로 하는 관계대명사이다. 선행사 visitors가 사람이고 of의 목적어이므로 목적격 whom으로 고쳐야 한다. (which → whom)
① [문법포인트] 능동태 vs. 수동태 구분 타동사 pledge의 목적어도 없고 1백만 유로가 약속되는 수동의 의미이므로 수동태로 바르게 쓰였다. 참고로 돈은 단수로 취급한다.
② [문법포인트] 분사구문 help의 의미상의 주어가 €1 million이고 뒤에 목적어 it이 있으므로 능동의 현재분사형의 분사구문이 바르게 쓰였다.
③ [문법포인트] 등위접속사의 병렬 구조 to find와 등위접속사 and로 연결된 (to) hold가 바르게 쓰였다.

정답 ④

5

어휘

health check-up 건강 검진   clinic 병원   report 보고서
personal 개인적인   summary 요약본   consultation 상담
fill out ~을 작성하다   additional 추가적인   response 답장
assistance 도움

해석

수신: hospitalrecords@cityclinic.com
발신: Emily Brown <emily.brown@email.com>
날짜: 2025년 6월 8일
제목: 건강 검진

의무 기록과 여러분께,

제 이름은 Emily Brown이고, 2024년 12월 5일 귀 병원에서 건강 검진을 받았습니다. 개인 기록을 위해 건강 검진 전체 보고서 1부를 요청드리고자 글을 씁니다. 상담 중에 결과 요약본을 받았지만, 자세한 보고서를 검토해보고 싶습니다.

전체 보고서를 위에 나온 제 이메일 주소로 보내주실 수 있을까요? 혹시 제가 작성해야 할 양식이나 이 요청을 완료하기 위한 추가 절차가 있다면 알려주세요.

도움에 감사드리며, 답장을 기다리겠습니다.

안부를 전하며,
Emily Brown

① 건강 검진 후 후속 예약을 하려고
② 자세한 건강 검진 보고서를 요청하려고
③ 검진 보고서 발급 수수료에 대해 문의하려고
④ 병원 기록 시스템의 문제를 보고하려고

해설
첫 문단의 두 번째 문장에서 글을 쓰는 목적으로 "I am writing to request a copy of my full check-up report"라고 하므로 글의 목적으로 가장 적절한 것은 ② '자세한 건강 검진 보고서를 요청하려고'이다.

정답 ②

[6~7]

어휘
strength 강인함   shooting 공차기   challenge 도전
participant 참가자   compete 겨루다   perform 수행하다
high-difficulty 고난도   measure 측정하다   artistry 예술성
evaluate 평가하다   panel 위원단   judge 심사위원   category 부문
promote 촉진하다   resident 주민   registration 등록   competition 경쟁
athletic 운동의   assess 평가하다

해석

(A) 축구 슈팅을 통한 건강과 즐거움

당신의 강인함을 시험하고 재미있게 즐길 준비가 되었나요? 마을에서 재미있는 슈팅 게임에 당신을 초대합니다. 이 축구를 기반으로 하는 도전은 참가자들이 가능한 한 빠르게 축구공을 차는 것과 고난도의 슛을 수행하는 것을 겨루게 합니다. 속도는 최신의 속도 측정 장비를 사용하여 측정되며 예술성은 전문가 심사위원단에 의해 평가됩니다. 각 분야에서 세 명의 우승자가 선발될 것이며 우승자는 모두 상을 받게 될 것입니다.

이 행사는 신체적인 건강을 촉진하는 것과 주민들을 친근하고 활기찬 분위기로 모으는 것을 목표로 합니다. 2025년 3월 2일 일요일 Lakeside 마을 운동장에서 우리와 함께하세요. 이 행사는 오전 11시에 시작되며 등록은 무료입니다.

더 상세한 사항은 www.lakesidepowerchallenge.org를 방문하세요.

6 ① 힘차고 어린 달리기 선수들의 속도를 시험하기
   ③ 프로 축구 대회를 위한 안내
   ④ 어린이들 사이에서 운동 재능 촉진하기
7 ① 행사에서 축구 차기의 속도는 측정될 것이다.
   ② 공차기의 예술적 능력은 심사위원들에 의해 평가된다.
   ③ 총 세 명의 참가자들에게 상이 수여될 것이다.
   ④ 행사는 주민들의 신체적인 건강을 향상하는 데 목적이 있다.

해설
6 첫 번째 문단의 첫 번째 문장에서 당신의 강인함을 시험하고 재미있게 즐길 준비가 되었는지를 묻고, 두 번째 문단의 첫 번째 문장에서 이 행사는 신체적인 건강을 촉진하는 것과 주민들을 친근하고 활기찬 분위기로 모으는 것을 목표로 한다고 했으므로 글의 제목으로는 ② '축구공 차기를 통한 건강과 즐거움'이 가장 적절하다.

7 ③ 첫 번째 문단의 마지막 문장에서 각 분야에서 세 명의 우승자가 선발될 것이며 모든 우승자는 상을 받게 될 것이라고 했으므로 글의 내용과 일치하지 않는다.
   ① 첫 번째 문단의 세 번째 문장에서 축구공을 가능한 한 빠르게 차는 것이 언급되고, 네 번째 문장에서 속도는 최신의 속도 측정 장비를 사용하여 측정된다고 했으므로 글의 내용과 일치한다.
   ② 첫 번째 문단의 네 번째 문장에서 예술성은 전문가 심사위원단에 의해 평가된다고 했으므로 글의 내용과 일치한다.
   ④ 두 번째 문단의 첫 번째 문장에서 이 행사는 신체적인 건강을 촉진하는 것이 목적 중 하나라고 했으므로 글의 내용과 일치한다.

정답 6 ② 7 ③

8

어휘
ordinary 보통의   botanical garden 식물원   lay out ~을 배치하다
landscape 풍경   shrub 관목   intersperse 배치하다
enhance 향상시키다   contain 포함하다   section 구역   devote 할애하다
particular 특정한   geographic 지리학적인   origin 기원   tropical 열대의
aquatic 수생의   judge 판단하다   arrangement 배치
classification 분류   climatic 기후의   condition 조건
maintenance 유지   practice 숙련   cultivate 재배하다

해설
보통의 공원과 달리, 식물원은 단순히 풍경의 아름다움 이상의 것을 염두에 두고 배치된다. 비록 나무와 관목들이 쾌적한 환경을 향상시키기 위해서 전 지역에 걸쳐 배치될 수 있지만, 그들의 배치는 과학적 분류와 연구를 기반으로 한다. 보다 규모가 큰 식물원에 포함된 장미 정원, 암석 정원, 들꽃 정원과 같은 작고 특별한 정원들이 종종 있다. 많은 정원들은 열대 식물 구역 또는 수생 식물 구역과 같은 특정한 지리학적 기원의 식물들에게 할애된 구역을 가지고 있다.

② 식물원이 늘 그것의 기원과 역사로 판단되는 것은 아니다
③ 다양한 식물은 어느 특정 계절에 특정 기후 조건을 필요로 한다
④ 그들의 유지는 식물을 재배하는 훌륭한 기술을 필요로 한다

해설
글의 중심 소재는 식물원과 수목원의 배치이다. 빈칸 문장의 Although로 시작하는 양보절에서 나무와 관목의 배치 이유가 쾌적한 환경을 향상시키기 위한 것일 수도 있다고 하므로 빈칸에는 이와 다른 배치 이유가 들어가야 한다. 이후 내용에서 근거를 찾아보면 장미 정원, 암석 정원, 들꽃 정원, 열대 식물 구역, 수생 식물 구역 등의 예시를 통해 식물들이 연구를 위해 과학적으로 분류된 것을 알 수 있다. 따라서 빈칸에 들어갈 정답은 ① '그들의 배치는 과학적 분류와 연구를 기반으로 한다'이다.

정답 ①

9

어휘
contribute 기여하다   unique 독특한   promote 촉진하다
dietary 식습관의   sufficient 충분한   adolescent 청소년
enroll 등록시키다   ensure 보장하다   access 접근   environment 환경
substitute 대체물   beverage 음료   overall 전반적인

Day 08   25

consumption 섭취　**maintain** 유지하다　**hydration** 수분　**reduce** 줄이다　**intake** 섭취량　**adequate** 충분한　**improve** 개선하다　**cognitive** 인지의　**function** 기능　**secure** 확보하다

해석

물 마시기는 좋은 건강에 기여할 수 있고, 학교는 충분한 물 마시기를 포함한 건강한 식사 행동을 촉진할 수 있는 독특한 지위에 있다. 95퍼센트 이상의 어린이들과 청소년이 학교에 등록되어 있고, 학생들은 매일 학교에서 최소한 여섯 시간을 일반적으로 보낸다. 학생들이 학교 환경 전역에서 안전하고 공짜인 식수에 접근할 수 있게 보장하는 것은 그들에게 설탕으로 단맛을 낸 음료의 건강한 대체물을 제공하는 것이다. 깨끗하고 공짜인 물을 이용하는 것은 학생들의 전반적인 물 섭취를 증가시키고 수분을 유지하고 건강하지 않은 칼로리 섭취량을 줄이는 데 도움을 준다. 적절한 수분은 어린이와 청소년 사이에서 인지 기능을 향상시킬 수 있으며, 그것은 학습에 중요하다.

① 잘 균형 잡힌 식단의 중요성
② 깨끗한 수원을 확보하는 것의 어려움
③ 어린이들에 대한 설탕으로 단맛을 낸 음료의 해로움
④ 학교에서 마실 수 있는 물을 공급하는 것의 필요성

해설

중심 소재는 학교에서 마실 수 있는 물 제공의 필요성이고, 주제문은 첫 번째 문장이다. 이후 왜 학교에서 안전하고 공짜인 물을 제공하는 것이 중요한지를 부연 설명하고 있다. 먼저 물 마시기는 건강을 증진시킬 수 있다고 말한 뒤 학교는 어린이들과 청소년들의 95퍼센트 이상이 등록되어 있으므로 학교에서 물을 마실 수 있도록 하면 어린이와 청소년의 건강을 유지할 수 있다고 말한다. 이후 이는 학습에 필요한 인지 기능을 향상시킬 수도 있다고 말한다. 따라서 글의 주제로 적절한 것은 ④ '학교에서 마실 수 있는 물을 공급하는 것의 필요성'이다.

정답 ④

10

어휘

portray 표현하다　**mimic** 모방하다　**quality** 특성　**attempt** 시도
conformity 순응　**a variety of** 다양한　**benefit** 이점
socialization 사회화　**exposure** 접할 기회　**self-confidence** 자신감
inappropriate 부적절한　**fake** 가짜의　**peer** 또래　**version** 형태
conform 순응하다　**impact** 영향을 주다　**frequency** 빈도
miss out 놓치다　**irresponsible** 무책임한　**identity** 정체성
adolescent 청소년

해석

연구는 소셜 미디어 사용에서 오는 사회화 증가, 아이디어를 접할 더 폭넓은 기회, 자신감 향상과 같은 다양한 이점이 있다는 것을 보여준다. (①) 그러나 부적절한 행동이나 가짜 뉴스를 접할 기회, 특히 또래 압박 증가와 같은 부정적인 영향의 증거도 있다. (②) 이러한 형태의 디지털 또래 압박은 청소년, 성인, 기업 간에 존재할 수 있다. (③) 어떤 경우에 사람들은 자신을 24시간 내내 연락 가능하거나 완벽하게 만들어야 한다는 압박감을 느낄 수 있다. 이러한 디지털 대화에서는 특히 사람들이 좋아요 버튼을 누르는 빈도에 영향을 받기 때문에 순응해야 한다는 압박감이 있을 수 있다. (④) 예를 들어, 다른 사람들이 소셜 미디어에서 자신을 표현하는 방식은 젊은이들이 순응을 시도하기 위해 그러한 특성이나 행동을 모방하려고 노력하게 만들 수 있다. 또한 그것은 놓치는 것에 대한 두려움으로 이어질 수 있고, 이는 청소년들에게 무책임한 행동이나 결정을 강요할 수 있다. 소셜 미디어에서의 행동과 영향은 어린이, 청소년, 성인의 실제 생활에서의 정체성, 자신감 또는 습관에 변화를 가져올 수 있다.

해설

글의 중심 소재는 디지털 또래 압박이다. 주어진 문장은 For example로 시작하여 다른 사람들이 소셜 미디어에서 표현하는 방식은 젊은이들이 순응을 시도하게 한다고 했다. 그러므로 이 앞에는 소셜 미디어가 또래 압박을 유발할 수 있다는 일반적인 설명이 제시되어야 할 것을 예측할 수 있다. ④의 앞에서 다른 사람들이 좋아요 버튼을 누르는 빈도, 즉 다른 사람들의 행동이 언급되고 또 그에 영향을 받기 때문에 순응해야 한다는 압박감이 있을 수 있다고 제시한다. 그리고 이 이후에는 또래 압박으로 인한 결과들이 언급되고 있어 주어진 문장이 들어갈 곳으로는 ④가 가장 적절하다.

정답 ④

DAY 09

2025 이동기 영어 하루 프로젝트

| 01 | ② | 02 | ③ | 03 | ① | 04 | ② | 05 | ③ |
| 06 | ① | 07 | ① | 08 | ② | 09 | ③ | 10 | ④ |

1

어휘
inclusive 포괄적인   immigration 이민   policy 정책
racial anti-discrimination 인종 차별 반대   divided 분열된
unified 통일된   separate 분리하다   integrate 통합하다
fragment 산산이 부수다   isolate 고립시키다

해석
포괄적인 이민 정책과 인종 차별 반대법은 분열된 사회를 통일된 사회로 통합하는 데 필요하다.

정답 ②

2

어휘
enroll 등록하다   significantly 크게   introduction 도입   remote 원격의

해석
원격 학습 플랫폼의 도입 이후로 온라인 강좌에 등록하는 학생들의 수가 크게 증가해왔다.

해설
[문법포인트] 완료시제 / 주어 – 동사 수 일치 since 뒤에 '원격 학습 플랫폼의 도입'이라는 특정 시점 이후 계속되는 상황을 설명하고 있으므로 빈칸에는 현재완료 시제가 들어가야 한다. 또한 주어는 The number라는 단수 명사이므로 동사 역시 단수형으로 쓰여야 한다. 따라서 정답은 ③ has increased이다.

정답 ③

3

어휘
cost-effective 비용 효율적인   fit 맞다   budget 예산   quarterly 분기별의
annual 연간의   affordable 저렴한   trial period 체험 기간

해석
A: 안녕하세요, 귀사가 제공하는 회원권 프로그램에 대해 문의하려고 전화 드렸어요.
B: 알겠습니다! 회원권에서 어떤 서비스를 찾고 계시는지 말씀해 주시겠어요?
A: 비용 효율적이고 제 예산에 맞는 것에 주로 관심이 있어요.
B: 저희는 월간, 분기별, 그리고 연간 요금제를 포함해서 몇 가지 선택권이 있습니다.
A: 그거 좋군요. 어느 것이 가장 저렴한지 말씀해주시겠어요?
B: 월간 요금제와 비교하면 연간 요금제는 두 달 무료를 포함하고 있어서 그게 가장 좋은 제안입니다.

② 회원권에 어떤 종류의 요금제가 포함되어 있나요
③ 필요할 경우 회원권을 어떻게 취소할 수 있나요
④ 신규 회원을 위한 체험 기간이 있나요

정답 ①

4

어휘
declaration 선언   independence 독립   bold 대담한
inspire 영감을 주다   draft 초안을 작성하다   precision 정확함
examine 살펴보다   revolutionary 혁명적인   ideal 이상
endorse 지지하다   principle 원칙   uphold 유지하다   cornerstone 초석
democracy 민주주의

해석
독립 선언문은 전 세계의 국가들에게 영감을 줄 만큼 충분히 대담했다. 대단히 신중하고 정확하게 초안이 작성된 이것은 그 혁명적인 이상을 살펴볼 가치가 있었다. 자유의 상징으로 인정받기 위해, 이것은 그들의 목숨을 건 지도자들에게 지지를 받아야 했다. 그 원칙이 유지되면서, 이것은 민주주의와 인권의 초석이 되었다.

해설
② [문법포인트] 준동사 주요 표현 「be worth –ing」라는 표현은 '~할 만한 가치가 있다'라는 의미를 나타내므로 worth 뒤의 to부정사를 –ing로 고쳐야 한다. 참고로 be worth –ing에서 –ing는 능동의 형태이지만 수동의 의미를 가진다. (to examine → examining)
① [문법포인트] 형용사 vs. 부사 enough는 부사로서 형용사나 다른 부사를 수식할 때 수식받는 단어의 뒤에서 수식하므로, 형용사 bold를 enough가 뒤에서 바르게 수식하고 있다.
③ [문법포인트] 준동사의 형태 변화 recognize는 타동사인데 뒤에 목적어가 없이 전치사구가 바로 왔으므로 수동의 to부정사구로 바르게 쓰였다.
④ [문법포인트] 분사구문 with 분사구문의 목적격보어는 목적어와 능동의 관계일 때면 현재분사가, 수동의 관계일 때면 과거분사가 된다. 원칙이 유지된다는 수동의 의미가 되어야 하므로 과거분사인 upheld가 바르게 쓰였다.

정답 ②

[5 ~ 6]

어휘
bureau 국   mission 사명   empower ~의 역량을 기르다   quality 양질의
foster 촉진하다   innovation 혁신   equity 형평성   rapidly 빠르게
evolve 진화하다   landscape 환경   envision 상상하다   drive 촉진하다
sustainable 지속 가능한   bridge 메우다   inclusion 포용성
accessibility 접근성   ensure 보장하다   equal 평등한
strive 추구하다, 노력하다   adopt 채택하다   ground-breaking 획기적인
nurture 육성하다   progress 발전   allocate 배분하다
selectively 선별적으로   achievement 성과   pursue 추구하다
innovative 혁신적인   enable ~에게 힘을 주다   enervate 힘을 약하게 하다
enforce 집행하다   engage 참여하다

해석

교육 개발국

사명
우리의 사명은 양질의 교육과 훈련을 통해 개인의 역량을 기르고, 평생 학습과 혁신을 촉진하는 것입니다. 우리는 교육적 형평성을 지원하고 기술을 향상시키며 빠

르게 진화하는 세계 환경에 대비해 시민들을 준비시키는 프로그램을 개발합니다.

비전
우리는 접근 가능한 고품질 교육이 지속 가능한 발전을 촉진하고, 사회적 격차를 메우며, 모든 공동체를 위해 더 밝은 미래를 건설하는 세상을 상상합니다.

핵심 가치
- 포용성과 접근성: 우리는 자원과 기회에 대한 평등한 접근을 보장해서, 누구도 뒤처지지 않게 합니다.
- 우수성과 혁신: 우리는 획기적인 방법을 채택하고 교육에서 창의성을 육성함으로써 우수성을 추구합니다.

5 ① 세계 발전에 대비해 개인을 준비시키려고 노력한다.
② 교육을 통해 지속 가능한 발전을 촉진하는 것을 상상한다.
③ 개인의 성과를 근거로 자원을 선별적으로 배분한다.
④ 교육에서 혁신적인 방법을 통해 우수성을 추구한다.

해설

5 ③ <핵심 가치>의 첫 번째 항목에서 자원과 기회에 대한 평등한 접근을 보장한다고 했으므로 글의 내용과 일치하지 않는다.
① <사명>의 두 번째 문장에서 빠르게 변화하는 세계 환경에 대비해 시민들을 준비시키는 프로그램을 개발한다고 했으므로 글의 내용과 일치한다.
② <비전>에서 고품질 교육이 지속 가능한 발전을 촉진하는 세상을 상상한다고 했으므로 글의 내용과 일치한다.
④ <핵심 가치>의 두 번째 항목에서 획기적인 방법을 채택하고 교육에서 창의성을 육성함으로써 우수성을 추구한다고 했으므로 글의 내용과 일치한다.

정답 5 ③ 6 ①

7

어휘

tax 세금   file 신고하다   wrap up ~을 마무리 짓다
administrative 행정적인   efficiently 효율적으로   annual 연간의
process 과정   aim 목표로 하다   gather 수집하다   organize 정리하다
income statement 소득 명세서   deduction 공제   payroll 급여
ensure 보장하다   accuracy 정확성   submit 제출하다   claim 청구
tax-deductible 세금 공제가 가능한   hesitate 주저하다

해석

수신: employees@jdcompany.com
발신: hr@jdcompany.com
날짜: 2025년 12월 1일
제목: 연말 세금 신고에 대한 중요한 정보

전 직원 여러분께,

연말이 다가오고 있으니, 행정 업무를 효율적으로 마무리하는 것이 중요합니다. 이 시기 동안 주요 책무 중 하나는 그 해의 세금을 신고하는 것입니다. 여러분이 연간 세금 신고 과정을 준비하는 것을 돕기 위해, 이 이메일은 여러분에게 필요한 서류를 수집하고 정리하는 방법을 안내해드리는 것을 목표로 합니다.

1. 소득 명세서와 공제 영수증을 포함하여 모든 필요한 서류를 모으십시오.
2. 정확성을 보장하기 위해 회사 급여 시스템의 개인 정보를 검토하십시오.
3. 2025년 12월 15일 전에 세금 공제가 가능한 추가 경비 청구를 제출하십시오.
4. 연말 세금 서류를 작성하는 방법에 대한 자세한 지침을 확인하려면 인사부 포털을 방문하십시오.

질문이 있으시면, 주저하지 말고 인사부(hr@jdcompany.com)로 연락해 주십시오.

진심을 담아,
인사부

① 직원들에게 세금 서류를 준비하는 것에 대해 안내하려고
② 직원들에게 세금 신고 마감일을 맞추는 것에 대해 안내하려고
③ 직원들에게 세금 전문가를 선택하는 방법에 대해 안내하려고
④ 직원들에게 경비 청구를 제출하는 것에 대해 안내하려고

해설

글의 중심 소재는 이메일의 제목처럼 연말 세금 신고에 관한 정보이며, 첫 번째 문단 세 번째 문장에서 세금 신고에 필요한 서류를 모으고 정리하는 법에 대해 자세히 알려주려 한다고 말한다. 이후 자세한 방법이 4개 항목에 걸쳐 소개된다. 따라서 글의 목적으로 적절한 것은 ① '직원들에게 세금 서류를 준비하는 것에 대해 안내하려고'이다.

정답 ①

8

어휘

fiction 허구의 이야기   empathy 공감   prose 산문   a handful of 소수의
punctuation mark 구두점   fortunately 다행히   decade 10년
spotlight (세간의) 주목   slightly 다소

해석

허구의 이야기는 많은 쓰임새가 있고 그중 하나는 공감을 만들어 내는 것이다. 텔레비전이나 영화를 볼 때 당신은 다른 사람들에게 일어나는 일들을 보고 있다. 산문 소설은 당신이 26개의 문자와 약간의 구두점에서 창조한 것이고, 당신은, 상상력을 이용해서, 당신 혼자서 하나의 세계를 창조하고 그곳에서 살며 다른 시선들을 통해 밖을 내다본다. ① 당신은 무언가를 느끼게 되고, 그렇지 않으면 절대 몰랐을 장소와 세상을 방문한다. ② 다행히, 지난 10년 동안, 세상에서 가장 아름답고 알려지지 않은 장소 중 상당수가 주목받아왔다. ③ 당신은 그곳의 다른 모든 사람이 나라는 것 또한 알게 된다. ④ 당신은 다른 누군가가 되어 있고, 자신의 세계로 되돌아가면 당신은 다소 바뀌어 있을 것이다.

해설

글의 중심 소재는 허구의 이야기이고 주제문은 첫 번째 문장이다. 우선, 허구가 공감을 만들어 낸다고 주장한 뒤, 허구가 공감을 만들어 내는 것이 어떤 의미인지를 부연 설명한다. 허구로 만들어 낸 세상에서 당신은 ① 무언가를 느끼고 허구가 아니면 몰랐을 곳을 방문하고 ③ 다른 사람들도 나와 마찬가지임을 배우며 ④ 다른 사람이 되어 지냈기에 전과는 달라진 사람이 된다는 것이다. 이에 비해 ②는 허구로 인한 공감이나 허구의 장소에 관한 내용이 아니라, 단지 유명하지 않은 장소들이 주목받았다는 설명이기 때문에 글의 흐름상 가장 어색한 문장이다.

정답 ②

9

어휘

academic 학자   reveal 공개하다   celebrity 유명 인사   emitter 배출자

carbon footprint 탄소 발자국　**guilty pleasure** 죄책감을 동반한 즐거움
pump out ~을 배출하다　**carbon dioxide** 이산화탄소　**mention** 언급하다
jet-setting 제트기로 자주 여행하는　**responsible** 책임이 있는
emission 배출　**billionaire** 억만장자　**lead the way** 선두에 있다

해석
스웨덴 학자들이 비행으로 인한 거대한 탄소 발자국을 가진 유명 인사 '슈퍼 배출자' 명단을 공개했을 때, 그 결과는 충격적이었다. (C) 제트기로 자주 여행하는 유명 인사들은 일반적인 사람보다 최대 300배 더 많은 탄소 배출에 책임이 있는 것으로 밝혀졌고, 마이크로소프트의 억만장자 빌 게이츠가 선두에 있었다. (A) 그는 2017년에 59번의 비행을 통해 213,130마일을 여행했고 대부분 개인 소유의 — 그가 자신의 '죄책감을 동반한 즐거움'이라고 인정한 — Bombardier BD-700 제트기를 이용했고, 1,629톤의 이산화탄소를 배출했다. (B) <Annals of Tourism Research> 저널에 발표된 이 보고서에 언급된 다른 사람들에는 패리스 힐튼(68회 비행, 1,261톤), 제니퍼 로페즈(77회 비행, 1,051톤), 그리고 10위에 오른 <해리 포터>의 배우 엠마 왓슨(14회 비행, 15톤)이 포함된다.

해설
주어진 문장은 스웨덴 학자들이 비행으로 인한 거대한 탄소 발자국을 가진 유명 인사 '슈퍼 배출자'(celebrity 'super emitters') 명단을 공개했다고 했고 (C)에서 이를 제트기로 자주 여행하는 유명 인사(Jet-setting famous names)로 받아, 그중에 빌 게이츠가 선두에 있다고 설명한다. 빌 게이츠를 He로 받아 그의 탄소 배출량을 설명하는 (A)가 다음으로 오고, 그 외에 다른 유명 인사(Others) 명단을 소개하는 (B)가 마지막으로 오는 것이 적절하다. 따라서 정답은 ③ (C) - (A) - (B)이다.

 ③

10

어휘
mammal 포유동물　**stand on one's own feet** 자립하다　**generally** 대개
comfortable 안락한　**existence** 생활　**interval** 간격　**bill** 청구서
run out 다 떨어지다　**fairly** 상당히　**disrespect** 무례함　**conflict** 갈등
independently 독립적으로　**peer** 또래　**financial** 재정의
fall out of love 정을 떼다　**look after** 돌보다

해석
모든 포유동물은 어느 시점에서는 부모를 떠나서 자립해야 한다. 하지만 성인 인간은 대개 안락한 생활을 제공한다 — 충분한 음식이 식탁에 도달하고, 일정한 간격으로 돈이 지급되고, 청구서가 지급되며, TV를 볼 수 있는 전기가 대개 떨어지지 않는다. 십대 아이가 부모나 보호자와 매우 심각한 무례함과 갈등을 키우지 않는다면, 그들은 결코 떠나고 싶어 하지 않을 것이다. 사실, <u>당신을 보살펴 주는 어른과의 정을 떼는 것</u>은 아마도 성장의 필수적인 부분일 것이다. 나중에, 그들과 떨어져서 독립적으로 생활하게 되면, 여러분은 그들에게서 벗어나기 위해서 싸울 필요가 없기 때문에 그들을 다시 사랑하기 시작할 수 있다. 그리고 여러분은 집밥을 먹기 위해 가끔 돌아올 수 있다.

① 다른 사람의 경험에서 배우는 것
② 또래와의 인간관계 문제를 관리하는 것
③ 재정 관리 기술을 키우는 것

해설
글의 중심 소재는 자립과 부모와의 갈등이며 주제문은 세 번째 문장이고 빈칸이 있는 네 번째 문장에서 이를 보강한다. 즉, 부모와의 갈등은 부정적인 요소가 아니라 자립을 위한 필수 과정이라는 것을 강조하는 글이다. 빈칸이 있는 문장의 내용이 바로 앞 문장과 일관되어야 하므로 성장을 위해 부모와의 갈등, 부모와 잠시 멀어지는 것이 필요하다는 내용이 되어야 한다. 따라서 정답은 ④ '당신을 보살펴 주는 어른과의 정을 떼는 것'이다. 빈칸 이후에 독립적으로 생활하면 그들과 갈등이 사라져 그들을 다시 사랑하게 되고 집으로 가끔 돌아오기도 한다고 했다는 내용 또한 빈칸의 근거로 볼 수 있다.

 ④

DAY 10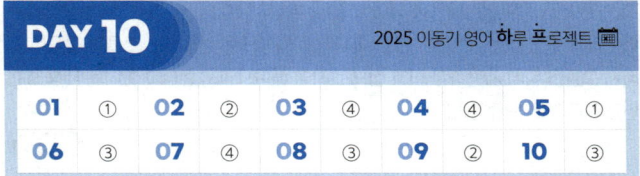

| 01 | ① | 02 | ② | 03 | ④ | 04 | ④ | 05 | ① |
| 06 | ③ | 07 | ④ | 08 | ③ | 09 | ② | 10 | ③ |

1

어휘

disagree 의견이 다르다   pliable 유순한   obstinate 고집 센   strict 엄격한
greedy 욕심 많은

해석

새로운 관리자는 아주 유순해서 누군가가 자신과 의견이 다를 때마다 자기 마음을 바꾸곤 했다.

정답 ①

2

어휘

method 방법   question 의문으로 여기다   findings (pl.) (연구) 결과
reliable 신뢰할 수 있는

해석

데이터가 수집된 방법이 의문스러웠다는 사실에도 불구하고, 그 연구의 결과는 신뢰할 수 있다고 여겨진다.

해설

(A) [문법포인트] 부사절 접속사의 선택 빈칸 뒤에 명사 the fact가 있으므로 빈칸에는 전치사가 들어가야 한다. 참고로 that ~ questioned는 the fact의 동격절이다.
(B) [문법포인트] 관계대명사의 선택 빈칸 뒤에 완전한 절이 왔고, 빈칸 앞의 선행사 the method는 문맥상 관계대명사 절에 대해 '~의 방법으로, ~의 방법을 통해'라는 수단을 의미해야 하므로 by which가 적절하다.

정답 ②

3

어휘

go through 승인되다   expedite 더 신속하게 처리하다   process 처리하다
confirm 확인하다   payment 결제   handle 처리하다

해석

Kimberly Hill: 안녕하세요, 제가 지난주에 스웨터를 주문했는데, 아직 도착하지 않았어요.
고객 서비스: 주문을 확인해보겠습니다. 잠시만 기다려주세요.
Kimberly Hill: 네, 감사합니다.
고객 서비스: 죄송하지만, 주문이 승인되지 않은 것 같아요.
Kimberly Hill: 제가 재주문을 해야 하나요, 아니면 처리해주실 건가요?
고객 서비스: 원하시면, 제가 재주문을 해드릴 수 있고, 배송도 더 신속하게 처리하겠습니다.

① 지연된 주문에 대해 환불을 받을 수 있을까요
② 주문이 처리되는 데 시간이 얼마나 걸릴까요
③ 결제가 성공적이었는지 확인해주시겠어요

정답 ④

4

어휘

ancient 고대의   manuscript 필사본   renowned 유명한   scholar 학자
analyze 분석하다   account 설명   intricate 정교한   illustration 삽화
vibrant 선명한   sealed 밀봉된   chest 상자   delicate 섬세한
moisture 습기   significant 중요한   findings (pl.) 발견물

해석

수 세기 동안 숨겨져 있던 그 고대 필사본은 유명한 학자가 쓴 것으로 보인다. 역사학자들은 그 글을 마치 역사적 사건에 대한 직접적인 설명인 것처럼 분석하고 있다. 그 책에는 정교한 삽화들이 포함되어 있으며, 그중 많은 삽화들은 세월이 흘렀음에도 여전히 선명하다. 그 발견은 밀봉된 상자 안에서 이루어졌으며, 그 상자에는 시간이 지나면서 습기에 의해 손상된 섬세한 페이지들이 들어 있었다.

해설

④ [문법포인트] 현재분사 vs. 과거분사 바로 앞의 명사 pages를 설명하는 분사가 와야 하는 자리이다. 타동사 damage가 목적어 없이 쓰였고, 의미상 '손상된'이라는 수동의 의미가 되어야 하므로 현재분사를 과거분사로 고쳐야 한다. (damaging → damaged)
① [문법포인트] 준동사의 형태 변화 동사 seems보다 더 과거의 일을 언급할 때 완료부정사 형태를 써야 한다. 필사본이 쓰인 것은 과거의 일이므로 완료부정사가 바르게 사용되었다.
② [문법포인트] 부사절 접속사의 선택 as if는 '마치 ~처럼'이라는 뜻으로 뒤에 가정법 과거나 과거완료 시제가 올 수 있다. 현재 사실과 반대의 가정이며 가정법 과거동사 were와 함께 as if가 바르게 사용되었다.
③ [문법포인트] 관계대명사의 선택 「many of 복수명사」는 부분사 구조로 '~ 중 다수'라는 뜻이다. 콤마 앞의 절과 뒤의 절을 이어주는 접속사가 필요하므로 illustrations을 선행사로 하는 관계대명사 which가 바르게 쓰였다.

정답 ④

[5 ~ 6]

어휘

announce 발표하다   design 고안하다
accommodate 충족하다, 숙박시키다, 적응시키다   extend 연장하다
operating 운영   schedule 일정을 잡다   workout 운동   book 예약하다
equipment 기구   availability 이용 가능성
make the most of ~을 최대한 활용하다   hesitate 주저하다
reach out 연락하다   look forward to ~을 기대하다   lodge 숙박시키다
adapt 적응시키다   meet 충족하다   finalize 결말을 내다

해석

수신: 피트니스 센터 전 회원
발신: Downtown 피트니스 센터
날짜: 3월 15일
제목: 중요한 공지

회원 여러분께,

여러분의 요구를 더 잘 충족하기 위해 고안된 피트니스 센터 서비스의 업데이트를 발표하게 되어 기쁩니다. 4월 1일부터, 센터는 평일 운영 시간을 연장해서 월요일부터 금요일까지 오후 11시까지 문을 열어, 여러분이 더 자유롭게 운동 일정을 잡을 수 있게 합니다.

게다가, 여러분의 운동 루틴을 관리하는 것을 더 쉽게 만들어 주기 위해 새로운 모바일 앱을 도입합니다. 이 앱으로 여러분은 수업을 예약하고 가구 이용 가능성을 확인하며 행사와 프로모션의 최신 소식을 얻을 수 있어서, 방문 시간을 최대한 활용하는 데에도 도움이 됩니다.

앱에 대해 어떤 질문이 있거나 도움이 필요하시면, 주저하지 마시고 직원에게 연락해 주세요. Downtown 피트니스 센터를 선택해 주셔서 감사드리며, 곧 만나기를 기대합니다!

진심을 담아,
Downtown 피트니스 센터

해설

5 첫 번째 문단의 두 번째 문장에서 센터의 운영 시간이 연장된다는 소식을 전달했고 두 번째 문단의 첫 번째 문장에서 운동 루틴 관리를 돕는 앱을 도입하게 되었다고 설명하고 있다. 따라서 글의 목적으로 가장 적절한 것은 ① '헬스장 운영 시간 연장과 새로운 앱 도입을 알리려고'이다.

정답 5 ① **6** ③

7

어휘

nutrition 영양 maintain 유지하다 recommendation 추천 (사항)
tailor 맞춤화하다 dietary 식단의 preference 선호 analyze 분석하다
intake 섭취 customized 맞춤형의 integrate 통합되다 device 기기
track 추적하다 adjust 조정하다 accordingly 그에 맞게 currently 현재
available 이용할 수 있는, 구할 수 있는 feature 기능 subscription 구독
AI-powered 인공지능 기반의 suggestion 제안 ingredient 재료
integration 통합 advanced 고급의

해석

SmartDiet: 당신의 개인 영양 도우미

SmartDiet는 사용자들의 식단 선호와 건강 목표에 맞춘 식사 추천을 제공함으로써 그들이 건강한 생활 방식을 유지하는 것을 돕습니다. 이 앱은 여러분의 일일 활동, 칼로리 섭취, 그리고 영양 균형을 분석하고, 맞춤형 식사 계획을 제공합니다. 또한, SmartDiet는 운동 자료를 추적하기 위해 착용할 수 있는 피트니스 기기와 통합하여 그에 맞게 추천 사항을 조정합니다. 이 앱은 Android와 iOS 플랫폼에서 현재 이용할 수 있지만, 피트니스 추적 같은 일부 기능은 구독이 필요합니다. 향후 업데이트에는 여러분의 주방에서 구할 수 있는 재료를 기반으로 인공지능 기반의 요리법 제안들이 포함됩니다.

① 이 앱은 건강 자료와 기호를 기반으로 식사 제안을 맞춤화한다.
② 운동 자료는 착용할 수 있는 피트니스 기기와의 통합을 통해 추적된다.
③ 피트니스 추적 같은 고급 기능을 위해서는 구독이 필요하다.
④ 인공지능 요리법 제안은 현재 앱 버전에 포함되어 있다.

해설

④ 마지막 문장에서 향후 업데이트에 인공지능 기반의 요리법 제안이 포함될 것이라고 했으므로 글의 내용과 일치하지 않는다.
① 첫 번째 문장에서 식단 선호와 건강 목표에 맞춘 식사 추천을 제공한다고 했고, 두 번째 문장에서 일일 활동, 칼로리 섭취, 그리고 영양 균형을 분석하고, 맞춤형 식사 계획을 제공한다고 했으므로 글의 내용과 일치한다.
② 세 번째 문장에서 운동 자료를 추적하기 위해 착용할 수 있는 피트니스 기기와 통합한다고 했으므로 글의 내용과 일치한다.
③ 네 번째 문장에서 피트니스 추적 같은 일부 기능은 구독이 필요하다고 했으므로 글의 내용과 일치한다.

정답 ④

8

어휘

automatic 자동적인 conscious 의식적인 awareness 인식
necessary 필요한 mental 정신의 relieve 해방시키다
free 자유롭게 하다 disaster 완전한 실패작 attract 끌어모으다
diverse 다양한 audience 관중 varying 가지각색의
accomplish 성취하다 consciously 의식적으로

해석

우리가 매일 하는 일의 많은 부분은 자동적이고 습관에 의해 좌우되며, 의식적인 인식을 거의 필요로 하지 않는데, 그것은 나쁜 것이 아니다. Duhigg가 설명하듯이, 우리의 습관은 꼭 필요한 정신 에너지 절약 장치이다. 우리는 새로운 문제가 발생할 때 그것을 해결할 수 있도록 의식적인 마음을 해방시켜야 한다. ① 예를 들어, 사교댄스를 추는 방법에 대한 문제를 해결하고 나면, 우리는 그것을 습관적으로 할 수 있어서 정신적으로 자유로워져, (춤에 집중하는) 대신에 춤을 추는 동안 대화에 집중할 수 있다. ② 하지만 탱고를 추는 것을 처음 배울 때 말을 하려고 하면 그것은 완전한 실패작이 된다 — 우리는 스텝에 집중하기 위해 의식적인 주의가 필요하다. ③ 탱고 음악가는 가지각색의 배경을 가진 더 다양한 청중을 끌어모으기 위해 다양한 장르의 음악을 한데 모은다. ④ 만약 우리가 모든 행동 — 예를 들어 우리가 딛는 모든 스텝에서 발을 어디에 두어야 할지 — 에 의식적으로 초점을 맞추어야 한다면 우리가 성취할 수 있는 것이 얼마나 적을지 상상해 보라.

해설

글의 중심 소재는 습관과 의식적 사고이고 주제문은 첫 번째 문장으로, 인간의 행동 대부분이 습관에 의해 자동으로 이루어져 우리의 의식적 인식을 거의 필요로 하지 않는데, 이는 나쁜 일이 아니라는 내용이다. ①은 사교댄스라는 구체적인 예시로 주제를 뒷받침하고 ②는 주제와 반대되는 내용에 대한 예시이며 ④는 또한 모든 스텝을 의식한다면 우리의 성취는 적어진다고 설명함으로써 모두 주제와 관련이 있다. 이에 비해 ③은 탱고 음악가가 청중을 끌어모으려고 다양한 장르의 음악을 모은다는 주제와 전혀 관련이 없는 내용을 다룬다. 따라서 정답은 ③이다.

정답 ③

9

어휘

disrupt 방해하다 rational 이성적인 discourse 담론
evoke 불러일으키다 illogical 비논리적인 passion 감정 aspect 측면
effectiveness 효과 negotiation 협상 chiefly 주로
cooperative 협력하는 competitive 경쟁을 하는 negotiator 협상자
concession 양보 hostility 적대감 inappropriate 부적절한
compete 경쟁하다 temper 감정 flare 타오르게 하다

Day 10 31

strategically 전략적으로　application 적용　raw 다듬어지지 않은
deal 거래　crucial 중요한　particular 특별한　logic 논리
beneficial 이익이 되는　factor 요인　ruin 망치다

해석
분노는 이성적인 담론을 방해하고 비논리적인 감정을 불러일으킨다고 여겨진다. 하지만, 분노가 긍정적인 측면이 있다고 제안하는 연구도 있다. 연구자들은 세 가지 유형의 협상에서 분노를 표출하는 것의 효과를 실험했다: 주로 협력적인 협상, 주로 경쟁적인 협상, 그리고 이 둘 사이에 균형을 이루는 협상. 실험에서, 셋 중 한 상황에서만 협상자들이 분노를 표현한 사람들에게 더 큰 양보를 했다. 협력할 때는 적대감이 부적절하게 보이고 경쟁할 때는 추가적인 열기가 감정을 타오르게 한다. 하지만 균형 잡힌 상황에서, 분노는 전략적으로 유용한 신호를 보내는 것으로 보인다. 한 마디로, 분노는 명확한 적용 규칙이 있다; 그것은 다듬어지지 않을 수 있지만 그것은 나름의 특별한 논리가 있다. 신중하게 사용되면, 그것은 우리에게 더 나은 거래를 가져다주고 우리 모두의 삶을 개선시킬 수 있다.

① 분노를 표현하는 것은 중요하다
③ 그것은 모두에게 유익하다
④ 그것은 협상을 망치는 요인이다

해설
글의 중심 소재는 분노의 긍정적인 면과 논리성이고 주제문은 빈칸이 있는 문장으로 분노는 명확한 적용 규칙이 있다고 주장한다. 첫 문장에서 분노에 대한 통념을 제시하고 두 번째 문장에서 이를 반박한 다음, 분노와 협상에 관한 실험을 소개한 뒤 분노에 명확한 규칙이 있다는 결론을 주장한다. 빈칸 앞에 세미 콜론이 있으므로 세미 콜론 앞의 문장과 일관된 내용이 되도록 빈칸을 완성해야 한다. 즉, 분노가 다듬어지지 않은 것으로 보일지 모르지만 사실은 명확한 적용 규칙이 있다고 했으므로 빈칸에는 분노가 규칙성, 즉 논리적인 측면도 있다는 내용이 들어가야 한다. 따라서 정답은 ② '그것은 나름의 특별한 논리가 있다'이다.

 ②

10

어휘
formally 공식적으로　overcome 극복하다　interpersonal 대인 간의
transaction 거래　encounter 만남　commitment 약속
previous 이전의　party 당사자　as to ~에 대해서　prior 이전의
interaction 상호 작용　implication 영향　present 현재의
disagreement 불일치　confusion 혼동　unlikely 가능성이 낮은
fruitful 생산적인　at the outset 처음에　agenda 의제　current 현재의
procedure 절차　ensure 보장하다　participant 참가자
forthcoming 다가오는

해석
많은 대인 간 거래에서, 한 번의 만남은 이전 만남에서 내려진 결정과 약속에 의해 영향을 받는다. (①) 또한, 모든 당사자가 이전 상호 작용에서 제기된 주요 사항들과 현재의 논의에 미치는 그것들의 영향에 대해 동의한다는 점을 확립하는 것이 중요하다. (②) 이 단계에서 의견 충돌이나 혼란이 있다면, 이후 만남이 생산적일 가능성은 낮다. (③) 이 문제는 회의에 대한 기록이 작성되는 많은 사업 환경에서 공식적으로 극복된다. 이전 회의에 대한 기록이 검토되고 처음에 합의되고 나서 현재 회의의 주요 의제 조항을 논의한다. (④) 이 절차는 모든 참가자가 이전에 진행된 것에 대해 동의하고, 따라서 다가오는 회의에 대해 공통의 이해를 가지는 것을 보장한다.

해설
주어진 문장에서 이 문제(This problem)가 회의 기록을 작성하는 사업 환경에서 극복된다고 했으므로, 주어진 문장 앞에는 이 문제에 대한 구체적인 언급이 나와야 하고 이 문장 뒤에서는 문제가 어떻게 극복되는지가 설명되어야 한다. ③의 앞에서 의견 충돌이나 혼란을 언급했고 ③의 뒤에서 회의 기록을 검토하고 합의하는 방식으로 문제가 해결된다고 설명한다. 따라서 주어진 문장이 들어갈 위치로 적절한 것은 ③이다.

 ③

DAY 11

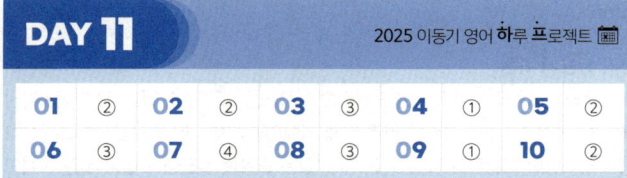

| 01 | ② | 02 | ② | 03 | ③ | 04 | ① | 05 | ② |
| 06 | ③ | 07 | ④ | 08 | ③ | 09 | ① | 10 | ② |

1

어휘

accusation 고소   client 의뢰인   credible 신뢰할 만한   evidence 증거
valid 타당한   spurious 거짓의   authentic 진짜의   legitimate 합법적인

해석

그 변호사는 그의 의뢰인에 대한 고소가 거짓이며 신뢰할 만한 증거가 부족하다고 주장했다.

정답 ②

2

어휘

favorite 가장 좋아하는   outdoor 야외의

해석

그녀는 여름 야외 콘서트에서 그녀가 가장 좋아하는 밴드가 라이브로 연주하는 것을 듣는 것을 즐긴다.

해설

[문법포인트] **불완전타동사와 동작의 목적격보어** 지각동사 listen to는 목적격보어로 능동의 의미일 때 동사원형이나 현재분사를 취할 수 있으므로 빈칸에는 ② playing이 들어가야 한다.

정답 ②

3

어휘

neighborhood 근처   bustling 분주한   landlord 건물주   repair 수리
take a nap 낮잠을 자다

해설

A: 네가 시내 근처로 최근에 이사했다고 들었어.
B: 그래, 지난 화요일에 이사했어.
A: 새로운 장소는 어떠니?
B: 그리 좋지 않아. 첫날부터 잠을 잘 못 잤어.
A: 왜? 아파트에 무슨 문제가 있어?
B: 문제는 아파트가 아니라, 장소야.
A: 내가 분주한 도시 중심에서 살았을 때 어떻게 느꼈는지를 너도 이제 확실히 알겠구나.
B: 그때를 되돌아보면, 난 도시에 사는 것이 훌륭할 거로 생각했는데, 내가 틀렸어.

① 내 건물주가 수리를 거부했어
② 세를 얻을 장소를 찾는 게 정말 어려워
④ 심지어 낮잠을 자는 것조차 도움 되지 않아

정답 ③

4

어휘

effective 효과적인   boost 증대하다   sales 매출   quarter 분기
execute 실행하다   optimistic 낙관적인   innovative 혁신적인
significant 상당한   implement 실행하다

해석

매니저는 이 계획이 이번 분기에 매출을 증대하는 데 얼마나 효과적으로 작동할지 궁금해하고 있다. 그녀는 그 팀이 이것을 실행할 충분한 자원을 가지고 있는지에 대해 우려를 표했다. 그러나 그녀는 이것이 매우 혁신적인 접근 방식이어서 잘 실행된다면 이것이 상당한 성장을 가져올 수 있다는 것을 알기에, 낙관적인 태도를 유지했다.

해설

① [문법포인트] **형용사 vs. 부사** 밑줄 뒤에 완전한 절이 왔고, 문맥상 동사인 work를 수식해주는 부사가 오는 것이 적절하므로 형용사인 effective를 부사인 effectively로 고쳐야 한다. (how effective → how effectively)
② [문법포인트] **불완전자동사의 보어** remain은 불완전자동사이므로 형용사인 optimistic이 보어로 바르게 쓰였다.
③ [문법포인트] **관사의 위치** 명사구가 such, quite, rather, what의 수식을 받을 때에는 「such, quite, rather, what + a/an + 형용사 + 명사」의 어순이 되어야 하므로 밑줄 친 부분의 어순이 바르게 쓰여 있다.
④ [문법포인트] **분사구문** 접속사가 생략되지 않은 분사구문으로, 분사와 의미상의 주어인 it이 수동의 관계이므로 과거분사 implemented가 바르게 쓰였다.

정답 ①

[5 ~ 6]

어휘

struggle 힘겨워하다   overly 지나치게   restless 산만한
insightful 통찰력이 있는   session (특정 활동을 위한) 시간
explore 탐구하다   effective 효과적인   strategy 전략
Attention Deficit Hyperactivity Disorder 주의력 결핍 과잉행동 장애
expert 전문가   practical 실질적인   hybrid 결합   in-person 대면
interactive 참여형의   parenting 육아   actionable 실행 가능한
registration 등록   self-diagnosis 자가 진단   empower ~에게 힘을 주다
alliance 연합   developmental 발달의   disability 장애
overwhelming 너무 버거운   workload 업무량

해석

(A) ADHD 자녀를 지원하고 힘을 주기

여러분의 자녀가 과제에 집중하기 힘겨워하거나 지나치게 산만해 보이나요? 부모들이 ADHD(주의력 결핍 과잉행동 장애)를 가진 자녀를 지원하는 효과적인 전략을 탐구할 수 있는 통찰력 있는 시간에 참여하세요. 이 프로그램은 전문가의 조언, 실질적인 해결책, 그리고 여러분의 질문에 대한 전문가의 답변을 받을 기회를 제공합니다.

프로그램 세부 사항

- 날짜: 2025년 3월 22일(토요일)
- 시간: 오후 2시 – 오후 4시
- 장소: 123 Learning Way의 Academy Hall (대면 및 Zoom 방식 결합)
- 대상: ADHD 자녀를 둔 부모 및 관심 있는 모든 분

- 참가비: 무료

하이라이트
- ADHD 전문가들과의 쌍방향 질의 응답 시간
- 근거를 기반으로 하는 육아 전략 및 실행 가능한 조언

등록
- 사전 등록 필수: www.brightmindsacademy.com
- 문의: info@brightmindsacademy.com | (555) 723-6567

5 ① ADHD 자가 진단 참여하기
③ 발달 장애 아동을 위한 부모 연합
④ 너무 버거운 업무량을 관리하는 전략 제공하기

6 ① 이 행사는 ADHD 자녀를 둔 부모를 지원하기 위해 설계되었다.
② 참가자는 전문가에게 질문하고 답변을 받을 수 있다.
③ 이 행사는 ADHD에 관한 실행 가능한 조언과 정서적 지원을 제공한다.
④ 이 행사는 누구에게나 무료로 열려 있지만, 등록이 필요하다.

해설

5 글의 중심 소재는 ADHD를 가진 자녀 돕기이고 주제문은 첫 번째 문단의 두 번째 문장이다. ADHD를 가진 자녀를 돕는 방법을 탐구하는 시간에 참여하라고 독려한 뒤, 자세한 프로그램의 세부 사항을 소개하는 글이다. 따라서 제목으로 가장 적절한 것은 ② 'ADHD를 가진 자녀를 지원하고 힘주기'이다.

6 ③ <하이라이트>의 두 번째 문장에서 근거를 기반으로 하는 육아 전략 및 실행 가능한 조언을 제공한다고 했지만 정서적 지원에 대해서는 언급하지 않았으므로 글의 내용과 일치하지 않는다.
① 첫 문단의 두 번째 문장에서 부모들이 ADHD 자녀를 지원하는 전략을 탐구하는 시간이라고 하였고, <프로그램 세부 사항>에서 ADHD 자녀를 둔 부모 및 관심 있는 모든 분을 대상으로 한다고 했으므로 글의 내용과 일치한다.
② 첫 번째 문단의 세 번째 문장에서 질문에 대한 전문가의 답변을 받을 기회가 제공된다고 했고 <하이라이트>에서 참여형 질의 응답 시간이 있다고 했으므로 글의 내용과 일치한다.
④ <프로그램 세부 사항>에서 참가비가 무료라고 했고 <등록>에서 사전 등록이 필수라고 했으므로 글의 내용과 일치한다.

정답 5 ② 6 ③

7

어휘
benefit 이점 effectively 효과적으로 reduce 줄이다
inflammation 염증 regulate 조절하다 immune 면역의
treatment 치료제 autoimmune 자가면역의 severe 심각한
long-term 장기간의 side effect 부작용 osteoporosis 골다공증
diabetes 당뇨병 suppression 억제 susceptibility 민감성
infection 감염 imbalance 불균형 adrenal insufficiency 부신 기능 부전
cardiovascular 심혈관의 ensure 보장하다 cautiously 신중하게
supervision 감독 tailored 맞춤의 therapeutic 치료의
responsibly 책임감 있게 valuable 매우 유용한 potentially 잠재적으로
negative 부정적인

해석

스테로이드와 그 이점
스테로이드는 효과적으로 염증을 줄이고 면역 반응을 조절하며, 이는 스테로이드를 자가면역 질환이나 심각한 알레르기와 같은 질환에 대한 일반적인 치료제로 만

들어준다.

장기 사용의 위험
그러나 스테로이드의 장기 사용은 심각한 부작용을 초래할 수 있다. 여기에는 감염에 대한 민감성을 증가시키는 면역 체계 억제뿐만 아니라 골다공증, 고혈압, 그리고 당뇨병이 포함된다. 부신 기능 부전 같은 호르몬 불균형과 심장병 같은 심혈관 위험 또한 우려 사항이다.

환자의 안전을 보장하기 위해, 스테로이드는 신중하게 그리고 의료 전문가의 감독 하에 사용되어야 한다. 적절한 모니터링과 맞춤형 치료 계획은 치료 이익을 극대화하는 한편 위험을 최소화하는 데 도움이 된다. 이러한 과제를 책임감 있게 해결하는 것은 스테로이드가 매우 유용하지만 신중하게 다뤄져야 하는 의료 도구로 남도록 한다.

① 스테로이드는 일반적인 치료제로 사용되기에 너무 위험하다.
② 스테로이드는 면역 체계를 강화하고 감염의 위험을 줄여준다.
③ 스테로이드는 신체 건강에 잠재적으로 부정적인 영향을 미친다.
④ 스테로이드는 전문가의 감독하에 신중하게 사용되어야 한다.

해설
글의 중심 소재는 스테로이드이고 주제문은 세 번째 문단의 첫 번째 문장으로, 환자의 안전을 위해 스테로이드는 의료 전문가의 감독 아래 신중하게 사용되어야 한다고 주장한다. 첫 문단에서 스테로이드의 일반적인 효능을 설명하고 두 번째 문단에서 장기 사용의 위험성을 제시한 다음, 결론을 내리는 마지막 문장에서 스테로이드의 이익을 취하고 위험을 줄이기 위한 방법을 설명한다. 따라서 정답은 ④ '스테로이드는 전문가의 감독하에 신중하게 사용되어야 한다.'이다.

정답 ④

8

어휘
unproductive 불모의 chronic 만성적인 starvation 기아
overreliance 과잉 의존 worsen 악화시키다 textile industry 섬유 산업
handicraft 수공예 sector 부문 achieve 확보하다
food security 식량 확보 rural 시골의 wage 임금 gradually 점차
reduce 낮추다 relative 상대적인 standard of living 생활 수준
dependent 의존하는 in desperation 필사적으로 resort to ~에 의지하다
cultivate 경작하다 wetland 습지 hillside 산비탈 famine 기아
variety 품종 nonetheless 그럼에도 불구하고 impressive 인상적인
yield 수확량 substandard 표준 이하의 unfortunately 불행하게도
particularly 특히 vulnerable 취약한

해석
아일랜드인의 감자에 대한 과잉 의존은 19세기 초반의 특정한 경제 동향에 의해 악화되었다. 예를 들어, 영국 섬유 산업의 발달이 전통 수공예 부문을 쓸모없게 만들었고, 아일랜드의 시골 빈곤층이 식량을 확보하게 해주는 주요 방법을 파괴하였다. (①) 두 번째 부정적 동향은 하락하는 실질 임금과 상승하는 임대료였는데, 그것은 임금에 의존하는 아일랜드인의 상대적 생활 수준을 점차 떨어뜨렸다. (②) 필사적으로, 많은 아일랜드 농부들은 습지나 바위투성이의 산비탈을 경작하는 것에 의존하게 되었다. (③) 그러나 이 불모지는 그러한 농부들을 만성적인 기아의 위험에 빠트렸다. 이러한 아일랜드의 기아는 표준 이하의 토양에서도 인상적인 수확량을 낼 수 있지만 맛없는 감자인, '럼퍼' 품종의 감자에 빈곤층이 더 크게 의존하게 만들었다. (④) 불행히도 이 감자는 1845-52년의 감자 마름병에 특히 취약했던 것으로 드러났다.

해설

주어진 문장은 이 불모지(this unproductive land)가 농부들을 만성적인 기아 상태에 빠뜨렸다고 했다. 그러므로 주어진 문장의 앞에는 농부들이 이 불모지를 사용하는 것이 언급되어야 하고 이 문장의 뒤에는 농부들의 기아 상태에 대한 부연 설명이 이어질 것으로 예측할 수 있다. ③의 앞에서 농부들이 불모지인 습지나 바위투성이 산비탈을 경작하게 되었다고 했고 ③의 뒤에서 이러한 아일랜드의 빈곤이 빈곤층의 특정 품종 감자 의존도를 높였다고 설명했다. 따라서 주어진 문장이 들어갈 위치로 적절한 것은 ③이다.

정답 ③

9

어휘

introvert 내향적인 사람 effect 영향 introverted 내향적인 nature 천성
limitation 한계 recognize 인식하다 boundary 경계 respect 존중하다
thrive 잘 지내다 intimate 친밀한 setting 환경 engage 관계를 맺다
approach 접근법 overwhelmed 너무 부담스러운 drain 고갈시키다
hesitate 망설이다 extroverted 외향적인 occasionally 가끔
crucial 중요한 identify 파악하다 venue 장소 frequently 자주
consistently 한결같이 exhaust 지치게 하다 engagement 교류

해석

내향적인 사람으로서 당신은 내향적인 천성이 사회 생활에 미치는 부정적인 영향으로 인해 힘들어할 수 있다. 이러한 한계를 관리하는 핵심은 그것들을 인식하고, 명확한 경계를 설정하며, 자신의 개인적 한계를 존중하는 것이다. 내향적인 사람들은 대규모 집단보다 한두 명의 가까운 친구들과 함께하는 작고 친밀한 환경에서 더 잘 지낸다. 대규모 집단에 있을 때는 모두와 관계를 맺으려고 하는 대신 몇몇 사람에게 집중하라. 이 접근법은 당신이 너무 부담스럽게 느끼지 않고도 의미 있는 관계를 형성하는 데 도움이 된다. 에너지가 고갈된 것처럼 느껴지면, 주저하지 말고 일찍 자리를 떠서 조용히 있는 것에 대해 질문을 받는 것을 피하라. 외향적인 친구들과 시끄럽고 붐비는 장소에서 시간을 보내는 것이 가끔 즐거울 수도 있지만, 경계를 설정하고 당신을 자주 그리고 한결같이 지치게 하는 장소를 파악하는 것은 중요하다.

① 내향적인 사람들을 위한 조언: 건강한 경계를 설정하라
② 내향적인 사람들을 위한 안내: 더 외향적으로 행동하라
③ 내향적인 사람들이 군중 속에 있는 것을 피하는 방법
④ 건강한 사회적 교류의 중요성

해설

글의 중심 소재는 내향적인 사람의 사회생활이고 주제문은 두 번째 문장으로 내향적인 사람들은 명확한 경계를 설정하여 자신의 한계를 존중해야 한다고 주장한다. 첫 번째 문장에서 문제를 제기하고 두 번째 문장에서 내향적인 사람들이 자신의 한계를 관리하는 핵심 방식을 제시한 뒤 내향적인 사람들이 선호하는 환경, 대규모 집단에서의 대처 방법, 에너지 고갈 시 대처 방법 등을 통해 구체적인 방안을 제시한다. 마지막 문장에서 주제를 다시 반복하면서 경계 설정의 중요성을 강조한다. 따라서 글의 주제로 적절한 것은 ① '내향적인 사람들을 위한 조언: 건강한 경계를 설정하라'이다.

정답 ①

10

어휘

emerge 등장하다 consumerism 소비주의 surface 나타나다
momentum 추진력 move away from ~에서 벗어나다
abstract 추상적인 expressionism 표현주의 precede 앞서다
draw upon ~에 의존하다 mundane 평범한 vibrant 생생한
composition 작품 establish 설정하다 cornerstone 초석
contemporary 현대의 associated with ~와 관련된
unprecedented 유례없는 fame 명성 status 지위 mainstream 주류의
celebrity 유명 인사 pope 교황 captivate ~의 마음을 사로잡다
innovative 혁신적인 instantly 즉각적으로 recognizable 알아볼 수 있는

해석

팝아트는 소비주의, 대중 매체, 그리고 대중문화에 대한 반응으로 등장했다. 이 운동은 1950년대에 나타났고 1960년대 내내 큰 추진력을 얻었다. 팝아트는 그보다 앞선 주요 (예술) 운동이었던 추상 표현주의에서 사용된 이론과 방식에서 벗어났다. (A) 대신, 그것은 생생한 작품을 만들어 내기 위해 신문, 만화책, 잡지, 그리고 기타 평범한 물건과 같은 일상적 소재와 매체에 의존했고, 이는 이 운동을 현대 미술의 초석으로 확립시켰다. 이 운동과 관련된 많은 예술가들은 유례없는 명성과 지위를 얻었는데, 이는 예술가들을 주류의 유명 인사들과 더 가까워지게 하는 경험이었다. (B) 예를 들어, 앤디 워홀은 20세기 팝 문화의 교황으로 불려왔고, 현대 미술뿐만 아니라 영화, 음악, 패션, 그리고 심지어 유명 인사라는 개념에 미친 혁신적인 영향으로 관중의 마음을 사로잡았다. 오늘날 팝아트는 가장 즉각적으로 알아볼 수 있는 예술 형태 중 하나이다.

(A)	(B)
① 게다가	흥미롭게도
② 대신	예를 들어
③ 그럼에도 불구하고	예를 들어
④ 오히려	그러나

해설

이 글은 팝아트의 등장과 그 문화적 영향에 대해 설명한다. (A) 앞에서는 팝아트가 먼저 등장한 추상 표현주의에서 사용하던 이론과 방식에서 벗어났다고 했고, (A) 뒤에서는 팝아트에서 사용한 소재와 매체에 대해 설명하고 있다. 기존의 것 대신 새로운 것을 사용한다는 내용이므로 빈칸에는 Instead가 들어가는 것이 적절하다. (B)의 앞에서는 팝아트와 관련된 예술가들의 명성과 지위가 올라갔다고 했고 (B)의 뒤에서는 앤디 워홀이라는 구체적인 예시를 보여주고 있다. 일반적인 설명 뒤에 예시가 나오는 구조이므로 빈칸에는 For example이나 For instance가 들어가는 것이 적절하다. 따라서 정답은 두 가지를 만족하는 ②이다.

정답 ②

DAY 12

| 01 | ② | 02 | ③ | 03 | ① | 04 | ② | 05 | ② |
| 06 | ④ | 07 | ③ | 08 | ① | 09 | ② | 10 | ③ |

1

어휘
invasive 급속히 퍼지는   pose a threat 위협을 가하다   security 보안
nurture 기르다   exterminate 제거하다   preserve 보존하다
harvest 수확하다

해석
급속히 퍼지는 바이러스가 그 회사의 데이터 보안에 심각한 위협을 가했으므로, IT 팀은 추가 피해를 막기 위해 그것을 제거해야만 했다.

정답 ②

2

어휘
advanced 고급의   significant 상당한   growth 성장

해석
작년에 고급 기술에 투자했더라면 그 회사는 지금 시장을 주도하고 상당한 성장을 누리고 있을 텐데.

해설
[문법포인트] 기본 가정법 조건절에 과거 시간을 나타내는 부사구 last year가 있고 주절에 현재 시간을 나타내는 부사 now가 있으므로 혼합가정법임을 알 수 있다. 따라서 조건절의 시제는 가정법 과거완료가 되어야 하므로 정답은 ③ had invested이다.

정답 ③

3

어휘
reduce 줄이다   encourage 권장하다   reusable 재사용할 수 있는
enforce 시행하다   tracking 추적   usage 사용량   measure 평가하다
consumption 소비   initiative 계획   office supplies 사무용품

해석
Tim Jones: 회사의 새로운 '친환경 사무실' 프로그램에 관해 들었어?
Jane Baker: 아니, 뭘 위한 건데?
Tim Jones: 종이 사용을 줄이고 직원들에게 재사용할 수 있는 물건을 가져오도록 권장할 계획이래.
Jane Baker: 환경에 정말 좋을 것 같은데. 그런데 그걸 어떻게 시행할 거래?
Tim Jones: 각 팀이 얼마나 많은 종이를 사용하는지 모니터할 수 있는 추적 장치를 설치한대.
Jane Baker: 잠깐, 팀들이 종이 소비를 기준으로 평가될 거라는 말이야?
Tim Jones: 응, 부서별로 사용량을 추적해서 종이 낭비가 가장 적은 팀에게 보상을 준대.

② 우리가 환경을 위해 얼마나 많은 노력을 하는지 보고해야 한다
③ 직원들이 친환경 사무실 계획에 대해 의견을 공유해야 한다
④ 회사에서 직원들이 각자의 사무용품을 가져오기를 기대한다

정답 ①

4

어휘
criminal 범죄의; 범인   come to light 밝혀지다   investigate 조사하다
mentality 정신 상태   look into ~을 조사하다
refer to A as B A를 B로 지칭하다   abuse 학대   philosopher 철학자
metaphor 은유   context 맥락   conceivably 생각할 수 있게
justify 정당화하다   exploitation 착취

해석
그 범죄 사건의 세부 사항이 밝혀지기 시작한 이래로, 나는 그 범인의 정신 상태의 지적인 기원을 조사해왔다. 다시 말해서, 나는 '문화적 학대'라고 지칭되어온 것, 혹은 일부 고대 철학자들이 '문화적 사상'이라고 불렀을 것 — 이 맥락에서, 어린 소녀들의 성적 학대를 정당화할 수도 있다고 생각되는 일종의 은유 — 을 조사해왔다.

해설
② [문법포인트] 동사의 유형별 수동태 refer to A as B는 'A를 B로 언급하다'라는 의미로 수동태가 되면 B is referred to as A의 형태가 된다. 따라서 referred to 뒤에 as를 빼놓지 말고 써야 한다. (referred to → referred to as)
① [문법포인트] 완료시제 접속사 since 뒤에 과거 시제가 사용되었으므로 주절에는 현재완료 시제가 바르게 쓰였다.
③ [문법포인트] 조동사+have+p.p. 고대의 철학자들이 '문화적 사상'이라고 불렀을 것으로 추측하고 있으므로, 지난 일에 대한 추측을 표현하는 would have p.p.가 바르게 쓰였다.
④ [문법포인트] 관계대명사의 선택 선행사는 a kind of metaphor이고 밑줄 뒤에 주어가 없는 불완전한 절이 왔으므로 that이 주격 관계대명사로 바르게 쓰였다.

정답 ②

5

어휘
inquiry 문의   reach out 연락하다   ensure 보장하다
uninterrupted 끊기지 않는   assist 돕다   payment 결제   account 계정
navigate 이동하다   billing 청구   setting 설정   method 방식
expiration 만료   confirm 확인하다   additional 추가의
termination 해지

해석
수신: Paul Myer (paul.myer@unitech.com)
발신: 고객지원팀 (support@dogool.com)
날짜: 3월 10일
제목: 답장: 신용카드 관련 문의

Myer 님에게,

저희에게 연락해주시고 저희 서비스를 계속 신뢰해주셔서 감사드립니다. 저희는

끊기지 않는 서비스를 보장하는 것의 중요성을 이해하고 있으며 귀하의 결제 정보 업데이트를 도와드리려고 합니다.

신용카드 정보를 업데이트하시려면, 아래 단계를 따라주십시오:
1. 저희 웹사이트나 모바일 앱에서 귀하의 계정에 로그인하십시오.
2. 계정 설정에서 '청구 정보' 구역으로 이동하십시오.
3. '결제 방식 업데이트'를 선택하고 만료일을 포함한 새 신용카드의 세부 정보를 입력하십시오.
4. 변경 사항을 확인하고 업데이트된 정보를 저장하십시오.

문제가 있거나 추가 지원이 필요하시면 알려주십시오. 필요한 경우 기꺼이 더 도와드리겠습니다.

안부를 전하며,
고객지원팀

① 서비스 문제에 대한 환불을 제공하기 위해
② 결제 정보 업데이트 과정을 안내하기 위해
③ 계정 해지를 돕기 위해
④ 주문 결제를 확인하기 위해

해설

글의 중심 소재는 결제 정보 업데이트이고 첫 번째 문단의 두 번째 문장에서 고객의 결제 정보 업데이트를 도와주겠다고 했고 다음 문단에서 자세한 방법을 설명하고 있다. 따라서 글의 목적으로 가장 적절한 것은 ② '결제 정보 업데이트 과정을 안내하기 위해'이다.

정답 ②

[6 ~ 7]

어휘

combine 결합하다   eco-action 환경 보호 활동   pick up ~을 줍다
litter 쓰레기   supply 용품   distribution 배포   nearby 인근의
sort 분류하다   comfortable 편안한   workout attire 운동복
on-site 현장에서   trash 쓰레기   grabbers (pl.) 집게
optional 선택 가능한   leap 도약   effort 노력   promote 홍보하다
mandatory 의무적인   distribute 배포하다   venue 현장

해석

(A) 플로깅 데이에 참여하세요: 더 깨끗한 지구를 향한 한 걸음!

피트니스와 환경 보호 활동을 결합하세요! 플로깅 — 조깅하면서 쓰레기 줍기 — 은 건강을 유지하며 지구를 돕는 완벽한 방법입니다. 우리 지역사회를 깨끗이 하고 변화를 만들기 위해 이 플로깅 데이에 참여하세요!

• 날짜: 2025년 5월 24일 (토요일) | 시간: 오전 9시 – 정오
• 장소: Lakeside 공원, 중앙 광장

일정
• 오전 9:00 – 9:30: 등록 및 용품 배포
• 오전 9:30 – 11:30: 플로깅 활동 (공원 및 인근 지역)
• 오전 11:30 – 오후 12:00: 쓰레기 분류 및 단체 사진

SNS 챌린지
해시태그 #플로깅데이 #친환경 #환경운동과 함께 SNS에 플로깅 순간을 공유하세요. 최고의 사진은 상품을 받습니다!

준비물
• 편안한 운동복
• 현장에서 장갑과 쓰레기봉투를 제공함
• 쓰레기 집게는 선택 사항

문의
ploggingday@greenearth.org | 555-987-6543

당신을 위한 작은 한 걸음, 지구를 위한 거대한 도약!

6 ① 걷기: 환경을 위한 최고의 선택
   ② 우리의 노력으로 공원을 깨끗하게 유지합시다
   ③ 플로깅 데이의 의미를 널리 홍보합시다

7 ① 플로깅 활동은 공원과 인근 지역에서 진행될 것이다.
   ② 참가자들은 소셜 미디어에 플로깅 사진을 게시해 상품을 탈 수 있다.
   ③ 쓰레기 집게를 가져오는 것은 참가자들에게 의무적이다.
   ④ 장갑과 쓰레기봉투는 현장에서 참가자들에게 배포될 것이다.

해설

6 글의 중심 소재는 플로깅 데이이며 첫 번째 문단의 두 번째 문장에서 지역사회를 깨끗이 하고 변화를 만들기 위해 플로깅 데이에 참여하라고 했고, 마지막 문장에서 당신을 위한 작은 한 걸음이 지구를 위한 거대한 도약이라고 했다. 따라서 글의 제목으로 가장 적절한 것은 ④ '플로깅 데이에 참여하세요: 더 깨끗한 지구를 향한 한 걸음'이다.

7 ③ <준비물>에서 쓰레기 집게가 선택 사항이라고 했으므로 글의 내용과 일치하지 않는다.
   ① <일정>의 두 번째 항목에서 공원 및 인근 지역에서 플로깅 활동이 있다고 했으므로 글의 내용과 일치한다.
   ② <SNS 챌린지>에서 최고의 사진은 상품을 받는다고 했으므로 글의 내용과 일치한다.
   ④ <준비물>에서 장갑과 쓰레기봉투를 현장에서 제공한다고 했으므로 글의 내용과 일치한다.

정답 6 ④ 7 ③

8

어휘

acute 급성의   reaction 반응   traumatic 대단히 충격적인
delayed 지연성의   tend to ~하는 경향이 있다   show up 나타나다
extraordinary 이례적인   post-traumatic stress 외상 후 스트레스
confusing 혼란스러운   pinpoint 정확히 집어내다   incident 사건
occur 발생하다   crisis 위기   nonetheless 그럼에도 불구하고
likewise 마찬가지로

해석

대부분의 경찰관들에게, 급성 스트레스 반응들은 대단히 충격적인 사건의 현장에서 또는 그 사건 이후 24시간 이내에 시작된다. 그러나, 일부 경찰들은 대단히 충격적인 현장에 반응이 거의 없거나 전혀 없을 것이다. (A) 대신에, 그들의 지연성 스트레스 반응은 그 사건의 며칠, 몇 주, 몇 달, 그리고 몇몇 이례적인 경우에는, 몇 년 후에 나타나는 경향이 있다. 외상 후 스트레스는 그 반응을 일으킨 정확한 사건을 집어내지 못하는 그 경관에게 혼란스러운 것이다. (B) 그럼에도 불구하고, 그 반응은 마치 그것이 그 위기 사건의 당시에 발생한 것처럼 진짜 같고 고통스럽다.

    (A)   (B)
② 그러므로   마찬가지로

③ 반면에　　　그러므로
④ 하지만　　　오히려

해설

(A) 앞에서는 어떤 경찰관들은 대단히 충격적인 현장에 대한 반응이 거의 없거나 전혀 없다고 했고, (A) 뒤에서는 지연성 스트레스 반응이 나중에 나타난다고 했으므로, 빈칸에는 현장에서 반응이 없는 대신 나중에 반응을 보인다는 의미에서 Instead도 가능하며, 급성 스트레스 반응과 지연성 스트레스 반응을 대조한다는 의미에서 On the other hand나 However도 적절하다. (B) 앞에서는 반응을 일으킨 사건을 정확하게 기억할 수 없는 경찰관에게 혼란스럽다는 내용이 나오고, (B) 뒤에서는 그 반응은 마치 그 위기 사건의 시간에 일어난 것처럼 진짜 같고 고통스럽다는 내용이 나오므로, 양보의 의미를 나타내는 연결어인 Nonetheless가 자연스럽다. Rather는 대개 이전 문장을 부정하거나 수정하여 대체 설명을 덧붙일 때 사용되는 표현이므로 적절하지 않다. 따라서 정답은 두 가지를 모두 충족하는 ①이다.

정답 ①

9

어휘

fascinate 매료시키다　illustration 삽화　unfamiliar 낯선
waxing moon 상현달　turn to ~을 참고하다　realization 깨달음
unusual 이상한　observe 관찰하다　hemisphere 반구
appearance 모습　reverse 반대가 되다　equator 적도
perspective 시점

해석

나는 달에 항상 매료되어 왔다. 북미의 고향에서 멀리 떨어진, 호주에서 가르치던 중, 나는 지역 신문의 일기 예보를 확인했다. 놀랍게도, 달의 삽화가 낯설게 보였다. (A) 상현달이 북미에서 내가 항상 보아왔던 오른쪽이 아닌 왼쪽이 빛나고 있었다. 그것이 실수일 수도 있다고 생각하며, 나는 해답을 구하기 위해 지구본을 참고하기로 했다. (C) 나는 남반구에 서 있다고 상상하며, 지구본을 살펴보았다. 우리의 달라진 시점 때문에 적도 남쪽에서는 달의 모습이 반대가 된다는 것이 분명해졌다. (B) 이 깨달음은 우리가 보는 것이 우리의 위치에 달려있다는 것을 나에게 보여주었다. 호주에서 달이 나에게 낯설게 보였듯이, 북미에서 관찰하는 호주인들에게 달은 이상하게 보일 것이다.

해설

주어진 글에서 북미 출신의 화자에게 호주 신문의 삽화에 그려진 달의 모습이 낯설게 보인다고 했으므로 왜 낯선지를 설명하는 (A)가 곧바로 이어지는 것이 자연스럽다. 북미에서는 상현달이 오른쪽에서 빛나는데 호주에서는 왼쪽에서 빛난다는 것이다. 화자는 해답을 구하려고 지구본을 보기로 했으므로 지구본을 살펴보는 내용이 나오는 (C)로 연결되는 것이 적절하다. 달이 달라 보이는 이유는 관찰자의 달라진 시점 때문이라고 했고 (B)에서 이것을 This realization으로 받아 관찰자의 위치에 따라 달이 다르게 보인다고 설명한다. 따라서 정답은 ② (A) - (C) - (B)이다.

정답 ②

10

어휘

attend 참가하다　Olympia 올림피아 제전 경기
in honor of ~에게 경의를 표하여　take place 개최되다　initially 처음에
foot race 도보 경주　competition 경기　competitor 참가자

consist of ~으로 구성되다　religious 종교의　ceremony 의식
athletic 운동의　present 존재하는　sacrifice 제물　swear 맹세하다
oath 맹세　altar 제단　penalty 벌칙　break 어기다

해석

모든 도시의 그리스인들이 참가했던 한 가지 축제는 올림포스산의 제우스 올림피오스를 기리기 위한 올림피아 제전 경기였다. ① 기원전 776년에 올림피아에서 개최된 것으로 처음 기록된, 올림픽 경기는 4년마다 열렸으며 오직 그리스인들만 경기에 참가하도록 허용되었다. ② 처음에 경기에는 단 하나의 행사, 즉 도보 경주만 포함되었지만, 시간이 지나면서, 여러 가지 다른 경기들이 참가자들을 위해 올림픽 프로그램에 추가되었다. ③ 현대 올림픽 경기는 300개 이상의 경기로 구성되어 있으며 종교의식은 포함하고 있지 않다. ④ 비록 이것이 운동 경기이기는 했지만, 그 축제의 종교적 성격은 항상 존재했다. 올림피아 제전 경기는 제우스에게 바치는 제물로 시작되었고, 참가자들은 그의 제단에서 맹세를 했으며, 그것을 어기면 벌칙이 있었다.

해설

고대 그리스의 올림픽 경기에 대해 설명하는 글이다. ①은 올림픽에 대한 최초의 기록 내용을 소개했고 ②는 올림픽이 단 하나의 경기에서 시작되어 점차 경기 수가 늘었다고 했으며 ④는 운동 경기이면서도 종교적 성격이 유지되었다고 설명했다. 이에 비해 ③은 현재 올림픽 경기에 관한 내용이어서 글의 흐름과 관련이 없다. 따라서 정답은 ③이다.

정답 ③

DAY 13

01	④	02	②	03	③	04	①	05	①
06	③	07	③	08	①	09	③	10	④

1

어휘

persist 지속되다 significant 커다란 acute 급성의 temporary 일시적인
unstable 불안정한 chronic 만성적인

해석

의사는 환자의 상태가 만성적이라고 설명했는데, 이는 몇 년간 커다란 호전 없이 지속되어 왔기 때문이다.

정답 ④

2

어휘

go through ~을 겪다 harsh 혹독한

해석

혹독한 세상을 겪을 때, 의지할 사람이 있는 것은 매우 도움이 될 것이다.

해설

[문법포인트] to부정사의 역할 / 완전자동사 빈칸 앞에 명사인 a person이 있고, 빈칸 뒤에는 동사의 목적어가 될 만한 명사가 오는 것이 아니라 부사절이 왔으므로, 빈칸에는 앞의 명사를 꾸며주는 to부정사의 형용사적 용법이 사용되어야 하는 것을 알 수 있다. 이때 a personal과 rely의 관계는 a person이 rely의 의미상의 목적어이다. rely는 자동사라서 전치사 on이 있어야 목적어를 가질 수 있으므로 정답은 ② rely on이다.

정답 ②

3

어휘

on sale 할인 중인 ad 광고 out of stock 품절인

해석

A: 이 건전지들이 할인 중인 걸 본 것은 이번이 처음이에요.
B: 죄송하지만, 그것들은 오늘은 할인하지 않아요.
A: 광고를 보세요. 광고에서 할인한다고 하는데요.
B: 네, 건전지는 할인 중이지만 이 브랜드는 아니에요.
A: 그렇군요. 잘못된 브랜드의 상품을 가져왔네요.

① 그 광고는 단지 당신을 가게로 오게 하려는 거예요
② 지금은 품절이에요
④ 할인 중인 건전지를 가져다 드릴게요

정답 ③

4

어휘

analyze 분석하다 ensure 보장하다 accuracy 정확성 require 요구하다
strict 엄격한 factor 요인 variable 변수 conclusion 결론
consideration 고려 finding 연구 결과 reliability 신뢰성
contribute 기여하다 meaningfully 의미 있게

해석

과학자들은 정확성을 보장하기 위해서 데이터를 신중하게 분석하는 것에 익숙하다. 그는, 젊은 과학자로서, 실험 중에 엄격한 지침을 따를 것을 요구받았다. 그러나 그는, 결론을 내리기 전에 환경 변수와 같은 여러 요인을 고려했어야 했다. 이러한 고려가 없었기 때문에, 그의 연구 결과는 신뢰성이 부족한 것으로 판명되었고, 연구 분야에 의미 있게 기여하지 못했다.

해설

① [문법포인트] 조동사의 선택 / 전치사의 목적어 「be used to + -ing/명사」를 사용하여 '~하는 데 익숙하다'라는 표현을 하고 있다. 이때의 to는 전치사이기 때문에 동명사인 analyzing으로 고쳐야 한다. (analyze → analyzing)

② [문법포인트] 당위의 조동사 should 요구의 동사인 require가 주절에 사용되었으므로, 종속절의 동사는 「(should) + 동사원형」의 형태가 되어야 하므로 (should) follow가 바르게 쓰였다.

③ [문법포인트] 조동사 + have p.p. 다음에 이어진 문장의 Without such consideration에서 고려를 하지 않았음을 알 수 있다. 「should have p.p.」의 형태를 써서 고려했어야 했는데 안 했다는 의미를 표현해야 하므로, should have considered는 바르게 쓰였다.

④ [문법포인트] 불완전자동사의 보어 turn out은 대표적인 불완전자동사로서 보어 자리에 명사, 형용사, to부정사, 분사가 올 수 있으므로 to lack은 바르게 쓰였다.

정답 ①

[5 ~ 6]

어휘

dementia 치매 association 협회 caregiver 간병인 symptom 증상
progression 진행 capably 능숙하게 alongside ~와 함께
expert 전문가 encourage 장려하다 detection 발견
effective 효과적인 strategy 전략 impartial 공정한 initiative 계획
relief 완화 cutting-edge 최첨단의 implementation 시행
retain 유지하다 strive 노력하다 impact 영향을 주다 handle 다루다
treatment 치료법 prioritize 우선시하다 advantaged 혜택을 받은
impressed 감동을 받은 unbiased 편견이 없는 revised 수정된

해석

치매 간병 협회

역할

치매 간병 협회(DCA)는 치매 증상과 진행을 능숙하게 관리하는 것에 대한 교육을 제공함으로써 간병인과 가족들을 지원한다. 이 협회는 조기 발견과 효과적인 치료 전략들을 공정한 방식으로 장려하기 위해서 의료 전문가들과 함께 일한다.

계획

이 협회는 스트레스 완화와 환자와의 의사소통을 위한 기법을 포함하여 간병인의 행복에 초점을 맞춘 워크숍을 개최한다. 또한, 최첨단 연구를 지원하여 새로운 치

료법이 시행에 가까워지도록 돕는다.

비전
우리는 치매 환자들이 독립성을 유지하고, 간병인들이 현실적인 지원을 받고, 가족들이 유대감을 강화할 수 있는 네트워크를 만드는 것을 목표로 한다. 전문가와 연구자들을 연결함으로써, 치매로 영향을 받는 모든 이들의 돌봄과 삶의 질을 향상시키려고 노력한다.

5 ① 치매 문제를 효과적으로 다루는 것에 대해 간병인들을 교육한다.
② 치매 환자의 행복에 초점을 맞춘 세미나를 준비한다.
③ 현재 실행 중인 새로운 치료법에 대해 재정적 지원을 제공한다.
④ 지역 간병인 네트워크를 전문가 협력보다 우선시한다.

해설
5 ① <역할>의 첫 번째 문장에서 간병인들과 가족들에게 치매 증상과 과정을 다루는 것에 대한 교육을 제공한다고 했으므로 글의 내용과 일치한다.
② <계획>의 첫 번째 문장에서 간병인의 행복에 초점을 맞춘 워크숍을 개최한다고 했으므로 글의 내용과 일치하지 않는다.
③ <계획>의 두 번째 문장에서 새로운 치료법이 시행에 가까워지도록 돕는다고 했으므로 아직 시행되지 못하고 있음을 알 수 있다. 그러므로 글의 내용과 일치하지 않는다.
④ <역할>의 두 번째 문장과 <비전>의 두 번째 문장에서 전문가 협력을 언급했을 뿐 지역 간병인 네트워크를 우선시한다는 언급은 없으므로 글의 내용과 일치하지 않는다.

정답 5 ① 6 ③

7

어휘
innovation 혁신 summit 정상회의 policymaker 정책 입안자
virtual 가상의 interactive 참여형의 inclusive 포용적인 exhibition 전시
cutting-edge 최첨단의 registration 등록 valid 유효한
guarantee 보증하다 participant 참가자 artificial intelligence 인공지능
interact with ~와 교류하다 sector 분야 eligible 자격이 있는
in advance 사전에 secure 확보하다

해석

교육 혁신 정상회의 2025

기술과 창의성이 교육의 미래를 어떻게 만들고 있는지 탐구하기 위해 교육 혁신 정상회의 2025에서 교육자, 연구자, 정책 입안자들과 함께하세요.

행사 세부 사항
• 날짜: 2025년 1월 20일, 월요일
• 시간: 오전 10시 – 오후 3시
• 장소: 학습 허브 센터

주요 내용
• 교육에서의 인공지능과 가상현실에 관한 발표
• 포용적 학습 환경 설계에 대한 참여형 세션
• 세계적인 교육 리더들과의 네트워킹
• 최첨단 교육 도구와 플랫폼 전시

등록
• 유효한 학생증 소지자는 무료.
• 입장을 보장받으려면 1월 10일까지 등록하세요.

더 자세한 내용을 원하시면 웹사이트(www.educationsummit2025.com)를 방문하시거나 help@educationsummit2025.com로 연락주세요.

우리가 배우는 방식을 다 함께 다시 상상해 보세요!

① 참가자들은 인공지능이 교육을 어떻게 변화시키는지 탐구할 수 있다.
② 참가자들은 세계적인 교육 분야의 전문가들과 교류할 수 있다.
③ 모든 학생들은 최소한의 요금으로 행사에 참여할 자격이 있다.
④ 사전에 등록을 완료한 사람들은 자신의 자리를 확보할 것이다.

해설
③ <등록>의 첫 번째 줄에서 유효한 학생증이 있는 학생은 무료라고 했으므로 글의 내용과 일치하지 않는다.
① 첫 번째 문단 첫 번째 문장에서 기술과 창의성이 미래의 교육을 어떻게 만들고 있는지 알아본다고 했고, <주요 내용>의 첫 번째 줄에서 교육에서의 인공지능과 가상현실을 이야기했으므로, 글의 내용과 일치한다.
② <주요 내용>의 세 번째 줄에서 세계적인 교육 리더들과의 네트워킹이 있다고 했으므로 글의 내용과 일치한다.
④ <등록>의 두 번째 줄에서 1월 10일까지 등록한 사람들은 입장이 보증된다고 했으므로 글의 내용과 일치한다.

정답 ③

8

어휘
caution 주의를 주다 scale 단계 steadily 꾸준히 metaphor 비유
adolescent 청소년 mastery 숙달 encourage 격려하다
counsel 상담을 하다 specify 구체적으로 지정하다 modify 수정하다
patient 참을성이 있는 passive 소극적인 assertive 적극적인
accept 받아들이다

해설
학생들, 교사들, 그리고 부모들에게 너무 빨리 단계를 올라가지 않도록 주의를 주는 것이 중요하다. 변화에는 시간이 걸린다. 가장 좋은 변화는 시간이 지나면서 생기는데, 여기에서 더 큰 단계를 밟기 전에 작은 단계들이 다시 숙달된다. 변화는 한 지점에서 시작해 꾸준히 위로 올라가는 것이 아니다. 피아노 연주법을 배우는 청소년의 비유를 생각해 보라. 그녀가 새로운 곡을 연습할 때 숙달은 증가하지만, 새로운 곡마다 숙달은 다시 이루어져야만 한다. 상담을 받는 사람에게 새로운 행동을 수행하기 위한 작은 시간을 구체적으로 지정해서 작은 단계들을 밟도록 하고 새로운 행동에 맞게 단계를 수정하도록 격려하게 해보라.

① 우리가 어떤 변화를 기대한다면, 인내심을 가져야 한다.
② 학생들은 새로운 목표를 설정하기 전에 무엇을 해야 할지 배워야 한다.
③ 상담자로서의 기술은 지나치게 소극적인 것과 지나치게 적극적인 것 사이에 있다.
④ 교사와 부모는 어떤 변화든 받아들일 준비가 되어 있어야 한다.

해설
글의 중심 소재는 변화와 인내이고, 주제문은 두 번째와 세 번째 문장으로 변화는 시간이 걸리며, 작은 단계들을 충분히 반복해서 숙달하여야 좋은 변화가 일어난다고 했다. 그리고 피아노 연주를 배우는 소녀의 비유를 들어서 매번 새로운 곡을 배울 때마다 숙달이 반복되는 연습을 해야 하는 것을 말했다. 또한 상담을 받는 사람에게도 작은 단계들을 밟으라고 격려하라고 했으므로, 이 글의 요지로 가장 적절한 것은 ① '우리가 어떤 변화를 기대한다면, 인내심을 가져야 한다.'이다.

정답 ①

9

어휘
debate 논쟁 effective 효과적인 strategy 전략 extend 확대하다
shed light on ~을 밝히다 consequence 결과 hastily 성급하게
symptom 증상 cluster 집단 infection 감염 take root 자리 잡다
tween 10대 초반의 아동

해석
학교를 안전하게 다시 여는 방법과 아이들, 교사들, 학교 직원들, 그리고 그들의 확장된 가족 구성원을 안전하게 유지할 효과적인 전략에 대한 논쟁 속에서, 한국에서의 새로운 연구는 학교를 서둘러 다시 여는 것에 대한 가능한 결과들을 밝혀냈다. (C) 대규모 연구는 나이 많은 아이들, 주로 십 대와 십 대 초반의 아동들이 어린아이들이나 성인들보다 바이러스를 퍼뜨릴 가능성이 더 높다는 것을 발견했다. (A) 이것은 고등학교와 중학교에 다니는 아이들이 서로에게 바이러스를 전염시키고, 증상이 없더라도 그것을 집으로 가져올 가능성이 있다는 것을 의미한다. (B) 이러한 발견은 학교가 다시 열리면, 지역 사회가 모든 연령대의 아이들을 포함한 감염 집단이 자리 잡는 것을 보기 시작할 것임을 시사한다.

해설
주어진 문장에서 바이러스 유행 기간에 휴교 중인 학교들이 서둘러 재개교를 할 때 따라올 수 있는 결과들을 설명한 연구(a new study)에 대해 언급하고, 이 연구를 (C)의 The large study가 받아 연구의 내용을 구체적으로 설명하고 있다. older children이 young children이나 adults보다 바이러스를 퍼뜨릴 가능성이 더 크다고 말하고 이것을 (A)의 That이 받아서 중고등학교 학생들이 서로에게 그리고 집에 바이러스를 퍼뜨릴 수 있다는 것을 의미한다고 설명한다. 이러한 조사 결과들을 (B)의 These findings가 받아서 재개교를 하게 되면 지역 사회는 모든 연령대의 아이들을 포함한 감염 집단들이 뿌리를 내리는 모습을 보게 될 것을 시사한다고 말한다. 따라서 ③ (C) – (A) – (B)의 순서가 적절하다.

정답 ③

10

어휘
acclaim 칭송하다 decline 감소하다 splendidly 훌륭하게
standard 기준 rest 나머지 artistry 예술성 above all 무엇보다도
appreciation 감상력 long 간절히 바라다 talent 재능 inspiration 영감
basis 기준 comparison 비교

해석
때때로 누군가는 비교할 만한 기준이 거의 없기 때문에 '가장 위대하다'고 칭송받는다. 예를 들어, 바이올리니스트 Jan Kubelik는 그의 첫 번째 미국 순회공연 기간 동안 '가장 위대하다'고 칭송받았지만, 1923년에 기획자 Sol Hurok이 그를 미국으로 다시 데려왔을 때, 몇몇 사람들은 그가 실력이 약간 감소했다고 생각했다. 그러나 바이올리니스트 Mischa Elman의 아버지인 Sol Elman은 다르게 생각했다. "친애하는 친구들이여, Kubelik는 그가 늘 했던 것만큼 훌륭하게 오늘 밤 파가니니 협주곡을 연주했습니다. 오늘날 여러분은 다른 기준을 가지고 있습니다. 여러분에게는 Elman, Heifetz, 그리고 그 밖의 연주자가 있습니다. 여러분 모두 예술성, 기법, 그리고 무엇보다 지식과 감상력에서 발전하고 성장했습니다." 요점은 당신이 더 많이 알고 있는 것이지, Kubelik가 연주를 덜 잘한 것이 아니라는 것이다.

① 그가 그러한 위대한 사람이 되기를 간절히 바라기
② 그가 위대한 예술적 재능을 갖고 태어났기
③ 영감이 떠오르는 순간들이 있기

해설
중심 소재는 비교 기준과 평가의 상대성이다. Jan Kubelik이 처음 미국에서 연주했을 때는 많은 사람들이 그를 칭송했지만 그 다음 공연에서는 전만큼 좋은 평가를 받지 못했다고 한다. 이에 대해 Sol Elman은 Kubelik의 기술이 떨어진 것이 아니라 여러 다른 연주자들 때문에 청중의 감상력이 늘고 그에 따라 평가 기준이 달라졌기 때문이라고 말한다. 처음에 Kubelik이 연주했을 때는 청중들이 그를 비교할 만한 다른 연주자들이 없었기 때문에 가장 위대하다고 평가받았다는 의미이므로 빈칸에는 ④ '비교할 만한 기준이 거의 없기'가 들어가는 것이 가장 적절하다.

정답 ④

DAY 14

2025 이동기 영어 하루 프로젝트

01	②	02	④	03	①	04	④	05	②
06	③	07	②	08	①	09	③	10	④

1

어휘

budget 예산 expand 확장시키다 curtail 축소시키다 initiate 시작하다 revive 소생시키다

해석

예산 삭감으로 인해, 정부는 지역사회 개발을 목표로 한 여러 프로그램들을 축소해야 했다.

정답 ②

2

어휘

demand 수요 availability 이용 가능성 property 부동산

해석

신규 부동산에 대한 증가하는 수요와 제한된 이용 가능성으로 인해 주요 도시의 주택 가격은 계속 상승할 것으로 예상된다.

해설

[문법포인트] 능동태 vs. 수동태 구분 / 혼동하기 쉬운 동사의 불규칙 변화
주어인 Housing prices가 동사 expect의 주체가 아니라 대상으로 수동의 관계이므로 능동태가 사용된 ①, ③은 답이 될 수 없다. 또한 raise는 타동사로 목적어가 필요한데 빈칸 뒤에는 목적어가 오지 않았다. 따라서 빈칸에는 자동사 rise를 사용한 ④ are expected to keep rising이 적절하다.

정답 ④

3

어휘

exchange 환전하다 currency 화폐 branch 지점 operate 영업하다 convenient 편리한 in advance 사전에 identification 신분증

해설

Emily Carter: 안녕하세요, 온라인으로 화폐를 환전하는 것에 대해 여쭤보고 싶어요. 지점에서 수령할 수 있나요?
Global 외환 은행: 네, 정규 영업시간 동안 모든 지점에서 환전하신 화폐를 수령하실 수 있습니다.
Emily Carter: 정규 영업시간 외에는 어떻게 하나요?
Global 외환 은행: 24시간 연중무휴로 영업하는 공항에서 수령하실 수 있습니다.
Emily Carter: 편리하네요. 거기서 모든 화폐를 환전할 수 있나요?
Global 외환 은행: 대부분의 주요 화폐는 가능합니다만, 사전에 확인하시는 것이 가장 좋습니다.
② 화폐를 수령할 시간을 예정할 수 있나요?
③ 환전할 수 있는 화폐에 제한이 있나요?
④ 화폐를 수령하려면 신분증을 가져가야 하나요?

정답 ①

4

어휘

fuel 연료 power 동력을 공급하다 aircraft 비행기 alternative 대체재 highlight 부각시키다 potential 잠재력 emission 배출물 firm 회사 pollute 오염시키다 sulphur 황 vessel 선박 spark 촉발하다 liquefy 액화시키다

해석

경비행기와 경주용 자동차에 동력을 공급하기 위해 사용되는 연료인 메탄올은 선박을 위한 대체재로 시험되고 있고, 배출물을 줄여야 하는 압박을 받는 산업에서 그것의 잠재력을 부각시키고 있다. 내년까지, 선박 회사들은 선박에서 오염을 유발하는 황 배출물을 줄여야만 하는데, 이것이 메탄올과 액화천연가스와 같은 연료원들 사이에서 표준 경유의 대체재를 위한 경쟁을 촉발했다.

해설

④ [문법포인트] 분사구문 sparked 앞에 적절한 접속사나 연결 구조가 없고 시제도 맞지 않으므로, sparked는 동사의 과거형이 아닌 분사구문으로 사용되었음을 알 수 있다. 목적어인 a race for alternatives가 있으므로 능동의 의미인 현재분사로 고쳐야 한다. (sparked → sparking)
① [문법포인트] to부정사의 역할 '~하기 위해서'라는 목적을 의미하기 위해서 to부정사 부사적 용법이 바르게 사용되었다.
② [문법포인트] 능동태 vs. 수동태 구분 / 주어 – 동사 수 일치 타동사 try의 목적어가 없고, 주어인 Methanol이 try out의 주체가 아닌 대상이므로 수동태가 사용되었으며, 현재 진행을 표현하기 위해서 「be + being + 과거분사」의 형태로 바르게 쓰였다. 또한 주어인 Methanol 뒤에 콤마를 사용해서 동격을 표현하고 있기 때문에 be동사는 3인칭 단수 동사인 is가 바르게 사용되었다.
③ [문법포인트] 완료시제 완료를 의미하는 전치사 by와 미래를 의미하는 next year를 통해 미래의 어느 시점까지 완료될 행위를 설명하고 있음을 알 수 있으므로 「will have + 과거분사」라는 미래완료 형태가 올바르며, 의무를 표현하는 have to가 사용되어서 will have had to는 바르게 사용되었다.

정답 ④

[5 ~ 6]

어휘

inquiry 문의 subscription 구독 convenience 편리함
reliability 신뢰성 instrumental 도움이 되는, 악기의 organized 체계적인
efficiently 효율적으로 recently 최근에 notification 알림
upcoming 다가오는 renewal 갱신 current 현재의 workflow 업무 흐름
ensure 확실하게 하다 process 과정 proceed 진행하다 retain 유지하다
plan 요금제 verify 확인하다 on one's part ~가 해야 하는
uninterrupted 중단되지 않는 access 이용 prompt 신속한 reply 답장
dissatisfaction 불만족 include 포함하다 feature 기능 refund 환불
charge 청구하다 inquire 문의하다 supplementary 보충의
harmonious 조화로운 contributory 도움이 되는 mechanical 기계적인

해설

수신: 고객 지원팀 (support@bestplatform.com)

발신: Alice Benson (alice.benson@doogool.com)
날짜: 2월 18일
제목: 구독에 대한 문의

고객 지원팀께,

저는 귀사의 충성 고객이며, 오랜 기간 귀사의 서비스의 편리함과 신뢰성을 매우 감사하게 생각해왔습니다. 귀사의 플랫폼은 제가 체계적인 상태를 유지하고 제 작업을 효율적으로 관리할 수 있게 하는 데 도움이 되어왔습니다.

최근에 저는 다가오는 구독 갱신에 대한 알림을 받았습니다. 세부 사항을 검토하자마자, 저는 갱신 요금과 패키지 세부 사항이 현재 사용 중인 요금제와 다르다는 것을 알아차렸습니다. 이 구독은 저의 매일의 업무 흐름에 필수적이기 때문에, 갱신 과정이 원활히 진행되고 제가 올바른 요금제를 유지할 수 있도록 확실히 하고 싶습니다.

제 구독의 세부 사항을 확인하고 업데이트하기 위해서 단계별로 안내해 주실 수 있을까요? 또한 만약 서비스 이용이 중단 없이 될 수 있도록 제쪽에서 반드시 취해야 할 다른 조치가 있다면 부디 알려주시기 바랍니다.

신속한 관심에 감사드리며, 답장을 기다리겠습니다.

안부를 전하며,
Alice Benson

5 ① 서비스에 대한 불만으로 구독을 취소하기 위해
② 구독 갱신 절차에 대해 문의하기 위해
③ 이미 청구된 구독 요금의 환불을 요청하기 위해
④ 추가 기능을 포함하도록 현재 구독을 업그레이드하기 위해

해설

5 두 번째 문단에서 갱신 절차가 원활히 진행되고 기존 요금제가 유지되기를 원한다고 말하고 세 번째 문단에서는 지원팀에게 업데이트하기 위한 단계별 안내를 요청하므로 글의 목적으로 적절한 것은 ② '구독 갱신 절차에 대해 문의하기 위해'이다.

정답 5 ② 6 ③

7

어휘

personalize 개인에게 맞추다   customized 맞춤형의   occasion 경우
feature 기능   wide range of 다양한   template 견본
customization 맞춤 설정   improvement 개선   enhance 향상시키다
official 공식적인   ease 편리함   clip 짧은 동영상   access 접속하다

해석

개인 맞춤형 모바일 카드를 위해 새로운 CardMaker 앱을 사용해보세요.

어떤 경우에도 맞는 맞춤형 디지털 카드를 만들기 위해 새로운 CardMaker 앱을 사용해보세요. CardMaker의 주요 기능은 다양한 견본으로, 사용자들이 생일, 크리스마스, 새해 그리고 다른 많은 행사들을 위한 카드를 디자인할 수 있도록 합니다. 이 앱은 또한 추가적인 맞춤 설정을 위해 개인적인 메시지, 사진, 그리고 테마를 추가하는 것을 지원합니다. 개발자의 지속적인 개선 계획의 일환으로, 추가적인 카드 견본과 기능들이 사용자 경험을 향상시키기 위해 정기적으로 업데이트됩니다. 공식 앱 스토어에서 앱을 다운로드하거나, 데스크톱 사용자를 위한 온라인 웹 버전을 사용해보세요. 앱을 통해서 바로 디지털 카드를 디자인하고 공유하는 편리함을 즐겨보세요.

① 여러 특별한 경우를 위한 견본을 제공한다.
② 사진과 짧은 동영상으로 개인 맞춤형 카드 만들기가 가능하다.
③ 새로운 기능이 정기적으로 추가된다.
④ 앱 스토어에서 다운로드하거나 온라인으로 접속할 수 있다.

해설

② 세 번째 문장에서 개인적인 메시지, 사진, 테마를 추가하는 것이 가능하다고 했지만 짧은 동영상에 대해서는 언급하지 않았으므로 글의 내용과 일치하지 않는다.
① 두 번째 문장에서 많은 이벤트를 위한 카드를 디자인할 수 있는 광범위한 견본을 가지고 있다고 했으므로 글의 내용과 일치한다.
③ 네 번째 문장에서 추가적인 카드 견본과 기능들이 정기적으로 업데이트 한다고 했으므로 글의 내용과 일치한다.
④ 다섯 번째 문장에서 앱 스토어에서 다운로드하거나 웹 버전을 사용해보라고 했으므로 글의 내용과 일치한다.

정답 ②

8

어휘

unpleasant 불쾌한   once 일단 ~하면   in the first place 애초에
original 원래의   i.e. 즉   distribute 분산시키다   mental 정신적인
structure 구조   initial 최초의   processing 처리 과정
reconstruct 재구성하다   remain 남다   annoying 짜증나는
psychological 심리적인   consequence 결과   admit 인정하다
encounter 만나다   specific 특정한

해석

우리는 '그것'을 잊기 위해 이야기를 만들어 내지 않기를 선택한다. 어떤 불쾌한 일이 우리에게 일어나면, 우리는 종종 "그것에 대해 이야기하고 싶지 않다"라고 말하는데, 왜냐하면 이야기하지 않는 것이 잊는 것을 더 쉽게 만들기 때문이다. 일단 일어난 일을 이야기하면, 당신이 말한 이야기 부분을 더 잊지 못할 것이다. 어떤 의미에서는, 이야기를 하는 것이 그 일을 다시 일어나게 하는 것이다. 그러나 애초에 이야기가 만들어지지 않으면, 그것은 단지 원래의 형태, 즉 애초에 사용된 정신 구조들 사이에 분산된 형태로 존재하게 된다. 따라서 경험은 그것이 재구성될 수 있다는 점에서 남아 있다. 그 경험이 나쁜 것이었을 때, 기억 속에 있다는 느낌은 짜증나는 심리적 결과를 초래할 수 있다.

② 특정한 상황을 만난다
③ 실수를 인정하려고 노력한다
④ 이야기를 다시 말하는 것을 신경 쓰지 않는다

해설

이 글의 중심 소재는 기억과 이야기의 관계이다. 첫 문장의 "it"은 이후 문장들에서 근거를 찾을 수 있는데, 불쾌한 경험을 의미한다. 빈칸이 있는 첫 번째 문장이 주제문이다. 빈칸 뒤의 문장은 주제문을 부연 설명하고 있는데, 불쾌한 일이 생겼을 때 그것에 대해 이야기를 하지 않는 것이 그것을 잊는 것에 도움이 된다고 한다. 또한 한 번 말하면 그 이야기는 잊기 힘들고, 그것이 다시 일어나는 것이라고 말한다. 이후 애초에 만들어지지 않으면 분산된 형태로 남는다고 한다. 그러므로 빈칸에는 불쾌한 경험을 잊기 위해서 ① '이야기를 만들어 내지 않기를 선택한다'가 들어가는 것이 적절하다.

정답 ①

9

어휘

consumer 소비자　alike 비슷하게　factor 요인　value 가치관
demographic 인구학적인　advance 발전　determine 결정하다
to the extent ~하는 정도까지　indeed 정말로　remarkably 놀라울 만큼
relative 상대적인　variable 변수　differ 다르다　recent 최근의
primarily 주로　content 함량　commonality 공통점　concern 관심사
diverge 나뉘다　descending order 내림차순　nutritional value 영양가
comparison 비교

해석

유럽과 미국 소비자들은 비슷하게 먹을까? 사람들의 식습관은 맛 이외의 여러 요인에 의해 크게 영향을 받는다. 문화적 가치관, 인구학적 특성, 그리고 기술의 발전이 모두 당신이 무엇을 먹는지 결정하는 데 도움을 준다. 이러한 요인들에 의해서 미국과 유럽의 소비자들이 비슷하게 영향을 받는 정도까지는 그들의 식습관이 놀라울 만큼 비슷하다고 당신은 예상할 것이고, 정말로 그렇다고 여길 것이다. 그러나 이러한 많은 변수들의 상대적 영향이 대서양의 양쪽에서 다르기 때문에 미국의 식사자들과 유럽인들은 종종 다른 음식을 먹고 있는 자신들을 발견한다. 최근 연구는 미국과 유럽 소비자들이 모두 음식의 지방 함량에 주로 관심을 가지고 있다는 것을 발견했다. 그러나 이 공통점 이후에는 두 집단의 관심사는 나뉘었다. 유럽인들은 신선함, 비타민과 미네랄 함량, 그리고 영양가를 내림차순의 순서로 원하고, 미국인들은 저염, 저콜레스테롤, 그리고 저당을 찾는다.

① 미국과 유럽에서의 다이어트의 인기
② 미국 음식과 유럽 음식의 영양 차이
③ 미국과 유럽의 식습관 비교
④ 미국인과 유럽인의 건강식 섭취

해설

이 글의 중심 소재는 미국과 유럽 소비자들의 식습관이다. 특별한 주제문 없이 첫 문장에서 질문 형태로 글의 주제를 제시한 뒤 나머지 부분에서 질문에 대한 답을 제공하는 형태로 구성되어 있다. 맛 이외의 문화적 가치, 인구학적 특성, 기술의 발전과 같은 여러 요인들이 식습관에 영향을 주고, 이 둘의 식습관은 공통점과 차이점이 있다고 설명하고 있다. 그러므로 이 글의 주제로 가장 적절한 것은 ③ '미국과 유럽의 식습관 비교'이다.

정답 ③

10

어휘

feature 주인공으로 하다　pharaoh 파라오(고대 이집트의 왕)
ancient 고대의　award 수여하다　audacity 대담함　tease 놀리다
hierarchical 계급의　provoke 유발하다　hilarity 우스움　audience 청중
boil down to ~으로 요약되다　infinitely 무한히　relatable 공감할 수 있는
inseparable 뗄 수 없는　reportedly 전하는 바에 따르면　direct 겨냥하다
court 궁정의　amusement 재미　deliver 이야기하다
papyrus 파피루스 종이　hieroglyphics 상형문자

해석

재미있는 것을 생각해보라, 그러면 그것은 고대 이집트의 파라오들이나 위대한 그리스 철학자 플라톤과 아리스토텔레스가 주인공일 가능성은 낮을 것이다. (C) 그러나 유머는 인간 역사와 떼어놓을 수 없으며, 전하는 바에 따르면 최초로 기록된 농담은 자신의 궁정 마술사에 의해 재미로 이집트 왕이 겨냥되었다고 한다. 유명한 저술가 Jin Holt에 따르면, 그 농담은 기원전 2,600년에 이야기되었다 — 매우 놀랍게도, 파피루스 종이에 상형문자로 기록되었다. (B) 그 농담 자체가 현대 청중에게 떠들썩한 우스움을 유발하지는 않겠지만, 수천 년 후에도 그것은 여전히 무한히 공감할 수 있는 어떤 것으로 요약된다: 예를 들어, 사랑에 빠진 다른 사람을 놀리는 어떤 사람 — 그 놀림은 사회적으로 그보다 높은 사람을 대담하게 겨냥한 — 이다. (A) 대담함에 추가 점수가 수여되어야 하는데, 왜냐하면 농담을 한 사람은 계급 구조에서 낮은 위치에서 최고 책임자를 놀렸기 때문이다.

해설

주어진 문장에서 the pharaohs of ancient Egypt를 언급하고 나서 (C)에서 자신의 궁정 마술사에 의해 놀림 당하는 Egyptian king이 등장하는 최초의 농담을 설명했다. 그리고 the first recorded joke를 (B)에서 The joke로 연결시켜서 사회적으로 높은 사람을 놀리는 농담은 현재에도 공감할 수 있는 것이라고 이야기한다. 그리고 (A)에서 계급이 낮은 사람이 높은 사람을 놀리는 것에 대한 대담성에 추가 점수가 주어져야 한다고 하면서 앞부분에 대한 추가 설명을 한다. 따라서 가장 적절한 순서는 ④ (C) – (B) – (A)이다.

정답 ④

실전동형모의고사 1
DAY 15~16

2025 이동기 영어 하루 프로젝트

01	②	02	③	03	④	04	②	05	④
06	②	07	①	08	④	09	③	10	③
11	①	12	③	13	④	14	④	15	②
16	④	17	②	18	①	19	②	20	③

1

어휘

remark 발언   blatant 노골적인   disregard 무시   authority 권위
courteous 정중한   impertinent 무례한   respectful 존경심을 보이는
humble 겸손한

해석

강의 중에 그 학생의 무례한 발언은 교수의 권위에 대한 노골적인 무시 때문에 모두를 충격에 빠뜨렸다.

 ②

2

어휘

wander 배회하다   aimlessly 목적 없이   struggle 애쓰다   unfamiliar 낯선

해석

목적 없이 배회하고 먹이를 찾으려 애쓰다가, 낯선 지역에서 이틀 동안 길을 잃은 후 그 개는 마침내 집으로 돌아가는 길을 찾았다.

해설

[문법포인트] 전치사의 목적어 / 준동사의 형태 변화 after 뒤에 주어가 없어서 접속사가 아니라 전치사로 사용되었음을 알 수 있다. 전치사 뒤의 목적어이므로 명사 또는 동명사가 들어가야 하고, 문맥상 길을 잃었다는 뜻으로 의미상 주어인 the dog과 동사 lose는 수동의 관계이므로 동명사의 수동형인 ③ being lost가 빈칸에 적절하다.

 ③

3

어휘

join 가입하다   fitness 신체 단련   as a matter of fact 사실
obviously 확실히   give it a try 한번 해보다   definitely 분명히
be all thumbs 서투르다   certainly 확실히

해석

A: 안녕, Brad. 너 진짜 좋아 보인다!
B: 고마워, Karen. 학교 신체 단련 프로그램에 참여했거든. 그게 내 삶을 바꿨어.
A: 그거 들은 적 있어. 식단도 바꿨니?
B: 사실, 요즘 신선한 과일과 채소를 더 많이 먹고 있어.
A: 그러면 운동은 어떻게 하고 있어?
B: 요가를 일주일에 두 번 하고 있어.

A: 멋지다. 확실히 좋은 효과를 내고 있네.
B: 너도 한번 해보는 게 어때? 결과에 놀랄 거야.
A: 해보고 싶긴 한데, 나한텐 너무 어렵게 느껴져.
B: 오, 그러지 말고. 너도 할 수 있다는 걸 난 알아.

① 걱정 마, 다이어트가 확실히 도움이 될 거야.
② 아니야, 너 엄청 서툴 거야.
③ 와, 너 확실히 잘하고 있어.

 ④

4

어휘

revolve 돌다   celestial 천체의   telescope 망원경   opposition 저항
accustom 익숙하게 하다   defend 변호하다   publicly 공개적으로
argue one's case 자신의 주장을 펼치다   ultimately 결국
foundation 기초   astronomy 천문학   endure 견디다

해석

갈릴레오는 그가 망원경으로 천체 운동을 연구하기 전까지 지구가 태양 주위를 돈다는 것을 몰랐다. 그가 자신의 발견을 공유하자마자, 그는 강한 저항에 직면했다. 그의 생각을 공개적으로 변호하는 데 익숙하지 않았지만, 그는 자신의 주장을 펼치도록 강요받았고, 그가 견딘 어려움에도 불구하고 결국 현대 천문학의 기초를 형성하게 되었다.

해설

② [문법포인트] 도치 no sooner는 부정부사로 부정부사가 문두로 오면 주어와 동사는 도치되어야 한다. 따라서 주어 he와 (조)동사 had가 도치되어야 한다. (he had shared → had he shared)
① [문법포인트] 시제 일치와 예외 종속절의 내용이 지구가 태양 주위를 돈다는 과학적 사실이기 때문에 주절의 시제와 상관없이 항상 현재 시제를 사용한다. 주어가 단수명사인 the Earth이므로 동사의 단수형인 revolves가 바르게 쓰였다.
③ [문법포인트] 전치사의 목적어 '~에 익숙하다'라는 의미인 「be accustomed to」에서 to는 전치사이기 때문에 목적어로 명사 또는 동명사가 와야 하므로 defending이라는 동명사형이 바르게 쓰였다.
④ [문법포인트] 동사의 유형별 수동태 사역동사의 경우 능동태의 목적격보어인 동사원형을 수동태로 표현할 때 to부정사의 형태를 취해야 하므로, to argue가 바르게 쓰였다.

 ②

5

어휘

aquaculture 양식   association 협회   emergency 비상사태
sudden 갑작스러운   disease 질병   outbreak 발생   significant 상당한
disrupt 지장을 주다   threaten 위협하다   sustainability 지속 가능성
fishery 어업   primary 주요한   mass 대량   mortality 폐사
involve 포함하다   farm 양식하다   large-scale 대규모의
environmental 환경의   investigate 조사하다   incident 사건
identify 알아내다   occurrence 발생   operate 운영하다
respond 대응하다   collaborate 협력하다   stakeholder (이해) 관계자
promote 촉진하다   ensure 보장하다   effectively 효과적으로

실전동형모의고사 1 Day 15~16 45

해석

양식 물고기 관리 협회

양식 건강 비상사태
양식에서의 갑작스러운 질병 발생은 상당한 경제적 손실을 초래하고, 식량 공급에 지장을 주고, 세계 어업의 지속 가능성을 위협할 수 있다. 따라서 양식 물고기 관리 협회(AFMA)의 주요 초점은 대규모 물고기 건강 문제에 대비하는 것이다.

대량 폐사 사건
양식에서의 대량 폐사 사건은 많은 양식 물고기의 갑작스러운 죽음을 포함하는데, 질병 발생, 수질 문제, 또는 환경 변화에 의해 종종 야기된다. AFMA는 원인을 알아내고 향후 발생을 막기 위해 이러한 사건들을 조사한다.

AFMA는 양식 농장에서의 비상사태 보고에 대응하기 위해서 연중무휴로 운영한다. 그것은 해결책들을 개발하고 지속 가능한 관행을 장려하며, 세계 양식 산업을 지원하기 위해서 양식 관계자 및 연구자들과 협력한다.

① AFMA는 양식업에서의 물고기 폐사 사건을 조사하는 데 집중한다.
② AFMA는 세계적인 협력을 통해 지속 가능한 양식업을 보장한다.
③ AFMA는 물고기 질병의 원인에 대한 연구를 적극적으로 지원한다.
④ AFMA의 주요 목표는 대규모 물고기 건강 비상사태를 효과적으로 관리하는 것이다.

해설
이 글의 중심 소재는 양식 물고기 관리 협회이다. 글의 주제문은 첫 번째 문단의 두 번째 문장으로 대규모 물고기 건강 문제에 대비하는 것에 초점을 둔다고 했다. 두 번째 문단에서 대량 폐사 사건을 조사한다고 했으며, 마지막 문단에서 비상 상황에 대응하려고 연중무휴 운영하며 양식 관계자들 및 연구자들과 협력한다고 했다. 그러므로, 이 글의 요지로 가장 적절한 것은 ④ 'AFMA의 주요 목표는 대규모 물고기 건강 비상사태를 효과적으로 관리하는 것이다.'이다.

정답 ④

6

어휘
psychologist 심리학자   behavioral economist 행동경제학자
identify 알아내다   trait 특징   separate 구분하다   value 평가하다, 가치
immediate 즉각적인   versus 대   reward 보상   distinction 차이
delay 지연하다   gratification 만족   effectively 효과적으로
struggle 어려움을 겪다   neuroeconomist 신경경제학자
participant 참가자   prioritize 우선시하다
refer to A as B A를 B라고 부르다   flat 완만한   steep 급격한
reflect 반영하다   individual 개인   perceive 인식하다   personality 성격
effective 효과적인   suppress 억제하다

해설
심리학자와 행동경제학자들은 사람들이 즉각적인 보상과 미래의 보상을 어떻게 평가하는지에 초점을 맞춰서, 저축하는 사람들과 소비하는 사람들을 구분하는 특징을 알아내고 있다. 이 차이는 왜 어떤 사람들은 만족을 지연시키고 효과적으로 저축할 수 있는 반면, 다른 사람들은 미래를 계획하는 데 어려움을 겪는지를 설명하는 데 도움을 준다. 한 실험에서, 한 신경경제학자가 자원자들에게 한 가지 선택권을 주었다: 지금 $20를 받거나 나중에 더 많은 돈을 받거나 일부 참가자들은 현재만큼 미래를 거의 동일하게 평가하여 한 달 뒤 $21을 선택했다. 반면, 즉각적인 보상을 우선시하는 사람들은 같은 시간을 기다리기 위해 많게는 $68을 요구했다. 경제학자들은 이러한 행동을 각각 "완만한 (미래) 할인"과 "급격한 (미래) 할인"이라고 부르며, 개인이 미래 가치를 얼마나 다르게 인식하는지를 반영한다.

① $20로 사업을 시작하는 방법
② 저축과 소비에 관한 두 가지 성격 유형
③ 대학원에 진학하기 위한 준비 방법
④ 소비 욕구를 억제하는 효과적인 방법

해설
이 글의 중심 소재는 저축과 소비 행동을 결정짓는 성격 특징이며, 주제문은 첫 문장으로 즉각적인 보상과 미래의 보상에 대한 인식이 사람들의 저축과 소비 행동을 구분하는 특징이라고 했다. 이 점을 뒷부분에서 실험으로 예시를 들었고, '완만한 (미래) 할인'과 '급격한 (미래) 할인'이라는 개념으로 정리했다. 따라서 이 글의 주제로 가장 적절한 것은 ② '저축과 소비에 관한 두 가지 성격 유형'이다.

정답 ②

[7 ~ 8]

어휘
extensive 광범위한   renovation 보수   inclusive 포용적인
revitalize 새롭게 단장하다   feature 특징으로 하다
state-of-the-art 최신식의   equipment 시설   spacious 넓은
multi-functional 다기능의   suitable 적합한   pave 포장하다
enhance 향상시키다   energy-efficient 에너지 효율적인
ensure 보장하다   accessibility 접근성   furthermore 게다가
amphitheater 원형 극장   venue 장소   interactive 참여의
complimentary 무료의   refreshments (pl.) 다과
amenities (pl.) 편의 시설   facility 시설   install 설치하다

해설
(A) 공원에서 신나는 변화를 발견해보세요

시 공원 관리부는 모두를 위해 더 즐겁고 포용적인 공간을 만드는 것을 목표로 하는 광범위한 보수 후 Prospect 공원의 재개장을 발표하게 되어 매우 기쁩니다!

새롭게 단장된 공원은 이제 최신식 놀이터 시설, 넓은 행락 공간, 그리고 모든 연령층에게 적합한 다기능 체력 단련 구역을 특징으로 합니다. 방문객들은 또한 저녁 시간 동안 안전과 접근성을 보장하기 위해 에너지 효율적인 조명으로 향상된 새로 포장된 산책로를 즐길 수 있습니다. 게다가 지역 사회 공연과 행사를 위한 장소를 제공할 작은 원형 극장이 추가되었습니다.

라이브 음악, 가족 참여 활동, 그리고 무료 다과가 있을 재개장 기념행사에 여러분께서 참여하시기를 권해드립니다. 공원의 새로운 편의 시설들을 체험하고 지역 사회와 교류할 수 있는 기회입니다.

행사 세부 사항
- 날짜: 2025년 5월 2일 토요일
- 시간: 오전 10시 – 오후 2시
- 장소: Prospect 공원 중앙 출입구

더 자세한 내용은 www.prospectpark.gov를 방문하시거나 (555) 987-6543으로 문의해 주세요.

7 ② 안전한 공원 경험을 위한 지침
③ 공원 보수를 위한 새로운 정책들
④ 인근 공원 탐험을 위한 안내

8 ① 공원은 어린이를 위한 개선된 놀이터 편의 시설들을 이제 갖추고 있다.

② 다양한 연령대의 사람들이 새로운 체력 단련 시설들을 이용할 수 있다.
③ 방문객들은 행사에서 제공되는 음식에 돈을 내야 한다.
④ 저녁 시간의 안전을 보장하기 위해서 산책로에 에너지 절약 조명이 설치되었다.

해설

7 첫 번째 문단에서 Prospect 공원의 재개장을 알리게 되어 매우 기쁘다고 했고, 두 번째 문단에서 공원에 어떤 시설들이 새로 생기게 되었는지 구체적으로 나열하고 있다. 세 번째 문단에서 재개장 기념행사를 안내하고 있으므로 이 글의 제목으로 ① '공원에서 신나는 변화를 발견해보세요'가 가장 적절하다.

8 ④ 세 번째 문단의 첫 번째 문장에서 무료 다과가 있을 것이라고 했으므로 글의 내용과 일치하지 않는다.
① 두 번째 문단의 첫 번째 문장에서 최신식 놀이터 시설이 특징이라고 했으므로 글의 내용과 일치한다.
② 두 번째 문단의 첫 번째 문장에서 모든 연령대에 적합한 다목적 체력 단련 구역이 특징이라고 했으므로 글의 내용과 일치한다.
③ 두 번째 문단의 두 번째 문장에서 안전과 접근성을 보장하기 위해서 산책로에 에너지 효율적인 조명을 설치했다고 했으므로 글의 내용과 일치한다.

정답 7 ① 8 ④

9

어휘

infer 추론하다   personality 성격   trait 특징
breakthrough 획기적인 발전   genetics 유전학
evolutionary psychology 진화 심리학   reanimate 되살리다
debate 논쟁   determinism 결정론   go through ~을 조사하다
mug shot 상반신 사진   inmate 수감자   significantly 훨씬
undergraduate 대학생   conclusion 결론   predict 예측하다
complicated 복잡한   context 상황   argue 주장하다

해석

아리스토텔레스 이후로, 사람들은 얼굴에서 성격 특성을 추론하는 것이 가능하다고 생각해왔으며, 이는 관상학(physiognomy)으로 알려진 기술이다. 지난 10년 동안 3D 모델링과 애니메이션 소프트웨어의 획기적인 발전이 이 분야를 개척하고 있다. ① 동시에, 유전학과 진화 심리학의 생각들은 생물학적 결정론, 인종, 성별 차이, 그리고 관상학에 대한 오래된 논쟁을 되살리고 있다. ② 일부 심리학자들은 수감자들의 상반신 사진 데이터베이스를 조사했고, 죄수들의 얼굴이 대학생 집단보다 훨씬 더 넓다는 것을 발견했다. 따라서 그들의 결론은 얼굴 너비가 폭력 범죄를 예측한다는 것이었다. ③ 상황을 더 복잡하게 만드는 것은 동일한 얼굴 표정이 상황에 따라 여러 가지 의미들을 동시에 가질 수도 있다는 것이다. ④ 그러나, 다른 사람들은 프로 하키 선수들이 죄수들보다 훨씬 더 넓은 얼굴을 가지고 있어서 '겉모습만 보고 판단하지 말라'는 오래된 속담처럼 우리가 얼굴주의에 의존할 수 없다고 주장한다.

해설

이 글의 중심 소재는 관상학이고, 주제문은 첫 번째 문장으로서 관상학은 얼굴을 통해 성격 특성을 추론할 수 있다고 생각한다는 것이다. 3D 모델링과 애니메이션 소프트웨어의 발전이 관상학을 개척하고 있다고 하면서, ①에서 유전학과 진화 심리학의 생각들도 관상학에 대한 논쟁을 되살리고 있다고 했다. ②와 ④에서 얼굴 너비와 폭력성에 대한 상반된 주장을 제시하는데 ③은 얼굴 표정의 의미에 관한 내용을 다루고 있어서 글의 흐름이 자연스럽게 연결되지 않는다. 따라서 정답은 ③이다.

정답 ③

10

어휘

tend to ~하는 경향이 있다   assume 생각하다   rush 급히 서두르다
realize 깨닫다   efficiency 효율성   reduce 감소시키다   quality 질
suffer 악화되다   mindful 신경을 쓰는   benefit 혜택   constant 끊임없는
unacceptable 받아들일 수 없는   degree 정도   certainly 분명히
affect 영향을 주다   temporary 일시적인   suffering 고통
disturb 방해하다   inconsistent 일관성 없는   enhance 향상시키다
complicate 복잡하게 하다   steady 꾸준한

해석

우리는 더 많은 시간을 얻는 방법이 속도를 내는 것이라고 생각하는 경향이 있다. 하지만 속도를 내는 것이 실제로는 우리를 느리게 만들 수 있다. 집을 급하게 나섰다가 열쇠와 지갑이 부엌 테이블 위에 놓여 있는 것을 깨달아 본 사람이라면 이것을 너무 잘 알고 있을 것이다. 그리고 줄어드는 것은 우리의 효율성만이 아니다. 우리가 덜 인식하거나 신경을 쓰지 않게 되면서 경험의 질도 악화된다. 음식을 맛보지 않으면서 식사를 끝내 본 적이 있는가? 서두르는 것은 단순히 우리에게 더 적은 시간을 주는 것뿐만 아니라, 우리가 가진 시간에서 즐거움과 혜택 또한 빼앗는다. 우리 중 많은 사람들에게 서두르는 것은 삶의 방식이다. 우리 중 일부는 서두르는 것이 주는 스릴을 즐기는 반면, 다른 일부는 끊임없는 압박으로 인해 미칠 것 같고, 그들의 삶이 받아들일 수 없을 정도로 빨라지고 있다고 느낀다. 어느 쪽이든, 우리 삶에는 약간의 느긋한 행동으로 개선될 수 있는 부분이 거의 분명히 있을 것이다.

① 일시적인 고통으로 영향을 받는
② 일관성 없는 행동으로 방해받는
④ 느리지만 꾸준한 행동으로 복잡해진

해설

이 글의 중심 소재는 속도 줄이기(느긋하게 살기)이고, 주제문은 일곱 번째 문장으로 서두르는 것은 우리에게 시간을 덜 줄 뿐만 아니라, 우리에게서 즐거움과 혜택들을 빼앗아 간다고 한다. 우리의 생각과 다르게 서두름이 우리 삶에 좋지 않은 영향을 미치고 있음을 알 수 있다. 빈칸 바로 앞에서는 서두름을 좋아하는 사람도 있고 싫어하는 사람도 있다고 했다. 어느 쪽이든 서두르는 것이 우리의 삶에 좋은 일이 아니므로, 빈칸에는 서두름과 반대의 내용인 ③ '약간의 느긋한 행동으로 개선될 수 있는'이 가장 적절하다.

정답 ③

11

어휘

board 이사회   sudden 갑작스러운   construction site 건설 현장
discussion 토론   concentrate 집중하다   disturb 방해하다
inspire 영감을 주다   exploit 이용하다   evoke 일깨우다

해설

중요한 이사회 회의 동안, 바깥 공사 현장에서 들려온 갑작스러운 큰 소음이 토론을 완전히 방해하고 집중하는 것을 어렵게 만들었다.

정답 ①

12

어휘
practice 연습하다   native speaker 원어민   confident 자신 있는

해석
매일 영어를 연습하는 데 더 많은 시간을 쓰면 쓸수록 원어민과 대화를 할 때 더 자신 있게 될 것이다.

해설
[문법포인트] 비교 사용 표현 문제와 선택지를 보던 「The 비교급, the 비교급」의 표현임을 알 수 있다. 뒤의 the 비교급 구문도 「the+비교급」이 가장 앞에 나와야 하고 주어와 동사가 뒤따른다. 따라서 빈칸에는 비교급인 the more confident가 바르게 쓰이고 주어와 동사의 어순이 바른 ③이 들어가야 한다.

정답 ③

13

어휘
copier 복사기   Q1 1분기   analysis 분석   grab 가져가다   redo 다시 하다
document 문서   analyze 분석하다   accidentally 실수로

해석
Eva Gardener: 이봐, 몇 시간 전에 사무실 복사기로 뭔가 출력했는데, 출력물이 안 나왔어.
Bill Austin: 정말? 방금 전에 썼는데, 기계는 잘 작동하고 있었어.
Eva Gardener: 오늘 아침 더 이른 시간에는 잘 됐는데. 이상하네.
Bill Austin: 출력했던 게 1분기 마케팅 분석 보고서였어?
Eva Gardener: 어떻게 알았어?
Bill Austin: 내가 실수로 내 출력물들이랑 같이 가져왔어.
Eva Gardener: 다행이다. 내가 가지러 갈게.

① 내가 너를 위해 마케팅 분석 문서를 다시 해줄게
② 나는 그런 걸 분석할 때 실수를 하곤 해
③ 내가 너 대신 서비스 센터에 신고를 할게

정답 ④

14

어휘
in contrast to ~와 대조적으로   parenting 육아   potential 잠재적인
child molester 아동 성범죄자   kindergarten 유치원
rely on ~에 의지하다   foster 만들다   perception 인식

해석
미국에서는 아이들은 혼자 어디를 걸어가거나, 혼자 놀거나, 혼자 남겨지는 것이 허용되지 않는 것 같다. 모든 낯선 사람이 잠재적인 아동 성범죄자라는 생각으로 정의되는 미국의 육아 방식과 대조적으로, 일본 부모들은 종종 취학 전 아이들을 유치원 등하굣길에 혼자 걸어다니는 것을 허용한다. 그들은 필요한 경우 도움을 받기 위해 집단에 의존하라고 교육받고, 혼자 걷는 아이들의 수는 안전에 대한 인식과 실제 안전 둘 다를 증진시킨다.

해설
④ **[문법포인트]** 주어 – 동사 수 일치 「the number of + 복수 명사」의 형태로 '~의 수'를 표현한다. 주어인 the number에 수 일치를 해야 하므로, 단수형 동사로 고쳐야 한다. (foster → fosters)
① **[문법포인트]** 등위접속사의 병렬 구조 / 동사의 유형별 수동태 be left는 등위접속사 or에 의해 앞의 to walk, (to) play와 함께 병렬로 바르게 연결되었다. 이 세 개의 to부정사는 모두 allow의 목적격보어로 수동태로 바뀔 때 동사 뒤에 바르게 위치했다. 또한 주어 children과 leave의 관계가 수동이므로 be left로 바르게 쓰였다.
② **[문법포인트]** 명사절 접속사의 선택 접속사 that 뒤에 완전한 절이 왔고, that절의 내용이 추상명사인 the idea의 내용을 설명하고 있기 때문에 동격의 접속사 that으로 바르게 쓰였다.
③ **[문법포인트]** 불완전타동사와 동작의 목적격보어 allow는 목적어와 목적격보어의 관계가 능동일 때 목적격보어로 반드시 to부정사를 취한다. 목적어는 their preschool children이고 목적격보어로 to walk alone이 바르게 사용되었다.

정답 ④

15

어휘
valued 소중한   announce 발표하다   rollout 공개
company-wide 전사적인   improve 개선하다   operational 운영의
efficiency 효율성   enhance 강화하다   process 과정   ensure 보장하다
transition 전환   contact details 연락처
emergency information 비상 연락처 정보   feature 기능
acknowledge 확인하다   agreement 동의   obtain 얻다   access 접근
credential 로그인 정보: 아이디, 비밀번호 등
onboarding 적응 프로그램: 초기 교육 과정   assistance 도움
extension 내선   cooperation 협조   seamless 원활한
remind 상기시키다

해석
수신: allstaff@novatech.com
발신: techsupport@novatech.com
날짜: 2025년 6월 1일
제목: 중요한 공지

소중한 직원 여러분,

우리는 운영 효율성을 개선하고 작업 과정을 강화하기 위해 설계된 새로운 전사적인 시스템의 공개를 발표하게 되어 기쁩니다. 원활한 전환을 보장하기 위해서, 모든 직원은 이번 달 말까지 다음 단계들을 완료해야 합니다.
1. 직원 포털에 로그인한 후 '시스템 설정' 섹션으로 이동하세요.
2. 연락처와 비상 연락처 정보를 요구 사항에 따라 업데이트하세요.
3. 새로운 시스템 기능에 익숙해지기 위해 교육 모듈을 완료하세요.
4. 사용자 동의를 확인하고 전자 서명을 제공하세요.
5. 적응 프로그램 기간에 개인화된 시스템 접근 로그인 정보를 받으세요.

질문이 있거나 도움이 필요하신 경우, techsupport@novatech.com으로 IT 지원팀에 문의하시거나 내선 321번으로 연락주세요. 이 전환이 원활하고 성공적으로 이루어질 수 있도록 협조해 주셔서 감사합니다!

최고의 안부를 전하며,

IT 지원 팀

① 직원들에게 전자 서명을 제공하도록 상기시키기 위해
② 직원들에게 새로운 시스템 설정을 완료하도록 상기시키기 위해
③ 직원들에게 연락처 정보를 업데이트하도록 상기시키기 위해
④ 직원들에게 교육 모듈을 완료하도록 상기시키기 위해

해설

첫 문단에서 새로운 시스템의 출시를 알려주고 시스템 전환을 위해서 전 직원이 완료해야 할 단계들이 있다고 말하고, 두 번째 문단에서 그 절차들을 안내하고 있다. 따라서 글의 목적으로 가장 적절한 것은 ② '직원들에게 새로운 시스템 설정을 완료하도록 상기시키기 위해'이다. ①, ③, ④는 필요한 단계 중의 하나일 뿐 글의 전체적인 내용을 포함하지 않는다.

정답 ②

16

어휘

alchemist 연금술사   potion 묘약   proclaim 선언하다
edible 먹을 수 있는   immortality 불멸   alchemy 연금술   ancient 고대의
enhance 향상시키다   deadly 치명적인   particularly 특히
Han Dynasty 한나라 왕조   emperor 황제   possess 소유하다
sought-after 사람들이 원하는   instantly 즉시   medicine 약
immediately 즉시

해설

중국 연금술사들은 3000년 전부터 불멸의 묘약을 만들기 시작했다. (①) 연금술은 사람이나 물체를 향상시키기 위해서 실험하는 많은 문화의 고대 관습이었다. (②) 불멸의 묘약이 치명적일 수 있다는 일반적인 지식에도 불구하고, 연금술사들은 1700년대까지 계속해서 그것들을 만들었다. (③) 그들은 한나라 왕조에서 특히 인기가 있었는데, 그 당시 Wu 황제가 사람들이 매우 원하는 제조법을 소유했다고 주장하는 많은 연금술사들을 고용했다. (④) 한 유명한 사례에서, 연금술사 Wei Boyang은 그의 묘약을 개에게 시험하며 선언했다: "만약 개가 그것을 먹고 살아남으면, 사람도 먹을 수 있다; 만약 개가 죽으면, 사람도 먹을 수 없다." 슬프게도, 개는 즉시 죽었지만, Wei와 그의 연금술 학생 중의 한 명은 약을 어쨌든 먹었고 또한 즉시 죽었다.

해설

글의 중심 소재는 불멸의 묘약이다. 주어진 문장은 한 유명한 사례에서 Wei Boyang이 개에게 실험을 했다는 내용이므로, 이 문장의 앞에는 연금술사들의 실험이 이루어지고 있었다는 일반적인 설명이 제시되고, 이 문장의 뒤에는 Wei Boyang의 실험의 구체적 결과가 소개될 것으로 예측할 수 있다. ④의 앞에서는 1700년대까지 계속 만들어졌고 특히 한나라 왕조에서 인기 있었다고 언급한 후, 뒤에서 실험의 결과로 개도 죽고, Wei도 죽었다는 내용이 나오며, 주어진 문장의 a dog를 ④의 it으로 받는 것이 자연스럽기 때문에 주어진 문장이 들어갈 위치는 ④이다.

정답 ④

[17 ~ 18]

어휘

annual 연례의   offer 제공하다   opportunity 기회   connect 교류하다
leading 주요한   expert 전문가   boast 자랑하다   participation 참여

represent 대표하다   diverse 다양한   attendee 참석자
take advantage of ~을 이용하다   interactive 참여형의   résumé 이력서
mock 모의의   discussion 토론   seasoned 경험이 많은
keynote speech 기조연설   renowned 유명한   insight 통찰
evolve 진화하다   fulfilling 만족스러운   encourage 권장하다
potential 잠재적인   comprehensive 종합적인   enhance 향상시키다
expand 확장시키다   virtual 가상의   participant 참가자   on site 현장에서
feature 특징으로 하다   distinguished 유명한

해석

(A) 인맥을 확장하고 경력을 발전시키세요

구직자들에게 주요한 회사들 및 산업 전문가들과 교류할 수 있는 특별한 기회를 제공하는 연례 취업 박람회가 돌아왔습니다.

올해의 행사는 기술, 의료, 금융, 교육 그리고 제조업을 포함한 다양한 산업을 대표하는 70개 이상의 주요 기업들의 참여를 자랑합니다. 인맥 형성 기회 외에도 참석자들은 참여형 이력서 워크숍, 모의 면접, 진로 상담 시간 그리고 경험이 많은 전문가들과의 패널 토론과 같은 다양한 직업 개발 활동을 이용할 수 있습니다.

이번 행사의 하이라이트는 진화하는 직업 시장을 탐색하고 만족스러운 진로를 구축하는 것에 대한 통찰을 공유할 유명한 CEO의 기조연설입니다. 참석자들은 여러 부의 이력서를 준비하고, 프로답게 옷을 입고, 잠재적인 고용주에게 할 질문들을 준비할 것을 권장합니다.

취업 기회를 탐색하고, 자신의 기술을 향상시키며, 인맥을 확장할 수 있는 이 종합적인 진로 구축 경험을 놓치지 마세요.

행사 세부 사항

- 날짜: 2025년 3월 21일 금요일
- 시간: 오전 9:00 – 오후 4:00
- 장소: Downtown 컨벤션 센터 A홀

자세한 정보는 www.annualcareerfair.org를 방문하거나 (555) 345-6789로 문의하세요.

17 ① 자신의 사업을 창업하는 방법을 배우세요
③ 지역 산업에서 당신의 잠재력을 발휘하기
④ 가상 직업 시장을 위한 안내
18 ① 행사 중에 현장에서 실제 취업 면접이 이루어질 것이다.
② 참석자들은 그들의 진로를 발전시키는 데 유용한 조언을 받게 될 것이다.
③ 이 행사는 저명한 비즈니스 리더의 발표를 특징으로 한다.
④ 참가자들은 이력서를 출력하여 가져오는 것이 권장된다.

해설

17 이 글은 연례 취업 박람회에 대한 안내를 하고 있다. 첫 번째 문단에서 주요한 회사들과 전문가들과 교류할 수 있다고 했고, 두 번째 문단에서는 인맥 형성 외에도 다양한 활동이 있다고 소개했으며, 네 번째 문단에서 인맥을 확장할 수 있는 경험을 놓치지 말라고 했으므로 이 글의 제목으로 가장 적절한 것은 ② '인맥을 확장하고 경력을 발전시키세요'이다.

18 ① 두 번째 문단 두 번째 문장에서 모의 면접을 진행한다고 했을 뿐 현장에서 면접이 이루어진다는 내용은 글의 내용과 일치하지 않는다.
② 두 번째 문단 두 번째 문장에서 진로 상담 시간과 같은 직업 개발 활동을 이용할 수 있다고 했으므로 글의 내용과 일치한다.
③ 세 번째 문단의 첫 번째 문장에서 유명한 CEO의 기조연설이 올해 행사의 하이라이트라고 했으므로 글의 내용과 일치한다.
④ 세 번째 문단의 두 번째 문장에서 여러 부의 이력서를 가져오는 것이 권장된

다고 하였으므로 글의 내용과 일치한다.

정답 17 ② 18 ①

19

어휘

reconstitute 재구성하다   in line with ~와 일치하는
challenge 이의를 제기하다   frightening 무서운   assumption 가정
diversity 다양성   tension 긴장   conflict 갈등   indeed 사실
reverse 반대   desirable 바람직한   desperately 간절히   objective 목적
rewarding 보람 있는   trade 거래하다   cooperate 협동하다
symbiotic 공생의   appropriate 적절한   arrangement 협의
make for ~에 기여하다   secure 안전한   stable 안정적인   institution 제도
minority 소수 집단   stifle 억압하다   dissent 반대   charge 비난하다
imaginative 창의적인   accommodate 수용하다   legitimate 합법화하다
multiply 증가하다   inherent 타고난   principle 원리   threat 위협

해석

우리의 현재 상황과 일치하게 민주주의를 재구성하기 위해서, 우리는 증가된 다양성이 사회에 증가된 긴장과 갈등을 자동적으로 가져온다는 두렵지만 잘못된 가정에 이의를 제기할 필요가 있다. 사실, 정확히 반대가 진실일 수 있다. 사회에서의 갈등은 필요할 뿐만 아니라, 어느 정도까지는 바람직하다. 그러나 만약 백 명의 사람들이 모두 같은 목표를 간절히 원한다면, 그들은 이를 위해 싸울 수밖에 없을 것이다. 반면, 만약에 백 명 각각이 다른 목표를 가진다면, 그들은 거래하고 협력하며 공생 관계를 형성하는 것이 훨씬 더 보람 있을 것이다. 적절한 사회적 협의가 주어진다면, 다양성은 안전하고 안정적인 문명에 기여할 수 있다. 소수 집단 사이의 갈등을 폭력의 칼끝까지 불필요하게 날카롭게 만드는 것은 바로 오늘날의 적절한 정치 제도의 부재이다. 이것에 대한 해답은 반대를 억압하거나 소수 집단을 이기적이라고 비난하는 것이 아니다. 이것에 대한 해답은 다양성을 수용하고 정당화하기 위한 창의적이고 새로운 협의 — 변화하고 증가하는 소수 집단의 빠르게 변화하는 요구에 민감한 새로운 제도 — 에 있다.

① 민주주의의 약점은 타고난 것인가?
② 다양성은 민주주의를 해치는가?
③ 다수결 원칙: 민주주의의 기본 원리
④ 다양성의 증가는 민주주의에 대한 위협이다.

해설

이 글의 중심 소재는 다양성과 민주주의이고 첫 문장과 두 번째 문장이 주제문으로 다양성이 사회의 긴장과 갈등을 가져온다는 잘못된 가정을 바로잡아야 우리의 상황에 맞는 민주주의를 만들 수 있다고 했다. 갈등이 심해지는 것은 다양성 때문이 아니라, 적절한 사회적 협의와 정치 제도가 없기 때문이고, 마지막 문장에서 이것에 대한 해결책으로 소수 집단의 요구에 민감한 새로운 제도의 필요성을 말하고 있다. 그러므로 이 글의 제목으로 가장 적절한 것은 ② '다양성은 민주주의를 해치는가?'이다. ④는 이 글의 주제와 반대이므로 오답이다.

정답 ②

20

어휘

fleeting 덧없는   willpower 의지력   undergraduate 대학생
digit 숫자   cognitive 인지의   recall 기억해내다   participate 참여하다
guilty 죄의식을 느끼는   pleasure 즐거움   load 부담   cooperation 협력
prevent 막다   prudent 분별력 있는   maintain 유지하다

해석

스탠퍼드 대학의 교수인 Baba Shiv의 연구는 우리의 의지력이 얼마나 덧없는 것일 수 있는지를 보여 준다. 그는 165명의 대학생들을 두 집단으로 나누고는 그들에게 두 자리 숫자나 일곱 자리 숫자 중의 하나를 암기하도록 요청했다. 두 가지 임무 모두 충분히 평균적인 사람들의 인지 능력 내에 있는 것이었고 그들은 필요한 만큼의 시간을 가질 수 있었다. 그들이 준비되었을 때, 학생들은 그들이 그 숫자를 기억해 낼 다른 방으로 가게 되었다. 가는 도중에, 그들은 연구에 참여한 것에 대한 보답으로 간식을 제공받았다. 두 가지 선택 사항은 초콜릿케이크와 한 그릇의 과일 샐러드 — 죄의식을 느끼게 하지만 즐거움을 주는 것 혹은 건강에 좋은 음식 — 였다. 여기에 뜻밖의 결말이 있다 — 일곱 자리 숫자를 암기하도록 요청을 받은 학생들은 초콜릿케이크를 선택할 가능성이 거의 두 배나 되었다. 이 작은 추가적인 인지적 부담이 분별력 있는 선택을 막기에 충분했다.

① 창의적인 해결책을 찾기에
② 진정한 협력으로 이끌기에
④ 단기 기억을 유지하기에

해설

이 글의 중심 소재는 의지력과 인지적 부담의 관계에 대한 연구이다. 한 실험에서 일곱 자리 숫자를 암기해야 하는 학생들이 두 자리 숫자를 암기해야 하는 학생들보다 건강에 좋지 않지만 즉각적인 즐거움을 주는 초콜릿케이크를 선택할 가능성이 거의 두 배라고 했다. 빈칸에 올 말은 신중한 선택을 하려면 의지력이 필요하지만, 인지 부하가 조금만 커져도 우리 의지력이 얼마나 덧없는지를 보여주는 것이어야 한다. 따라서 빈칸에는 일곱 자리 숫자를 암기해야 한다는 인지적인 부담이 가져올 결과가 서술되어야 하므로 ③ '분별력 있는 선택을 막기에'가 들어가는 것이 가장 적절하다.

정답 ③

DAY 17

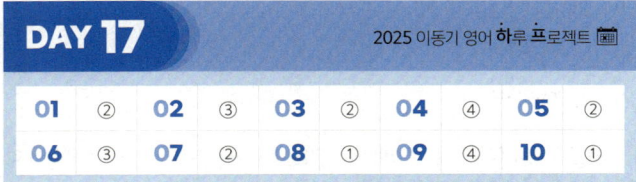

| 01 | ② | 02 | ③ | 03 | ② | 04 | ④ | 05 | ② |
| 06 | ③ | 07 | ② | 08 | ① | 09 | ④ | 10 | ① |

1

어휘

explanation 설명 complex 복잡한 concept 개념 profound 심오한
comprehensible 알기 쉬운 extreme 극단적인 obscure 불분명한

해석

그 교수의 설명이 너무 알기 쉬워서 가장 복잡한 개념조차도 이해하기 쉽게 되었다.

 ②

2

어휘

detailed 자세한 explanation 설명 policy 정책 employee 직원
unfamiliar 익숙하지 않은 technical 기술적인 terminology 용어
involve 관련시키다 confusion 혼란 confuse 혼란스럽게 하다

해석

그녀의 자세한 설명에도 불구하고, 새로운 정책은 그것과 관련한 기술 용어에 익숙하지 않은 대부분의 직원들에게 혼란스러워 보였다.

해설

[문법포인트] 불완전자동사의 보어 / 현재분사 vs. 과거분사 seem은 2형식 동사로 형용사나 분사를 보어로 취한다. 주어인 policy가 혼란을 야기하는 것이므로 능동의 현재분사인 confusing이 와야 한다. seem이 명사를 보어로 취하려면 전치사 like가 와야 하므로 confusion은 답이 될 수 없다. 따라서 정답은 ③ confusing이다.

 ③

3

어휘

review 검토하다 account 계정 expire 만료되다 renew 갱신하다
set 설정하다 automatically 자동으로 manually 수동으로
interruption 중단 handle 처리하다 turn off 끄다 reminder 알림
overlook 간과하다

해석

TechFix 지원: 안녕하세요, Anna. TechFix 지원입니다. 계정을 한번 검토해 볼 수 있을까요?
Anna Lee: 네, 무슨 문제가 있나요?
TechFix 지원: 귀하의 소프트웨어 라이선스가 만료되어 두 달 동안 갱신되지 않은 것 같습니다.
Anna Lee: 이상하네요. 자동으로 갱신되도록 설정된 줄 알았는데요.
TechFix 지원: 자동 갱신 설정이 꺼져 있을 수 있습니다.
Anna Lee: 오, 몰랐어요. 이번에는 수동으로 갱신할게요.
TechFix 지원: 감사합니다, Anna. 중단을 방지하기 위해 라이선스를 곧 갱신해 주세요.
Anna Lee: 바로 처리할게요.

① 평생 라이선스로 업그레이드할 것을 추천합니다
③ 라이선스가 이미 성공적으로 갱신되었습니다
④ 이메일 알림이 간과되었는지 확인해 주세요

 ②

4

어휘

overwhelm 압도하다 countless 수많은 option 선택지 shape 형성하다
preference 선호 argue 주장하다 technological 기술적인
advancement 발전 convenience 편리함 complicate 복잡하게 하다
decision-making 의사 결정 complexity 복잡성
undoubtedly 의심할 여지 없이 shift 바뀌다 context 맥락
expand 확장되다

해석

오늘날의 세상에서 사람들은 자신의 선호와 행동을 규칙적으로 형성하는 수많은 선택지에 압도되어 있다. 많은 사람들은 기술의 발전이 기회와 도전을 모두 가져왔으며, 끝없는 편리함을 제공하면서도 의사 결정을 복잡하게 만든다고 주장한다. 개인의 가치관과 문화적 맥락이 계속 확장되는 한 우리가 현실을 해석하는 방식의 복잡성은 의심할 여지 없이 바뀔 것이다.

해설

④ [문법포인트] 시제 일치와 예외 시간, 조건의 부사절에서 미래 시제는 현재 시제로 표현해야 한다. as long as는 조건의 부사절 접속사이므로 will keep은 현재 시제인 keep으로 고쳐야 한다. (will keep → keep)

① [문법포인트] 능동태 vs. 수동태 구분 타동사 overwhelm이 목적어 없이 쓰였고 주어와의 관계를 보면 '압도되다'라는 수동의 의미이므로 수동태인 are overwhelmed가 바르게 쓰였다.

② [문법포인트] 분사구문 offering의 의미상 주어는 that절의 주어인 technological advancements이고 목적어 endless convenience가 뒤에 있으므로 능동의 현재분사로 바르게 쓰였다.

③ [문법포인트] 의문문의 어순 전치사의 목적어로 쓰인 간접의문문이므로 「의문사+주어+동사」의 어순으로 바르게 쓰였다.

 ④

[5 ~ 6]

어휘

vibrant 활기찬 competition 경쟁, 대회 kite 연 expert 전문가
first-timer 초보자 annual 연례의 innovation 혁신 unique 독특한
futuristic 미래지향적인 sponsor 후원하다 council 위원회
meadow 초원 witness 보다 spectacular 장관 sight 광경
soar 솟아오르다 tradition 전통 specifically 특별히 revive 되살리다

(A) 연과 창의성의 축제

이 활기찬 지역사회의 일원으로서 창의성, 재미, 경쟁이 결합된 흥미진진한 행사에 당신을 초대합니다. 하늘을 가득 채우고 각각의 연이 자신만의 이야기를 들려주는 다채로운 연들을 상상해 보세요. 당신이 연날리기 전문가이든 초보자이든, 이것은 자신을 표현하고 연날리기의 기쁨을 축하할 수 있는 기회입니다.

네, 이것은 연례 연 축제입니다! 올해의 주제는 '혁신의 연'으로, 참가자들은 미래지향적인 생각들을 반영한 독창적인 연을 설계하도록 장려됩니다. 연 만들기 워크숍, 날리기 대회, 라이브 음악 공연 등 하루 동안의 재미있는 활동에 참여해보세요.

지역 창의성 위원회가 후원하고 2025년 2월 16일 일요일 오전 10시부터 오후 4시까지 선샤인 메도우에서 열리는 이 행사는 모든 연령대에게 무료로 제공됩니다. 가족과 친구들을 데리고 도시 상공으로 솟아오르는 연의 장관을 보세요.

자세한 내용은 www.localcreativitycouncil.org/kitefestival를 방문하거나 (555) 759-6434로 저희에게 연락해 주세요.

5 ① 더 친환경적인 미래를 위한 연 디자인하기
③ 연 만들기 전통의 역사
④ 전문가처럼 연을 날리는 방법

6 ① 연 축제는 전문가들을 위해 특별히 설계되었다.
② 이 행사는 전통을 되살리는 주제를 중심으로 진행된다.
③ 참가자들은 연 설계와 제작 그리고 라이브 콘서트를 즐길 수 있다.
④ 이 행사는 지역 창의성 위원회에서 주최한다.

해설

5 두 번째 문단 첫 번째 문장과 두 번째 문장에서 이 행사가 연례 연 축제이고, 올해의 주제는 '혁신의 연'으로, 참가자들은 미래지향적인 아이디어를 반영한 독창적인 연을 설계하도록 장려된다고 했다. 따라서 글의 제목으로 가장 적절한 것은 ② '연과 창의성의 축제'이다.

6 ③ 두 번째 문단 세 번째 문장에서 연 만들기 워크숍, 날리기 대회, 라이브 음악을 즐길 수 있다고 하므로 글의 내용과 일치한다.
① 첫 번째 문단의 세 번째 문장에서 연날리기 전문가이든 초보자이든, 이것은 자신을 표현하고 연날리기의 기쁨을 축하할 수 있는 기회라고 하므로 글의 내용과 일치하지 않는다.
② 두 번째 문단의 두 번째 문장에서 올해의 주제는 '혁신의 연'이라고 하므로 글의 내용과 일치하지 않는다.
④ 세 번째 문단의 첫 번째 문장에서 이 행사는 지역 창의성 위원회에서 후원한다고 했을 뿐 주최한다고는 하지 않으므로 글의 내용과 일치하지 않는다.

정답 5 ② 6 ③

7

어휘

thrilled 매우 기쁜 smooth 원활한 journey 여정 submit 제출하다
required 필수적인 employment 고용 contract 계약서
register 등록하다 credential 신원 확인 정보: 아이디와 비번
mandatory 필수의 submission 제출

해설

수신: 신입 사원
발신: 인사부 <hr@welltech.com>

날짜: 2025년 7월 1일
제목: 중요한 정보

신입 사원 여러분께,

여러분을 우리에 합류시킬 수 있어 매우 기쁩니다. 이곳에서의 여러분의 원활한 여정의 시작을 위해 다음 단계를 완료해 주시기 바랍니다:

1. 필수 서류를 제출하세요: 스캔된 신분증 복사본과 서명된 고용 계약서를 7월 5일까지 인사부 포털에 올리세요.
2. 회사 시스템에 등록하세요: 이메일로 보낸 신원 확인 정보를 사용하여 직원 포털에 로그인하고 비상 연락처 정보를 포함한 프로필 세부 정보를 업데이트하세요.
3. 환영 세션에 참여하세요: 2025년 7월 7일 오전 10시에 B 회의실에서 예정된 필수 세션에 참여하세요.

질문이 있거나 도움이 필요하시면 언제든지 인사팀 hr@welltech.com으로 연락하시거나 내선 번호 100으로 전화해 주세요.

안부를 전하며,
인사부

① 회사의 면접 과정에 대한 세부 정보를 제공하려고
② 신입 사원들에게 회사에서 업무를 시작하는 방법을 안내하려고
③ 신입 사원들에게 문서 제출 마감일을 상기시키려고
④ 신입 사원들에게 회사의 교육 정책에 대해 알리려고

해설

이메일의 첫 번째 문단에서 신입 사원들이 시작을 잘하기 위해 다음 행동을 하라고 하고 그다음에 행동의 단계를 설명하고 있어 글의 제목으로 가장 적절한 것은 ② '신입 직원에게 회사에서 업무를 시작하는 방법을 안내하려고'이다. 회사 업무를 시작하기 위해 전반적으로 알아야 할 사항을 알려주는 것일 뿐 면접 과정에 대한 정보를 제시하는 것이 아니므로 ①은 답이 될 수 없고 서류 마감일은 일부의 내용이므로 ③도 답이 될 수 없다.

 ②

8

어휘

long for ~을 그리워하다 innocence 순수 relive 다시 체험하다
getaway 휴양지 British Isles 영국 제도 vehicle 차량 odd 가끔의
seal 물개 bask 햇볕을 쬐다 pepper 양념을 하다 shipwreck 난파선
pirate 해적 tap into ~을 끌어내다 adventure 모험심
rarely 거의 ~하지 않는 manage 해내다 evoke 불러일으키다 era 시절
gauge 평가하다 complexity 복잡함 contemporary 현대의 chic 멋
feature 특별히 갖추다 noteworthy 주목할 만한
informal 격식을 차리지 않는 self-cater 음식을 직접 해 먹다
cottage 오두막 appeal 매력 retreat 휴식(처) loaded 가득한
recommendable 추천할 만한 overview 개관

해설

만약 당신이 해변에서의 완전히 순수했던 날들을 그리워한다면, 영국 제도 근처의 섬 휴양지에서 그것들을 다시 체험해보라. 실리 제도의 최고의 섬들 중 몇몇은 가족 휴양지로 완벽하다. 걸어 다니기에 충분할 정도의 작은 섬을 택하라. 가끔 트랙터나 트럭을 제외하고 차량은 없다. 모래 해변과 바위에서 햇볕을 쬐는 물개들 속에 자신을 던져보라. 난파선들과 해적들의 이야기로 양념을 하라 — 그러고 나서 아이들을 더하고 무슨 일이 일어나는지 보라. 섬들은 어린이 클럽에서 거의 해내지

못하는 방식으로 아이들의 모험심을 끌어낸다. 그것들은 가족의 즐거움이 지어진 모래성의 복잡함과 수집된 흥미로운 조개껍데기들에 의해서 평가되었던 시절을 불러일으킨다. 그러나 그것들은 현대적인 멋이 없지 않다. 모든 섬은 주목할 만한 레스토랑들, 격식을 차리지 않는 호텔들, 그리고 직접 음식을 해 먹는 오두막들이 갖추어져 있다 — 그래서 그것들이 부모들에게 매력인 것은 어린 시절의 추억을 되새기는 것만큼이나 평화로운 휴식을 즐기는 데 있다.

① 멋진 추억으로 가득한 휴가
② 추천할 만한 호텔과 레스토랑
③ 영국 제도의 개관
④ 잉글랜드와 아일랜드의 난파선과 해적

해설
글의 중심 소재는 영국 제도의 섬들에서 보내는 휴가이다. 첫 문장이 주제문으로 영국 제도 섬들에서 추억을 되살릴 수 있는 휴가를 보내라고 추천한다. 이후 특히 실리 제도에서 가족들이 즐길 수 있는 추억 가득한 휴가를 중심으로 서술하고 있다. 섬에서 아이들의 모험심을 자극하고, 부모들에게는 조용한 휴식뿐만 아니라 과거의 추억을 떠올릴 기회를 제공한다는 점을 강조한다. 따라서 글의 제목으로 가장 적절한 것은 ① '멋진 추억으로 가득한 휴가'이다. ②는 글의 초점이 섬의 매력이지, 호텔과 레스토랑 추천에 국한되지 않았고, ③ 영국 제도의 전체 개요가 아닌, 가족 여행에 적합한 특정 섬들에 초점이 맞춰져 있고, ④ 난파선과 해적 이야기는 지엽적으로 언급된 것으로 모두 답이 될 수 없다.

정답 ①

9

어휘
regular 주기적인 intake 섭취(량) volume 크기 grey matter 회백질
impair 손상시키다 equate to ~와 같다 temporary 일시적인
reverse 뒤집다 striking 눈에 띄는 medial 중간의 consolidation 강화
outermost 가장 바깥쪽의 cortex 피질

해석
새로운 연구는 주기적인 카페인 섭취가 뇌의 회백질 크기를 줄이고, 커피 섭취가 우리의 정보 처리 능력을 손상시킬 수 있음을 암시한다는 것을 보여준다. 스위스 연구원들은 지원자들에게 10일 동안 하루에 3번 150mg의 카페인을 제공했다 — 하루에 4잔이나 5잔의 작은 원두커피나 7잔의 싱글샷 에스프레소와 같은 카페인 섭취량이다. (C) 그들은 회백질의 감소를 발견했는데, 이는 주로 뇌의 가장 바깥층인 정보를 처리하는 역할을 하는 피질에서 발견된다. (B) 이러한 감소는 기억력 강화에 필수적인 뇌의 부분인, 해마를 포함한, 오른쪽 중간 측두엽에서 특히 눈에 띄었다. (A) 하지만, 영향은 일시적인 것으로 보였다 — 카페인이 전혀 없는 상태로 10일 만에 그 변화를 뒤집었다.

해설
글의 중심 소재는 카페인 섭취와 뇌의 회백질의 크기이다. 주어진 글에서 카페인 섭취가 회백질 크기를 감소시킬 수 있다는 연구 결과를 언급한 뒤에 구체적인 예시인 실험의 과정을 설명하고 있다. 주어진 문장의 Swiss researchers를 (C)의 They로, 주어진 문장에서의 회백질 감소는 a reduction으로 각각 받아서 설명한다. (C)의 a reduction을 (B)에서 the reduction으로 받아 구체적으로 추가 설명을 한다. 마지막으로 (A)에서 However와 함께 앞서 언급했던 회백질 감소를 the effect로 받아 실험 결과가 일시적이라고 주장하며 앞의 내용과 반전을 이루고 있다. 따라서 주어진 글 다음에 이어질 순서는 ④ (C) – (B) – (A)가 가장 적절하다.

정답 ④

10

어휘
accurate 정확한 humble 겸허하게 하다 observe 관찰하다
adust 조정하다 curiously 이상하게도 emerge 나타나다
attainable 달성 가능한 precision 정확성 inherently 본질적으로
nevertheless 그럼에도 불구하고 deny 받아들이지 않다 stick to 고수하다
preciseness 정확성 seemingly 겉으로 보기에
unattainable 달성할 수 없는 admit 인정하다 limitedness 한계

해석
인간의 지식이 완벽하게 정확하지 않고, 결코 완벽하게 정확했던 적이 없다는 발견은 현대 인간의 영혼에 겸허하게 하는, 그리고 아마도 진정시키는 효과를 주었다. 우리가 관찰했듯이, 19세기는 세계가 그것의 부분들뿐만 아니라 전체로서, 언제나 완벽하게 알려질 수 있다고 믿은 마지막 시기였다. 우리는 이제 이것이 불가능하며, 언제나 불가능했다는 것을 깨닫는다. 절대적으로는 아니더라도, 우리는 한계 내에서 안다. 비록 그 한계가 보통 우리의 필요를 충족시키기 위해 조정될 수 있더라도 말이다. 이상하게도, 이 새로운 수준의 불확실성으로부터 훨씬 더 위대한 목표가 나타나고 달성 가능해 보인다. 비록 우리가 세계를 절대적으로 정확하게 알 수 없더라도, 우리는 여전히 그것을 통제할 수 있다. 심지어 우리의 본질적으로 불완전한 지식조차도 여느 때만큼이나 강력하게 작동하는 듯 보인다. 요컨대, 우리는 가장 높은 산이 얼마나 높은지 결코 정확하게 알 수 없을 테지만, 우리는 <u>그럼에도 불구하고 우리가 정상에 도달할 수 있다는 것을 계속 확신한다</u>.

② 계속해서 우리의 제한된 지식을 받아들이지 않고 정확성을 고수한다
③ 우리의 한계를 인정함으로써 겉으로 보기에 달성할 수 없는 목표를 포기한다
④ 그것을 오른 후에야 완벽하게 우리의 필요를 충족시킬 수 있다

해설
글의 중심 소재는 인간 지식의 한계이다. 주제문은 일곱 번째 문장으로 비록 우리가 세계를 절대적으로 정확하게 알 수 없더라도, 우리는 여전히 그것을 통제할 수 있다고 한다. Curiously 이전의 글은 인간의 지식이 완벽하지 않고 아는 것에 한계가 있다고 주장한다. Curiously부터는 글이 전환되어 불완전한 지식으로 인해 달성 가능한 새로운 목표가 생겨나며 정확성은 부족할지라도 세계를 통제할 수 있다고 한다. In short는 글을 정리하는 역할이므로 빈칸 앞부분에서 산의 높이를 모른다는 부분은 인간의 불완전한 지식의 예시에 해당하고, 역접의 접속사 but으로 연결하므로 빈칸에는 불완전한 지식을 가지고도 우리가 세계를 통제할 수 있음을 보여주는 말, 즉 주제문과 일맥상통하는 말이 들어가야 한다. 따라서 ① '그럼에도 불구하고 우리가 정상에 도달할 수 있다는 것을 계속 확신한다'가 들어가는 것이 가장 적절하다.

정답 ①

Day 17 53

DAY 18

| 01 | ③ | 02 | ③ | 03 | ③ | 04 | ② | 05 | ④ |
| 06 | ④ | 07 | ② | 08 | ① | 09 | ④ | 10 | ③ |

1

어휘

evolution (서서히 일어나는) 발전 traditional 전통적인 expression 표현
lead to ~로 이어지다 emergence 출현 phrase 어구 modify 수정하다
existing 기존 fade 사라지다 over time 시간이 지나면서
preserve 보존하다 erase 지우다 transform 변형하다
isolate 고립시키다

해설

언어의 발전은 전통적인 표현을 변형한다. 그것은 새로운 어구의 출현으로 이어지고, 기존 의미를 수정하며, 일부 단어를 시간이 지나면서 사라지게 한다.

정답 ③

2

어휘

evidence 증거 suggest 시사하다 long-standing 오래된
recently 최근에

해설

오랜 문제에 대한 가능한 해결책을 시사하는 새로운 증거가 최근 과학자들에 의해 발견되었다.

해설

[문법포인트] 주어 – 동사 수 일치 / 능동태 vs. 수동태 구분 문장의 주어 New evidence가 관계대명사 that절의 수식을 받고 있고 동사가 없으므로 빈칸에는 동사가 들어가야 한다. 타동사 discover의 목적어가 없기에 수동태가 와야 하므로 ①과 ②는 답이 될 수 없다. 주어가 evidence로 단수이므로 단수 동사가 와야 한다. 따라서 정답은 ③ has recently been discovered이다.

정답 ③

3

어휘

Do I know you from somewhere? 혹시 저 아세요? attend 참석하다
Same here. 저도 마찬가지예요. by the way 그건 그렇고 actually 실제로
networking 친목

해설

A: 실례합니다, 낯이 익어 보이시는데요. 혹시 저 아시나요?
B: 그럴 수도 있어요! 저는 꽤 많은 업계 행사에 참석하거든요. 그런 행사 중 하나에서 만난 적 있을까요?
A: 그럴 수도 있겠네요. 올해 여러 친목 행사에 다녀왔거든요.
B: 저도 마찬가지예요. 그건 그렇고 제 이름은 Alex Green입니다.
A: 다시 만나서 반가워요, Alex. 저는 Jamie예요.

① 하지만 실제로 우리는 한 번도 만난 적이 없는 것 같아요
② 저는 보통 그런 행사에 참석하는 사람이 아니에요
④ 실제로 당신 같은 사람을 만나는 건 이번이 처음이에요

정답 ③

4

어휘

respond to ~에 대응하다 underdetermination 미결정성
agnostic 불가지론의 suspend 보류하다 fideist 신앙 지상주의자
evade 회피하다 maxim 전제 genuine 진정한

해설

데이터에 의한 이론의 미결정성 — 주어진 데이터나 증거가 특정 이론을 완전히 뒷받침하거나 결정하기에 충분하지 않은 상황 — 에 대응할 수 있는 방법에는 두 가지가 있다. 불가지론적 반응이라고 부를 수 있는, 한 가지 반응은 판단을 보류하는 것이다; 신앙 지상주의자 반응이라고 부를 수 있는, 나머지 한 반응은 우리가 믿고 싶은 것은 무엇이든 믿는다는 것이다. 한 연구자가 이러한 선택지들을 인식하고 이 딜레마를 회피할 것을 제안했다. 그는 진정한 의미의 미결정성이 존재할 수 없다는 것이 논리적 전제라고 주장한다.

해설

② [문법포인트] 준동사의 형태 변화 to부정사의 태를 적절하게 표현하기 위해 어떤 형태를 취해야 하는지 그 올바른 형태를 묻는 것으로, 의미상 믿고 싶은 것은 무엇이든 '믿어야 한다'는 능동의 의미이다. 또한 타동사인 believe 뒤에 목적어로 명사절인 whatever we would like to believe가 있으므로 수동형 to부정사는 올 수 없고, 능동형 to부정사인 to believe로 고쳐야 한다. (to be believed → to believe)

① [문법포인트] 부정대명사 두 개의 대상에서 '하나는 ~이고, 나머지 하나는 …이다'라는 표현을 할 때, 처음 하나는 one, 나머지 하나는 the other를 사용한다. 이 지문에서는 두 개의 반응에 대해 설명하고, 앞의 문장에서 one response를 사용하고 있으므로 나머지 하나를 가리키는 the other가 바르게 쓰였다.

③ [문법포인트] 완전타동사와 동작의 목적어 suggest는 동명사를 목적어로 취하는 완전타동사이므로, 동명사 evading이 바르게 쓰였다.

④ [문법포인트] 명사절 접속사의 선택 앞의 he suggests는 삽입구이고 it이 가주어이며, that 이하의 완전한 절은 진주어이다. 명사절을 이끄는 접속사 that이 바르게 쓰였다.

정답 ②

[5 ~ 6]

어휘

society 학회 ethics 윤리 found 창립하다 establish 설립하다
encourage 장려하다 scholarly 학술의 discourse 담론 foster 촉진하다
facilitate 촉진하다 interdisciplinary 학제 간의 philosopher 철학자
policymaker 정책 입안자 concern 문제 finding 연구 결과
conference 학회 a wide range of 다양한 conservation 보호
treatment 대우, 치료, 처리 emphasize 강조하다 consideration 고려
legal 법적인

국제환경윤리학회

창립과 사명
국제환경윤리학회(ISEE)는 환경 윤리에 대한 연구와 논의를 촉진하기 위해 1993년에 설립되었다. 이 학회의 사명은 환경과 관련된 윤리적 문제에 관한 학술 연구와 대중적 담론을 장려하여 자연계에 대한 우리 책임에 대한 깊은 이해를 촉진하는 것을 돕는 것이다.

목표와 목적
ISEE는 환경 윤리적 문제에 대한 철학자, 과학자, 정책 입안자, 대중들 사이에서 학제 간 대화를 촉진하는 것을 목표로 한다. ISEE는 연구자들이 자신의 연구 결과를 공유할 플랫폼을 제공하고, 학회를 주최하며, 보존, 기후 변화, 동물의 윤리적 대우를 포함한 다양한 주제를 다루는 저널을 발행한다. 이 조직은 환경 관련 의사 결정에서 윤리적 고려의 중요성을 강조함으로써 정책과 실천에 영향을 미치고자 한다.

5 ① 환경 윤리와 연구를 촉진하기 위해 설립되었다.
② 환경 윤리적 문제에 관한 학제 간 대화를 장려한다.
③ 학회를 주최하고 환경 문제와 관련된 저널을 발행한다.
④ 주요 초점은 환경 보호의 법적 측면에 있다.

해설
5 ④ <목표와 목적>의 마지막 문장에서 환경 관련 의사 결정에서 윤리적 고려의 중요성을 강조함으로써 정책과 실천에 영향을 미치고자 한다고 했을 뿐 법적 측면에만 초점을 둔다는 언급은 없으므로 글의 내용과 일치하지 않는다.
① <창립과 사명>의 첫 번째 문장에서 환경 윤리에 관한 연구와 논의를 촉진하기 위해 1993년에 설립되었다고 하므로 글의 내용과 일치한다.
② <목표와 목적>의 첫 번째 문장에서 ISEE는 환경 윤리적 문제에 대한 철학자, 과학자, 정책 입안자, 대중 간의 학제 간 대화를 촉진하는 것을 목표로 한다고 하므로 글의 내용과 일치한다.
③ <목표와 목적>의 두 번째 문장에서 연구자들이 학회를 주최하며, 보존, 기후 변화, 동물의 윤리적 대우 등 다양한 주제를 다루는 저널을 발행한다고 하므로 글의 내용과 일치한다.

정답 5 ④ 6 ④

7

어휘
inform A of B A에게 B에 관해 알리다   remote work 원격 근무
effective 시행되는   flexibility 유연성   productivity 생산성
collaboration 협업   remotely 원격으로   up to 최대 ~까지   prior 사전의
approval 승인   available 근무 가능한   core 핵심   equipment 장비
responsible 책임이 있는   secure 보안이 되는   stable 안정적인
connection 연결   request 신청   submit 제출하다   in advance 미리
implement 실시하다

해석
수신: 모든 직원
발신: 인사부 (hr@nextlevel.com)
날짜: 2025년 8월 1일
제목: 중요한 변경 사항

모든 직원 여러분께,

회사는 2025년 8월 15일부터 시행되는 회사의 원격 근무 정책의 중요한 변경 사항을 알려드리고자 합니다. 이러한 변화는 생산성과 협업을 유지하면서 유연성을 보장하기 위해 이루어졌습니다.

주요 변경 사항
1. 근무 일정: 직원은 관리자의 사전 승인을 받아 주당 최대 3일까지 원격 근무를 할 수 있습니다.
2. 근무 가능 시간: 모든 원격 근무자는 핵심 근무 시간(오전 9시~오후 4시) 동안 온라인으로 연락할 수 있어야 합니다.
3. 장비: 회사는 노트북 및 모니터와 같은 필수 장비를 제공합니다. 직원은 보안이 되고 안정적인 인터넷 연결을 유지할 책임이 있습니다.
4. 신청 및 승인: 원격 근무 신청은 최소 일주일 전에 인사 포털을 통해 제출해야 합니다.

이러한 변경 사항을 실시하는 데 협조해 주셔서 감사합니다.

안부를 드리며,
인사부

① 직원들을 위한 새로운 유연 근무 일정을 도입하려고
② 직원들에게 원격 근무 정책 변경 사항을 알리려고
③ 원격 근무 신청을 제출하는 방법에 관한 지침을 제공하려고
④ 원격 근무자를 위한 새로운 장비의 이용 가능성을 알리려고

이메일 첫 문단의 첫 문장에서 2025년 8월 15일부터 시행되는 원격 근무의 중요한 변경 사항을 알리고자 한다고 했고, 이어 구체적인 핵심 변경 사항을 열거하고 있으므로 글의 목적으로 가장 적절한 것은 ② '직원들에게 원격 근무 정책 변경 사항을 알리려고'이다. 유연한 근무 일정 자체를 도입하는 것이 아니고 기존의 원격 근무 정책에서 새로운 변경 사항만 안내하는 것이므로 ①은 답이 될 수 없다.

정답 ②

8

어휘
rational 합리적인   illustrate 분명히 보여주다   border 국경   troop 군대
tsar 황제   at one's disposal ~의 마음대로 사용하는   irrational 비합리적인
Swede 스웨덴인   strategic 전략적인   gain 얻다   snowstorm 눈보라
blind 시야를 가리다   approximately 대략

해석
결정은 옳지 않으면서 합리적일 수 있고 합리적이지 않으면서 옳을 수 있다. 이것은 역사에서 많은 사례들을 통해서 분명히 보여진다. (A) 예를 들어, 1700년 11월 20일 (러시아와 현재 우리가 에스토니아라고 부르는 곳 사이의 국경에 있는) 나르바 전투에서, 스웨덴의 왕 칼과 그의 8,000명의 군대는 표트르 대제가 이끄는 러시아 군대를 공격했다. 황제는 그의 휘하에 마음대로 사용할 수 있는 약 10배나 많은 군대를 거느리고 있었다. 대부분의 역사학자들은 스웨덴의 공격이 비합리적이었다는 것에 동의하는데, 왜냐하면 실패할 것이 거의 확실했기 때문이다. (B) 더욱이, 스웨덴인들은 공격에 대한 전략적 이유가 없었다; 그들은 승리에서 많은 것을 얻을 것을 기대할 수 없었다. 하지만 러시아 군대의 시야를 가렸던 예상치 못한 눈보라 때문에 스웨덴인들은 승리하였다. 전투는 두 시간도 안 되어 종료되었다. 스웨덴인들은 667명을 잃었고 러시아인들은 대략 15,000명을 잃었다.

　　　　(A)　　　　(B)
② 예를 들어　　그러므로
③ 하지만　　　더욱이

④ 하지만   마찬가지로

해설

글의 중심 소재는 결정의 합리성과 옳음의 관계이다. 첫 문장이 주제문으로 결정이 옳지 않으면서 합리적일 수 있고 합리적이지 않으면서 옳을 수 있다고 한다. (A) 빈칸 앞 문장에서는 역사에서 분명히 보여준다고 하고, 뒤에서는 스웨덴과 러시아의 나르바 전투를 예로 들어서 설명하고 있기 때문에, (A)에는 예시의 연결사 For instance가 들어가는 것이 가장 적절하다. (B) 빈칸 앞에서는 스웨덴의 공격이 실패할 것이 거의 확실하였다는 내용이 있고, 뒤에서는 스웨덴은 공격에 대한 전략적인 이유조차 없었다는 점이 추가적으로 제시되었으므로 추가, 첨가의 연결사인 Moreover가 들어가는 것이 가장 적절하다. 따라서 이 두 가지를 모두 만족시키는 ①이 정답이다.

정답 ①

9

어휘

factor 요인   particle 입자   float 떠 있다
interact with ~와 상호작용을 하다   be made up of ~로 구성되다
visible color 가시광선 색상   range from A to B 범위가 A에서 B에 이르다
wavelength 파장   molecule 분자   be good at ~을 잘하다
absorb 흡수하다   hue 색조   shallow 얕은   seafloor 해저
reflect 반사하다   coastal 해안의   murky 탁한   contain 함유하다
seabed 해저   churn 휘젓다

해석

바다는 빛이 물과 상호작용하는 방식 때문에 종종 파란색으로 보인다. 백색광은 빨간색에서 보라색에 이르기까지 다양한 가시광선 색상으로 구성되어 있다 — 빨간색은 파장이 가장 길고 파란색은 파장이 가장 짧다. (①) 물 분자는 파장이 더 긴 빛을 더 잘 흡수하기 때문에 빨간색, 주황색, 노란색, 녹색 빛의 많은 부분을 흡수한다. (②) 파장이 더 짧은 더 파란색은 흡수될 가능성이 더 낮아 바다에 파란색 색조를 부여한다. 얕은 물은 빛을 흡수할 물 분자가 적어서 종종 투명하게 보이기 때문에 다른 색이 해저에 도달하여 반사할 수 있다. (③) 당신이 완전히 어두운 가시광선이 닿지 않는 지점에 이를 때까지, 더 깊이 들어갈수록 다른 색들은 더 많이 흡수되고 빛은 더 진한 푸른색이 된다. (④) <u>물의 색은 또한 어떤 입자들이 떠 있는지와 같은 다른 요인들에 의해 좌우된다.</u> 해안 지역은 파도에 의해 휘저어진 해저의 모래를 포함하고 있어 때때로 탁하고 갈색으로 보일 수 있다.

해설

글의 중심 소재는 바닷물의 색이다. 주어진 문장은 물의 색을 결정하는 또 다른 요인(other factors)으로 가령 어떤 입자들이 물에 떠 있는지와 같은 요인에 대해서 언급한다. 그러므로 주어진 문장 앞에 이미 물의 색을 결정하는 어떤 요인에 대한 설명이 먼저 나온다는 것을 예측할 수 있고 이후 다른 요인(other factors)에 관한 부연 설명이 나올 것으로 추측할 수 있다. 윗글의 ④ 앞에서는 백색광을 이루는 색의 파장의 길고 짧음으로 물의 색이 결정된다는 설명이 나온다. 뒤에서는 이어지는 Coastal areas의 색이 탁하고 갈색인 것은 물이 모래를 포함하기 때문이라고 설명한다. 주어진 문장의 물속에 떠 있는 입자 particles의 예로 모래가 자연스럽게 이어진다. 따라서 주어진 문장이 들어갈 위치는 ④이다.

정답 ④

10

어휘

earthquake 지진   impact 영향   scale 규모   minimal 아주 적은
severe 심각한   particularly 특별히   region 지역
correspondingly 그만큼   immediately 즉시   a series of 일련의
natural disaster 자연재해   consequence 결과   incalculable 막대한

해석

지진과 쓰나미는 경제적인 영향을 미치는 것이 분명하다. 문제는 어느 정도 규모냐이다. 마이애미 대학 국제 경영 프로그램의 책임자인 데니스 설리번은 가장 심각한 피해가 일본의 상업이나 산업 중심지에 없었기 때문에 세계에 미치는 경제적인 영향이 아주 적을 것이라고 예상한다. 그는 또한 주요 항구나 공항이 파괴되지 않았다는 것을 지적한다. 설리번은 가장 큰 영향은 경제에 있지 않고, 사람들에게 있을 것이라고 말했다. 노숙과 질병이 있을 것이다. 설리번은 "센다이는 일본 경제나 그 지역에 특별히 중요한 것 같지는 않아서, 이것의 영향이 그만큼 더 적을 것이다"라고 말했다. 이 마이애미 대학 교수는 더 큰 피해를 야기하는 또 다른 지진이 있으면 그 영향이 즉시 바뀔 수 있다고 덧붙인다.

① 일련의 자연재해가 있을 것이다.
② 지진은 일본에서 주요 산업 도시를 강타하지 않았다.
③ 일본 지진의 경제적인 결과는 제한적일 것이다.
④ 일본의 지진은 세계 경제에 막대한 피해를 야기할 것이다.

해설

글의 중심 소재는 일본 센다이 지진의 경제적 영향이고 주제문은 이 지진이 경제에 미치는 영향을 설리번 교수가 예상한 두 번째 문장이다. 설리번은 지진의 가장 큰 피해가 일본의 상업이나 산업 중심지에서 일어나지 않았기 때문에 세계에 미치는 영향이 아주 적을 것이라고 예상했다. 따라서 글의 요지로 가장 적절한 것은 ③ '일본 지진의 경제적인 결과는 제한적일 것이다.'이다. ①은 언급되지 않았으며, ②는 지문에 언급되었지만 지엽적인 내용이고 ④는 지문의 요지와 반대되는 내용이므로 답이 될 수 없다.

정답 ③

DAY 19

| 01 | ② | 02 | ④ | 03 | ② | 04 | ② | 05 | ① |
| 06 | ② | 07 | ④ | 08 | ② | 09 | ① | 10 | ④ |

1

어휘

implement 구현하다   burdensome 부담스러운   disruptive 지장을 주는
adjustment 조정   workflow 업무 흐름   eager 열심인   reluctant 꺼리는
excited 흥분한   disheartened 낙담한

해석

회사는 광범위한 직원 교육과 기존의 작업 흐름에 대한 상당한 조정이 필요하기 때문에 새로운 시스템을 구현하기를 꺼려한다.

정답 ②

2

어휘

electric 전기의   vehicle 자동차   previous 이전   extended 늘어난
range 거리   advanced 발전된   technology 기술   highly 매우
efficient 효율적인

해석

새로운 전기 자동차는 늘어난 거리와 발전된 기술로 인해 이전 버전보다 훨씬 더 효율적이다.

해설

[문법포인트] 비교 구문 The new electric vehicle과 its previous version을 비교하며 비교급 접속사 than이 있으므로 빈칸에는 be동사의 보어이면서 비교급 형태가 와야 한다. 또한 비교급 앞에 수식어로 올 수 있는 것은 much, even, still, far, a lot 등이고, very는 비교급을 수식할 수 없으므로 정답은 ④ much more efficient이다.

정답 ④

3

어휘

transfer 전학 가다   requirement 요구 사항

해석

A: 준비됐어?
B: 무슨 말이세요?
A: 너 내일 전학 가잖아.
B: 아, 예, 준비는 됐는데 긴장돼요.
A: 왜? 뭐가 긴장돼?
B: 난 거기서 아무도 모를 거니까요.
A: 그건 문제가 아니야. 새로운 사람들을 만나는 건 재밌어.
B: 글쎄요, 그렇게 생각하는 것도 좋은 것 같아요.

① 무엇을 해야 할지 모르겠어요
③ 내가 그 학교의 요구 사항을 충족하지 못 했어요
④ 내가 꿈의 학교에 합격했다는 것을 믿을 수 없어요

정답 ②

4

어휘

slowdown 둔화   widespread 광범위한   consequence 결과
discourage 억제하다   business 기업   expand 확장하다
investment 투자   policymaker 정책 입안자   address 해결하다
effective 효과적인   strategy 전략   in place 준비되어 있는   budget 예산
drastically 대폭   competitive 경쟁적인
consumer confidence 소비자 신뢰   analyst 분석가   insist 주장하다
recovery 회복   external 외부의   factor 요인

해석

세계 경제 둔화는 광범위한 결과를 초래하고 있다. 기업의 확장을 억제하면서 불확실한 시장 상황은 투자 감소로 이어졌다. 정책 입안자들은 위기를 해결하기 위해 노력하고 있지만 명확한 해결책이나 효과적인 전략은 준비되어 있는 것 같지 않다. 많은 기업이 경쟁 환경에서 살아남기 위해 예산을 대폭 삭감했다. 그러나 일부 분석가들은 회복 과정이 통제할 수 없는 외부 요인에 의해 지연되고 있다고 주장하는 가운데 소비자 신뢰는 여전히 약하다.

해설

② [문법포인트] 주어 – 동사 수 일치 'A도 B도 아닌'을 의미하는 「neither A nor B」가 주어 자리에 올 때 동사의 수는 B에 일치시킨다. B의 자리에 있는 effective strategies가 복수이므로 복수 동사인 appear로 고쳐야 한다. (appears → appear)

① [문법포인트] 분사구문 목적어가 뒤에 있고, 의미상의 주어가 주절의 주어인 the uncertain market conditions와 일치하고 이것이 기업이 확장하는 것을 막는 능동의 의미이므로 능동의 분사구문인 현재분사형 Discouraging이 바르게 쓰였다.

③ [문법포인트] 불완전타동사와 동작의 목적격보어 사역동사 have는 목적어와 목적격보어의 관계가 능동일 때는 목적격보어에 동사원형을 쓰지만, 수동일 때는 목적격보어에 과거분사를 써야 한다. 예산이 삭감되는 수동의 관계이므로 과거분사 cut이 바르게 쓰였다.

④ [문법포인트] 불완전자동사의 보어 remain은 불완전자동사로 형용사나 분사를 보어로 취한다. 형용사 weak가 보어로 바르게 쓰였다.

정답 ②

[5 ~ 6]

어휘

maintain 유지하다   quality 품위   dedication 헌신   pleasant 쾌적한
well-organized 체계적인   inquire 문의하다   waste 폐기물
disposal 처리   policy 정책   bulky 부피가 큰   detailed 자세한
specific 구체적인   proper 적절한   procedure 절차
dispose of ~을 처리하다   hazardous 위험한   additionally 또한
notice 공지사항   distribute 나누어 주다, 배포하다, 공급하다
clarification 설명   violation 위반   suggest 제안하다
improvement 개선   gratitude 감사   remove 제거하다

provide 제공하다 **classify** 분류하다 **announce** 발표하다

해석

수신: 아파트 관리 사무소 <management@apartmentcomplex.com>
발신: Emily Parker <emily.parker@penmail.com>
날짜: 2025년 4월 12일
제목: 최근 정책 변경

관리팀 여러분께,

아파트 공동체의 품위를 유지하고 개선하기 위해 지속적으로 노력해 주셔서 감사합니다. 여러분의 헌신이 이곳을 모든 주민들이 생활하기에 쾌적하고 체계적인 장소로 만들어 주었습니다.

최근 아파트 폐기물 처리 정책의 변경 사항에 대해 문의드리고자 글을 씁니다. 저를 포함한 여러 주민들은 특히 개정된 재활용 일정과 부피가 큰 물품의 처리와 관련하여 새로운 지침이 불분명하다고 생각했습니다.

다음에 대해 자세한 설명을 해주시겠어요?
• 새 일정에 따른 재활용 수거의 구체적인 날짜와 시간
• 대형 또는 위험 물품을 처리하는 적절한 절차

또한 인쇄된 안내물이나 개정된 공지사항이 있다면 모든 입주자에게 제공해 주시길 정중히 요청드립니다. 명확한 소통이 모든 입주자가 새로운 정책을 올바르게 따르고 깨끗하고 체계적인 생활 환경을 유지하도록 보장할 것입니다.

도와주셔서 감사합니다. 답변 기다리겠습니다.

안부를 전하며,
Emily Parker

5 ① 개정된 폐기물 처리 정책에 대한 설명을 요청하려고
② 아파트 폐기물 처리 규정 위반을 신고하려고
③ 아파트 유지보수 서비스를 위한 개선을 제안하려고
④ 운영진의 훌륭한 노력에 감사를 표하려고

해설

5 두 번째 문단에서 '아파트 폐기물 처리 정책의 변경 사항에 대해 문의드리고자 글을 씁니다'라고 했으므로 폐기물 정책 변경과 관련한 문의를 하며, 이어 폐기물과 관련된 몇 가지 사항에 대한 자세한 설명을 요청하고 있다. 따라서 글의 목적으로 가장 적절한 것은 ① '개정된 폐기물 처리 정책에 대한 설명을 요청하려고'이다.

정답 5 ① 6 ②

7

어휘

dedicated 전용의 **take care of** ~을 돌보다 **houseplant** 실내 화분 화초
analyze 분석하다 **specific** 구체적인 **recommendation** 권고 사항
water 물을 주다 **exposure** 노출 **reminder** 알림 **unique** 고유한
care session 관리 시간 **detailed** 자세한 **instructions** (pl.) 지침
feature 기능 **gain access to** ~에 접근할 수 있다 **advanced** 고급의
pest 해충 **detection** 탐지 **personalized** 개인별 맞춤의 **tracking** 추적
diagnose 진단

해석

PlantBuddy: 개인 식물 관리 도우미

PlantBuddy는 사용자가 실내 화분 화초를 더 잘 돌보게 돕도록 설계된 전용 앱이다. 이 앱을 사용해서 사용자는 식물 사진을 찍을 수 있으며, PlantBuddy는 물주기, 햇빛 노출, 이상적인 온도에 관한 구체적인 권고 사항을 제공하기 위해 이미지를 분석할 것이다. 또한 각 식물의 고유한 필요에 근거한 알림을 보내 사용자가 물주기나 관리 시간을 놓치지 않도록 한다. PlantBuddy에는 1,000종 이상의 식물 종 데이터베이스가 포함되어 있어 각각의 종에 대한 자세한 관리 지침을 제공한다. 대부분의 기능은 무료이지만 프리미엄 사용자는 해충 탐지 및 개별 맞춤형 성장 추적과 같은 고급 도구에 접근할 수 있다. 향후 업데이트에는 사용자가 업로드한 식물의 증상에 근거해 질병을 진단하는 기능이 포함될 예정이다.

① PlantBuddy는 식물 관리 요령을 제공하기 위해 식물 사진을 분석한다.
② 사용자는 앱을 통해 식물 관리 루틴에 대한 알림을 받을 수 있다.
③ 이 앱은 1,000종 이상의 식물 종에 대한 관리 지침을 제공한다.
④ 현재 버전의 앱은 프리미엄 사용자가 식물 질병을 진단할 수 있게 한다.

해설

④ 마지막 문장에서 향후 업데이트에는 사용자가 업로드한 식물의 증상에 근거해 질병을 진단하는 기능이 포함될 예정이라고 하므로 글의 내용과 일치하지 않는다.
① 두 번째 문장에서 PlantBuddy는 물주기, 햇빛 노출, 이상적인 온도에 대한 구체적인 권고 사항을 제공하기 위해 이미지를 분석할 것이라고 하므로 글의 내용과 일치한다.
② 세 번째 문장에서 각 식물의 필요에 근거한 알림을 보내 물주기나 관리 시간을 놓치지 않게 한다고 하므로 글의 내용과 일치한다.
③ 네 번째 문장에서 1,000종 이상의 식물 관리 정보를 제공한다고 하므로 글의 내용과 일치한다.

정답 ④

8

어휘

species 종 **venomous** 독이 있는 **lizard** 도마뱀 **native** 원산의
potential 가능성 있는 **venom** 독 **treatment** 치료(제) **diabetes** 당뇨병
medication 약물 **recent** 최근의 **medicine** 약 **component** 성분
practical 실용적인 **application** 응용 **approve** 승인하다
ancient 고대의 **expose** 노출시키다 **neutralize** 중화시키다 **effect** 효과
cure 치료하다 **look to** ~에 기대를 걸다 **source** 원천 **protein** 단백질
deadly 치명적인 **funnel-web spider** 깔때기거미 **stroke** 뇌졸중

해설

힐라 몬스터는 미국 남서부와 멕시코 북서부 소노라주가 원산지인 독을 가진 도마뱀의 한 종이다. 30여 년 전 과학자들은 제2형 당뇨병 치료제로서의 힐라 몬스터 독의 가능성을 발견했다. ① 독을 약물로 사용하는 것은 최근의 혁신이 아니다: 최초의 독 기반 약물은 1970년대의 것이지만 독의 사용은 수천 년 전으로 거슬러 올라간다. ② 비록 독 성분이 현실적인 응용 가능성을 가지고 있다고 해도, 발견과 인체에 사용되도록 승인된 약물 사이의 시간은 20년이 넘을 수도 있다. ③ 예를 들어, 고대 인도 사람들은 뱀독에 항상 노출되어 있었으며, 뱀독이 생물학적 치료에 사용되었다는 것을 발견했다. ④ 따라서 그것의 효과를 중화시키는 것뿐만 아니라 다른 것들을 치료하기 위해서 독을 사용하려는 관심도 항상 있어 왔다. 현재 과학자들은 점점 더 혁신적인 약물의 원천으로서의 독에 기대를 걸고 있다. 호주 깔때기거미의 치명적인 독에 있는 단백질인 Hi1a는 뇌졸중으로 인한 손상으로부터 뇌를 보호하는 능력이 있는 것으로 밝혀졌다.

해설

글의 중심 소재는 치료제로서 독의 사용이다. 글의 주제문은 세 번째 문장으로 독을 약으로 사용하는 것은 수천 년의 역사가 있다고 한다. ①의 일반적 설명에 대해 ③은 고대 인도 사람들이 뱀의 독이 치료제로 사용되었다는 것을 발견했다는 예시를 들어 앞의 진술을 뒷받침하고 있고, 그 고대 인디언들이 독을 치료 목적으로 사용하는 것에 항상 관심이 있었다는 내용의 ④가 이어지고 있다. 하지만 ②는 독 성분의 응용 가능성과 약물 개발에 소요되는 시간을 언급했으므로 독을 치료제로 사용하는 것의 역사를 다룬 나머지 글과는 흐름상 맞지 않는다. 따라서 정답은 ②이다.

정답 ②

9

어휘

on one's way to ~하는 중에 fashion 만들다 masterpiece 걸작
halt 멈추다 idea-generation 아이디어 발굴
backtrack (방금 왔던 길을) 되짚어가다 discard 폐기하다
inadequate 불충분한 celebrated 유명한 scrap 폐기하다
conclusion 결말 movement (교향곡의) 악장 extraordinary 비범한
immediately 즉시 hit 대성공 in protest of ~에 저항하여
consistently 꾸준히 warm 정답에 가까워지는 desirable 바람직한
cold 정답에서 멀어지는

해석

만약 창작자들이 그들이 언제 걸작을 만들어 가고 있는지를 안다면, 그들의 작품은 오직 앞으로만 나아갈 것이다: 그들은 금을 발견했기 때문에 그들의 아이디어 발굴 노력을 멈출 것이다. 그러나 실제로는 그들은 왔던 길을 되짚어가서 이전에 그들이 불충분하다고 폐기했던 버전으로 되돌아간다. 베토벤의 가장 유명한 작품인 <5번 교향곡>에서 그는 제1악장의 결말이 너무 짧다고 느껴 폐기했고, 결국 나중에 그것으로 복귀했다. 베토벤이 비범한 작품과 평범한 작품을 구분할 수 있었다면 그는 자신이 작곡한 것을 대성공으로 즉시 받아들였을 것이다. 피카소가 파시즘에 저항하여 자신의 유명한 <게르니카>를 그릴 때, 그는 79개의 다른 그림들을 그렸다. 이 그림의 많은 이미지들은 이후의 변형물이 아니라, 그의 초기 스케치에 바탕을 두었다. 만약 피카소가 작품을 만들면서 그의 작품을 판단할 수 있었다면, 그는 꾸준히 더 정답에 가까워졌을 것이고 나중에 그린 스케치를 사용했었을 것이다. 하지만 실제로는 그가 정답에서 멀어진 경우도 그만큼 흔한 일이었다.

② 그가 초기 그림을 사용한 것은 흔하지 않은
③ 그가 더 차가운 유행을 따른 것은 바람직한
④ 그가 그의 걸작으로 되돌아가는 것은 쉬운

해설

글의 중심 소재는 창작자들이 창작 과정이다. 창작자들이 자신의 작품을 판단할 수 있다면 작품은 앞으로만 발전해 나가겠지만 실제로는 폐기했던 이전의 버전으로 되돌아가는 일이 발생한다고 주장한다. 베토벤과 피카소의 예시를 들어 이러한 주장을 뒷받침하고 있다. 빈칸 문장은 역접의 접속사 But으로 시작하므로 앞 문장과 반대의 내용이 와야 함을 추론할 수 있다. 또한 빈칸 앞 문장에서 'warmer'라는 비유를 통해 창작자가 작품을 제대로 판단할 수 있다면 마지막에 그린 스케치가 걸작이 되었을 것이라고 했지만, 빈칸 문장에서는 앞의 내용과는 다르게 실제로는 창작자가 작품을 제대로 판단할 수 없어서 꾸준히 뜨거워지지(정답에 가까워지지) 못하고 초기 스케치로 되돌아간다는 맥락의 내용이 들어가야 함을 추론할 수 있다. 따라서 warmer의 반대 의미를 나타내는 colder가 들어가는 것을 힌트로 볼 수 있으므로 정답은 ① '그가 정답에서 멀어진 경우도 그만큼 흔한'이다. ③에도 colder가 있지만 글에서 언급되지 않은 내용이고, ②는 글의 내용과 반대이며, ④ 역시 글에서 언급되지 않은 내용이다.

정답 ①

10

어휘

manage 해내다 outspend ~보다 많이 쓰다 oddly 이상하게
be short on ~이 부족한 primary-care 1차 진료 physician 의사
be posed to ~할 것으로 예상되다 retirement 은퇴 previously 이전에
uninsured 보험에 가입하지 않은 viable 실행 가능한 clinician 임상의
obtain 취득하다 license 면허를 주다

해석

세계의 모든 선진국보다 의료에 많은 돈을 쓰는 것을 해낸 나라 치고 미국은 이상하게 의사가 부족하다. (①) 인구 10만 명당 약 30명의 1차 진료 의사가 있다. 그것은 다른 어떤 선진국보다 훨씬 적다. (②) 당신은 아마도 베이비붐 세대가 은퇴에 들어가면서 미국의 의사 부족과 그것들이 어떻게 더 나빠질 것으로 예상되는지에 대한 머리기사들을 본 적이 있을 것이다. (③) 이것은 이전에 보험에 가입하지 않은 수백만 명의 사람들이 의료 보험 제도에 막 진입하려고 하는 것에 의해서 더욱 악화된다. (④) 누가 이 모든 사람들을 돌보겠는가? 가장 실행 가능한 해결책은 고급 학문적 훈련을 받고 의사가 하는 일의 많은 부분을 할 수 있도록 면허를 받은 간호사 및 다른 임상의의 증가하는 사람들이다.

해설

주어진 문장은 의문문으로 앞에는 those people이 누구인지에 대한 언급이 있어야 하며 뒤에는 누가 돌볼지에 대한 답이 나와야 함을 유추할 수 있다. 먼저 미국이 의료에 많은 돈을 쓰지만, 현재 의사가 부족하고 이것은 더욱 악화되고 있다고 말한다. 그리고 ④의 앞에서 그 이유가 보험에 가입하지 않은 수백만 명의 사람들이 의료 보험 제도에 진입하려고 하기 때문이라고 설명하여, 주어진 문장의 those people은 이 사람들을 가리키는 것임을 알 수 있다. 그리고 ④ 뒤에서는 해결책으로 더 많은 간호사와 다른 임상의의 증가라고 언급하고 있어 누가 돌봐야 하는지를 설명한다. 따라서 주어진 문장은 ④에 들어가는 것이 적절하다.

정답 ④

DAY 20

01	①	02	①	03	②	04	③	05	③
06	③	07	④	08	②	09	④	10	②

2025 이동기 영어 하루 프로젝트

1

어휘

rent out ~을 임대하다 lucrative 수익성이 좋은 adverse 불리한
broke 파산한 confidential 비밀의

해석

자신들의 공간을 임대하는 것은 약간의 부수입을 벌고 싶어 하는 수백만 명의 집주인들에게 수익성이 좋은 사업이 되어 왔고 점점 더 많은 사람들이 이 사업에 합류하고 있다.

정답 ①

2

어휘

significance 중요성 present 발표하다 confidently 자신 있게

해석

그녀가 그 데이터의 중요성을 이해했다면, 회의 중에 더 자신 있게 그 데이터를 발표했을 텐데.

해설

[문법포인트] 기본 가정법 주절에 가정법 과거완료 시제가 사용되었고, if절은 if 생략 가정법으로 if가 생략되어 주어와 동사가 도치된 형태이다. 가정법 과거완료의 if절에는 「had + 과거분사」가 와야 하므로 had understood가 올바른 형태이다. had는 문장 맨 앞에 도치되어 있으므로 정답은 ① understood이다.

정답 ①

3

어휘

opening hours (pl.) 개장 시간 extend 연장하다 litter 쓰레기
report 신고하다; 신고 absolutely 물론 submit 제출하다 notify 알리다
maintenance 유지보수 immediately 즉시 currently 현재

해석

지역 공원 직원: 여기는 시립 공원 사무실입니다. 오늘 무엇을 도와드릴까요?
Emily Johnson: 안녕하세요, 공원 개장 시간이 여름을 맞아 연장되었는지 여쭤보고 싶습니다.
지역 공원 직원: 네, 연장되었습니다! 새로운 개장 시간은 오전 6시부터 오후 9시까지입니다.
Emily Johnson: 정말 반가운 소식이네요. 그리고 놀이터 근처에 쓰레기가 많은 것을 발견했어요. 신고하려면 어떻게 해야 하나요?
지역 공원 직원: 저희 웹사이트를 통해 직접 신고하실 수 있습니다.
Emily Johnson: 정말 편리하네요. 휴대폰으로 신고해도 될까요?
지역 공원 직원: 물론이죠. 신고를 제출하시면 즉시 유지 보수 팀에 알리겠습니다.

① 시간이 있으면 고객님이 청소할 수 있을 것 같아요
③ 운동장은 현재 수리를 위해 폐쇄되었습니다
④ 이 문제에 대한 뉴스는 이미 공유되었습니다

정답 ②

4

어휘

fascinated 매료된 influence 영향 architecture 건축 space 공간
inhabit ~에 거주하다 explore 탐험하다 exterior 외관
residential development 주거 단지 interior 내부 corporate 기업의
rearrange 재배열하다 grid 격자 occasionally 때때로
transpose 전환하다 inspiration 영감 photographic 사진의
aim 조준하다 emphasis 중점 capture 포착하다
overhead 위에서 아래로 내려다보는

해석

Menno Aden은 건축과 디자인이 공간과 그 공간에 거주하는 사람들에게 미치는 영향에 매료되었다. 41세의 이 예술가는 고향인 베를린의 주거 단지의 외관과 기업 건물의 내부를 모두 탐험하며 각각의 이미지를 격자와 패널 모자이크로 재배열하고 때때로 비디오 작품으로 전환하기도 했다. 하지만 최근 프로젝트의 영감은 그가 의자 위에 서서 카메라를 아래로 조준하여 식사를 촬영한 사진 음식 일기에서 비롯되었다. 이 관점은 음식보다 공간에 더 중점을 두었고, 그는 전체 방을 위에서 아래로 내려다보는 장면을 포착할 수 있을지 궁금해했다.

해설

③ [문법포인트] 관계대명사의 선택 which의 선행사는 a photographic food diary이고, which 이하가 완전한 절이므로 주격이나 목적격 관계대명사로 쓰이는 which는 올 수 없다. 완전한 절을 이끌 수 있는 「전치사 + 관계대명사」 또는 관계부사가 와야 하는 자리이다. 따라서 which를 in which 또는 where로 고쳐야 한다. (which → in which/where)

① [문법포인트] 인칭대명사 동사 inhabit은 장소 명사를 목적어로 취한다. them이 복수 대명사이고 앞에 나온 복수 장소 명사 spaces를 대신하여 바르게 쓰였다.

② [문법포인트] 형용사 vs. 부사 분사나 동사, 형용사는 부사로 수식한다. 현재분사형 transposing을 수식하므로 부사인 occasionally가 바르게 쓰였다.

④ [문법포인트] 명사절 접속사의 선택 wonder는 명사절을 목적어로 취할 수 있다. wonder 뒤에 올 수 있는 명사절을 이끄는 접속사로는 if, whether, wh-의문사가 있다. 따라서 접속사 if가 바르게 쓰였다.

정답 ③

[5 ~ 6]

어휘

significantly 크게 put ~ at risk ~을 위험에 처하게 하다
residential 주거의 commercial 상업의 effectively 효과적으로
proactive 선제적인 measure 조치 organize 개최하다
preparedness 대비 hands-on 직접 해보는 fire extinguisher 소화기
evacuation 대피 drill 훈련 equipment 장비 register 등록하다
in advance 사전에 secure 확보하다 response 대응

free of charge 무료의

(A) 지역 화재 안전 교육 프로그램

건조한 여름철 동안은 화재 위험이 크게 증가하여 주거 지역과 상업 지역을 모두 더 큰 위험에 처하게 합니다. 이러한 비상 상황을 효과적으로 예방하고 대응하기 위해 시 소방부는 선제적인 조치를 취하고 있습니다.

시 소방부는 화재 비상 상황에 대비한 지역사회 대비를 강화하기 위해 워크숍을 개최합니다. 이 워크숍은 직접 해보는 소화기 훈련, 대피 훈련, 기본적인 화재 안전 요령 등을 포함합니다.

행사는 매월 첫째 주 토요일 오전 9시부터 오후 12시까지 시청 주차장에서 열립니다. 필요한 모든 장비는 주최 측에서 제공합니다. 참가자는 자리를 확보하기 위해 사전에 저희 웹사이트에서 온라인으로 등록해야만 합니다. 시 소방부에서 전액 자금이 지원되므로 참가 비용은 없습니다.

워크숍에 대한 추가 정보를 원하시면, www.cityfiredept.gov/events 웹사이트를 방문하시거나 (555) 123-4567로 저희에게 전화해 주십시오.

5 ① 지역 비상 대응 훈련
② 건기에 대비해 준비해야 할 것
④ 소화기 사용 방법

6 ① 참가자들은 건물을 안전하게 빠져나가는 훈련을 받을 것이다.
② 훈련 중에는 소화기가 제공된다.
③ 교육 세션은 매주 토요일 아침에 열린다.
④ 이 행사는 모든 참가자에게 무료이다.

해설

5 첫 문단에서는 화재 위험과 시 소방부의 선제적인 조치를 언급하고 있고 두 번째 문단의 첫 번째 문장에서 화재 비상 상황에 대비한 지역사회 대비를 강화하기 위해 워크숍을 개최한다고 했으므로 제목에는 지역사회의 화재에 대한 소방 관련 대비가 포함되어야 한다. 따라서 제목으로 가장 적절한 것은 ③ '지역 화재 안전 교육 프로그램'이다. ①과 ②에는 소방과 지역사회라는 중심 소재가 빠져 있고, ④는 지엽적인 언급이어서 각각 답으로 부적절하다.

6 ③ 세 번째 문단의 첫 번째 문장에서 행사는 매월 첫째 주 토요일에 진행된다고 하므로 글의 내용과 일치하지 않는다.
① 두 번째 문단의 두 번째 문장에서 워크숍이 직접 해보는 대피 훈련을 포함한다고 하므로 글의 내용과 일치한다.
② 두 번째 문단의 두 번째 문장에서 직접 해보는 소화기 훈련을 한다고 했고, 세 번째 문단의 두 번째 문장에서 모든 장비는 주최 측에서 제공한다고 하므로 글의 내용과 일치한다.
④ 세 번째 문단의 마지막 문장에서 시 소방부에서 전액 자금이 지원되어 참가에 대한 비용은 없다고 하므로 글의 내용과 일치한다.

 5 ③ 6 ③

7

association 협회   **non-profit** 비영리의   **organization** 단체
dedicated to ~에 전념하는   **enhance** 강화하다   **accessibility** 접근성
primary 주요한   **underserved** 소외된   **funding** 자금
low-income 저소득의   **organize** 조직하다   **outreach** (찾아가는) 봉사
strive 노력하다   **bridge** 해소하다   **gap** 격차   **foster** 조성하다
lifelong learning 평생 학습   **preserve** 보존하다   **manuscript** 필사본

지식과 성장을 위한 도서관 협회

지식과 성장을 위한 도서관 협회(LAKG)는 전 세계 도서관의 발전과 접근성을 강화하는 데 전념하는 비영리 단체입니다. 협회의 주요 사명은 소외된 지역사회의 도서관을 지원하여 모든 사람이 정보, 교육 자원, 개인 성장 기회에 접근하도록 보장하는 것입니다.

LAKG의 주요 목표
• 저소득 지역 도서관에 자금과 자원 제공
• 도서관 이용을 장려하기 위해 지역사회 봉사 프로그램 조직
• 특히 소외된 지역에서 전자책과 온라인 교육 콘텐츠에 대한 접근성을 높이기 위한 디지털 플랫폼 개발

LAKG는 전 세계 파트너 및 지역사회들과 함께 일하면서 지식 격차를 해소하고 평생 학습 문화를 조성하기 위해 노력하고 있습니다.

① LAKG는 도서관에서 고대 필사본을 보존하는 데 중점을 둔다.
② LAKG는 온라인 학습을 촉진하기 위해 디지털 플랫폼을 개발한다.
③ LAKG는 전 세계 사서들을 위한 교육 프로그램을 제공한다.
④ LAKG는 소외된 지역의 도서관 접근성을 개선하는 것을 목표로 한다.

해설

첫 문단의 첫 문장에서 '지식과 성장을 위한 도서관 협회(LAKG)'가 전 세계 도서관의 발전과 접근성을 강화하는 단체라는 것을 알 수 있고, 주제문인 두 번째 문장에서 주요 사명은 소외된 지역사회의 도서관을 지원하여 모든 사람에게 접근을 보장하는 것이라며 사명을 이루기 위해 하는 주요 목표들을 제시하고 있다. 따라서 글의 요지로 가장 적절한 것은 ④ 'LAKG는 소외된 지역의 도서관 접근성을 개선하는 것을 목표로 한다.'이다.

 ④

8

analyze 분석하다   **solution** 해결책   **recognize** 인식하다
define 명확히 하다   **lead to** ~에 이르다   **possible** 가능성 있는
suggestion 제안   **replace** 교체하다   **prior** 이전의   **analytical** 분석적인
necessity 필요성   **analysis** 분석

사람들은 그들이 직면하는 모든 문제를 분석하지는 않는다. 때때로 그들은 그들이 비슷한 문제를 가졌던 지난번의 해결책을 기억하려고 노력한다. 다른 경우에 그들은 생각하지 않고 행동하기 시작한다. 그러나 이러한 모든 방법들이 실패할 때, 그들은 분석하기 시작해야만 한다. 문제를 분석하는 데 5단계가 있다. 첫째, 그 사람은 문제가 있다는 것을 인식해야 한다. 예를 들어, Sam의 자전거가 고장 났고, 그는 그것을 탈 수가 없다. 다음으로, 그 사람은 문제점을 명확하게 해야 한다. Sam이 그의 자전거를 수리하기 전에, 그는 그것이 작동하지 않는 이유를 찾아야만 한다. 이제 그 사람은 가능성 있는 해결책에 이르게 하는 정보를 찾아야 한다. 예를 들어, 기어 휠이 무엇인가 잘못되었기 때문에 그의 자전거가 작동하지 않는다고 Sam이 판단했다고 가정해보자. 이 경우에, 그는 그의 자전거 수리 책을 보거나 자전거 가게에서 일하는 친구에게 말해 볼 수 있다. 그 문제를 조사한 후에, 그는 가능성 있는 해결책을 위한 몇 가지 제안을 받을 수도 있을 것이다: 기어 휠에 기름을 칠하기; 새로운 기어 휠을 사서 기존의 것과 교체하기. 마지막으로, Sam은 그 제안

들 중의 하나를 선택하고 문제를 해결하게 된다.

① 이전 경험에 근거한 문제 해결
② 분석적인 문제 해결의 단계들
③ Sam의 자전거를 고치기 위한 5단계
④ 문제 분석의 필요성

해설

글의 중심 소재는 분석을 통한 문제 해결 5단계이고, 주제문은 네 번째와 다섯 번째 문장이다. 글의 전반부에서 사람들이 문제를 해결하기 위해 여러 가지 방법을 쓰는데 그것들이 실패하면 문제를 분석한다고 했다. 그리고 후반부에서 이를 5단계로 나누어서 제시하고 있다. 따라서 이 글의 제목으로 가장 적절한 것은 ② '분석적인 문제 해결의 단계들'이다. ④는 문제 분석의 필요성을 나타낸 것이 아니고, 문제를 분석하는 방법에 대해서만 이야기하므로 제목으로 적절하지 않다.

정답 ②

9

어휘

consumer 소비자 capitalism 자본주의 species 종 intent 열중하는
ensure 확실하게 하다 reflect 반영하다 hardest-nosed 콧대가 센
force 세력 environmental 환경의
value-conscious 가격 대비 효율을 의식하는 project 투영하다
ethical 윤리적인 firm 회사 on the basis of ~에 근거하여
credential 인증 supply-chain 공급망 standard 기준
veganism 채식주의 carbon footprint 탄소 발자국

해석

21세기 소비자들은 자본주의를 더 나은 방향으로 변화시킬 것이다. 이들은 미국에 덜 집중하고 자신이 구매한 제품이 자신이 믿는 것을 반영하도록 하는 것에 열중하는 새로운 종의 쇼핑객들이다. (B) 그들이 세상에 가져온 한 가지 변화는 전 세계적으로 새로운 쇼핑객들이 단순히 가격 대비 효율을 의식할 뿐만 아니라 무엇을 구매할지에 대한 자신들의 결정에 점점 더 윤리적, 정치적 가치를 투영하고 있다는 점이다. (C) 예를 들어, 그들은 환경 인증과 공급망 표준을 기반으로 기업을 선택한다. 쇼핑객들은 채식주의와 같은 경향을 지원하기 위해 자신들의 힘을 사용하고 있다. 패션은 점점 더 탄소 발자국에 대해 의식하고 있다. (A) 미국 식품 대기업 중 가장 콧대가 센 하인즈조차도 케첩뿐만 아니라 환경 정화를 위한 세력으로 자신을 재브랜드화 하려고 노력하고 있다.

해설

글의 중심 소재는 신념 중심 소비이다. 주어진 글에서 새로운 형태의 쇼핑객이 등장했고 이들은 자신의 구매를 자신의 신념과 연결시킨다고 언급한다. 주어진 글에서의 21st-century consumers와 a new species of shoppers를 (B)에서 각각 they와 the new shoppers로 지칭하면서 이들의 소비가 가격 대비 효율성 위주의 소비에서 윤리적, 정치적 가치를 고려하는 소비로 변화했다고 주어진 글을 부연 설명하는 것이 자연스럽다. 이러한 신념 중심 소비가 가져온 변화(One change)에 대해 좀 더 구체적으로 (C)에서 예시를 들고 있으므로 (C)가 이어져야 한다. 그 다음 소비자들이 가치관을 반영하여 소비할 회사를 결정한다고 말하고 그 결과로 하인즈 같은 거대 식품 회사도 소비자의 요구에 맞춰 변화하고 있다는 내용의 (A)가 이어져야 자연스럽다. 따라서 가장 적절한 글의 순서는 ④ (B) - (C) - (A)이다.

정답 ④

10

어휘

theory 이론 reject 거부하다 hypothesis 가설 indirect 간접적인
evolution 진화 positively 절대적으로 assemble 모으다
enormous 막대한 convincing 설득력 있는 compete 경쟁하다
admit 인정하다 likely 그럴듯한

해설

과학에서, 우리는 한 이론이 사실이라는 것을 실제로 결코 증명할 수 없다. 우리가 과학에서 할 수 있는 전부는 가설을 거부하기 위해 증거를 사용하는 것이다. 실험은 한 이론이 옳다는 것을 결코 직접적으로 증명하지 않는다; 실험이 할 수 있는 전부는 오직 하나의 그럴듯한 이론이 남을 때까지 다른 모든 이론들을 거부함으로써 간접적인 지지를 제공하는 것이다. 예를 들어, 가끔 당신은 사람들이 '진화론은 이론일 뿐이다: 과학은 결코 그것을 증명한 적이 없다.'와 같은 말을 하는 것을 듣는다. 그 말은 사실이지만, 어떤 이론이 절대적으로 사실이라는 것을 과학이 결코 증명하지 않는다는 의미에서만 사실이다. 하지만 진화론은 다른 경쟁하는 이론들이 잘못되었다는 것을 증명하는 막대한 양의 설득력 있는 자료를 모아왔다. 그래서 비록 그것이 증명되지 않았더라도, 진화론은 우리가 가지고 있는 자료를 설명하기 위해서 우리가 가진 최선의 이론이다.

① 과학자들이 잘못된 자료를 사용한다는 것을 인정할
③ 사람들이 처음의 가설로 돌아갈
④ 이론들이 말로 설명될 수 있을

해설

글의 중심 소재는 과학 이론의 증명 불가능성이다. 과학 이론이 사실이라는 것은 증명할 수 없다고 주장한 뒤, 과학 실험은 증거를 제시해서 다른 가설들을 거부할 뿐이라고 말한다. 그런 다음, 진화론을 예시로 들어 과학이 진화론을 직접 증명하지는 못했지만 원래 과학은 어떤 이론이 사실이라고 증명하지 않으며 다른 이론이 옳지 않다는 것을 증명하는 자료를 수집할 뿐이라고 설명한다. 즉, 일종의 소거법을 통해 다른 이론들이 틀렸다는 것을 밝히고 하나의 올바른 이론을 남긴다는 것이다. 빈칸 앞에서는 어떤 이론이 옳다고 직접 증명할 수 없다고 했고, 빈칸 뒤에서는 다른 이론들을 거부함으로써 간접적으로 지지한다고 했으므로 빈칸에는 과학자들이 옳다고 믿는 하나의 이론이 남는다는 내용이 들어가야 한다. 따라서 빈칸에 들어갈 말로 가장 적절한 것은 ② '오직 하나의 그럴듯한 이론이 남을'이다.

정답 ②

DAY 21

| 01 | ① | 02 | ② | 03 | ④ | 04 | ② | 05 | ③ |
| 06 | ① | 07 | ② | 08 | ① | 09 | ③ | 10 | ③ |

1

어휘

complete 완료하다   analyze 분석하다   identify 확인하다
improvement 개선   scrutinize 면밀하게 조사하다   disregard 무시하다
finalize 결말을 짓다   underestimate 과소평가하다

해석

프로젝트가 완료된 이후에도, 그 팀은 개선 영역을 확인하기 위해 결과를 면밀하게 조사하고 분석하기를 계속했다.

정답 ①

2

어휘

incident 사건   unexpectedly 갑자기   trigger 작동시키다
cause 일으키다   panic 공황   staff 직원   occur 발생하다

해석

경보 시스템이 갑자기 작동되어 직원들 사이에 공황을 일으켰을 때 그 사건이 발생했다.

해설

[문법포인트] 동사의 유형별 수동태 / 완료시제 occur는 자동사이므로 수동태로 쓸 수 없고, 뒤에 과거 시점을 의미하는 when절이 있으므로 현재완료로도 쓸 수 없다. 따라서 빈칸에는 과거시제인 ② occurred가 들어가야 한다.

정답 ②

3

어휘

usual 일상적인   renovation 수리   inconvenient 불편한
availability 이용 가능성   issue 문제   postpone 연기하다
relocate 옮기다   conference room 회의실

해석

A: 우리가 일상적으로 사용하는 회의실이 다음 주에 수리한다는 소리 들었어?
B: 정말? 그거 불편하게 됐는데. 그럼 회의는 어디서 하지?
A: 좋은 질문이야. 회의를 주 회의실로 옮기는 것은 어때?
B: 근사한데. 그것의 이용 가능성을 확인해서 팀원들에게 알려줄게.
A: 좋았어. 무슨 문제가 있으면 알려줘.

① 일상적으로 사용하는 회의실이 이용 가능한지 확인해 보자.
② 그 행사를 가까운 카페에서 여는 것은 어때?
③ 내 생각엔 회의를 다른 주로 미루는 것이 낫겠어.

정답 ④

4

어휘

numerous 수많은   benefit 혜택   gardening 원예   positive 긍정적인
well-being 웰빙   environmental 환경의   sustainability 지속 가능성
recognize 인정하다   gardener 원예사   practice 실천하다   craft 기술
pass on ~을 전하다   appealing 매력적인   thrive 성장하다
nurture 기르다   attention 관심   patience 인내   inspire 생기를 주다

해석

정신 건강, 신체적 웰빙, 그리고 환경적 지속 가능성에 미치는 긍정적인 영향을 포함한 원예의 수많은 이점은 수 세기 동안 널리 인정받고 있다. 많은 원예사들은 수년간 자신들의 기술을 실천해 왔으며, 그들의 기술이 미래의 세대에게 전해져야 한다고 다른 사람들에게 제안한다. 집에서 기른 식물의 성장률이 상점에서 구매한 것들의 성장률보다 종종 더 빨라서, 그것들을 더 매력적인 선택으로 만들고 있다. 식물은 그것의 뿌리에 적절한 돌봄이 필요한데 관심과 인내를 가지고 기를 때 더 잘 성장한다. 결과적으로 원예는 모든 연령대의 사람들에게 지속적으로 생기를 준다.

해설

② [문법포인트] 당위의 조동사 should 주장, 요구, 제안, 명령 동사의 목적어로 that절이 오면 that절의 동사는 「(should) + 동사원형」의 형태로 써야 한다. suggesting의 목적어인 that절의 동사가 should가 생략된 be passed로 바르게 쓰였다.
① [문법포인트] 완료시제 과거부터 현재까지 시간의 계속을 의미하는 for centuries를 보아 현재가 아닌 현재완료 have been으로 써야 한다. (are → have been)
③ [문법포인트] 주어 – 동사 수 일치 are의 주어는 growth rate로 단수이므로 단수인 is로 고쳐야 한다. (are → is)
④ [문법포인트] 관계대명사의 선택 관계대명사 이후의 문장이 완전하고 바로 뒤에 복수형 명사가 왔으며, 문맥상 plants의 roots라는 소유의 의미가 성립하므로 소유격 관계대명사 whose로 고쳐야 한다. (which → whose)

정답 ②

[5 ~ 6]

어휘

bureau 국   mission 사명   ensure 반드시 ~하게 하다
comply with ~을 따르다   safety regulation 안전 규정   oversee 감시하다
licensing process 인가 절차   guarantee 보장하다
license application 인가 신청   apply for ~을 신청하다   operation 영업
submit 제출하다   practice 관행   storage facility 저장 시설
accept 받아들이다   guidance 지침   compliance 준수   penalty 벌금
adherence 고수   violation 위반   observation 관찰
independence 독립

해석

국가 식품 안전국

사명

국가 식품 안전국(NFSB)은 모든 식품 기업이 안전 규정을 반드시 따르도록 한다. 안전국은 음식점, 식품점, 식품 생산업자들이 공중 건강과 안전을 보장하도록 인가 절차를 감시한다.

인가 신청
모든 식품 기업은 영업 전에 인가를 신청해야만 한다. 그 과정은 식품 처리 관행, 저장 시설, 직원 교육에 관한 상세한 서류 제출을 포함한다. 이 서류들은 온라인으로 다운받을 수 있지만, 온라인 제출은 받아들여지지 않으므로 신청은 우편 또는 직접 제출해야만 한다.

지원 서비스
안전국은 기업들이 벌금을 피할 수 있도록 돕기 위해 식품 안전 기준에 관한 워크숍과 준수를 유지하는 것에 관한 지침을 제공한다.

5 ① 다양한 종류의 식품 사업에 대한 인가 절차를 감시한다.
② 기업들에게 상세한 식품 처리 서류를 제공하는 것을 요구한다.
③ 기업들이 온라인으로 인가 신청을 제출하는 것을 허용한다.
④ 기업들이 안전 기준을 맞추도록 돕는 워크숍을 제공한다.

해설

5 ③ <인가 신청>의 세 번째 문장에서 신청은 우편 또는 직접 제출해야만 하고 온라인 제출은 받아들여지지 않는다고 했으므로 글의 내용과 일치하지 않는다.
① <사명>의 두 번째 문장에서 식당, 식품점, 식품 생산업자들이 공중 건강과 안전을 보장하도록 인가 절차를 감시한다고 했으므로 글의 내용과 일치한다.
② <인가 신청>의 두 번째 문장에서 식품 처리 방법, 저장 시설, 직원 교육에 관한 상세한 서류 제출을 포함한다고 했으므로 글의 내용과 일치한다.
④ <지원 서비스>에서 식품 안전 기준에 대한 워크숍을 제공한다고 했으므로 글의 내용과 일치한다.

정답 5 ③ 6 ①

7

어휘
valued 소중한   host 개최하다   innovation 혁신   summit 정상회의
insightful 통찰력 있는   remind 상기시키다   registration 등록
secure 확보하다   launch 시작   agenda 의제

해석
수신: 소중한 고객들
발신: events@companymail.com
날짜: 2025년 10월 5일
제목: 우리의 다가오는 행사

소중한 고객님께,

우리는 업계 지도자와 혁신가들이 통찰력 있는 대화와 인맥 형성을 위해 모이는 "미래 혁신 정상회의 2025"를 개최하게 되어 매우 기쁩니다. 등록이 2025년 10월 10일에 마감이라는 것을 상기시켜 드리기 위해 글을 쓰고 있으므로 자리를 확보할 기회를 놓치지 마시기 바랍니다.

행사 세부 사항
• 날짜: 2025년 10월 20일
• 시간: 오전 9시 – 오후 5시
• 장소: Grand Innovation 홀, City 센터

지금 우리의 웹사이트 www.innovationsummit.com에서 등록하세요.

정상회의에서 뵙기를 기대합니다!

안부를 전하며,
행사팀

① 새로운 행사의 시작을 알리기 위해
② 고객들에게 행사 등록 마감 시한을 상기시키기 위해
③ 다가오는 행사의 상세한 의제를 제공하기 위해
④ 고객들로부터 지난 행사에 대한 피드백을 요청하기 위해

해설
제목에서 다가오는 행사를 언급하고 첫 번째 문단의 두 번째 문장에서 등록이 2025년 10월 10일에 마감이라는 것을 상기시켜 드리기 위해 글을 쓰고 있다고 했으므로 글의 목적으로는 ② '고객들에게 행사 등록 마감 시한을 상기시키기 위해'가 가장 적절하다.

정답 ②

8

어휘
dirt 먼지   function 기능   have to do with ~와 관련이 있다
sense of touch 촉각   determine 알아내다   slightly 약간   pale 창백한
sign 징후   reflect 반영하다   mental 정신적인   unusual 평소와 다른
sweat 땀을 흘리다   nervous 불안한

해설
당신은 피부가 우리를 위해 무엇을 하는가에 대해서 생각해 본 적이 있는가? 우리 중의 대부분은 피부가 액체, 열, 추위, 먼지, 세균으로부터 우리를 보호해 주는 것을 알고 있다. (A) 그러나 그것이 피부의 유일한 일은 아니다. 피부는 우리 몸이 우리에게 필요한 비타민 D를 만드는 곳이다. 또 다른 기능은 촉각과 관련이 있다. (C) 그 감각이 없으면 우리는 거친 표면과 부드러운 표면 사이의 어떤 차이도 느낄 수 없다. 피부는 심지어 우리가 어떤 사람이 아픈지 알아내는 것을 돕는다. (B) 약간 회색빛이거나 아주 창백해 보이는 — 잘못된 색은 질병의 징후일 수 있다. 피부는 또한 그 사람의 정신적 상태를 반영할 수도 있다. 예를 들어, 평소와 다르게 땀을 흘리는 것은 그 사람이 불안하거나 스트레스를 받고 있다는 징후일 수 있다.

해설
주어진 글에서는 우리가 일반적으로 알고 있는 액체, 열, 추위, 먼지, 세균으로부터 우리 몸을 보호하는 피부의 역할을 설명한다. (A)에서는 주어진 글에서 언급한 일들이 피부의 유일한 역할이 아니라고 말하고 다른 역할인 촉각에 대해 부연 설명한다. (A)의 sense of touch를 (C)에서 that sense로 받아 촉각에 대해 부연 설명하고 (C)의 끝에서 피부로 사람이 아픈 것도 알아차릴 수 있다고 말한다. 이 내용을 (B)에서 잘못된 피부 색과 땀흘림을 예로 들며 질병의 징후에 대해 추가 설명을 하고 있다. 따라서 적절한 순서는 ① (A) – (C) – (B)이다.

정답 ①

9

어휘
benefit 이점   opportunity 기회   contrary to ~와 반대로
thoughtful 사려 깊은   examination 조사   course 과정
examine 조사하다   inference 추론   current 현재의   likely 가능성 있는
outcome 결과   broad 폭넓은   affair 정세   literature 문학
passion 열정   greed 탐욕   insecurity 불안

해석

역사 공부는 많은 이점을 제공한다. 첫째, 우리는 과거로부터 배운다. 우리는 실수를 반복할 수 있지만, 적어도, 우리는 그것들을 피할 기회가 있다. 둘째, 역사는 현재에 대해 어떤 질문을 해야 하는지 가르쳐준다. 어떤 사람들의 견해와는 반대로, 역사 공부는 이름, 날짜, 장소를 암기하는 것이 아니다. 그것은 인간 삶의 과정을 형성한 힘에 대한 사려 깊은 조사이다. 우리는 과거의 사건들을 조사해서 현재 사건들에 대한 추론들을 이끌어낼 수 있다. 역사는 우리에게 가능성 있는 결과에 대해 가르쳐준다. 역사 공부의 또 다른 이점은 다뤄지는 인간 경험의 범위가 넓다는 것이다. 전쟁과 평화는 국가 및 국제 정세처럼 확실하게 다루어진다. 그리고 문화적인 사안들(미술, 문학, 음악)도 역사 연구에 포함된다. 인간의 본성은 역사의 중요한 부분이다: 열정, 탐욕, 불안과 같은 감정이 세계 정세의 형성에 영향을 끼쳐왔다. 역사 공부가 지루하다고 생각하는 사람은 실제로 역사를 공부하지 않은 것이다.

① 역사 공부는 단순히 암기가 아니라 깊이 있는 철학적 문제를 탐구하는 것이다.
② 우리는 국가와 국제 역사를 둘 다 공부해야만 한다.
③ 역사 공부는 우리가 삶과 사회를 이해하고 탐구하도록 돕는다.
④ 역사는 지루한 것이 아니라 모두에게 흥미로운 주제이다.

해설

첫 번째 문장을 통해 글의 중심 소재가 역사 공부의 이점인 것을 알 수 있고, 각각의 이점들을 통해 글의 주제를 추론할 수 있다. 역사를 공부하게 되면 먼저 과거로부터 배워 현재에 실수를 피할 수 있는 기회가 있다고 하고 현재에 대한 질문을 던지게 하며, 과거의 사건을 조사하여 현재 사건들에 대해 추론할 수 있어 가능한 결과를 추론할 수 있도록 한다고 말한다. 마지막으로 전쟁과 평화, 국제 정세에서 문화적 사안과 인간 본성까지 다루는 인간 경험의 범위가 넓다고 한다. 따라서, 글의 요지로는 ③ '역사 공부는 우리가 삶과 사회를 이해하고 탐구하도록 돕는다.'가 가장 적절하다.

정답 ③

10

어휘

glow 불빛 aspect 측면 bond 유대감을 형성하다 release 방출하다
toxic 독성의 volatile 휘발성의 organic compound 유기 화합물
carbon dioxide 이산화탄소 potent 강력한 intense 강렬한
respiratory 호흡기의 inflammation 염증 asthma 천식 attack 발작
ecosystem 생태계 erosion 침식 apparent 명백한

해석

캠프파이어 불빛 옆에서 사랑에 빠지는 것보다 더 낭만적인 것이 있을까? 불 주위에 둘러앉아 서로의 다양한 측면을 볼 기회를 갖는 것은 당신의 파트너와 유대감을 형성할 좋은 기회이다. (A) 그러나, 캠프파이어는 또한 공기 오염의 원인이다. 나무를 태우는 것은 놀라울 정도로 많은 수의 유독한 휘발성 유기 화합물을 방출한다. 나무가 타는 불은 또한 강력한 온난화 가스인 매우 많은 양의 이산화탄소를 방출한다. 캠프파이어 곁에 앉아있거나 또는 심지어 붐비는 캠프장에 단지 머물고 있는 사람에게도 그 공기 오염은 눈과 호흡기 염증을 일으키기에 충분히 강렬할 수 있고 천식과 폐기종의 발작을 유발할 수 있다. (B) 게다가 캠프파이어에 의해 유발되는 몇몇 다른 환경적 영향이 있다. 먼저 캠핑하는 사람들이 정기적으로 불을 피우는 장소에서 죽은 나무들이 종종 너무 많이 모아져서 지역 생태계가 영향을 받고 토양 침식이 명백해진다. 또한 많은 사람들이 캠프파이어에 쓰레기를 태우려 하기 때문에 더 많은 공기 오염을 발생시킬 뿐 아니라 반쯤 타다 만 쓰레기가 불구덩이에 종종 있게 된다.

(A)	(B)
① 비슷하게	예를 들면
② 그럼에도 불구하고	예를 들면
④ 더욱이	게다가

해설

글의 중심 소재는 캠프파이어의 부정적인 환경 영향이다. (A)의 앞에서 캠프파이어가 로맨틱하다는 긍정적인 측면을 말하고 뒤에서 공기 오염의 원인이라는 부정적인 측면을 말하므로 (A)에는 역접의 연결사인 However가 들어가야 한다. (B)의 앞에서 캠프파이어가 공기를 오염시킨다고 말하고 뒤에서 그 밖의 다른 부정적인 영향에 대해 설명하므로 (B)에는 첨가, 추가의 Moreover가 들어가야 한다. 따라서 정답은 ③이다.

정답 ③

DAY 22

01	②	02	③	03	③	04	④	05	④
06	②	07	④	08	③	09	①	10	②

2025 이동기 영어 하루 프로젝트

1

어휘

account 설명   perspective 관점   fairly 공정하게   represent 표현하다
biased 편향된   impartial 공정한   distorted 왜곡된   subjective 주관적인

해석

다큐멘터리는 사건에 대한 공정한 설명을 제공하여 모든 관점이 공정하게 표현되도록 했다.

정답 ②

2

어휘

work 효과가 있다   keep -ing 계속하다

해석

나는 그것이 효과가 없다는 것을 알면서도 왜 내가 계속 같은 일을 하는지 이해할 수 없었다.

해설

[문법포인트] 의문문의 어순 선택지를 볼 때 understand의 목적어 역할을 하는 간접의문문이 들어가야 함을 알 수 있다. 간접의문문의 어순은 「의문사+주어+동사」이므로 빈칸에는 ③ why I kept가 들어가야 한다.

정답 ③

3

어휘

delivery 배달   delay 지연하다   currently 현재   distribution 배포
tracking 추적   refund 환불하다

해설

Emma Jackson: 안녕하세요. 제가 제 택배의 배달이 지연되고 있는 것을 알게 됐어요.
고객 서비스: 죄송합니다. 제가 확인할 수 있게 귀하의 주문 번호를 알려주시겠습니까?
Emma Jackson: 물론입니다. 주문번호는 45678912입니다.
고객 서비스: 감사합니다. 확인해 보겠습니다... 택배가 현재 지역 배포 센터에 있는 것으로 보이며 내일 배달될 것입니다.
Emma Jackson: 추적 상세 정보를 제게 보내주실 수 있나요?
고객 서비스: 네, 업데이트된 추적 정보를 지금 보내드리겠습니다.
Emma Jackson: 좋아요, 도와주셔서 고맙습니다!

① 직접 가지러 갈 수 있을까요
② 배달에 속도를 내주실 수 있나요
④ 배송비를 환불해주실 수 있나요

정답 ③

4

어휘

fascinate 매료시키다   mission 임무   underway 진행 중인
exoplanet 태양계 외행성   so far 지금까지   excite 들뜨게 하다
suitable 적합한

해석

Kepler-452b는 그것의 발견 이후로 과학자들을 매료시켜 왔다. 만일 그것이 우리 태양계와 더 가깝다면, 그것을 상세히 연구하는 임무가 진행 중일 수도 있을 것이다. 이 태양계 외행성은 지금까지 발견된 그 어떤 행성보다 크기와 환경에서 지구와 더 유사하다. 연구자들은 그렇게 먼 세상에 도달할 수 있는 우주선을 만드는 데는 수십 년의 개발이 소요될 것으로 추정한다. 그러나 Kepler-452b에 대해 과학자들을 가장 들뜨게 하는 것은 그것이 생명에 적합한 환경을 가지고 있을 수도 있다는 것이다.

해설

④ [문법포인트] 명사절 접속사의 선택 that 절이 is의 주어 역할을 하고 있는데 that 뒤에는 주어가 없는 불완전한 절이 왔다. 따라서 불완전한 절을 이끄는 what으로 고쳐야 한다. (that → what)
① [문법포인트] 기본 가정법 현재 사실을 가정하는 가정법 과거로 가정법 과거의 be동사는 인칭에 관계없이 모두 were를 써야 하므로 were가 바르게 쓰였다.
② [문법포인트] 비교 사용 표현 비교급을 이용한 최상급 표현으로 any other 뒤에 단수 명사가 바르게 쓰였다.
③ [문법포인트] to부정사의 용법 / 수여동사 수여동사 cost의 가주어 it에 대한 진주어로 to부정사인 to create가 바르게 쓰였다.

정답 ④

[5 ~ 6]

어휘

breeze 산들바람   reservation 예약   appreciate 높이 평가하다
esteemed 명망 있는   delightful 기분이 좋은   recent 최근의
review 검토하다   confirmation 확인서   discrepancy 불일치
clarification 해명   specifically 구체적으로   incorrectly 부정확하여
reflect 반영하다   opt for ~을 선택하다   inclusive 포함된   verify 확인하다
accuracy 정확성   confirm 확인하다   initial 처음의
accommodate 수용하다, 숙박시키다   billing 청구서
house 거처를 제공하다   fulfill 이행하다   refuse 거절하다   adapt 적응하다

해설

수신: Ocean Breeze 호텔 예약팀 (reservations@oceanbreezehotel.com)
발신: Stacy Smith (stacy.smith@zmail.com)
날짜: 2025년 3월 15일
제목: 문의

Ocean Breeze 호텔 예약팀께,

저는 명망 있는 귀 호텔의 훌륭한 서비스를 항상 높이 평가해 왔으며 제 최근의 예약으로 또 한 번의 멋진 경험을 기대했습니다.

그러나 제 예약 확인서를 검토하자마자, 저는 해명이 필요한 몇몇 불일치를 발견했습니다. 구체적으로는:
1. 제가 선택한 방의 형태(킹사이즈 침대를 가진 해변 전망)가 퀸사이즈 침대를 가진 도시 전망으로 확인서에 잘못 반영되어 있습니다.
2. 예약할 때 저는 아침 식사가 포함된 패키지를 선택했는데 이 상세 사항이 확인서에 언급되어 있지 않습니다.

제 예약의 정확성을 확인하셔서 모든 불일치를 수정해 주시겠습니까? 추가로 저의 처음 요구와 선호가 수용될 수 있는지의 여부를 확인하고 싶습니다.

이 문제에 대한 당신의 즉각적인 관심에 감사드립니다.

안부를 전하며,
Stacy Smith

5 ① 호텔 예약을 취소하려고
② 잘못된 청구서에 관한 문제를 해결하려고
③ 추가적인 호텔 서비스에 대해 문의하려고
④ 호텔 예약에 관련된 문제를 해결하려고

해설
5 메일의 두 번째 문단의 첫 문장에서 예약 확인서에서 여러 불일치를 발견했다고 하고, 세 번째 문단에서 예약에 관련된 불일치를 해결해 달라고 말하고 있으므로 글의 목적으로는 ④ '호텔 예약에 관련된 문제를 해결하려고'가 가장 적절하다.

정답 5 ④ 6 ②

7

어휘
innovation 혁신   summit 정상회의   policymaker 정책 입안자
feature 특징   virtual reality 가상 현실   interactive 대화식의
session 시간   exhibition 전시   cutting-edge 최신의
register 등록하다   guaranteed 보증된   attendee 참석자
interact with ~와 소통하다   participant 참가자
be eligible to ~할 자격이 있다   fee 요금

해설
교육 혁신 정상회의 2025

기술과 창의성이 어떻게 교육의 미래를 형성하고 있는지를 탐구하기 위해 교육자, 연구자, 그리고 정책 입안자와 <교육 혁신 정상회의 2025>에 함께하세요.

행사 세부 사항
• 날짜: 2025년 7월 21일 월요일
• 시간: 오전 10시 - 오후 3시
• 장소: 학습 허브 센터

주요 특징
• 인공지능과 가상 현실에 관한 발표
• 전 세계적인 선도적 교육 전문가들과 대화식 시간
• 최신식 교육 도구와 플랫폼 전시

등록
• 유효한 신분증을 소지한 학생은 무료
• 입장 보증을 위해서는 7월 10일까지 등록해주세요.

• 웹사이트: www.educationsummit2025.com
• 연락처: help@educationsummit2025.com | (555) 123-4567

① 참석자들은 전 세계적으로 영향력 있는 교육자들과 소통할 것이다.
② 참가자들은 행사에서 새로운 교육 도구를 탐험할 수 있다.
③ 학생들은 비용 없이 행사에 참여할 자격이 있다.
④ 자리를 확보하기 위해 참가자들은 아무 때나 등록할 수 있다.

해설
④ <등록>의 두 번째 항목에서 입장 보증을 위해서는 7월 10일까지 등록하라고 했으므로 글의 내용과 일치하지 않는다.
① <주요 특징>의 두 번째 항목에서 전 세계적인 선도적 교육 전문가들과 대화식 시간이 있다고 했으므로 글의 내용과 일치한다.
② <주요 특징>의 세 번째 항목에서 최신식 교육 도구와 플랫폼 전시가 있다고 했으므로 글의 내용과 일치한다.
③ <등록>의 첫 번째 항목에서 학생들은 무료라고 했으므로 글의 내용과 일치한다.

정답 ④

8

어휘
namesake 다른 존재와 이름이 같은 것   longed-for 갈망하던
revolution 혁명   materialize 실현되다   catch on 인기를 끌다
reputation 평판   out of control 통제 불능 상태로   cliff 절벽
country 전원   estate 사유지   run over ~를 차로 치다
do a victory lap 우승 기념으로 트랙을 한 바퀴 돌다   platform 발판
suspend 매달다   lean 몸을 기울이다   direct 방향을 잡다

해석
갈망하던 운송 혁명을 실현하는 것을 실패했다는 것을 인정하면서, 세그웨이는 19년 만에 세그웨이와 이름이 같은 4,000파운드짜리 차량 생산을 종료할 예정이다. (C) 탑승자들이 두 개의 바퀴 사이에 매달린 발판 위에 서서 그것의 방향을 잡기 위해 몸을 앞쪽으로 뒤쪽으로 그리고 좌우로 기울이는 세그웨이 PT는 짧은 이동을 위한 쉬운 방법으로 알려져 있었다. (A) 하지만 이 기계들은 인기를 끌지 못했고, 통제 불능 상태로 회전하면서 탑승자를 바닥에 내던질 수 있기 때문에 안전하지 않다는 평판을 빠르게 얻게 되었다. (B) 회사를 사들인지 불과 10개월 만인 2009년, 62세의 백만장자 지미 헤셀덴은 런던 북쪽에 있는 자신의 전원 사유지에 있는 동안 세그웨이를 타다가 30피트 절벽으로 떨어져 죽었다. 그리고 2015년에 세그웨이를 탄 한 카메라맨은 우사인 볼트가 우승 기념으로 트랙을 돌 때 그를 치었다. 다행히도, 볼트는 다치지 않았다.

해설
주어진 문장에서 세그웨이라는 차량이 운송 혁명을 실현시키지 못하고 결국 생산을 중단하게 되었다는 결론을 먼저 언급하게 된다. 그런 뒤에 이 결론에 이르게 된 원인과 과정들을 차례대로 언급하는 구조의 글이다. 먼저 (C)에서 세그웨이라는 것이 무엇인지 그리고 어떻게 작동이 되는지에 대한 일반적인 진술이 이어지고 있다. 그런 다음 (A)에서 But으로 반전하며 세그웨이가 인기를 끌지 못하는 것과 불안전성에 대해 언급하면서, 세그웨이 생산 중단의 이유가 안전하지 않아서라고 했다. 이 불안전성에 대한 예시로 (B)에서 사람들이 죽거나 다친 두 가지 사례로 이어지는 것이 자연스럽다. 따라서 글의 순서로 적합한 것은 ③ (C) - (A) - (B)이다.

정답 ③

9

어휘
transmit 전달하다　specific 특정한　factual 사실의　distortion 왜곡
ambiguity 모호성　offer 제공하다　valuable 가치 있는　mere 단순한
invariable 변함없는　involve 수반하다　interpretation 해석　joint 공동의
effort 노력　consciously 의식적으로　intend 의도하다
perspective 관점　encounter 접하다　imprecisely 부정확하게
stimulating 자극적인　reliable 믿을 수 있는　precise 정확한
generate 형성하다　reflection 반영　medium 수단　inherent 내재된
adaptability 적응성　varied 다양한

해석
어떠한 왜곡이나 모호함 없이 특정한 사실 정보를 전달하는 체계로서, 꿀벌의 신호 체계는 아마도 인간의 언어를 언제나 쉽게 이길 것이다. 그러나 언어는 단순한 정보 교환보다 더 가치 있는 어떤 것을 제공한다. 단어들의 의미들은 변하지 않는 것이 아니고, 이해는 언제나 해석을 수반하기 때문에, 의사소통 행위는 항상 공동의 창의적 노력이다. 청자들이나 독자들은 그들이 만나는 언어에 그들 자신의 시각을 가져오기 때문에, 단어들은 화자들이나 필자들에 의해서 의식적으로 의도된 의미를 넘어서는 의미를 전달할 수 있다. 부정확하게 표현된 생각들은 단순한 사실보다 청자들이나 독자들에게 더 지적으로 자극적일 수도 있다. 언어가 어떤 사람의 마음 속에 정확한 의미가 형성되도록 하는 것에 항상 신뢰할 수 있는 건 아니라는 사실은 새로운 이해를 만들어 내는 수단으로서의 그것의 강력한 힘의 반영이다. 언어와 사고의 관계를 그렇게도 특별하게 만드는 것은, 의미를 만들어 내는 체계로서의 언어의 내재된 모호성과 적응성이다.

① 언어의 힘: 모호성과 창의적 이해
② 창의적이지 않고 단순하다: 언어가 운용되는 방식
③ 언어 사용에서 보편적 목표인 의사소통
④ 언어의 생산에서(언어를 말하고 쓸 때) 모호성을 제거하라!

해설
글의 중심 소재는 언어의 모호성과 적응성이다. 즉 단어는 의미가 변할 수 있고, 듣거나 읽는 사람은 말이나 글을 자신의 시각으로 해석하기 때문에 언어에 대해 다양한 해석을 만들어 낼 수 있다고 한다. 이러한 주제는 마지막 두 문장에 잘 나타나 있다. 따라서 이 글의 제목으로 가장 적절한 것은 ① '언어의 힘: 모호성과 창의적 이해'이다.

정답 ①

10

어휘
reassuringly 안심할 정도로　revolve 회전하다　ordinary 일반적인
let alone ~은 말할 것도 없이　claim 주장　individualism 개인주의
subordinate 종속시키다　explosion 폭발　insight 통찰　cause 원인
effect 결과　self consciousness 자의식　all at once 갑자기
humanity 인류　earthly 지구상의　feat 업적　navigation 항해
upheaval 격변　reasonable 합리적인　expectation 기대　acquire 얻다
examine 탐구하다　conclude 결론을 맺다　reflection 성찰
conformity 획일화　transformation 변화

해석
지구가 안심할 정도로 평평하고 우주가 그것의 주위를 돌 때인 천 년 전에는 평범한 사람은 성이 없었으며, 개인주의에 대한 주장은 말할 것도 없었다. 자아는 교회와 왕에게 종속되었다. 그 후 르네상스 시기에 과학적 발견과 인간 중심적 통찰의 폭발이 일어났으며, 원인이자 결과로서 개인의 자아 의식의 상승이 일어났다. 갑자기 인류가 지구의 삶의 중심에서 신을 대체한 것처럼 보였다. 그리고 아마도 어떤 위대한 전쟁, 발견, 혹은 항해의 업적보다도, 이 격변은 우리 현대 시대의 시작을 나타낸다. 현재 세계에서는 1000년도에 비해 20배나 많은 사람들이 있다. 대부분은 성을 가지고 있고, 우리 중 다수는 개인적인 정체성을 가지고 있거나 그것을 얻으리라는 합리적인 기대를 가지고 있다. 이 논의는 정체성의 변화를 다양한 관점에서 탐구하며, 전 세계적으로 획일화가 심화되는 시대에 자신의 길을 찾는 것이 얼마나 어려운지에 대한 성찰로 결론을 맺는다.

① 과학적 발견의 발전
③ 성(姓)의 등장
④ 인권의 중요성

해설
글의 중심 소재는 개인의 정체성이다. 개인이 성도 개인주의도 인정받지 못했던 1000년 전과 현대를 비교하고 있다. 빈칸이 있는 바로 앞 문장에서 르네상스 이전 시대와 달리 현재 세계의 사람들은 성이 있고 개인적 정체성이 있거나 얻을 거라는 합리적인 기대가 있다고 했다. 빈칸에는 바로 1000년 전에 없던 개인의 자아와 정체성이 현대에는 생긴 것에 관한 말이 와야 자연스럽다. 따라서 빈칸에는 ② '정체성의 변화'가 가장 적절하다.

정답 ②

DAY 23

| 01 | ② | 02 | ④ | 03 | ② | 04 | ② | 05 | ③ |
| 06 | ② | 07 | ④ | 08 | ② | 09 | ① | 10 | ④ |

1

어휘

investor 투자자   ensure 보장하다   transparency 투명성
underestimate 과소평가하다   disclose 공개하다   ignore 무시하다
withhold 보류하다

해석

기업들은 투명성과 신뢰를 보장하기 위해 투자자들에게 재무 정보를 공개하도록 요구받는다.

정답 ②

2

어휘

strict 엄격한   regulation 규정   considerable 상당한   condition 상태
demolish 철거하다

해석

그 도시의 오래된 엄격한 규정은 그 오래된 건물이 상당한 수명과 상태임에도 불구하고 철거되는 것을 막는다.

해설

[문법포인트] 완전타동사와 함께 사용되는 주요 전치사 / 준동사의 형태 변화 stop, keep, prevent 등의 '막다, 못하게 하다'를 의미하는 대부분의 동사들은 뒤에 목적어가 오고 그 목적어가 하지 못하게 하는 행위를 from -ing의 형태를 써서 표현한다. 또한 건물이 철거되는 수동의 의미이므로 빈칸에는 동명사의 수동형이 사용된 ④ from being demolished가 들어가야 한다.

정답 ④

3

어휘

a bit 조금   on the go 바쁜   accept 받아들이다   recommend 추천하다
treat 대접하다   apology 사과

해석

A: 야, 조금 늦었지만 생일 축하해!
B: 고마워. 나는 네가 내 생일을 잊은 줄 알았어.
A: 말도 안 돼! 내가 어떻게 네 생일을 잊을 수 있겠니? 여태까지 바빴어.
B: 완전 이해해. 늦는 게 안 하는 것보다 낫지!
A: 이해해줘서 고마워. 사과의 뜻으로 오늘 저녁 대접할게.
B: 받아들일게! 내가 가장 좋아하는 식당이 여기서 한 블록만 가면 있어. 거기로 가자.

① 이 근처에 있는 식당을 추천해 줄 수 있니?
③ 너의 생일을 어떻게 보냈어?

④ 생일 선물로 뭘 받고 싶은지 말해줘.

정답 ②

4

어휘

face 직면하다   significant 상당한   challenge 시련
struggle 힘겹게 분투하다   adapt 적응하다   immediate 즉각적인
step 조치   revise 개정하다   policy 정책   align with ~에 맞추어 조정하다
staff 직원   immense 거대한   pressure 압박   sacrifice 희생하다
transparency 투명성   urgently 긴급하게   highlight 강조하다
recover 회복하다

해석

회사는 현재 상당한 시련에 직면해 있고, 빠르게 변하는 시장에 적응하려 힘겹게 분투하는 중이다. 경영진이 그것들을(정책들을) 현재 추세에 맞도록 조정하는 것을 보장하면서 정책을 개정하기 위해 즉각적인 조치를 취하는 것이 중요하다. 직원들이 엄청난 압박에 직면하지 않고도 이렇게 열심히 일하면서 개인적인 시간과 에너지를 희생한 적은 없었다. 직원들은 소통과 투명성이 절실히 필요한 시점에 도달했다. 이 상황은 회복하려는 어떠한 노력도 다루어져야 할 가치가 있음을 강조한다.

해설

② [문법포인트] 도치 부정부사가 문장의 앞으로 나오면 주어와 동사는 도치되어야 한다. 따라서 주어 the staff와 조동사 has는 도치되어야 한다. (the staff has → has the staff)

① [문법포인트] 분사구문 struggling은 분사구문으로 의미상의 주어는 주절의 주어인 The company이며 이 회사가 분투하는 능동의 의미이므로 현재분사형 분사구문이 바르게 쓰였다.

③ [문법포인트] 관계부사 관계절의 문장이 완전하고, 선행사인 a point는 지점이라는 장소의 의미가 있으므로 관계부사 where가 바르게 쓰였다.

④ [문법포인트] 준동사 주요 표현 「be worth -ing」는 '~할 만한 가치가 있다'를 의미하는 준동사 주요 표현이다. 이때 worth 뒤의 -ing는 능동의 형태이지만 수동의 의미이므로 노력이 다루어져야 한다는 수동의 의미를 표현한다.

정답 ②

[5 ~ 6]

어휘

upcoming 다가오는   vibrant 활기찬   annual 연례   gathering 모임
showcase 보여주다   craftsmanship 솜씨   artistic 예술적
expression 표현   colorful 다채로운   adjacent 인근의
exhibition 전시회   unique 독특한   painting 회화   sculpture 조각
photography 사진   mixed-media 혼합 매체의   installation 조형물
hands-on 체험의   suitable 적합한   instructor 강사
first-come, first-served basis 선착순으로   enhance 향상시키다

해석

(A) 'Hillside 예술 축제 주말'에서 창의성을 발견하세요

우리 지역사회의 창의성, 솜씨, 예술적 표현을 보여주는 활기찬 연례 모임인 다가오는 'Hillside 예술 축제 주말'을 알리게 되어 기쁩니다. 이 날을 비워두고 와서 다채로운 주말을 즐기세요.

행사 세부 사항
- 날짜: 9월 8일 금요일 – 9월 10일 일요일
- 시간: 오전 9시 – 오후 7시 (금요일과 토요일)
  오전 10시 – 오후 5시 (일요일)
- 장소: Hillside 공원, Oak 거리와 인근 지역

주요 볼거리
- 예술 전시회
  그림과 조각부터 사진과 혼합 매체의 설치 미술까지 재능 있는 지역 예술가들의 독특한 작품을 탐구해 보세요.
- 워크숍
  전문 예술가와 강사가 이끄는 전 연령대에 적합한 체험 예술 워크숍에 참여하세요. 재료는 선착순으로 제공됩니다.

활동 및 행사의 전체 리스트는 우리의 웹사이트 www.hillsideartfair.org를 방문하시거나 축제 사무소인 (553) 789-0123으로 연락해 주세요.

5 ① 당신의 사진을 'Hillside 예술 축제 주말'에 전시하세요
② 'Hillside 예술 축제 주말'에서 당신의 조각을 보여주세요
④ 지역 음악가들의 공연을 즐기세요.

해설

5 첫 번째 문단 첫 번째 문장에서 축제의 성격을 지역사회의 창의성, 솜씨, 예술적 표현을 보여주는 행사라고 했고, <주요 볼거리>에서 지역 예술가들의 독특한 작품을 탐험하고 전문 예술가와 강사가 이끄는 체험 예술 워크숍에 참여하라고 했으므로 빈칸에 들어갈 제목으로는 ③ 'Hillside 예술 축제 주말'에서 창의성을 발견하세요'가 가장 적절하다.

6 ② <행사 세부 사항>의 시간 항목에서 일요일은 오후 5시까지라고 했으므로 글의 내용과 일치하지 않는다.
① 첫 번째 문단의 첫 번째 문장에서 연례 행사라고 했으므로 글의 내용과 일치한다.
③ <주요 볼거리>의 '예술 전시회' 항목에서 지역 예술가의 작품들을 탐험하라고 했으므로 글의 내용과 일치한다.
④ 마지막 문단의 첫 번째 문장에서 활동 및 행사의 전체 리스트를 웹사이트에서 알 수 있다고 했으므로 글의 내용과 일치한다.

정답 5 ③ 6 ②

7

어휘
significant 중요한 specific 특정한 explore 탐색하다
curated (전문적인 식견으로) 엄선된 timeline 시간표 navigate 탐색하다
nostalgic 향수를 불러일으키는 feature 기능 premium user 유료 사용자
subscription fee 구독료 access 이용하다 archive 보관하다
rare 희귀한

해석
　　　　　　　　　TimeWhisper: 과거의 순간을 다시 살다

TimeWhisper는 사용자들에게 과거의 중요한 날을 다시 방문하여 다시 살게 하도록 고안된 앱이다. 특정한 날을 선택함으로써 사용자는 그 날의 주요 뉴스 사건, 인기 음악 차트, 역사상의 날씨 자료 같은 엄선된 정보를 탐색할 수 있다. 앱의 독특한 시간표 인터페이스는 다양한 연도와 월을 탐색하는 것을 쉽게 해주어, 향수를 불러일으키는 시간 여행을 제공한다. 게다가 TimeWhisper는 모든 사용자가 특정 날짜에 연결된 메모나 사진을 추가하여 개인 추억을 만들 수 있게 한다. 앱의 핵심 기능은 무료이지만 월 구독료 10달러를 지불하는 유료 사용자는 보관된 잡지 표지나 오래된 광고와 같은 희귀한 역사적 자료를 사용할 수 있다. 향후 업데이트는 사용자가 업로드한 콘텐츠를 기반으로 개인 추억을 재현할 수 있는 AI 기반 기능이 포함할 것이다.

① TimeWhisper는 선택된 날짜에 대한 뉴스, 음악 차트, 날씨 자료를 제공한다.
② 유료 사용자는 앱의 특정 날짜에 개인 노트나 사진을 추가할 수 있다.
③ 보관된 희귀한 역사적 자료를 이용하려면 이용자는 구독료를 지불해야 한다.
④ AI 기반 개인 추억 재생 기능은 앱에서 현재 사용 가능하다.

해설
④ 여섯 번째 문장에서 향후 업데이트에는 사용자가 업로드한 콘텐츠를 기반으로 개인 추억을 재현할 수 있는 AI 기반 기능이 포함될 예정이라고 했으므로 글의 내용과 일치하지 않는다.
① 두 번째 문장에서 사용자는 선택한 날짜의 뉴스 사건, 음악 차트, 날씨 자료 같은 정보를 탐색할 수 있다고 했으므로 글의 내용과 일치한다.
② 네 번째 문장에서 모든 사용자가 특정한 날짜에 연결된 메모나 사진을 추가하여 개인 추억을 만들 수 있게 한다고 했으므로 글의 내용과 일치한다.
③ 다섯 번째 문장에서 유료 사용자는 보관된 잡지 표지나 오래된 광고와 같은 희귀한 역사적 자료를 사용할 수 있다고 했으므로 글의 내용과 일치한다.

정답 ④

8

어휘
assess 평가하다 process 과정 motivate 동기를 주다
engage in ~에 참여하다 unpleasant 불쾌한 keep up 지속하다
initiate 시작하다 attend to ~에 주의를 기울이다
of one's own accord 자발적으로 route 길 strengthen 강화하다

해석
학생들이 학습 행동에 참여하려는 의욕이 적을 수 있는 이유들 중 하나는 선생님들이 항상 그것을 보겠다고 요구하지는 않기 때문이다. (①) 우리가 그것들을 하는 것을 지켜보고 우리의 노력을 축하해 줄 누군가가 있다면, 운동이나 다이어트와 같이 불쾌하게 여겨질 수 있는 활동을 얼마나 더욱 쉽게 지속할 수 있는지 고려해 보라. (②) 그러나 학급에서 우리는 대부분의 관심을 그 결과에 이르게 하는 과정보다는 학습의 결과를 측정하는 데 쓰는 경향이 있다. 예를 들어, 우리는 종종 학생들에게 대화를 시작하게 격려하기보다는 학생들에게 말하기 과제를 만들어 주거나, 학생들이 자발적으로 말에 주의를 기울이게 하기보다는 듣기 과제를 설계할 수도 있다. (③) 그렇게 하면서, 우리는 학생들에게 단순히 지시를 따르는 것이 배움의 길이며 훌륭한 학습자 행동은 가치가 거의 없다는 신호를 보내고 있다. (④) 우리는 그것을(학습자 행동을) 평가하는 것을 목표로 하는 교실 활동을 설계함으로써 좋은 학습자 행동을 강화할 수 있다.

해설
주어진 문장은 역접의 연결어로 시작하여 과정보다 결과의 측정에 관심을 갖는 경향을 언급한다. 이를 통해 이 앞에는 과정의 중요성을 설명하는 내용이 있음을 예측할 수 있고 뒤에서는 과정보다 결과 측정에 관심을 갖는 것에 관한 부연 설명이 나와야 함을 알 수 있다. ②의 앞에서 과정을 지켜보고 축하해 주는 것의 예시가 제시되고 있고, 뒤에서는 과정이 아닌 결과를 중시하는 예시로서 말하기 과제, 듣기 과제의 설계가 제시된다. 따라서 주어진 문장은 ②에 들어가는 것이 가장 적절하다.

정답 ②

9

어휘

economic 경제적인 evil 폐해 fruit 산물 uncertainty 불확실성
ignorance 무지 particular 특정한 fortunate 운이 좋은
take advantage of ~를 이용하다 lottery 복권 inequality 불평등
come about 발생하다 factor 요인 unemployment 실업
reasonable 합리적인 impairment 저하 efficiency 효율성
deliberate 의도적인 currency 통화 institution 기관
dissemination 보급 publicity 홍보 insufficient 불충분한
furnish 제공하다 oriented 지향적인 origin 기원

해석

우리 시대의 가장 큰 경제적 폐해 중 다수는 위험, 불확실성, 그리고 무지의 산물이다. 부의 극심한 불평등이 발생하게 된 것은 상황 면에서 또는 능력 면에서 운이 좋은 특정 개인들이 불확실성과 무지를 이용할 수 있기 때문이며, 또한 동일한 이유로 큰 사업은 종종 복권이다. 그리고 이 동일한 요인들은 또한 노동자의 실업, 합리적인 사업 전망에 대한 실망, 그리고 효율성과 생산성 저하의 원인이 되기도 한다. 그렇지만 해결책은 개인들의 운영 범위 밖에 있다. 이것들에 대한 해결책은 부분적으로는 통화와 신용에 대한 중앙 기관의 의도적인 통제에서 찾아야 하고, 부분적으로는 필요하다면 법에 의해서라도 알아두는 것이 유용한 모든 사업상의 사실들에 대한 충분한 홍보를 포함하여 사업적인 사정과 관련된 자료들의 수집과 보급에서 찾아야 한다고 나는 생각한다. 비록 이러한 조치들이 불충분하다고 증명된다고 하더라도 그것들은 다음 단계로 가기 위해 지금 우리가 가진 것보다는 더 나은 지식을 우리에게 제공해 줄 것이다.

① 경제적 폐해들과 그것들에 대한 해결책
② 경제적 폐해들과 금전 지향적인 사회
③ 중앙 기관의 역할
④ 경제적 폐해들의 기원

해설

글의 중심 소재는 우리 시대의 가장 큰 경제적 폐해이다. 위험, 불확실성, 그리고 무지가 경제적 폐해 요인이며, 운이 좋은 특정인들이 이것들을 이용하고 큰 사업 또한 복권이기 때문에 부의 불평등이 발생한다고 말하며 노동자의 실업, 합리적인 사업 전망에 대한 실망, 그리고 효율성과 생산성 저하의 원인이 되기도 한다고 설명한다. 이러한 문제를 해결하는 방법이 Yet 이후 문장에서 제시되고 있다. 그 해결책은 통화와 신용을 중앙 기관이 의도적으로 통제하고 사업과 관련된 자료들을 수집하고 보급하는 것이라고 말한다. 따라서 이 글의 제목으로 가장 적절한 것은 ① '경제적 폐해들과 그것들에 대한 해결책'이다.

정답 ①

10

어휘

psychologist 심리학자 participate in ~에 참여하다 cruel 잔인한
theorize 가설을 세우다 conduct 수행하다 experiment 실험
participant 참가자 be under the impression that ~라 믿다 trial 실험
drawing 제비뽑기 rig 조작하다 separate 분리된 instructions (pl.) 지시
complain 불평하다 scream 소리 지르다 deliver 전하다
naturally 자연적으로 hurt 상처를 입히다 reluctantly 마지못해
generally 일반적으로 incline ~하는 경향이 있다 obey 복종하다
authority 권위 figure 인물

해석

심리학자 스탠리 밀그램은 어떻게 그렇게 많은 사람들이 홀로코스트의 잔인한 행동에 참여했는지를 이해하고 싶어 했다. 그는 사람들이 일반적으로 권위가 있는 인물에 복종하는 경향이 있다는 가설을 세우고 1961년에 실험을 수행하는 것을 시작했다. 참가자는 자신들이 기억력 연구에 참여한다고 믿었다. 각 실험은 '교사'와 '학습자'로 나뉜 한 쌍으로 이루어졌지만, 한 사람은 배우였기 때문에 단지 한 사람만이 진짜 참가자였다. 제비뽑기는 조작되어서 참가자는 항상 '교사'의 역할을 맡았다. 그 둘은 각기 분리된 방으로 들어갔고 '교사'에게 지시가 주어졌다. 그 또는 그녀는 잘못된 답이 제공되었을 때마다 '학습자'에게 전기 충격을 주기 위해 버튼을 눌렀다. 이 전기 충격은 매회 전압이 증가했다. 결국 배우는 소리를 지름으로써 불평을 하기 시작하곤 했다. 밀그램은 참가자의 다수가 '학습자'의 분명한 불편에도 불구하고 명령을 따라 전기 충격을 계속 전달한다는 것을 알아냈다.

① 자연스럽게 서로 또는 스스로를 해칠 수 있다
② 어떤 일이 있더라도 정확한 답을 찾기 위해 노력한다
③ 그들에게 주어진 명령을 마지못해 받아들인다

해설

중심 소재는 스탠리 밀그램의 실험이다. 빈칸은 그가 세운 가설의 내용이고 그 이후에 제시된 실험 내용을 종합해 가설을 추론한 말이 빈칸에 들어가야 한다. 실험 참가자들은 교사(참가자)와 학습자로 짝을 이루어 각기 다른 방에서 교사는 명령을 받아 학습자가 잘못된 답을 내면 전기 충격을 가하도록 기획되었다. 학습자가 잘못하면 교사는 전기 자극을 가하는데, 학습자가 불만을 표출해도 명령이 있으면 항상 전기 충격을 주었다. 마지막 문장에서 밀그램이 얻은 결론은 학습자가 불만을 표해도 다수 참가자가 명령을 따랐다는 것이므로 빈칸에는 ④ '일반적으로 권위가 있는 인물에 복종하는 경향이 있다'가 들어가야 한다.

정답 ④

DAY 24

| 01 | ② | 02 | ④ | 03 | ④ | 04 | ③ | 05 | ② |
| 06 | ③ | 07 | ① | 08 | ② | 09 | ④ | 10 | ① |

1

어휘

witness 목격자 account 설명 incident 사고 deem 여기다
inconsistency 모순 statement 진술 credible 신용할 수 있는
dubious 의심스러운 plausible 그럴듯한 reliable 신뢰할 만한

해석

그 사건 목격자의 설명은 그녀의 진술에서의 모순으로 인해 의심스럽게 여겨졌다.

 ②

2

어휘

provide 제공하다 space 공간 tranquility 평안 peace 평화
unwind 느긋이 쉬다 serene 고요한 environment 환경 relax 쉬다
relaxation 휴식

해석

그 정원은 방문자들에게 느긋이 쉬고 고요한 환경을 즐길 수 있는 평안, 평화 그리고 휴식의 공간을 제공한다.

해설

[문법포인트] **등위접속사의 병렬 구조** 등위접속사로 연결되는 것은 같은 요소여야 한다. tranquility와 peace가 모두 명사이므로 등위접속사 and 뒤의 빈칸에는 같은 명사인 ④ relaxation이 들어가야 한다.

 ④

3

어휘

appointment 예약 instead 대신에 dealership 대리점
reschedule 일정을 변경하다

해설

ABC 자동차 판매점: 안녕하세요, ABC 자동차 판매점의 Mike입니다. 어떻게 도와드릴까요?
David Miller: 안녕하세요, 오늘 오후 3시에 차를 보러 가기로 예약이 되어 있습니다.
ABC 자동차 판매점: 네, 시스템에서 고객님의 예약을 확인했습니다. 여전히 그 시간에 오실 예정인가요?
David Miller: 사실 일정이 겹쳐서 일정을 변경해야 합니다.
ABC 자동차 판매점: 대신에 언제 오고 싶으신가요?
David Miller: 내일 아침에 가도 될까요?
ABC 자동차 판매점: 물론이죠. 고객님의 예약을 업데이트하겠습니다.

① 당연하죠, 여전히 예정대로 오후 3시에 가겠습니다
② 차를 보기 위해 예약을 하려고 합니다
③ 죄송하지만, 이미 어제 대리점을 방문했습니다

 ④

4

어휘

traditional 전통적인 gem 보석 trigger 유발하다 attract 끌어들이다
entrepreneur 사업가 miner 광부 inexperienced 미숙한
cramped 비좁고 갑갑한 quarter 숙소 shovel 삽 pick 곡괭이
dig 파다 manually 수작업으로 cover ~에 이르다

해석

전통적인 다이아몬드 산업은 1871년 남아프리카 공화국의 킴벌리에서 시작되었으며, 그때 근처 농장 암석에서 보석의 발견은 '다이아몬드 열풍'을 촉발시켰다. 1880년대 동안 이 지역은 사업가 그리고 역사학자들에 따르면 여성과 아이들을 포함한 5만 명의 광부들을 끌어들였다. 그들 중 대다수는 흑인이었고 형편없는 급료를 받았고 미숙했다. 그들은 비좁고 갑갑한 숙소에서 살았으며 '커다란 구덩이'라 알려지게 된 곳을 삽과 곡괭이를 이용해 수작업으로 파기 위해 작업에 투입되었다. 그것은 42에이커에 이르렀으며 깊이가 790피트에 이르렀다. 이 구덩이는 여전히 우주에서 보일 수 있을 만큼 충분히 크다. 그리고 여전히 1,360만 캐럿의 다이아몬드를 생산할 것으로 믿어진다.

해설

③ [문법포인트] **명사절 접속사의 선택** dig의 목적어로 명사절이 왔다. 주어가 없는 불완전한 절이므로 주어 역할을 할 수 있는 what이 바르게 쓰였다.
① [문법포인트] **완료시제** in 1871이라는 명백히 과거를 의미하는 어구가 있으므로 현재완료는 쓸 수 없고 과거시제로 써야 한다. (has begun → began)
② [문법포인트] **주어 - 동사 수 일치** majority는 부분사로 of 뒤의 명사에 수 일치를 해야 한다. of 뒤에 복수 대명사인 them이 있으므로 was는 복수인 were로 고쳐야 한다. (was → were)
④ [문법포인트] **형용사 vs. 부사** 부사 enough가 다른 형용사나 부사를 수식할 경우에는 뒤에서 수식해야 한다. 따라서 enough big은 big enough로 고쳐야 한다. (enough big → big enough)

 ③

[5 ~ 6]

어휘

wildlife 야생 동물 conservation 보존 be dedicated to ~에 전념하다
endangered 멸종 위기의 species 종 habitat 서식지
conserve 보존하다 biodiversity 생물 다양성 initiative 계획
restoration 복원 poaching 밀렵 engagement 참여
preservation 보존 critical 비판을 잘하는, 대단히 중요한, 위기의, 흠을 들추어내기 좋아하는 ecosystem 생태계 assess 평가하다
outreach 봉사 활동 sustainable 지속 가능한 donation 기부
contribution 기부 thriving 번성하는 rescued 구조된
judgemental 비판적인 various 다양한 dangerous 위기의
faultfinding 남의 흠만 잡는

해석

전 세계 야생 동물 보존 네트워크

전 세계 야생 동물 보존 네트워크(GWCN)는 전 세계적으로 멸종 위기종과 그들의 서식지를 보호하는 것에 전념한다. 2001년에 설립된 이 기구는 서식지 복원, 밀렵 방지 노력 그리고 지역사회 참여를 포함한 다양한 계획을 통해 생물 다양성을 보존하는 데 중점을 둔다.

주요 계획
- 서식지 보존: 위기의 생태계를 보호하기 위해 현지 지역사회와 협력하기
- 연구와 감시: 야생 동물 개체 수를 추적하고 생태계의 건강성을 측정하기 위해 과학적 연구를 수행하기
- 지역사회 봉사 활동: 생물 다양성과 지속 가능한 관행의 중요성에 대해 지역 사회를 교육하기

참여
- 자원봉사 기회: 우리 팀에 합류해서 전 세계의 보존 프로젝트에 참여하세요.
- 기부: 재정적 기부를 통해 우리 계획을 지원하세요.
- 제휴: 야생 동물을 위한 지속 가능한 미래를 만들기 위해 우리와 협력하세요.

함께라면 우리는 변화를 만들어 낼 수 있고 미래 세대를 위한 번창하는 지구를 확보할 수 있습니다!

5 ① 멸종 위기종과 그들의 서식지 보호에 참여한다.
② 주로 구조된 동물에게 피난처를 제공한다.
③ 야생 동물 개체 수 추적을 위해 과학적 연구를 수행한다.
④ 생물 다양성을 증진하기 위해 현지 지역사회를 교육한다.

해설

5 ② 두 번째 문장에서 밀렵 방지 노력을 언급하고는 있으나 구조된 동물에 대한 언급은 없으므로 글의 내용과 일치하지 않는다.
① 첫 번째 문장에서 전 세계적으로 멸종 위기종과 그들의 서식지를 보호하는 것에 헌신한다고 했으므로 글의 내용과 일치한다.
③ <주요 계획>의 '연구와 감시' 항목에서 야생 동물 개체 수를 추적하고 생태계의 건강성을 측정하기 위해 과학적 연구를 수행한다고 했으므로 글의 내용과 일치한다.
④ <주요 계획>의 '지역사회 봉사활동' 항목에서 생물 다양성과 지속 가능한 관행의 중요성에 대해 지역사회를 교육한다고 했으므로 글의 내용과 일치한다.

정답 5 ② 6 ③

7

어휘
safety 안전, 보안   embrace 포함하다   integrate 통합하다
install 설치하다   surveillance 감시   keep an eye on ~을 감시하다

해석
수신: homeowners@smarthomesecurity.com
발신: securityteam@smarthome.com
날짜: 2025년 1월 10일
제목: 중요 공지

주택 소유자 여러분께,

오늘날의 세계에서 여러분의 가정과 사랑하는 사람의 안전을 보장하는 것은 그 무엇보다 더 중요합니다. 스마트 기술을 포함함으로써 여러분은 여러분의 가정 보안을 상당히 높일 수 있습니다. 여기 세 단계의 간단하지만 효과적인 방법으로 스마트 기기들을 여러분의 보안 시스템과 통합하세요.

1. 방문객을 감시하기 위해 비디오가 있는 현관 초인종을 설치하세요.
2. 여러분 집의 모든 구역을 감시하기 위해 보안 카메라 시스템을 설치하세요.
3. 원격 감시를 위해 여러분의 보안 시스템을 모바일 앱에 연결하세요.

더 많은 정보를 원하시면 우리 스마트 가정 보안 센터를 방문하세요.

안부를 전하며,
여러분의 스마트 가정 보안팀

① 주택 소유자들에게 그들의 가정 보안 시스템을 향상시키는 방법을 알려주기 위해
② 주택 소유자들에게 새로운 스마트 가정 기기의 설치 방법을 알려주기 위해
③ 주택 소유자들에게 그들의 보안 시스템을 인터넷에 연결하는 방법을 알려주기 위해
④ 주택 소유자들에게 보안을 위한 인테리어 디자인의 중요성을 알려주기 위해

해설
첫 번째 문단의 두 번째 문장에서 여러분의 가정 보안을 상당히 높일 수 있다고 말하고, 세 번째 문장에서 스마트 기기를 보안 시스템과 통합하는 세 단계를 따라 하라고 말하고 있어 이 글의 목적은 ① '주택 소유자들에게 그들의 가정 보안 시스템을 향상시키는 방법을 알려주기 위해'이다.

정답 ①

8

어휘
remind 상기시키다   grateful 감사하는   craziness 광기
frustrated 좌절한   annoyed 짜증 난   pessimistic 비관적인
go off 울리다   accompany 동반하다   description 메시지
enthusiastic 열정적인   handle 감당하다   blessed 축복받은
reminder 알림   appreciate 감사하다   gloomy 우울한
organize 정리하다   routine 일상   gratitude 감사

해석
휴대폰이 일상의 거의 모든 일을 할 수 있기 때문에 나는 매일 알람을 사용하여 감사함을 유지하도록 나를 상기시키는 것을 좋아한다. 하루의 광기 안에서 우리는 감사하는 것을 잊을 수 있을 뿐만 아니라 좌절하고, 짜증 나고, 심지어 비관적이 될 수 있다. 그래서 나는 매일 세 번의 다른 시간에 휴대폰의 알람을 울리도록 설정하고 알람이 울리면 나타나는 메시지가 동반되게 했다. 오전 10시에 알람이 울리면 "낙관적이고 열정적이며 사랑하세요."라고 적혀 있다. 오후 3시에 알람이 다시 울리고 "당신은 무엇이든 감당할 수 있습니다."라고 적혀 있다. 그리고 보통 가족과 함께 집에 있을 때인 저녁 7시에 나는 "당신은 정말 축복받으셨습니다. 감사하세요."라는 문구를 본다. 이러한 작은 알림은 어떤 일이 진행되고 있든지 간에 내가 30초의 휴식을 취하게 하고 이 세상에서 내가 가진 모든 것을 감사하게 만든다.

① 조금 우울해지면 자신의 행복한 장소로 가라.
② 감사 알람을 사용하여 매일 감사하라.
③ 휴대폰에 하루 일과를 정리하라.
④ 비록 힘든 날에도 모든 것에 감사하라.

해설
중심 소재는 휴대폰 감사 알람의 사용이다. 주제문은 첫 번째 문장으로 매일 알람을 사용하여 감사함을 유지하도록 나를 상기시키는 것을 좋아한다고 말한다. 이후

에는 구체적으로 10시, 3시, 7시에 알림이 울리면 동시에 메시지가 뜨고 그 메시지를 읽으며 감사함을 유지한다는 것이다. 그리고 마지막 문장에서 그 알림이 얼마나 유용한지를 설명하고 있어 필자의 주장으로는 가장 적절한 것은 ② '감사 알람을 사용하여 매일 감사하라.'이다.

정답 ②

9

어휘

go away 사라지다 opposite 반대의 democracy 민주주의
avoid 피하다 overdependence 과도한 의존 primary 주된
secondary to ~에 비하면 부차적인 fundamentally 본질적으로
institution 기관 flaw 결점 transcend 뛰어넘다 mortality 반드시 죽음
first and foremost 다른 무엇보다도 더 characteristic 특성
organization 조직

해석

카리스마적 지도자 모델을 보면, 우리는 세상이 정반대의 방향으로 나아가고 있다고 생각한다. 21세기를 한 번 보라. 거의 전 세계가 민주주의를 향해 움직였다. 민주주의의 핵심은 한 명의 지도자에 대한 과도한 의존을 피하고 그 과정에 주로 집중하는 것이다. (①) 심지어 처칠도 — 아마 지난 세기의 가장 위대한 단 한 명의 지도자인 — 국가와 그 과정에 비하면 부차적이었고, 제2차 세계대전이 끝날 때 공직에서 퇴출되었다. (②) 히틀러, 스탈린, 무솔리니 — 이들은 카리스마적 지도자였지만, 그들은 자신들이 직무를 수행한 기관보다 본질적으로 덜 중요하다는 것을 이해하지 못했다. (③) 그리고 진정으로 뛰어난 카리스마적 지도자가 있다 하더라도, 그 모델은 여전히 자체적으로 한 가지 본질적인 결점을 가지고 있다. (④) 그리고 이것은 영원히 사라지지 않을 것이다 — 지금도, 22세기에도, 천 년 뒤에도 사라지지 않을 것이다: 모든 지도자는 죽는다. 인간이 반드시 죽는다는 이 불변의 사실을 뛰어넘기 위해서는, 한 명의 위대한 카리스마적 지도자가 되는 대신, 다른 무엇보다도 그 조직의 특성을 기르는 데 초점이 맞춰져야만 한다.

해설

글의 중심 소재는 카리스마적 리더십의 한계이다. 주어진 문장이 And this로 시작하므로 우선 이 앞에는 this가 지칭하는 구체적인 내용이 있어야 하고, 이 this가 있는 절은 이 문장의 끝에 있는 "모든 지도자는 죽는다"와 콜론으로 이어지므로 일맥상통하는 내용이어야 한다. 그리고 이 이후에는 모든 지도자는 죽는다는 명제에 대한 부연 설명이 나올 것을 알 수 있다. ④의 앞에서는 여러 카리스마가 있는 지도자에 대한 설명이 나오고 마지막에 이들에게도 본질적으로 결점이 있다고 설명한다. 그리고 ④의 뒤에서 인간이 반드시 죽는다는 사실을 뛰어넘기 위한 방법을 제시한다. 즉, 주어진 문장에서 말한 this는 앞에서 언급한 본질적인 결점, 즉 인간이 죽는다는 사실을 가리키고, 이것은 시간이 아무리 지나도 사라지지 않을 것이므로 한 명의 위대한 인간에게 의존하지 말고 조직의 특성을 키우기 위해 노력하라고 한다. 따라서 주어진 문장이 들어갈 가장 적절한 위치는 ④이다.

정답 ④

10

어휘

convince 확신시키다 current 현재의 try out for ~에 지원하다
promotion 승진 permanent 영구적인 funk 실의 prediction 예측
affective 정서적인 forecasting 예측 conduct 수행하다
consistently 지속적으로 overestimate 과대평가하다 intensity 강도
overwhelm 압도하다 by the same token 같은 이유로
devastate 비탄에 빠뜨리다 faze 당황시키다 optimistic 낙관적인

해석

당신은 새 차를 사는 것이 당신을 행복하게 만들어 줄 것이라고 생각하는가? 당신은 현재 애인과 결혼하는 것이 당신에게 어떤 한 사람이 바랄 수 있는 모든 행복을 가져다줄 것이라고 확신하는가? 아니면 실패가 당신을 영구적인 실의에 빠지게 할 것이라고 확신하기 때문에 승진에 지원하는 것을 어쩌면 두려워하는가? 하버드 대학의 심리학 교수인 다니엘 길버트에 따르면, 당신의 예측이 무엇이든지, 그것은 아마도 틀린 것이다. 길버트는 '정서 예측' — 만약 어떤 사건이 일어나거나 혹은 일어나지 않는다면 사람이 어떻게 느끼거나 행동하는가를 예측하는 것 — 이라고 불리는 것을 연구했고 그 결과는 상당히 분명하다: 인간은 미래의 사건이 그들에게 어떻게 영향을 줄지 예측하는 것에 매우 능숙하지 않다. 길버트에 따르면, 몇 년에 걸쳐 수행된 그의 연구는, 대부분의 사람들이 지속적으로 그들의 감정 반응의 기간과 강도를 과소 혹은 과대평가한다는 것을 보여준다. 다시 말해서, 우리가 기쁨으로 우리를 압도할 것이라고 생각한 것들은 종종 그렇지 않다. 그리고 같은 이유로, 우리를 비탄에 빠뜨리게 할 것이라고 생각한 것들은 종종 우리가 상상했던 것보다 우리를 훨씬 덜 당황시킨다.

② 미래가 그들에게 어떻게 행복을 가져다줄지에 대해 걱정한다
③ 미래에 대해 낙관적인 시각을 갖는 것을 좋아한다
④ 그들이 계획한 것을 하고 싶어 하는 경향이 있다

해설

중심 소재는 인간 예측의 불확실성이고 주제문은 다섯 번째 문장의 콜론 이후, 즉 빈칸이 있는 부분으로 당신의 예측이 무엇이든지, 그것은 아마도 틀린 것이라고 하는 다니엘 길버트 교수의 주장이다. 이후 다니엘 길버트 교수의 연구를 통해 주제문을 뒷받침하는 구조이다. 빈칸이 있는 문장이 나오는데 빈칸 문장이 the results are pretty clear: ~로 시작하므로 빈칸에는 이 연구 결과에 해당하는 내용이 들어가야 한다. 빈칸 뒤에서 연구 결과에 따르면 사람들이 감정 반응의 기간과 강도를 과소 혹은 과대평가한다고 했다. 따라서 정확성과는 거리가 멀다는 의미이므로 빈칸에 가장 적절한 것은 ① '미래의 사건이 그들에게 어떻게 영향을 줄지 예측하는 것에 매우 능숙하지 않다'이다.

정답 ①

DAY 25

| 01 | ① | 02 | ④ | 03 | ③ | 04 | ④ | 05 | ② |
| 06 | ③ | 07 | ④ | 08 | ② | 09 | ① | 10 | ② |

B: 잘됐네요. 도와주셔서 감사해요!

① 제가 밟아야 할 다른 단계가 있나요
② 이 시스템은 왜 전자책을 사용하기가 그렇게 어렵나요
④ 전자책을 이용하려면 새로운 계정을 만들어야만 하나요

정답 ③

1

어휘
charity 자선 단체 aim 목표로 하다 poverty 가난 resources (pl.) 자원
underprivileged 혜택받지 못하는 eradicate 뿌리 뽑다
perpetuate 영속시키다 exacerbate 악화시키다 tolerate 견디다

해석
그 자선 단체는 혜택받지 못하는 지역사회에 교육과 자원을 제공함으로써 가난을 뿌리 뽑는 것을 목표로 한다.

정답 ①

2

어휘
contribute 기여하다 purposeful 의미 있는 alive 살아 있는

해석
많은 사람들이 무엇이 삶에 의미를 주는지 궁금해한다. 우리가 가장 의미 있고 가장 살아 있다고 느끼는 것은 바로 우리가 주변 환경에 기여하고 있을 때이다.

해설
[문법포인트] 강조 주어 It과 빈칸 사이에 부사절이 와서 의미가 강조되었고 빈칸 뒤에 완전한 절이 왔으므로 주어 It과 that 관계절 사이에 강조 대상(명사[구/절], 부사[구/절])을 넣는 It ~ that 강조구문임을 알 수 있다. 따라서 정답은 ④ that이다.

정답 ④

3

어휘
have trouble -ing ~하느라 애를 먹다 a bit 약간 confusing 혼란스러운
walk A through B A가 B하는 것을 도와주다 step by step 차근차근
account 계정 access 이용하다

해설
A: 안녕하세요! 새로운 도서관 시스템을 안내해 드리려고 왔어요. 특별히 질문할 게 있으신가요?
B: 네! 저는 전자책을 찾느라 애를 먹고 있어요. 시스템이 약간 혼란스러워 보여요.
A: 알겠습니다. 제가 차근차근 도와드릴게요. 시간은 얼마 걸리지 않을 거예요.
B: 감사합니다!
A: 네, 전자책을 이용하려면 도서관 계정 설정을 업데이트하셔야 할 것 같군요. 당장 수정하실 수 있도록 제가 도와드릴 수 있습니다.
B: 업데이트를 하면 제가 대출한 도서가 사라질까요?
A: 아니오, 현재 대출 중인 도서에는 영향이 없을 겁니다. 업데이트하신 뒤에 다시 로그인하시기만 하면 됩니다.

4

어휘
effectively 효과적으로 priority 우선순위 avoid 피하다 distraction 방해
recognize 인식하다 critical 중요한 achieve 달성하다 desired 원하는
outcome 결과 organization 체계화 benefit 이점 productivity 생산성
neglect 소홀히 하다 strategy 전략 diminish 감소시키다 progress 발전

해석
시간을 효과적으로 관리하는 것은 비록 당신이 우선순위에 집중하고 불필요한 방해를 피하도록 해주기는 하지만, 어려울 수 있다. 많은 사람들은 명확한 목표를 설정하는 것이 원하는 결과를 달성하는 데 얼마나 중요한지 인식하지 못한다. 또 다른 핵심 기술은 체계화로, 그것의 이점은 향상된 생산성과 줄어든 스트레스를 포함한다. 적절한 시간 관리 전략을 소홀히 하는 것은 상실된 기회와 감소된 발전을 초래한다.

해설
④ [문법포인트] 주어 – 동사 수 일치 문장의 주어는 동명사인 Neglecting이고 동명사는 단수 취급하므로 동사의 단수형인 results가 바르게 쓰였다.
① [문법포인트] 부사절 접속사의 선택 밑줄 뒤에 완전한 절이 왔으므로 전치사인 despite를 같은 의미를 가진 부사절 접속사 although로 고쳐야 한다. (despite → although)
② [문법포인트] 불완전자동사의 보어 / 형용사 vs. 부사 recognize의 목적절에서 불완전자동사인 is의 보어 how의 수식을 받아 앞으로 이동한 형태이다. 부사인 critically는 보어가 될 수 없으므로 보어가 될 수 있는 형용사 critical로 고쳐야 한다. (how critically → how critical)
③ [문법포인트] 관계대명사의 선택 선행사는 organization이고 관계대명사절의 주어인 benefits와 의미상 소유의 관계가 되어야 한다. 따라서 관계대명사 which를 소유격 관계대명사 whose로 고쳐야 한다. (which → whose)

정답 ④

[5 ~ 6]

어휘
maintenance 유지 관리 reach out 연락하다 elevate 상승시키다
stem from ~에서 생기다 complex 단지 resident 주민
value 소중히 여기다 serene 고요한 atmosphere 분위기, 대기
unfortunately 안타깝게도 ongoing 지속되는 cheering 응원
amplify 증폭시키다 announcement 안내 방송 persistent 지속적인
disrupt ~에 지장을 주다 measures (pl.) 조치 mitigate 줄이다
restore 회복하다 cherish 소중히 여기다 prompt 신속한 response 응답
climate 기후 habitat 서식지 ambience 분위기 air 대기

해설
수신: 도시 유지 관리 부서
발신: Jonathan Carter

날짜: 2025년 3월 6일
제목: 소음으로부터의 평화

관계자 여러분께,

우리 지역에 최근 개장한 레크리에이션 단지에서 생기는 소음 수준 상승에 대해 우려와 실망을 표하기 위해 연락드립니다. 싱글우드 지역의 주민으로서, 저는 우리 지역을 특별하게 만들어 주는 고요한 분위기를 오랫동안 소중히 여겨왔습니다. 안타깝게도, 지속되는 소음 — 큰 응원 소리, 증폭된 안내 방송, 그리고 지속적인 경기 관련 소음을 포함한 — 이 우리 가족의 평화와 일상에 크게 지장을 주고 있습니다.

소음을 줄이고 우리가 소중히 여기는 조용한 환경을 회복하기 위한 조치가 취해지기를 정중히 요청드립니다. 이 문제에 대한 관심에 감사드리며, 빠른 응답과 고려를 기대하겠습니다.

진심을 담아,
Jonathan Carter

해설

5 이메일의 제목이 소음으로부터의 평화이고, 본문의 첫 문단에서 레크리에이션 단지에서 생기는 소음 수준 상승에 대한 우려와 실망을 표현했다. 이후 두 번째 문단에서 조용한 환경 회복을 위한 조치를 취해달라고 요청하고 있다. 따라서 글의 목적으로 가장 적절한 것은 ② '레크리에이션 단지에서의 소음에 대해 조치를 요청하려고'이다.

정답 5 ② 6 ③

7

어휘

mosque 이슬람 사원 dress code 복장 규정 adherence 준수
custom 관습 modest 단정한 clothing 옷 cover 가리다
revealing 노출이 심한 sleeveless 민소매 top 상의 gender 성별
designate 지정하다 storage 보관 temporary 임시의
robe (길고 품이 넓은) 겉옷 appropriately 적절히 attire 옷
essential 매우 중요한 ensure 보장하다

해석

이슬람 사원의 복장 규정 지침

이슬람 사원을 방문하려면 이슬람 관습과 전통에 대한 존중을 보이기 위해 특정한 복장 규정 지침에 대한 준수가 요구된다. 남성과 여성 모두 팔과 다리를 덮는 단정한 옷을 입어야 한다. 여성의 경우, 머리카락을 가리기 위해 머리 스카프나 베일이 일반적으로 요구된다. 민소매 상의나 반바지와 같은 꽉 끼거나 노출이 심한 옷은 남성과 여성 모두에게 허용되지 않는다. 기도 공간에 들어가기 전에 신발은 반드시 벗어야 하며, 방문객들은 신발을 지정된 보관 장소에 놓아야 한다. 일부 사원은 적절하게 옷을 입지 않은 사람들을 위해 임시 겉옷이나 스카프를 제공한다. 그러나 방문객들이 자신의 단정한 옷으로 준비된 상태로 오는 것이 권장된다. 이러한 복장 규정 지침을 준수하는 것은 문화적 존중을 보이고 모두에게 긍정적인 경험을 보장하는 매우 중요한 부분이다.

① 여성은 머리카락을 가리기 위해 머리 스카프나 베일을 착용해야 한다.
② 꽉 끼거나 노출이 심한 옷은 남성과 여성 모두에게 금지된다.
③ 방문객들은 사원의 기도 공간에 들어가기 전에 신발을 벗어야 한다.
④ 모든 사원이 단정하게 옷을 입지 않은 방문객을 위해 겉옷이나 스카프를 제공한다.

해설

④ 여섯 번째 문장에서 일부 사원은 적절하게 옷을 입지 않은 사람들을 위해 임시 겉옷이나 스카프를 제공한다고 했으므로 글의 내용과 일치하지 않는다.
① 세 번째 문장에서 여성의 경우, 머리카락을 가리기 위해 머리 스카프나 베일이 일반적으로 요구된다고 했으므로 글의 내용과 일치한다.
② 네 번째 문장에서 꽉 끼거나 노출이 심한 옷은 남성과 여성 모두에게 허용되지 않는다고 했으므로 글의 내용과 일치한다.
③ 다섯 번째 문장에서 기도 공간에 들어가기 전에 신발은 반드시 벗어야 한다고 했으므로 글의 내용과 일치한다.

정답 ④

8

어휘

agency 기관 investigate 연구하다 estimate 추정하다 lifespan 수명
species 종 ultimately 결국 achieve 달성하다
life expectancy 기대 수명 remarkable 눈에 띄는
be down to ~ 때문이다 profound 엄청난 impact 영향
living standard 생활 수준 medicine 의학 longevity 장수
genetic 유전적인 backbone 척추 extinct 멸종된
genome 게놈: 세포나 생명체의 유전자 총체 align with ~와 일치하다
Neanderthal 네안데르탈인 relative 친척

해석

호주의 국립 과학 기관의 과학자들은 종의 DNA를 활용해서 한 종의 자연 수명을 추정하는 방법들을 연구해 왔고, 이것을 달성할 수 있는 특정한 도구를 결국 개발했다. (B) 그 과학자들은 살아 있는 종과 멸종된 종을 포함하는, 다양한 척추동물들의 예상 수명을 추정하기 위한 유전적 '시계' 컴퓨터 모델을 개발하는 데 성공했다. (C) 이 혁신적인 모델을 인간 게놈에 적용함으로써, 그들은 인간의 최대 자연 수명이 38년이라는 것을 알아냈다. 이 발견은 우리의 가장 가까운 친척인 네안데르탈인의 최대 수명인 37.8세와 일치한다. (A) 하지만, 현대인의 기대 수명은 자연 수명보다 두 배 이상 길다. 이 눈에 띄는 증가는 생활 수준과 현대 의학이 인간 장수에 미친 엄청난 영향 때문이다.

해설

글의 중심 소재는 인간의 수명이다. 주어진 문장에서 과학자들(Scientists)이 DNA를 기반으로 자연 수명을 추정할 수 있는 방법을 개발했다고 했으므로, 그 과학자들(The scientists)이 개발한 방법을 구체적으로 설명하는 (B)가 바로 이어지는 것이 적절하다. 이들이 유전적 시계 컴퓨터 모델을 개발했다고 말하고 이를 (C)에서 this innovative model로 받아, 인간 게놈을 이용해서 인간의 자연 수명이 38년이라는 것을 알게 되었다고 말한다. (A)는 However로 시작하여 앞에서 말한 추정치는 38년이지만 현대 인류의 기대 수명은 그 길이의 두 배 이상인데 이것은 생활 수준과 현대 의학의 발전 때문이라고 설명한다. 따라서 글의 순서로 가장 적절한 것은 ② (B) - (C) - (A)이다.

정답 ②

9

어휘

inaccessible 이해하기 힘든 precision 정확성 literary 문학적인
man of letters 문인 mould 만들다 naturally enough 당연한 일이지만
be taken by ~에 끌리다 striking 주목할 만한 assimilate 완전히 이해하다

affect 영향을 주다 **prevail** 만연하다 **profundity** 심오함 **vivid** 생생한
effective 효과적인 **impact** 영향을 주다 **public opinion** 공론
overcome 극복하다 **instinct** 본능 **scholar** 학자

해석
철학자들의 글과 사상은 다수의 사람에게 어렵고 이해하기 힘들다고 자주 말해진다. 하지만 철학자들이 정확성과 문학적 기술을 가지고 자신의 사상을 표현하려는 목표를 가지지 말아야 할 이유는 없다. 철학자들은 다른 철학자에게만 말하는 것이 아니다; 그는 다가오는 시대의 이념들을 직접 형성하는 문인들과 정치가들에게도 말한다. 당연한 일이지만, 그들은 주목할 만하고 너무 어렵지 않게 완전히 이해되는 철학에 끌린다. 우리 모두는 니체의 철학이 세계의 일부분에 어떻게 영향을 주었는지 안다; 그것은 그것이 가지고 있을지도 모르는 사상의 심오함이 아니라, 생생한 문체와 효과적인 (글의) 양식 덕분에 널리 퍼졌다. 자신을 명확히 표현하려는 수고를 하지 않으려는 철학자는 그가 자신의 사상을 학문적인 가치 이상으로 생각하지 않는다는 것을 보여줄 뿐이다.

② 공론에 영향을 주려는
③ 자신의 본능을 극복하려는
④ 자신을 학자들에게 이해시키려는

해설
글의 중심 소재는 철학자의 대중적 글쓰기 능력이고, 주제문은 두 번째 문장이며 빈칸이 있는 마지막 문장에서 주제를 재진술 혹은 보강한다. 그러므로 주제문과 일맥상통하게 빈칸을 완성하면 된다. 첫 문장에서 철학자의 글과 사상이 난해하다는 일반론을 제시하고, 두 번째 문장에서 이를 반박하며 자기 사상을 정확하게 표현해야 할 필요가 있다고 말한다. 이후 부연 설명과 니체의 예시를 통해 철학자의 글과 사상은 단지 학문을 목표로 삼는 것이 아니며, 그 내용의 심오함뿐 아니라 표현 양식도 중요하다고 설명한다. 빈칸 문장에서는 자기 사상을 학문적 가치 이상으로 생각하는 철학자라면 수고를 들여 빈칸을 실행해야 한다고 주장한다. 즉, 빈칸에는 난해하지 않고 명확하게 사상을 표현하는 것과 관련된 내용이 들어가야 한다. 따라서 정답은 ① '자신을 명확히 표현하려는'이다.

정답 ①

10

어휘
make sense 이해하다 **outsider** 외부인 **wonder** 궁금해하다
rude 무례한 **response** 대답 **proficient** 능숙한
pick up on ~을 이해하다 **dialect** 사투리 **perspective** 관점
politeness 공손함

해석
외국어를 배우는 것은 외국 문화에 대한 더 깊은 이해를 제공할 수 있다. 외부인들에게 이해되지 않는 사회적 습관은 몇 번의 어휘 수업 후에 이해되기 시작할지도 모른다. 예를 들어, 나는 항상 나의 네덜란드 사촌들이 내가 '고마워요'라고 말한 후에 '천만에요'라고 좀처럼 말하지 않는 이유가 궁금했다. ① 처음에 나는 그들이 무례하다고 생각했지만, 그들의 언어에 대해 더 알게 되었을 때 나는 그들이 우리와 같은 방식으로 '천만에요'를 사용하지 않는다는 것을 깨달았다: '고마워요'에 대한 대답으로. ② 네덜란드인들은 외국어로 매우 능숙하게 말하며 외국 사투리를 쉽게 이해할 수 있다. ③ 이것은 내가 네덜란드의 언어를 배우기 시작했을 때 내가 네덜란드 문화에 대해 처음 알게 된 것 중 하나이다. ④ 그것은 나에게 주인과 손님의 역할에 대한 새로운 관점을 주었는데, 네덜란드에서는 공손함이 손님이 아니라 주인의 의무이기 때문이다.

해설
첫 문장이 주제문으로, 외국어 학습이 해당 문화에 대한 이해를 제공할 수 있다는 내용이다. 그 예시로, 네덜란드의 사촌이 '고마워요'라는 인사를 듣고 '천만에요'라는 대답을 하지 않는 이유에 대해 궁금하다고 한 뒤, ①에서는 사촌의 언어를 알게 되면서 '천만에요'라는 표현을 다른 방식으로 사용한다는 것을 알았다고 했으며 ③에서 이러한 것이 네덜란드어를 배우기 시작했을 때 처음 알게 된 네덜란드 문화라고 말하고 ④에서 공손함의 관점 차이를 들어 두 문화의 차이로 인한 언어 차이를 이해한다고 마무리한다. 그러나 ②의 경우, 네덜란드 사람들이 외국어에 능숙하다는 내용이므로 흐름상 가장 어색하다. 따라서 정답은 ②이다.

정답 ②

DAY 26

| 01 | ② | 02 | ② | 03 | ① | 04 | ③ | 05 | ② |
| 06 | ③ | 07 | ① | 08 | ④ | 09 | ③ | 10 | ④ |

1

어휘

universe 우주   insignificant 무의미한   revolutionary 획기적인
ordinary 보통의   traditional 전통적인

해석

그 과학자의 발견들은 너무 획기적이어서 그것들은 우주에 대한 우리의 이해를 완전히 바꾸어 놓았다.

정답 ②

2

어휘

recent 최근의   trend 동향   projection 전망   cover 다루다

해석

교수들이 작성한 보고서는 미래 성장을 위한 전망뿐 아니라 최근의 시장 동향을 다룬다.

해설

[문법포인트] 문장의 구성 / 주어 – 동사 수 일치 문장의 주어는 The report라는 단수 명사인데 동사가 없으므로 빈칸에는 단수 주어에 맞는 동사의 단수형 ② covers가 들어가야 한다.

정답 ②

3

어휘

annual 연례의   budget 예산   review session 심의 회의   tedious 지루한
give out ~을 나눠주다   financial 재정적인   motivation 동기
work wonders 효과가 기가 막히다   contributor 기여자
promote 승진하다   survey 조사   raffle ticket 경품 응모권

해설

Tom Holland: 연례 예산 심의 회의에 참석할 거니?
Emma Brown: 난 모르겠어. 그런 회의는 항상 길고 지루하더라.
Tom Holland: 맞아, 하지만 올해는 좀 바뀔 거라고 하더라.
Emma Brown: 오? 어떻게?
Tom Holland: 참여하면 상품을 나눠줄 거래.
Emma Brown: 상품권 행사처럼, 무슨 프로모션이라도 있는 거야?
Tom Holland: 음, 너도 알다시피 금전적인 동기가 너한테는 효과가 기가 막히잖아.

② 최고의 기여자들만 승진하는 거야
③ 부서장이 설문 조사를 진행하는 거야
④ 마지막에 내가 경품 응모권을 제공해야 할까

정답 ①

4

어휘

dedicate 헌신하다   convey 전하다   deprive A of B A에게서 B를 빼앗다
facility 시설   thatched hut 초막   wilderness 황무지   fulfill 이행하다
cause 대의

해석

멀리 떨어진 바나바시 지역에 체류하는 이 단체의 헌신적인 남녀 자원봉사자들은 부모들에게 교육의 중요성을 전하고 아이들을 학교에 보내야 한다고 부모들을 설득한다. 이 자원봉사자들은 모든 현대 시설을 빼앗기고 초막에서 살면서 자연의 황무지에 노출되었지만 교육이라는 사회적 대의를 이행하는 데 자신을 헌신하고 있다. 바나바시 사람들과 함께 살면서 이 자원봉사자들은 그들의 신뢰를 얻고 그들 가운데 하나가 되고 있다.

해설

③ [문법포인트] 분사구문 접속사가 남아 있는 분사구문이다. 분사구문의 의미상 주어가 문장의 주어와 일치하고, 의미상 '현대 시설들을 빼앗긴다'라는 수동의 관계이다. 또한 타동사로서 deprive A of B의 형태로 사용되는데 A에 해당하는 직접 목적어가 동사 뒤에 없으므로 수동형임을 알 수 있다. 따라서 능동의 완료형 분사구문을 수동형인 though having been deprived로 고쳐야 한다. having been은 생략할 수 있으므로 though deprived으로 고쳐도 된다.
(though having deprived → though (having been) deprived)

① [문법포인트] 주어 – 동사 수 일치 주어가 volunteers라는 복수 명사이므로 동사 역시 복수형인 convey가 바르게 쓰였다.

② [문법포인트] 불완전타동사와 동작의 목적격보어 persuade는 불완전타동사로 쓰일 때 목적어와 목적격보어의 관계가 능동이면 목적격보어 자리에 to부정사가 사용된다.

④ [문법포인트] 전치사의 목적어 「dedicate oneself to」는 '~에 헌신하다'라는 뜻이며 이때 to는 전치사이므로 뒤에 동명사 fulfilling이 바르게 쓰였다.

정답 ③

[5 ~ 6]

어휘

ensure 보장하다   conduct 실시하다   preparedness 대비   drill 훈련
resident 주민   effectively 효과적으로   potential 잠재적인
earthquake 지진   familiarize A with B A가 B에 익숙해지게 하다
evacuation 대피   procedure 절차   protocol 규정   assembly 집합
route 경로   demonstration 시연   hands-on use 실습
fire extinguisher 소화기   household 가정   equipment 장비
encourage 권장하다   participate 참여하다   enhance 강화하다
vote 투표   measures (pl.) 조치

해석

(A) 아파트 커뮤니티 안전 훈련 시간

우리 아파트 커뮤니티 모든 사람의 안전을 보장하기 위해, 화재와 지진 같은 잠재적인 비상사태에 효과적으로 대응하는 방법을 주민들에게 교육하기 위한 비상 대비 훈련을 실시합니다. 이 훈련은 주민들이 대피 절차, 비상 도구, 그리고 안전 규정

에 익숙해지게 하도록 설계되었습니다.

훈련 세부 사항
- 날짜: 2025년 5월 15일 토요일
- 시간: 오전 10시 – 정오
- 장소: Main Courtyard (집합 장소)

예상 활동
- 안내에 따른 대피 경로 연습
- 소화기의 시연과 실습
- 가정용 비상 키트 준비 요령

필요한 모든 장비는 제공됩니다. 커뮤니티의 대비를 강화하기 위해 주민들은 참여하도록 적극 권장됩니다. 추가 정보를 원하시면, 우리 웹사이트인 www.apartmentcommunity.com/emergencydrill을 방문하시거나 555-789-1234번으로 관리 사무소에 연락하세요.

5 ① 안전 조치 강화에 대한 투표
③ 새로운 계절을 위한 아파트 준비하기
④ 비상사태 동안 침착함을 유지하는 방법

해설

5 첫 문장에서 아파트 커뮤니티의 모든 사람의 안전을 보장하기 위해 비상 대비 훈련을 실시할 예정이라고 밝혔고, 이후에 훈련에 관한 자세한 정보를 제공하고 있다. 따라서 글의 제목으로 가장 적절한 것은 ② '아파트 커뮤니티 안전 훈련 시간'이다.

6 ③ 마지막 문단의 첫 번째 문장에서 필요한 모든 장비가 제공된다고 했으므로 글의 내용과 일치하지 않는다.
① <훈련 세부 사항>의 '날짜'가 5월 15일로 명시되어 있으므로 글의 내용과 일치한다.
② <예상 활동>의 첫 번째 항목에서 대피 경로를 연습한다고 했으므로 글의 내용과 일치한다.
④ 마지막 문장에서 추가 정보를 원할 경우 웹사이트 방문 또는 관리 사무소에 연락하라고 했으므로 글의 내용과 일치한다.

정답 5 ② 6 ③

7

어휘

parking permit 주차증 remind 상기시키다 up to date 최신 상태인
administrative 행정의 approach 다가가다 quarter 분기
in advance 미리 ensure 보장하다 proceed 진행되다
smoothly 원활하게 navigate 이동하다 renewal 갱신 section 부분
fill out ~을 작성하다 vehicle 차량 submit 제출하다 valid 유효한
annual 연간의 fee 요금 extension 내선

해석

수신: allstaff@tstech.com
발신: hrdept@tstech.com
날짜: 2025년 3월 10일
제목: 주차증에 관해

직원 여러분께,

분기 말이 다가옴에 따라 모든 직원이 중요한 행정 업무를 최신 상태로 유지하실 것을 상기시키고자 합니다. 아래 필요한 절차를 미리 완료하는 것이 모든 일이 원활하게 진행되는 것을 보장하는 데 도움이 될 것입니다.

1. 인트라넷의 인사부 포털을 방문해서 '주차증 갱신' 부분으로 이동하세요.
2. 당신의 최신 차량 정보로 갱신 양식을 작성하세요.
3. 당신의 유효한 운전면허증 사본과 함께 완료된 양식을 제출하세요.
4. 온라인 결제 시스템을 통해 연간 주차비를 결제하세요.
5. 2025년 4월 1일부터 인사부 사무실에서 갱신된 주차증을 수령하세요.

갱신 과정에 대해 질문이 있으시거나 도움이 필요하시면, hrdept@tstech.com으로 인사부에 연락하시거나 내선 723번으로 전화해 주세요.

진심을 담아,
인사부

① 직원들에게 주차증을 갱신하도록 상기시키려고
② 직원들에게 차량 정보를 갱신하도록 상기시키려고
③ 직원들에게 필요한 서류를 제출하도록 상기시키려고
④ 직원들에게 연간 주차비를 결제하도록 상기시키려고

해설

제목에서 글의 중심 소재인 주차증이 제시되었고, 첫 문단의 첫 번째 문장에서 전 직원에게 행정 업무 최신화에 관해 상기시키고자 한다고 하고 두 번째 문단에서 주차증 갱신의 다섯 단계 절차를 제시하므로 글의 목적으로 가장 적절한 것은 ① '직원들에게 주차증을 갱신하도록 상기시키려고'이다.

정답 ①

8

어휘

determine 알아내다 count 세다 growth ring 성장 고리 scale 비늘
pike 강꼬치고기 copper 구리 engrave 새기다 attach 붙이다
fin 지느러미 carp 잉어 doubt 의문을 제기하다 extreme 극단적인
claim 주장 replace 대체하다 method 방법 sturgeon 철갑상어

해석

100년 혹은 그 이상 살았다고 믿어지는 물고기에 관한 이야기들이 있다. 예를 들어, 1610년에 강꼬치고기가 1448년이라는 날짜가 새겨진 구리 고리가 지느러미에 붙여진 채로 잡혔다. (①) 또 다른 이야기는 1600년대 후반 프랑스의 베르사유 궁전의 연못에 방류된 잉어에 대해 말한다. (②) 1830년, 많은 사람들은 그 똑같은 잉어가 그 연못에 여전히 있다고 믿었다. 과학자들은 그러한 극단적인 주장에 의문을 제기한다. (③) 그들은 예를 들어 베르사유 연못의 경우, 원래의 물고기가 쉽게 죽어서 새로운 물고기로 교체되었을 수 있다고 믿는다. 강꼬치고기의 고리에 새겨진 날짜는 쉽사리 잘못 새겨질 수 있었을 것이다. (④) <u>과학자들은 그런 이야기에 의존하기보다는 물고기의 비늘에 있는 성장 고리를 세어서 물고기의 나이를 알아내는 것을 선호한다.</u> 이 방법을 사용해서, 과학자들은 위스콘신 호수에서 잡힌 철갑상어가 82세라는 것을 알아냈다.

해설

물고기의 나이 측정에 관한 글이다. 주어진 문장에서 과학자들이 그런 이야기(such stories)보다 비늘의 고리를 통해 물고기의 나이를 알아내는 것을 선호한다고 했으므로, 이 문장의 앞에는 과학적인 방법이 아닌 다른 방법으로 물고기의 나이를 알아내는 내용이 소개될 것으로 예측할 수 있다. 또한, 이 문장의 뒤에는 과학자들의 방법에 대한 부연 설명이나 구체적인 예시가 제시될 수 있다. ④의 앞까지는 과학자들이 의문을 제기하는 물고기의 나이에 관한 이야기들이 소개되었고 ④의 뒤에서는 이 방법(this method)으로 과학자들이 위스콘신 호수에서 잡힌 철갑

상어의 나이를 알아냈다고 말한다. 따라서 정답은 ④이다.

정답 ④

9

어휘

relatively 상대적으로 terrestrial 지구형의 planet 행성 satellite 위성
diameter 지름 giant-impact 대충돌 hypothesis 가설 state 주장하다
collision 충돌 Theia 테이아 poet 시인 volatile 휘발성의
element 원소 composition 구성 identical 동일한 crust 지각
alternative 대안적인 variation 변형 suggest 시사하다
refine 정교하게 하다

해석

달은 상대적으로 큰, 지구형의, 행성을 닮은 자연 위성이다. 이것은 지구 지름의 1/4 크기의 지름을 가졌고, 이는 달을 태양계에서 가장 큰 위성으로 만들어 준다. ① 달의 독특한 특징을 바탕으로, 달의 기원에 관한 가장 널리 받아들여지는 이론은 대충돌 가설이다. ② 그 가설은 화성 크기의 원시행성인 테이아와 초기 지구의 충돌로 달이 형성되었다고 말한다. ③ 달은 아름다운 여성과 사랑에 빠진 시인들에게 항상 주제가 되어 왔다. ④ 그것(가설)은 또한 달의 철과 휘발성 원소들의 상대적 결핍과 달의 구성이 지구 지각의 구성과 거의 동일하다는 사실을 설명한다. 대충돌 가설이 널리 받아들여지기는 하지만, 대안적인 변형(이론)은 다른 충돌이나 다중 충돌을 시사한다. 연구는 달의 형성에 대한 우리의 이해를 계속해서 정교하게 한다.

해설

지구의 위성인 달의 기원설을 설명하는 글이다. ①은 대충돌 가설이 달의 기원설 중 가장 널리 받아들여진다고 했고 ②는 테이아와 초기 지구의 충돌로 달이 형성되었다고 대충돌 가설을 설명하며 ④는 대충돌 가설이 달의 구성 성분에 관한 특징을 설명해준다고 했다. 즉, 모두 대충돌 가설에 관해 설명하고 있다. 이에 비해 ③은 달이 시인들이 항상 사용하는 주제였다고 이야기하므로 글의 흐름상 가장 어색하다.

 ③

10

어휘

entirely 완전히 private 은밀한 process 과정 internal 내적인
consciousness 의식 motionless 움직이지 않는 fever 흥분
outcome 결과 odd 이상한 describe 묘사하다 actively 적극적으로
deliberate 의도적인 in the abstract 추상적으로 concrete 구체적인
in a sense 어떤 의미에서 applied 응용된

해석

창의성은 상상력에서 한 단계 더 나아간 것이다. 상상력은 내적 의식의 완전히 은밀한 과정일 수 있다. 당신은 상상력의 흥분 속에서 당신의 침대에 움직임 없이 누워 있을 수도 있는데 누구도 알지 못할 것이다. 은밀한 상상력들은 이 세상에서 전혀 어떤 결과도 가지고 오지 않을 수 있지만, 창의성은 결과를 가져온다. 창의적인 것은 무언가 하는 것을 수반한다. 아무것도 전혀 하지 않은 사람을 창의적이라고 묘사하는 것은 이상할 것이다. 누군가를 창의적이라고 부르는 것은 그들이 의도적인 방식으로 어떤 것을 적극적으로 만들어 내고 있다는 것을 암시한다. 사람들은 추상적으로 창의적이지 않다; 그들은 수학에서, 공학에서, 글쓰기에서, 음악에서, 사업에서, 그리고 무엇이든 구체적인 과업인 것에서 창의적이다. 창의성은 당신의 상상력을 작동시키는 것을 수반한다. 어떤 의미에서, 창의성은 응용된 상상력이다.

① 물리 법칙을 발견한 사람
② 컴퓨터를 만든 사람
③ 소설을 쓴 사람

해설

글의 중심 소재는 창의성의 본질이고 네 번째 문장이 주제문으로, 창의성은 무언가를 해내는 것이라고 주장한다. 빈칸 문장은 창의적인 것을 빈칸이라고 묘사한다면 이상할 것이라고 했으므로, 빈칸에는 창의성의 특징과 반대되는 내용이 들어가야 한다. 빈칸 앞 문장에서 창의성은 무언가를 하는 것이라고 했고, 빈칸 이후에서 창의적인 사람은 의도적인 방식으로 무언가를 적극적으로 구체적인 것을 만들어 낸다고 했다. 그러므로 빈칸에는 무언가를 하지 않고 만들어 내지 않는다는 내용이 들어가야 한다. 따라서 정답은 ④ '아무것도 전혀 하지 않은 사람'이다.

 ④

DAY 27

| 01 | ④ | 02 | ③ | 03 | ① | 04 | ③ | 05 | ② |
| 06 | ③ | 07 | ④ | 08 | ④ | 09 | ② | 10 | ② |

1

어휘

consistently 꾸준히 submit 제출하다 high-quality 질 높은
scholarship 장학금 likely 가능성이 있는 forfeit 몰수당하다
disregard 무시하다 relinquish 포기하다 attain 얻다

해석

질 높은 과제를 꾸준히 제출하는 그 학생은 장학금을 얻을 가능성이 있다.

정답 ④

2

어휘

prefer 선호하다 debate 토론

해석

그녀는 토론 동아리 친구들과 외출하는 것보다 집에서 책 읽는 것을 선호했다.

해설

[문법포인트] 비교 사용 표현 / 비교대상의 일치 라틴어에서 유래한 단어인 prefer는 '~보다'를 표현할 때 than이 아니라 to를 사용하고 목적어로 동명사를 취하며, rather than을 쓸 때는 목적어로 to부정사를 취한다. rather than 뒤에 오는 to부정사는 to를 생략해도 되기 때문에 정답은 ③ go이다.

정답 ③

3

어휘

filet mignon 안심스테이크 suggest 제안하다
porterhouse 포터하우스 스테이크 instead 대신에 run out 다 떨어지다
business hour 영업시간 deposit 보증금

해설

A: 안녕하세요, 저녁 식사 주문해도 될까요?
B: 물론이죠. 어떤 것으로 드릴까요?
A: 샴페인 한 병, 바닷가재 꼬리, 그리고 안심스테이크 미디엄 레어로 될까요?
B: 안심스테이크는 오늘 밤 너무 인기가 많아서 다 떨어졌습니다.
A: 그거 안타깝네요. 그러면 어떤 메뉴가 지금 가능하죠?
B: 음... 대신에 포터하우스 스테이크를 추천해도 될까요?
A: 좋아요, 그러면 포터하우스 스테이크로 하겠습니다.

② 사실, 오늘 영업시간은 끝났습니다
③ 안타깝게도, 주류 금지 때문에 그건 어렵겠습니다
④ 저녁을 주문하시기 전에 보증금을 내야 합니다

정답 ①

4

어휘

deprivation 부족 well-documented 잘 기록된 serious 심각한
impact 영향 chronic 만성적인 fatigue 피로 concentrate 집중하다
productive 생산적인 efficiency 효율성

해석

그것의 부정적인 영향이 잘 기록되어 있는 수면 부족은 현대 사회에서 심각한 문제가 되었다. 많은 사람들은 일이나 오락을 위해 늦게까지 깨어 있는 것을 후회하고, 그것이 자신들의 건강에 미치는 영향을 결국 깨닫게 된다. 만성 피로는 사람들이 열심히 노력해도 낮 동안 집중하는 것을 어렵게 만든다. 사람들은 잠을 덜 잘수록 자신이 더 생산적으로 된다고 믿지만, 이 믿음은 줄어든 효율성과 좋지 않은 의사 결정으로 종종 이어진다.

해설

③ [문법포인트] 주의할 형용사와 부사 자동사 try를 수식하는 부사의 올바른 형태를 묻는 문제이다. 형용사 hard의 부사형은 '열심히'를 의미하는 hard로 형태가 동일하다. '거의 ~ 않는'을 의미하는 hardly와 혼동하지 말아야 한다. 문맥상 '열심히'라는 의미가 되어야 하므로 hardly를 hard로 고쳐야 한다. (hardly → hard)

① [문법포인트] 관계대명사의 선택 선행사 Sleep deprivation이 관계대명사 절의 주어인 negative effects에 대해 소유의 관계를 이루고 있으므로 소유격 관계대명사 whose가 바르게 쓰였다.

② [문법포인트] 완전타동사와 동작의 목적어 regret은 과거의 일을 후회한다는 의미일 때는 목적어로 동명사를, 앞으로 어떤 일을 하게 되어 유감이라는 의미일 때는 목적어로 to부정사를 취한다. 밤에 늦게까지 깨어 있던 것을 후회한다는 과거의 의미이므로 동명사가 바르게 쓰였다.

④ [문법포인트] 비교 사용 표현 「the+비교급+S′+V′, the+비교급+S+V」는 '~가 더 …할수록, ~가 더 …하다'라는 의미이다. 주절의 2형식 동사 are의 보어가 앞으로 나간 형태이므로, 보어가 될 수 있는 형용사 productive가 「the+비교급」의 형태로 바르게 쓰였다. they believe는 삽입절이다.

정답 ③

[5~6]

어휘

region 지역 traditionally 전통적으로 specialty 특산품 host 개최하다
heritage 유산 aim 목표로 하다 significant 중요한 participant 참가자
crafting 공예 material 재료 purchase 구매하다; 구매
confirmation 확인서 legal holiday 법정 공휴일 Lunar New Year 설날
promotion 홍보 advanced 고급의 sewing 재봉
charge 요금을 부과하다 entry fee 참가비

해설

(A) 설날을 위한 비단 주머니 만들기

우리 지역은 비단 제품으로 전통적으로 유명합니다. 이 지역 특산품을 활용해서, 우리는 문화유산 센터에서 비단 주머니 워크숍을 개최할 계획입니다. 전통적인 한국의 비단 주머니를 만듦으로써, 우리는 우리 문화에서 가장 중요한 명절 중 하나인, 설날을 기념하는 것을 목표로 합니다. 참가자들은 전통적인 공예 기술을 배울 뿐 아니라 이 주머니의 문화적 중요성도 알게 될 것입니다.

• 날짜: 1월 25일 – 31일 (토요일 – 금요일)

- 시간: 오전 10시 - 오후 4시
- 장소: 문화유산 센터, 워크숍 A실
- 요금: 1인당 15달러 (재료 포함)

현장 판매가 없으므로, 표는 culturalheritagecenter.org/events에서 온라인으로 구매하셔야 합니다. 자리가 제한되어 빨리 매진될 수 있습니다. 온라인 구매 후, 참가자는 이메일 확인서를 받게 됩니다. 구매 증거로서 확인서를 가져오세요.

- 주의: 워크숍은 법정 공휴일에는 열리지 않습니다. (설 연휴 3일 제외)
- 문의: 추가 정보는 (555) 123-4567로 전화하세요.

5 ② 함께 파티합시다: 음력 설날 축하
③ 비단 홍보 행사: 당신의 비단을 선택하세요
④ 고급 재봉 기술 배우기

6 ① 지역 특산품을 이용한 공예 행사가 개최될 것이다.
② 전통적인 공예 기술이 이 행사에서 가르쳐진다.
③ 이 행사는 참가자에게 참가비와 추가 재료비를 모두 부과한다.
④ 표는 현장 구매가 가능하지 않다.

해설

5 글의 중심 소재는 비단 주머니와 설날이고 주제문은 세 번째 문장으로 설날을 기념해서 비단 주머니 만들기 행사를 한다고 안내한다. 이후 행사 관련된 세부 사항이 자세히 설명된다. 따라서 글의 제목으로 가장 적절한 것은 ② '설날을 위한 비단 주머니 만들기'이다.

6 ③ '요금'에 재료비가 포함된다고 했으므로 글의 내용과 일치하지 않는다.
① 두 번째 문장에서 지역 특산품을 이용해 비단 주머니 만들기 워크숍을 개최한다고 했으므로 글의 내용과 일치한다.
② 네 번째 문장에서 전통 공예 기술을 알려준다고 했으므로 글의 내용과 일치한다.
④ 세 번째 문단에서 표는 온라인 구매만 가능하다고 했으므로 글의 내용과 일치한다.

정답 5 ② 6 ③

7

어휘
preserve 보존하다 cornerstone 주춧돌 vital 필수적인
maintain 유지하다 culinary 요리의 heritage 유산 ensure 보장하다
ancient 고대의 pass down ~을 전수하다 generation 세대
sustainable 지속 가능한 dairy 낙농의 practice 관행
collaborate 협력하다 implement 실행하다 high-quality 고품질
exceptional 뛰어난 organization 조직 emphasize 강조하다
time-honored 전통 있는 nutritional 영양적 showcase 선보이다
significance 중요성 annual 연례의 equip 갖추게 하다 aspiring 미래의
essential 필수적인 blend 결합하다 awareness 인식 benefit 이점
primary 주된 promote 촉진하다

해석

세계 치즈 연구 센터

치즈 제조 전통 보존하기
전통적인 치즈 제조 방법을 보존하는 것은 세계 치즈 연구 센터의 주춧돌이 되어 왔다. 이 방법은 치즈의 문화 및 요리 유산을 유지하는 데 필수적이며, 고대 기술이 세대를 거쳐 전수되는 것을 보장한다.

지속 가능한 낙농 관행
WCRC는 뛰어난 치즈를 만들기 위한 고품질 우유 생산을 보장해주는 전통적이고 지속 가능한 농업 관행을 실행하기 위해 낙농 농부들과 협력한다. 이 조직은 전통 있는 제조법의 보존을 강조하는 한편 전통 치즈의 영양적 가치를 연구하고 세계 식단에 그것의 중요성을 선보인다.

치즈 축제와 교육
이 센터는 치즈 유산을 기념하기 위해 연례 치즈 축제를 준비하고 미래의 치즈 제조업자에게 필수 기술을 갖춰주기 위해 교육 프로그램을 제공한다.

① WCRC는 현대적 기술과 전통 치즈 제조 방법을 결합하는 데 조점을 맞춘다.
② WCRC는 현대 치즈의 건강상 이점에 대한 세계적 인식 개선을 목표로 한다.
③ WCRC는 치즈 생산에서 혁신을 촉진하기 위해 치즈 축제를 주로 준비한다.
④ WCRC의 주된 목표는 전통 치즈 제조 관행과 문화적 유산을 보존하는 것이다.

해설
글의 중심 소재는 치즈 제조의 전통이고 주제문은 첫 번째 문장으로 WCRC의 핵심 목표가 전통적인 치즈 제조 방식을 보존하는 것임을 명확히 제시하며 나머지 내용들이 이를 뒷받침하고 있다. 두 번째 문단과 세 번째 문단은 이 단체가 목표를 달성하기 위해 실천하는 활동에 대한 예시이다. 따라서 글의 요지로 가장 적절한 것은 ④ 'WCRC의 주된 목표는 전통 치즈 제조 관행과 문화적 유산을 보존하는 것이다.'이다.

정답 ④

8

어휘
national security 국가 안보 primarily 주로 exclusively 오로지
military affairs 군사 문제 comprehensive 포괄적인 adopt 채택하다
in response to ~에 대응하여 challenge 문제 threat 위협
pose 제기하다 conflict 분쟁 shortfall 부족 nonfuel 비연료
mineral 광물 scarcity 부족 paradigm 판도 shift 변화
relativity 상대성 emerge 떠오르다

해설
20세기의 대부분에 걸쳐, 국가 안보는 주로, 그리고 때때로 오로지 군사 문제에만 집중했다. 21세기에, 국가 안보와 세계 안보에 대한 사고, 연구 및 계획의 새롭고 더 포괄적인 방식들이 전쟁과 분쟁이라는 전통적인 원인으로 제기된 위험을 넘어서는 새로운 안보 문제와 위협에 대응하여 채택되면서 변화하고 있다. 테러리즘에 더하여, 안보에 대한 이러한 다른 위협들은 에너지와 비연료 광물 자원의 부족, 식량과 담수의 부족 그리고 사이버 공격으로 인해 제기되지만 이에 국한되지는 않는다. 일부에게, 이러한 새로운 문제와 위협은 총과 미사일이 그러는 것만큼 안보에 대한 문제와 위협을 많이 제시하고 시간이 지남에 따라 아마도 그보다 더 많이 제기할 것이다.

① 신시대에 군사 안보의 판도 변화에 대한 이해
② 전통적인 전쟁과 분쟁으로 야기된 위험의 상대성
③ 20세기와 21세기의 전쟁에 대한 개념의 차이
④ 21세기에 새롭게 떠오르는 안보 문제와 위협

해설
글의 중심 소재는 국가 안보의 개념 변화이고 주제문은 두 번째 문장으로 20세기와 달리 21세기에는 새로운 안보 문제와 위협에 대응하여 국가 안보와 세계 안보가

바뀌고 있다고 주장한다. 이후 새롭게 생긴 위협과 문제에 대한 부연 설명이 이어진다. 따라서 정답은 ④ '21세기에 새롭게 떠오르는 안보 문제와 위협'이다.

정답 ④

9

어휘

cooperation 협동   guidance 지도   embark on ~을 시작하다
left to one's own devices 제멋대로 하게 내버려 둔다면
instinctively 본능적으로   competitive 경쟁적인   report 성적
arena 경기장   a multitude of 다수의   interpersonal 개인 간의
awareness 인식   inherently 선천적으로   minority 소수
consciously 의식적으로   nurture 육성하다

해석

선생님의 지도가 없으면, 학생들은 협동의 가치를 인정하는 개인 발달의 여정을 시작하지 않을 것이다. 제멋대로 하게 내버려 둔다면, 그들은 본능적으로 점차 서로 경쟁적으로 될 것이다. 그들은 점수, 성적 그리고 평가를 그들이 스포츠 경기장에서 하는 것과 똑같이 교실 환경 안에서 비교할 것이다. (①) 스포츠 경기장과 방송 매체가 그들을 위해 그렇게 하고 있으므로 우리는 승자와 패자에 대해 우리 학생들에게 가르칠 필요는 없다. (②) 그러나 우리는 이기는 것보다 더 중요한 것이 인생에 존재한다는 것과 성공적인 협동을 위해 그런 기술이 필요하다는 것을 그들에게 가르칠 필요가 있다. 함께 성공적으로 일하는 단체는 높은 수준의 개인 간의 인식은 물론 다수의 사회적 기술을 가진 개인들을 요구한다. (③) 어떤 학생들은 이런 기술에 대한 자연스러운 이해를 선천적으로 가지고 있지만 그들은 항상 소수이다. (④) 또래 사이의 협동을 당신의 교실로 가져오기 위해, 당신은 이런 기술들을 의식적으로 그리고 조심스럽게 가르칠 필요가 있으며, 학교에 다니는 내내 그것들을 지속해서 육성해야 한다.

해설

주어진 문장은 역접의 연결어 However로 시작하여 인생에서 이기는 것보다 더 중요한 것이 있으며 성공적인 협동을 위해 그런 기술이 필요하다는 것을 가르칠 필요가 있다고 설명한다. 그러므로 이 문장의 앞에서는 이와 반대되는 가르칠 필요가 없는 것에 대한 언급이 있어야 하고 이 문장의 뒤에서는 이에 대한 부연 설명이나 예시가 나올 것으로 예측할 수 있다. ② 앞에서 학생들이 운동장의 경험과 다른 매체를 통해 승패에 대해 이미 알고 있다는 내용이 나왔고 ② 뒤에서는 주어진 문장의 successful cooperation을 a group working together successfully로 받아 협동에 대한 부연 설명이 이어진다. 따라서 주어진 문장은 ②에 들어가는 것이 가장 적절하다.

 ②

10

어휘

paraphrase 말을 바꾸어 인용하기; 말을 바꾸어 인용하다   source 출처
quote 인용   belong to ~에 속하다   credit 공로; ~에게 공로를 돌리다
vulnerable 취약한   charge 혐의   plagiarism 표절   material 자료
document 기록하다   cite 인용하다   assassinate 암살하다
recent 최근의   article 논문   Muslim 이슬람교도   hasten 앞당기다
theory 이론   nevertheless 그럼에도 불구하고   furthermore 게다가
accordingly 따라서

해석

말을 바꾸어 인용하는 것은 직접 인용과 마찬가지로 출처 목록 만들기를 필요로 한다. 말을 바꾸어 인용한 단어들은 당신의 것일 수도 있지만, 그 생각은 다른 사람에게 속한다. 참고 목록의 형태로 그 사람에게 공로를 돌리지 않는 것은 당신을 표절 혐의에 취약하게 만들 수 있다. 어떤 종류의 말을 바꾸어 인용된 자료가 당신에게 출처를 목록으로 작성하도록 요구할까? 당신이 여러 출처에서 발견하는 기본적인 자료는 참고 문헌으로 기록할 필요가 없다. (A) 예를 들어, 1948년 1월 30일에 마하트마 간디가 암살되었다는 정보의 출처를 인용하는 것은 불필요한데, 이것은 흔히 알려진 사실이기 때문이다. (B) 하지만, 최근 논문에 발표된, 이슬람 교도에 대한 간디의 친절함이 그의 죽음을 앞당겼다는 Smith 교수의 의견은 사실이 아니라, 이론이다. 만약 Smith의 의견을 말을 바꾸어 인용하는 방식으로 사용하고 싶다면, 당신은 그녀에게 공로를 돌려야 한다.

(A)	(B)
① 그럼에도 불구하고	게다가
③ 마찬가지로	따라서
④ 반면에	그러므로

해설

글의 중심 소재는 인용 출처를 밝혀야 하는 경우이다. (A) 앞에서는 기본적인 자료는 참고문헌으로 기록할 필요가 없다고 했고 (A) 뒤에서는 간디의 암살 사건에 대해 출처를 밝힐 필요가 없다고 했으므로 (A)에는 예시의 연결어 For example이 들어가는 것이 적절하다. (B) 뒤에는 흔히 알려진 사실이 아닌, 특정한 논문에 발표된 개인의 의견을 인용하려면 출처를 밝혀야 한다고 설명하고 있으므로 (B)에는 앞의 내용과 대조되는 역접의 연결어 However가 들어가는 것이 적절하다. 따라서 이 둘을 모두 만족하는 ②가 정답이다.

 ②

DAY 28

| 01 | ① | 02 | ④ | 03 | ② | 04 | ③ | 05 | ① |
| 06 | ② | 07 | ④ | 08 | ② | 09 | ③ | 10 | ③ |

1

어휘

extensive 폭넓은 complex 복잡한 with ease 쉽게 elucidate 설명하다
obscure 이해하기 어렵게 하다 complicate 복잡하게 만들다
muddle 혼란스럽게 만들다

해석

다년간의 경험과 폭넓은 지식으로 그 교수는 복잡한 주제를 쉽게 설명할 수 있었다.

 ①

2

어휘

overcome 극복하다 obstacle 장애물

해석

그 장애물이 아무리 어려워 보였더라도, 그는 그것을 극복하는 데 성공했다.

해설

[문법포인트] 주요 양보구문 「복합관계사+S+V」 구문은 '아무리 ~해도'라고 해석된다. 이때 복합의문부사인 However는 '얼마나'를 의미하여 다른 형용사나 부사를 수식하는 부사의 기능을 담당하며, However와 수식받는 형용사나 부사는 반드시 나란히 붙여 써야 한다. 또한 불완전자동사로 쓰인 seemed의 보어가 However의 수식을 받는 구조이므로 부사인 difficultly가 아닌 형용사 difficult가 올바르다. 따라서 정답은 ④ difficult the obstacle seemed이다.

 ④

3

어휘

recently 최근에 purchase 구매하다 defect 결함 flicker 깜빡거리다
frustrating 짜증 나게 하는 exchange 교환하다 inspection 검사
replace (새 제품으로) 교체하다 immediately 즉시

해석

Emily Watson: 안녕하세요, 제가 GreenTech 전자의 제품을 최근에 구매했는데요, 결함이 있는 것 같아요.
고객 서비스: 죄송합니다. 문제에 대해서 조금 더 설명해주시겠어요?
Emily Watson: 네, 화면이 계속 깜빡거리는데, 제가 그 물건을 산 지 겨우 1주일밖에 안 됐거든요.
고객 서비스: 짜증 나셨겠어요. 서비스 센터로 물건을 가져다주실 수 있나요?
Emily Watson: 검사를 위해 제가 무언가를 가져가야 하나요?
고객 서비스: 네, 더 신속한 처리를 위해 영수증과 제품 상자를 가져와 주세요.

① 처음 받은 영수증 없이도 그것을 교환할 수 있나요
③ 그것을 즉시 교체해 주거나 수리해주실 수 있나요
④ 서비스 센터 운영 시간은 어떻게 되나요

 ②

4

어휘

roughly 대략 protester 시위자 respond 대응하다 suburb 교외
confrontation 대치 investigative 조사의 terrorize 공포에 떨게 하다
resident 주민

해석

대략 250에서 300명의 시위자들은 교외를 향해 나아감으로써 대응했고, 경찰들을 공격했다고 믿어지는 사람이라면 누구와도 대치하려고 했다. 프랑스 온라인 조사 웹사이트인 Mediapart에 따르면, 그 시위자들은 사람들의 집으로 들어가 주민들을 공포에 떨게 했다.

해설

③ [문법포인트] 복합관계사 they believed는 삽입절이며, 문장의 동사인 had attacked의 주어가 없으므로 목적격인 whomever를 주격인 whoever로 고쳐야 한다. (whomever → whoever)
① [문법포인트] 형용사 vs. 부사 수사인 250 to 300가 형용사로 사용되었으며 이러한 형용사를 수식하는 부사로 roughly가 바르게 쓰였다.
② [문법포인트] 전치사의 목적어 / 동명사의 역할 동명사가 전치사 by의 목적어로 바르게 쓰였다.
④ [문법포인트] 분사구문 분사구문으로 의미상의 주어가 주절의 주어인 the protesters와 일치하고, 의미상의 주어와 분사가 능동의 관계이며, 분사 뒤에 목적어가 왔다. 따라서 현재분사가 바르게 쓰였다.

 ③

[5 ~ 6]

어휘

interconnected 서로 연결된 financial 재정의 assets (pl.) 자산
crucial 중요한 be dedicated to ~에 전념하다 secure 안전한
shield 보호하다 potential 잠재적인 strengthen 강화하다
review 검토하다 statement 명세서 unauthorized 승인되지 않은
transaction 거래 set up ~을 설정하다 alert 알림 account 계좌
cautious 주의하는 delicate 민감한, 허약한, 우아한 party 상대
enable 활성화하다 fraud 사기 store 보관하다 contain 포함하다
shred 파쇄하다 weak 약한 sensitive 민감한 elegant 우아한
polite 공손한

해석

수신: 전 고객
발신: 고객 서비스 관리자, Wonderful Bank
날짜: 2025년 5월 6일
제목: 중요한 정보

소중한 고객님들께,

오늘날의 서로 연결된 세계에서, 재정 자산을 보호하는 것은 그 어느 때보다 중요합니다. 저희는 귀하의 재정을 안전하게 유지하고 잠재적 위험으로부터 보호하는

것을 돕는 데 전념하고 있습니다. 귀하가 재정적 보안을 강화하기 위해 취할 수 있는 다섯 가지 주요 단계가 있습니다:

1. 승인되지 않은 거래가 있는지 은행 명세서를 정기적으로 검토하세요.
2. 모든 재정적인 움직임에 대해 계속 알 수 있도록 계정 활동에 대해 알림을 설정하세요.
3. 전화나 온라인으로 민감한 재정 세부 사항을, 특히 모르는 상대와 공유할 때는 주의하세요.
4. 우리가 온라인으로 항상 제공하는 사기 방지 도구를 활성화하는 것을 고려하세요.
5. 민감한 정보를 포함하는 물리적인 문서를 안전하게 보관하고 더 이상 필요하지 않은 것들은 파쇄하세요.

재정적 안녕을 보호하는 것에 관한 추가 정보가 필요하시면, 저희 재정 보안 센터를 방문해주세요.

진심을 담아,
고객 서비스 관리자
Wonderful Bank

해설

5 첫 문장에서 재정 자산 보호의 중요성을, 두 번째 문장에서 고객의 재정 보안을 위한 은행의 노력을, 그리고 세 번째 문장에서 재정 보안을 위해 고객이 할 일이 있다고 말한다. 이후 재정 보안 강화의 5단계를 설명하고 있다. 따라서 글의 목적으로 가장 적절한 것은 ① '고객에게 금융 보안을 강화하는 방법을 알리기 위해'이다.

정답 5 ① 6 ②

7

어휘

exclusive 특별한   enthusiast 애호가   relaxing 여유로운
brew (차나 음료를) 끓이다   savor 음미하다   inspire 영감을 주다
treat 간식   show off ~을 뽐내다   registration 등록
encourage 권장하다   walk-in 예약 없이 가는 사람   availability 이용 가능성
participant 참가자   mandatory 필수적인

해석

Spring Delights 커피 축제 2025

Spring Delights 커피 축제 2025의 특별한 행사로 봄의 아름다움을 기념하세요! 커피 애호가이든, 단순히 밖에서 여유로운 하루를 보내고 싶은 분이든, 모두를 위한 특별한 것을 준비했습니다.

행사 세부 사항
- 날짜: 2025년 3월 30일 일요일
- 시간: 오전 9시 – 오후 6시
- 장소: Brew Lane 789번지, Aroma Café Garden

기대할 수 있는 프로그램
- 바리스타 워크숍: 수상 경력이 있는 바리스타와 함께 완벽한 커피를 끓이는 기술을 배워보세요.
- 봄 블렌드 시음: 계절 간식과 함께 봄에서 영감을 받은 특별한 블렌드 커피를 음미해 보세요.
- DIY 라떼 아트 경연대회: 창의력을 뽐내고 흥미로운 상품도 받아 가세요.

등록

워크숍 사전 등록이 권장됩니다. 예약 없이 오시는 분은 자리 여유가 있으면 환영합니다.
- 등록: www.springcoffee2025.com
- 문의처: info@springcoffee2025.com | (555) 987-6543

완전히 새로운 커피를 경험하실 이번 기회를 놓치지 마세요!

① Spring Delights 커피 축제 2025는 일요일에만 열리는 당일 행사이다.
② 참가자들은 커피 끓이는 기술을 배울 수 있도록 워크숍에 참여할 수 있다.
③ 방문객들은 봄을 주제로 한 특별한 커피 블렌드를 즐길 수 있다.
④ 라떼 아트 경연대회를 포함한 모든 행사에 등록이 필수적이다.

해설

④ <등록>에서 사전 등록을 권장하지만 자리 여유가 있으면 예약 없이 오는 사람도 환영한다고 했으므로 글의 내용과 일치하지 않는다.
① <행사 세부 사항>의 '날짜'에서 일요일 하루만 적혀 있으므로 글의 내용과 일치한다.
② <기대할 수 있는 프로그램>의 첫 번째 항목에서 바리스타와 함께 커피 만드는 기술을 배운다고 했으므로 글의 내용과 일치한다.
③ <기대할 수 있는 프로그램>의 두 번째 항목에서 봄에서 영감을 받은 특별한 블렌드 커피를 음미해 보라고 했으므로 글의 내용과 일치한다.

정답 ④

8

어휘

flip 툭 던지다, 툭 던지기   practice 관습   dictator 독재관   ancient 고대의
response 대답   guilty 유죄의   crime 범죄   disagree 동의하지 않다

해석

어떤 일을 할지 말지 결정하기 위해 동전을 던져본 적이 있는가? 사람들은 2천 년 이상 동안 동전을 던져왔다. 고대 로마에서 율리우스 카이사르는 자신이 독재관이었을 때 이 관습을 시작했다. 모든 로마 동전의 한쪽 면에는 카이사르 머리 그림이 새겨져 있었다. 카이사르가 동전을 던져 자기 머리가 보이면, 그것은 로마 신들이 질문에 대해 '예'라고 응답했다는 뜻이었다. 그가 자신의 얼굴을 보지 못하면, 대답은 '아니오'였다. 로마인들은 중요한 결정을 내리는 데 도움을 얻기 위해 동전을 던지기 시작했다. 동전 던지기는 사람들이 누구와 결혼할지, 어떤 집을 살지, 혹은 누가 범죄에 유죄인지를 결정하는 데 도움을 주었다. 카이사르의 얼굴을 보는 것은 독재관과 로마 신들이 <u>사람의 결정에 동의했다</u>는 것을 의미했다.

① 카이사르와 의견이 일치하지 않았다
③ 그의 결정에 확신이 없었다
④ 서로 의견이 일치하지 않았다

해설

글의 중심 소재는 동전 던지기의 기원이다. 빈칸 앞에서 카이사르의 얼굴을 보는 것이 ~을 의미한다고 했으므로 앞에서 카이사르의 얼굴과 의미에 대해 설명한 부분을 읽고 근거를 찾으면 된다. 처음 세 문장은 글의 배경이고, 네 번째 문장부터 카이사르의 머리가 새겨진 동전에 대한 설명이 시작된다. 다섯 번째 문장에서 카이사르가 동전을 던져 자기 머리가 보이면 로마 신이 질문에 대해 '예'라고 응답했다는 의미라고 설명했고 일곱 번째 문장에서 로마 사람들이 중요한 결정을 내릴 때 동전을 던졌다고 했다. 두 가지 정보를 종합해볼 때, 빈칸에 들어갈 가장 적절한 말은 ② '사람의 결정에 동의했다'이다.

정답 ②

9

어휘

theory 이론 debate 논쟁 undeniably 명백하게 via ~을 통해
process 처리하다 transform 바꾸다 sensory 감각의
stimulus 자극(pl. stimuli) immediate 즉각적인 store 저장하다
temporarily 일시적으로 organize 정리하다 fade away 사라지다
transfer 전달하다 section 부분 frontal lobe 전두엽
cerebral cortex 대뇌피질

해석

뇌가 어떻게 작동하는지에 대한 이론은 논쟁의 주제로 남아 있다. 그렇지만 뇌의 일부인 해마가 기억에서 명백하게 중요하다는 것은 동의되었다. 우리가 무언가를 경험할 때, 정보는 우리의 감각을 통해 해마로 보내지고 그곳에서 그 정보가 처리된다. 과학자들은 뉴런이라고 불리는 뇌세포가 처음에 우리가 경험한 감각 자극을 즉각적 기억의 이미지로 바꾼다고 생각한다. 그러고 나서, 이 이미지들은 해마로 보내지고 단기 기억 속에 일시적으로 저장된다. 해마 속에서 정보가 정리되고 이 과정에서 우리 경험의 이미지 일부가 사라진다. 최종적으로 어떤 정보는 그다음에 대뇌피질로 알려진 뇌의 전두엽 부분의 장기 기억으로 전달된다. 과학자들은 이 과정이 우리가 자는 동안 일어날 수 있다고 생각하지만 정확하게 정보가 어떻게 뇌의 한 곳에서 다른 곳으로 전달되는지는 미스터리이다.

① 단기 기억 속 정보 일부가 사라지는 이유
② 심각한 기억 손실을 야기하는 질병
③ 인간의 뇌가 정보를 처리하고 저장하는 방식
④ 감각 자극을 전달하는 데 뉴런의 중요성

해설

첫 문장에서 글의 중심 소재인 뇌의 작동 방식을 소개하고 특별한 주제문 없이 뇌가 정보를 처리하고 저장하는 과정을 세 단계로 나누어 이야기한다. 즉, 정보 처리 과정, 정보 저장 과정, 그리고 정보 이동 및 장기 기억에 관해 차례로 설명한 뒤, 현재 과학으로도 완전히 규명되지 않은 미지의 영역을 언급하며 글을 마무리한다. 따라서 글의 주제로 가장 적절한 것은 ③ '인간의 뇌가 정보를 처리하고 저장하는 방식'이다.

정답 ③

10

어휘

photography 사진(술) transmit 전송하다 pioneer 개척하다
Franco (접두사로서) 프랑스 lightweight 가벼운 strap (끈으로) 묶다
siege 포위 watchful 감시하는 surround 포위하다 cut off 차단하다
circumstance 상황 aloft 하늘로 effective 효과적인 feather 깃털

해석

전송될 메시지의 크기를 줄이기 위한 사진술의 사용은 프랑스-프러시아 전쟁 동안 프랑스인들에 의해 개척되었다. (B) 그 전쟁 동안 파리는 완전히 포위되었고 모든 외부 통신으로부터 차단되었다. 이런 상황에서, 파리 시민들이 외부 세계와 소통하는 것은 불가능했다. (C) 파리 시민들은 풍선에 담긴 메시지를 하늘로 보내는 것을 포함하여, 소통하기 위한 많은 수단을 시도했지만, 아무것도 효과적이지 못했다. 그때, 비둘기 경주 동호회 중 한 곳이 새의 꼬리 깃털에 메시지를 묶어 보내는 것을 제안했다. (A) 그러나, 그것이 작동하기 위해서는 메시지가 작고 가벼워야만 했다. 해결책은 원본 메시지의 사진 사본을 만들고 그것을 비둘기에 묶는 것이었다. 8개월의 포위 기간 동안, 거의 60개의 메시지가 프러시아인들의 감시하는 눈과 총을 통과했다.

해설

이 글은 메시지의 크기를 줄이는 사진술의 기원에 관한 내용이다. 주어진 문장에서 프랑스-프러시아 전쟁 동안 크기를 줄이는 사진술이 개척되었다고 했고 이 전쟁을 that war로 받는 (B)로 이어지는 것이 자연스럽다. 파리의 통신이 차단된 상황이어서 외부와 소통이 불가능했다는 배경이 제시되고 이를 타개하려는 시도들에 대한 예시가 (C)에서 주어진다. 마지막 예시로, 비둘기를 이용한 전달 방법이 제안되었다고 한 뒤, 이 방법을 (A)에서 it으로 이어받아, 비둘기를 이용하려면 그 메시지가 작고 가벼워야만 한다고 말한다. 이렇게 사진술을 이용해 소통이 가능해졌다는 설명으로 글이 마무리된다. 따라서 글의 순서로 가장 적절한 것은 ③ (B) - (C) - (A) 이다.

정답 ③

DAY 29

| 01 | ① | 02 | ④ | 03 | ② | 04 | ③ | 05 | ① |
| 06 | ① | 07 | ③ | 08 | ④ | 09 | ② | 10 | ④ |

시길 추천드립니다.

① 이 필터는 현재 재고가 없지만, 다음 주에 입고될 예정입니다
③ 필터를 찾았고 즉시 배송해드릴 수 있습니다
④ 호환 가능한 필터를 찾으시려면 가까운 서비스 센터를 방문해 주세요

정답 ②

1

어휘
criminal 범인   involvement 개입   robbery 강도 사건   conceal 숨기다
admit 인정하다   reveal 밝히다   clarify 분명히 하다

해석
범인은 가짜 알리바이를 제공함으로써 강도 사건에 대한 자신의 개입을 숨기려고 시도했다.

정답 ①

2

어휘
adjust 조정하다   complete 완료하다

해석
우리는 올해 말까지 작업을 완료하기 위해 일정을 조정해야 할 필요가 있습니다.

해설
[문법포인트] 전치사의 목적어 '~까지' 작업을 완료한다는 의미를 전달해야 하므로 동작의 완료 시점을 표현할 수 있는 ④ by를 사용해야 한다. ① Until은 특정 시점까지 지속되는 동작이나 상태를 나타내므로 이 문장에는 적절하지 않다.

정답 ④

3

어휘
replacement 교체(품)   air purifier 공기청정기   inventory 재고
part 부품   unfortunately 안타깝게도   discontinue 단종시키다
alternative 대안   compatible 호환 가능한   readily 쉽게
out of stock 재고가 없는   stock 재고가 있다   currently 현재는
locate 위치를 찾다   immediately 즉시

해석
고객: 안녕하세요, 공기청정기 교체용 필터를 찾고 있어요. 도와주실 수 있나요?
수리센터: 물론입니다. 모델 번호와 필요한 필터에 대한 세부 사항을 알려주시겠어요?
고객: AP300 모델이고, HEPA 필터 교체품이 필요해요.
수리센터: 해당 부품에 대한 재고를 확인해 보겠습니다... 죄송하지만 해당 모델의 필터는 더 이상 재고가 없습니다.
고객: 아, 정말요? 그러면 제가 할 수 있는 선택지는 뭐가 있죠?
수리센터: 안타깝게도, 그 모델의 필터는 단종되었습니다.
고객: 실망스럽네요. 다른 대안을 추천해 주실 수 있나요?
수리센터: 호환 가능한 필터를 쉽게 구할 수 있는 저희 최신 모델로 업그레이드하

4

어휘
maintain 유지하다   respondent 응답자   essential 필수적인
regret 후회하다   recharge 재충전하다   engage in ~에 참여하다
physical 신체적인   valuable 가치 있는   mindfulness 마음챙김
ignore 무시하다   nutrient 영양소   ensure 보장하다   long-term 장기적인
maintenance 유지

해석
균형 잡힌 생활 방식을 유지하는 데 있어서 작은 결정들이 큰 변화를 종종 이끈다. 연구에 참여한 응답자의 절반은 규칙적인 수면 일정을 세우는 것이 더 나은 건강을 위해 필수적이라고 생각한다. 많은 사람들이 과로하는 대신 휴식을 취하고 재충전하기 위해 더 많은 시간을 사용했어야 했다고 후회한다. 요가나 조깅 같은 신체적인 활동에 참여하는 것은 가치가 있으며, 많은 사람들은 정신 건강을 무시하는 것보다 마음챙김을 하는 것을 선호한다. 게다가 연구자들은 장기적인 건강 유지를 보장하기 위해서 영양소를 균형 있게 맞추는 것이 필요하다고 생각한다.

해설
③ [문법포인트] 비교 사용 표현 동사 prefer는 「prefer -ing to -ing」 또는 「prefer to + 동사원형 rather than (to) + 동사원형」의 형태로 사용된다. 목적어가 동명사 practicing이므로 뒤에도 동일하게 동명사가 와야 한다. 따라서 to ignore은 동명사 형태인 to ignoring으로 고쳐야 한다. (to ignore → to ignoring)
① [문법포인트] 주어 - 동사 수 일치 half는 부분사이며 「부분사 + of + 명사」의 형태가 사용되면 of 뒤에 놓인 명사에 동사의 수를 일치시켜야 한다. of 뒤의 respondents가 복수이므로 복수형 동사인 believe가 바르게 쓰였다.
② [문법포인트] 조동사 + have p.p. 「should + have p.p.」는 '~했어야 했다(그런데 하지 않았다)'를 의미하는 표현이다. 더 휴식을 취하고 재충전했어야 했는데 하지 못한 것을 후회한다는 내용이므로 과거에 하지 못한 일들에 대한 후회를 표현하는 should have taken이 바르게 쓰였다.
④ [문법포인트] 인칭대명사 5형식 불완전타동사는 to부정사구가 목적어일 때, 가목적어 it을 목적어 자리에 두고 진목적어인 to부정사구를 목적격보어 뒤로 보낸다. find는 불완전타동사로 necessary가 목적격보어이고 to ensure long-term health maintenance가 진주어이므로 가목적어 it이 바르게 쓰였다.

정답 ③

[5 ~ 6]

어휘
boost 활성화하다   thrive 번창하다   opportunity 기회
dedicated 헌신적인   organize 준비하다   fair 박람회
participate 참여하다   involvement 참여   enhance 향상시키다
vibrant 활기찬   auditorium 강당   honor 기리다
handcrafted 수공예품의   heritage 유산   nurture 키우다

해설

(A) 우리 지역 기업들에 생명 다시 불어넣기

지역사회의 구성원으로서, 여러분은 우리 지역 중소기업을 지원하고 인근 경제를 활성화하는 데 관심이 있을 것입니다.

우리 지역사회는 항상 중소기업에게 훌륭한 곳이었지만, 최근의 어려움들은 그들이 번창하는 것을 더 힘들게 만들었습니다. 그래서 우리가 여전히 기회가 있을 때 함께 힘을 모아 이 기업들이 성장하는 것을 도웁시다.

헌신적인 지역사회 구성원들이 지역 중소기업 박람회를 준비하고 있습니다. 그들은 그들의 계획과 여러분이 참가할 수 있는 방법들을 공유하기 위해 회의를 개최합니다. 이번 회의의 목적은 지역 기업들을 더 잘 지원하고 지역사회의 참여를 늘릴 방안을 논의하는 것입니다. 지역 기업들을 지원하는 것은 우리 지역사회를 더 향상시키고 그것을 활기차게 유지할 것입니다.

- 장소: Hansdale 커뮤니티 센터 (우천 시 대체 장소: Eastside 학교 강당)
- 날짜: 2025년 4월 12일 토요일
- 시간: 오후 4시

회의에 대한 추가 정보를 얻으려면 www.neighborhoodbusinessalliance.org를 방문하거나 사무실 전화 (987) 654-3210으로 문의해 주십시오.

5 ② 우리의 수공예품 유산 기리기
③ Hansdale의 심장: 커뮤니티 센터 이야기
④ 지역 기업들을 통한 젊은이들의 꿈 키우기

해설

5 두 번째 문단에서 지역의 중소기업들이 어려움을 겪고 있으니 성장하도록 돕자고 하면서 세 번째 문단에서 이들을 돕기 위한 중소기업 박람회를 준비하고 있다고 말하며, 박람회에 대한 계획과 참여 방법을 공유할 회의가 열린다고 했다. 따라서 제목으로 가장 적절한 것은 ① '우리 지역 기업들에 생명 다시 불어넣기'이다.

6 ① 두 번째 문단 첫 번째 문장에서 최근 중소기업들이 번창하는 것이 더 어려워졌다고 했으므로 글의 내용과 일치하지 않는다.
② 세 번째 문단 첫 번째 문장에서 헌신적인 지역사회 구성원들이 지역 중소기업 박람회를 계획하고 있다고 했으므로 글의 내용과 일치한다.
③ 〈장소〉에서 우천 시 Eastside 학교 강당에서 한다고 했으므로 글의 내용과 일치한다.
④ 마지막 문단에서 웹사이트를 방문하거나 사무실로 전화하면 추가적인 정보를 알 수 있다고 했으므로 글의 내용과 일치한다.

정답 5 ① 6 ①

7

어휘

annually 연례 charity 자선 drive 모금 운동 foundation 재단 underprivileged 소외된 officially 공식적으로 opportunity 기회 lasting 지속적인 encourage 권장하다 participate 참여하다 contribute 기부하다 cause 대의 donate 기증하다 essential 필수적인 financial 금전의 contribution 기부 engage in ~에 참여하다

해설

수신: 전 직원
발신: John Smith, CEO(john.smith@betterfuture.com)
날짜: 2024년 10월 17일
제목: 우리와 함께 변화를 만드세요

직원 여러분,

밝은 미래 재단과 협력하여 소외된 아동들을 지원하는 것을 목표로 하는 연례 자선 모금 운동이 공식적으로 시작되었습니다. 이 행사는 우리가 함께 모여 지역사회에 지속적인 영향을 미칠 수 있는 기회를 줍니다.

우리는 모든 분들이 이 의미 있는 대의에 참여하고 기부해 주실 것을 권장합니다. 필수 물품을 기증하거나, 시간을 내어 자원봉사를 하거나, 회사 자선 포털을 통한 금전 기부를 함으로써 참여하실 수 있습니다. 참여 방법에 대한 더 자세한 내용은 www.betterfuture.com/charitydrive를 방문하시거나 charity@betterfuture.com으로 연락해 주세요.

올해의 자선 모금 운동을 성공으로 만들도록 함께 노력합시다. 여러분의 지원에 감사드립니다!

안부를 드리며,
John Smith
최고 경영자

① 회사의 자선 행사에 대한 피드백을 요청하기 위해
② 지역사회에 대한 회사의 기부를 공유하기 위해
③ 직원들에게 회사의 자선 모금 운동에 참여하도록 동기를 부여하기 위해
④ 밝은 미래 재단에 대한 세부 정보를 제공하기 위해

해설

직원들에게 보내는 메일로 첫 번째 문단에서 해마다 열리는 자선 모금 운동이 시작되었다고 알리고, 두 번째 문단에서 모든 사람들이 이 행사에 참여하고 기부할 것을 독려하면서 참여 방법을 안내했다. 따라서 이 글의 목적으로는 ③ '직원들에게 회사의 자선 모금 운동에 참여하도록 동기를 부여하기 위해'가 가장 적절하다.

정답 ③

8

어휘

indigenous 토착의 conquest 정복 rule 통치하다; 통치 empire 제국 span (기간이나 범위 등이) 걸치다 border 국경 establish 설립하다 expansion 확장 downfall 몰락 come about 일어나다 rebellion 반란 invasion 침략 vast 막대한 preserve 보존하다 remain 남다 citadel 요새

해설

잉카는 1532년 스페인 정복 시기에 현재의 에콰도르 북부 국경에서부터 칠레 중부까지 걸쳐 있었던 제국을 다스렸던 남아메리카의 토착민들이었다. ① 12세기에 쿠스코(현재 페루의 한 도시)에 수도를 세우고, 잉카는 15세기 초에 확장 정책을 시작했으며, 약 1,200만 명이 그들의 통치 아래 들어가게 되었다. ② 전성기에 잉카 제국은 아메리카에서 가장 크고 부유했다. ③ 그것의 몰락은 반란, 질병, 그리고 스페인 침략으로 일어난 것으로 생각된다. ④ 스페인 제국은 잉카 제국 정복을 통해 막대한 토착 문명과 은 자원을 얻었다. 잉카 시대부터 남아 있는 가장 유명하고 아마도 가장 잘 보존된 유적은 페루에 위치한 마추픽추 요새이다.

해설

글의 중심 소재는 잉카이고, 주제문 없이 잉카 제국의 역사에 대한 설명을 하고 있다. ①은 잉카의 수도와 확장 정책을, ②는 잉카의 전성기를, ③은 잉카의 몰락을

설명하고 있다. 그러나 ④는 잉카 정복으로 인한 스페인 제국의 이익을 다루고 있다. 따라서 글의 흐름상 가장 어색한 것은 ④이다.

정답 ④

9

어휘

approximately 대략 reptile 파충류 die out 멸종하다 rule 지배하다
suited 적합한 come in (크기·색상·형태)으로 존재하다 excite 흥분시키다
extinction 멸종 theory 이론 gradual 점진적인 lack 부족
collision 충돌 asteroid 소행성

해석

거의 1억 4천만 년 동안 공룡은 육지, 하늘, 그리고 바다를 지배했다. (①) 공룡들은 세계의 구석구석에 적합한 크기와 형태로 존재했다. (②) 그러고 나서 대략 6,500만 년 전에 이 거대한 파충류들은 완전히 멸종했다. 이 거대한 멸종만큼 과학자들의 상상력을 자극한 미스터리는 거의 없었다. (③) 오랜 세월에 걸쳐 과학자들은 이 사건을 설명하기 위해서 많은 이론들을 개발해왔다. (④) 가장 일반적인 설명들은 지구 기후의 점진적인 변화, 먹이 부족, 그리고 지구의 거대한 소행성과의 충돌이다.

해설

주어진 문장은 공룡의 멸종을 이야기하고 있는데 then이라는 접속사로 시작하기 때문에, 이 문장 앞에는 멸종 이전의 상황에 대한 언급이 있어야 하고 이 문장 뒤에는 멸종 이후의 상황이 나와야 할 것을 알 수 있다. ①은 멸종 이전의 내용이고, ②, ③, ④는 모두 멸종 이후에 대한 설명이다. 또한 주어진 문장의 die out completely를 ②에서 this great extinction으로 받고 있으므로 주어진 문장은 ②에 들어가는 것이 적절하다.

정답 ②

10

어휘

capital 자본 human resource 인적 자원 sector 분야 gear 조정하다
obvious 분명한 majority 다수 rural 농촌의 modernization 현대화
generally 일반적으로 take place 발생하다 overwhelming 압도적인
consequently 결과적으로 emphasis 강조 liberalization 자유화
manpower 인력 utilization 활용 renovation 혁신 exploitation 착취
process 과정 implementation 실행

해석

한 국가의 기술 정책이 경제의 현대적인 분야에서 발생하는 기술 수요만 충족하도록 조정되면, 전통적인 분야의 자본과 인적 자원은 낭비된다. 이것은 개발도상국의 인적 자원의 대다수가 농촌 지역에 있고, 그것이 수년간 지속될 것임을 깨닫자마자 분명해질 것이다. 더욱이 과거에는 현대적인 분야에 기반한 급속한 산업화가 현대화의 모든 혜택을 가져올 것이라고 주장되었다. 압도적인 사회적, 정치적 문제를 야기하지 않으려면 경제 변화가 경제의 모든 분야에서 일어나야 한다는 것이 이제는 일반적으로 받아들여지고 있다. 결과적으로 전통적인 분야에서의 <u>기술 정책과 그 실행</u>은 현대적인 분야의 그것과 동일한 강조가 주어져야 한다.

① 자본 자유화와 인력 활용
② 경제 발전과 정치 혁신
③ 산업 착취와 현대화 과정

해설

중심 소재는 균형 잡힌 경제 발전과 기술 정책의 필요성이며 주제문은 네 번째 문장이다. 기술 정책이 현대적인 분야만을 강조함으로써 생기는 문제점을 제기하고, 빈칸 문장의 앞에서 경제 변화는 경제의 모든 분야에서 일어나야 한다고 주제를 제시한다. 즉, 기술 정책은 현대적인 분야와 전통적인 분야 모두에서 일어나야 한다는 것이다. 주어진 문장은 Consequently로 시작하여 결론적 제안을 하는 부분으로 주제를 반복하는 말이 와야 한다. 따라서 빈칸에는 ④ '기술 정책과 그 실행'이 들어가는 것이 가장 적절하다.

정답 ④

DAY 30

| 01 | ① | 02 | ② | 03 | ③ | 04 | ③ | 05 | ④ |
| 06 | ② | 07 | ② | 08 | ② | 09 | ③ | 10 | ④ |

1

어휘

concern 우려   loyal 충성스러운   client 고객   indifferent 무관심한
responsive 관심을 보이는   accustomed 익숙한
accommodating 협조적인

해석

고객의 우려에 대한 그들의 무관심함 때문에 그 회사는 많은 충성스러운 고객을 잃었다.

정답 ①

2

어휘

hardly 거의 ~이 아닌   come to a halt 멈추다   abrupt 갑작스러운

해석

기차가 역을 떠나자마자, 기술적 문제로 갑작스럽게 멈췄다.

해설

[문법포인트] 시제 관련 표현 「S+had+hardly/scarcely+p.p. ~ when/before+S′+V′(과거)」의 구문으로 '~하자마자 …했다'라는 의미를 표현한다. 주절은 과거완료시제, when절은 과거시제를 사용해야 하는데, 부정부사 Hardly가 문장 맨 앞으로 나갔기 때문에, 주절에 도치가 일어나야 한다. 주절의 시제가 과거완료이기에 had가 주어인 the train과 도치되어야 하므로 정답은 ②이다.

정답 ②

3

어휘

environmental 환경의   alarming 걱정스러운   affect 영향을 미치다
urban 도시의   rural 농촌의   government 정부   implement 시행하다
strict 엄격한   policy 정책   current 현재의   critical 중요한
prioritize 우선시하다   citizen 시민   cooperate 협력하다
sustainable 지속 가능한   expert 전문가   insist 주장하다
immediate 즉각적인   emission 배출

해석

환경 오염은 걱정스러운 수준에 이르렀고, 도시와 농촌 지역 모두에 영향을 미치고 있다. 만약 정부가 더 일찍 더 엄격한 환경 정책을 시행했더라면, 현재의 피해 중에서 많은 부분을 막을 수도 있었을 것이다. 많은 사람들은 기후 변화를 우리 시대의 가장 중요한 문제 중 하나로 여긴다. 시민들과 산업계가 지속 가능한 미래를 만들기 위해서 긴밀히 협력하는 가운데, 오염을 줄이기 위한 노력은 우선시되어야만 한다. 전문가들은 모든 국가가 탄소 배출을 줄이기 위해서 즉각적인 조치를 취해야 한다고 주장한다.

해설

③ [문법포인트] 분사구문 「with+명사+분사/형용사」는 부대상황을 나타내는 분사구문이다. 명사 citizens and industries와 cooperate의 관계가 능동의 관계이므로 과거분사인 cooperated는 현재분사인 cooperating으로 고쳐야 한다. (cooperated → cooperating)

① [문법포인트] 기본 가정법 종속절이 「Had+주어+p.p.」의 형태로 if가 생략된 가정법 과거완료임을 알 수 있다. 또한 의미상으로도 과거에 없었던 사실을 가정해야 하므로 가정법 과거완료를 사용해야 한다. 따라서 could have been prevented가 바르게 쓰였다.

② [문법포인트] 불완전타동사의 목적격보어 consider는 목적격보어로 명사, 형용사, 분사, to be 등의 다양한 형태를 사용한다. climate change가 목적어이고 to be가 목적격보어로 바르게 쓰였다.

④ [문법포인트] 당위의 조동사 주절의 동사가 주장을 나타내는 insist이고 목적절인 that절이 당위의 의미를 가질 경우, that절의 동사는 「(should)+동사원형」의 형태가 되어야 한다. should가 생략되어 동사원형인 take가 바르게 쓰였다.

정답 ③

4

어휘

disgusting 역겨운   replace 교체하다   on the house 무료로

해석

A: 실례합니다, 무슨 문제가 있으신가요, 부인? 음식은 괜찮으세요?
B: 이것 좀 보세요. 제 스파게티에 머리카락이 들어 있어요. 너무 역겹네요!
A: 정말요? 이런 일이 여기에서 일어난 적은 없었는데요! 제가 접시를 치워드리고 신선한 스파게티로 교체해 드리겠습니다.
B: 글쎄요, 이제 여기서 먹고 싶지 않아요. 차라리 다른 곳으로 갈래요.
A: 머물러 주시는 것을 고려해 주십시오, 부인. 제가 와인 한 병과 디저트를 무료로 가져다드리겠습니다.

① 당신은 그것을 주문하지 말았어야 했습니다
② 당신이 맞았으면 좋겠습니다
④ 정말 감사합니다

정답 ③

[5 ~ 6]

어휘

install 설치하다   solar 태양광의   sustainable 지속 가능한
residential 주거의   commercial 상업의   customized 맞춤형의
tailored 맞춘   handle 취급하다   maintenance 유지   repair 수리
ensure 보장하다   long-term 장기적인   charge 요금   installation 설치
apply 적용되다   partner 제휴하다   renewable 재생 가능한
energy source 에너지원   collaboration 협력   subsidy 보조금
regulation 규정   respective 각자의   precise 정확한   consistent 일정한
household 가정   standardized 표준화된   fitted 맞춘
temporary 일시적인   rigid 엄격한

90 Day 30

해석
Green Solutions Korea: 모두를 위한 태양광 에너지

개요
Green Solutions Korea는 전국적으로 태양광 패널 시스템 설계와 설치를 전문으로 합니다. 그들의 임무는 주거, 상업, 산업 고객을 위한 지속 가능한 에너지 솔루션을 제공하는 것입니다.

서비스
회사는 고객의 요구에 맞춘 맞춤형 태양광 패널 설치 패키지를 제공합니다. 또한 그들의 팀은 장기적인 성능을 보장하기 위해 유지 및 수리 서비스도 제공합니다. 설치 후 1년 이내에는 수리가 무료로 제공되지만, 1년 이후에는 수리에 대한 요금이 적용됩니다.

정부 지원
Green Solutions Korea는 지방 정부와 제휴하여, 에너지 비용을 절감하고 전국적인 재생 가능 에너지 사용을 증가시키는 것을 도왔습니다. 지방 정부와 협력으로 이루어진 설치에 대해서는 보조금이 제공됩니다. 보조금의 금액은 지방 정부의 규정에 따라 달라집니다. 고객들은 정확한 보조금 세부 사항을 각각의 지방 정부에 문의하도록 권장됩니다.

5 ① 주거지, 상업지, 산업 현장에 서비스를 제공한다.
② 맞춤형 태양광 패널 설치 패키지를 제공한다.
③ 설치 1년 이내에는 무료 수리를 제공한다.
④ 설치 지역과 관계없이 보조금은 일정하다.

해설
5 ④ 〈정부 지원〉의 세 번째 문장에서 보조금은 지방 정부의 규정에 따라 다르다고 했으므로 글의 내용과 일치하지 않는다.
① 〈개요〉의 두 번째 문장에서 주거, 상업, 산업 고객을 위한 서비스를 제공한다고 했으므로 글의 내용과 일치한다.
② 〈서비스〉의 첫 번째 문장에서 고객의 요구에 맞춘 맞춤형 태양광 패널 설치 패키지를 제공한다고 했으므로 글의 내용과 일치한다.
③ 〈서비스〉의 세 번째 문장에서 설치 후 1년 이내에는 수리가 무료라고 했으므로 글의 내용과 일치한다.

정답 5 ④ 6 ②

7

어휘
valued 소중한   recently 최근에   identify 확인하다
manufacturing 제조   defect 결함   initiate 시작하다   ensure 보장하다
participate 참여하다   serial number 일련 번호   verify 확인하다
eligibility 자격   instructions (pl.) 지시   replacement 교환   refund 환불
cooperation 협조   resolve 해결하다   promptly 신속히   launch 출시
purchase 구매하다

해설
수신: 소중한 고객님
발신: support@ecostream.com
날짜: 2025년 6월 15일
제목: 소중한 고객님을 위한 중요한 업데이트

소중한 고객님께,

저희 제품에 지속적인 성원을 보내주셔서 감사합니다.

최근에 저희는 2024년 11월 1일부터 2025년 3월 31일 사이에 판매된 EcoStream Water Filter의 일부 제품에서 제조 결함을 확인하였습니다. 그 결과 고객님의 안전과 만족을 보장하기 위해서 제품 리콜을 시작합니다.

아래의 단계를 따라 리콜 절차에 참여해 주시기 바랍니다:
1. 리콜 포털(www.ecostreamrecall.com)을 방문하세요.
2. 자격을 확인하기 위해 제품의 일련번호를 입력하세요.
3. 무료로 제품을 반품하기 위해서 지시를 따르세요.
4. 제품 교환 또는 전액 환불 중 선택하세요.

궁금한 점이 있으시거나 추가 도움이 필요하시면 recall@ecostream.com으로 저희 고객 서비스 팀에게 연락해 주시거나 1-800-555-2025로 전화해 주시기 바랍니다. 이번 문제를 신속히 해결하기 위해서 노력하면서 고객님의 이해와 협조에 감사드립니다.

진심을 담아,
EcoStream 팀 드림

① 새로운 제품 출시를 발표하기 위해
② 제품 리콜 절차에 대한 세부 사항을 제공하기 위해
③ 다가오는 할인 판매에 대해 고객에게 알리기 위해
④ 최근에 구매된 제품에 대한 피드백을 요청하기 위해

해설
두 번째 문단에서 제조 결함이 발견되어 제품을 리콜하게 되었다고 알리고, 세 번째 문단에서 리콜 절차를 안내하고 있으므로 글의 목적으로 가장 적절한 것은 ② '제품 리콜 절차에 대한 세부 사항을 제공하기 위해'이다.

정답 ②

8

어휘
perspective 관점   serve as ~로 기능하다
defense mechanism 방어 기제   handle 처리하다   laughter 웃음
show oneself 나타나다   incongruent 어울리지 않는   element 요소
instance 경우   release 해소   associated with ~와 관련된
specific 특정한   relief 안도   present oneself 나타나다
circumstance 상황

해설
유머의 결과로 생기는 웃음은 사람들이 자신이 분노 그리고/또는 두려움을 느꼈을 만한 일반적으로 불리한 상황에 처한 것을 발견했을 때 나타나고, 어울리지 않는 요소들의 발견은 그것을 다른 관점에서 바라볼 수 있게 한다. (①) 따라서, 이런 경우 웃음은 부정적인 감정과 일반적으로 관련된 에너지의 해소에서 비롯되지만, 특정한 상황에서는 관점의 변화 덕분에 안도의 웃음으로 표현될 수 있다. (②) 이러한 관점에서, 유머는, 사람들이 힘들고 스트레스가 많은 생활 환경을 더 잘 처리하게 해주는 방어 기제로 기능한다. 프로이트는 심지어 이 유머를 '방어 기제 중 최상위'라고 묘사했다. (③) 이 자기방어 기제는 — 매우 널리 퍼져 있는 농담을 이해하는 능력과는 다르게 — 모든 인간에게 나타나지는 않는다. (④) 실제로, 일부 개인들은 특정 상황의 재미있고 긍정적인 면을 볼 수 있는 반면, 심지어 동일한 상황에서도 다른 사람들은 부정적인 감정을 나타내며 반응한다.

해설
중심 소재는 방어 기제로서의 유머이다. 주어진 문장에서 이러한 관점(in this

perspective)에서 유머가 부정적인 상황을 처리해주는 방어 기제라고 했으므로, 주어진 문장의 앞부분에서는 부정적인 상황이 제시되어야 하고, 주어진 문장의 뒷부분에서는 방어 기제로서의 유머에 대한 설명이 부연되어야 함을 알 수 있다. ② 앞에서는 유머가 두렵고 불리한 상황, 부정적인 감정과 연관되어 있음을 말하고 뒤에서는 방어 기제에 대해 설명한다. 따라서 주어진 문장이 들어갈 위치로는 ②가 가장 적절하다.

정답 ②

9

어휘

force 힘 affect 영향을 미치다 sales (pl.) 매출 measure 측정하다
effect 영향 customer 고객 compare 비교하다
to one's advantage ~에게 유리하게 lengthen 늘어나다

해설

매일 1억 명 이상의 사람들이 배경 음악 소리를 듣는다. 그들은 사무실에서 일하거나, 가게에서 쇼핑하거나, 식당에서 식사를 하면서 그것을 듣는다. 왜 그렇게 많은 장소에서 배경 음악이 재생되는 것일까? 답은 간단하다: 음악은 매우 강력한 힘이어서 사람들의 행동에 영향을 줄 수 있다. 연구들은 배경 음악이 사업의 매출에 영향을 미칠 수 있다는 것을 보여준다. 마케팅 교수인 Ronald Milliman은 빠른 음악, 느린 음악, 그리고 음악이 없는 것이 슈퍼마켓 고객들에게 미치는 영향을 측정했다. 그는 빠른 음악은 음악이 없는 것과 비교했을 때 매출에 영향을 많이 미치지 않는다는 것을 발견했다. 그러나 느린 음악은 큰 차이를 만들었다. 느린 음악이 재생되었을 때, 고객들은 더 많이 구매했고 매출은 38% 증가했다. Milliman은 또한 식당 주인들이 음악을 그들에게 유리하게 사용할 수 있다는 것을 발견했다. 저녁에 느린 음악을 재생하는 것은 고객들이 식당에서 보내는 시간을 늘려준다.

① 음악이 식단에 미치는 영향
② 느린 음악과 슈퍼마켓 매출액
③ 음악이 인간 행동에 미치는 영향
④ 식당들에서 배경 음악의 중요성

해설

중심 소재는 배경 음악이고 주제문은 네 번째 문장으로 음악이 사람들의 행동에 영향을 미칠 수 있다는 것이다. 슈퍼마켓과 식당에서의 예시를 들어서 배경 음악이 사람들에게 영향을 준다는 실험 결과는 제시했으므로 이 글의 주제로 가장 적절한 것은 ③ '음악이 인간 행동에 미치는 영향'이다. ②와 ④는 지문의 일부 내용만 포함하고 있어서 전체를 포괄하는 주제로 적절하지 않다.

정답 ③

10

어휘

inferior 열등한 abstract 추상적인 complex 복잡한
establish oneself 자리잡다 recognized 공인된 medium 매체
uniform 일정한 expand 확장하다 demise 종말 onward 계속해서
flourish 번창하다 available 이용 가능한
monolingual 단일 언어를 사용하는 crucial 중요한 distribute 보급하다
dominant 지배적인 literacy rate 문맹률 strengthen 강화하다

해석

오랜 시간 동안 영어는 라틴어보다 열등하며 추상적이고 복잡한 사고를 표현할 수 있는 능력이 없다고 여겨져 왔다. 영어가 공인된 매체로 자리잡는 데에는 시간이 걸렸다. 영어는 규칙적이고 일정한 철자법 체계를 확립해야 했고, 라틴어의 종말과 과학 발전 그리고 대영 제국의 확장 동안의 새로운 발견으로 인해 증가한 요구를 충족시키기 위해 어휘를 확장해야 했다. 16세기부터는 계속해서 영어가 번영하기 시작했다. 많은 고전 작품이 영어로 번역되었다. 그것들은 단일 언어를 사용하는 중산층과 교육받지 못한 사람들에게도 이용 가능하게 되었다. 인쇄기는 이 과정에서 중요한 역할을 하여 영어로 된 책을 널리 보급되고 인기를 얻게 했다. 시장의 힘이 영어의 입지를 강화하는 데 작용하면서 영어는 지배적인 언어로서의 역할을 더욱 확립시켰다.

① 영어로 번역하는 요구를 줄이는 데
② 문맹률을 높게 유지하는 데
③ 표준화된 철자법 체계를 확립하는 데

해설

중심 소재는 영어의 입지 변화이다. 전반부에서는 영어가 라틴어보다 열등하게 여겨지며, 공인된 매체가 아니었다는 점을 설명한다. 그러나 후반부에서 16세기부터 영어가 번창하게 되었고, 특히 중산층과 교육받지 못한 사람들이 영어로 책을 읽을 수 있게 되고, 인쇄기가 발명되어 영어로 된 책이 잘 팔리는 시장력을 갖추게 되었음을 설명한다. 그러므로 빈칸에는 ④ '영어의 입지를 강화하는 데'가 가장 적절하다.

정답 ④

실전동형모의고사 2
DAY 31~32

2025 이동기 영어 하루 프로젝트

01	④	02	③	03	③	04	④	05	②
06	④	07	②	08	③	09	①	10	①
11	②	12	④	13	②	14	③	15	①
16	③	17	②	18	④	19	①	20	①

1

어휘

profit 수익 significantly 크게 recent 최근의 downturn 침체
double 두 배로 되다 surge 급등하다 stabilize 안정되다
decline 감소하다

해석

회사의 수익은 최근의 경제 침체로 인해 크게 감소했다.

정답 ④

2

어휘

efficient 효율적인 precious 이전의 aspect 측면

해석

새로운 모델은 모든 측면에서 이전 버전보다 훨씬 더 빠르고 더 효율적이다.

해설

[문법포인트] 비교 구문 비교급 앞에서 '훨씬'이라는 의미로 강조할 때는 much, far, by far, still, even, a lot 등으로 수식해야 한다. 따라서 정답은 ③ much이다.

정답 ③

3

어휘

on (약속 계획) 예정대로 진행되는 chilly 쌀쌀한 in advance 미리

해석

Alex White: 이봐, 이번 토요일에 하이킹 가는 거 예정대로 진행되는 거지?
Jamie Hall: 응! 너무 기대돼. 몇 시에 만날까?
Alex White: 매표소에서 오전 8시 30분 어때?
Jamie Hall: 좋아. 특별히 가져갈 거 있어?
Alex White: 그냥 물, 간식, 그리고 아마도 재킷 정도 — 좀 쌀쌀할 수도 있어!
Jamie Hall: 알겠어. 그때 보자!

① 누구한테 같이 가자고 물어봐야 할까
② 표를 미리 구매해야 돼
④ 내가 도와줄 거 있어

정답 ③

4

어휘

renowned 저명한 novelist 소설가 inspire 영감을 주다 later years 말년
fulfilling 성취감을 주는 bring ~ to life ~을 활기차게 하다
dedicate oneself to ~에 전념하다 realistic 사실적인
multidimensional 다차원적인 alive 생동감 넘치는 manuscript 원고
unedited 편집되지 않은 revision 수정 influential 영향력 있는
in one's honor ~에게 경의를 표하여

해석

자신의 책들이 수 세대의 독자들에게 영감을 준 그 유명 작가는 심지어 그의 말년까지 글을 계속 썼다. 그에게 자신의 주인공들을 활기차게 하는 것보다 더 성취감을 주는 것은 없어서, 그는 가능한 더 사실적이고 다차원적인 주인공을 창조하는 데 전념했으며, 각각이 진정으로 생동감 넘친다고 확신했다. 그의 마지막 소설을 마치고 나서 그는 수 주 동안 원고가 편집되지 않은 채 두었는데 그것이 더 이상의 수정이 필요한지 아닌지 확신하지 못했기 때문이었다. 연례 문학 수상식에서 가장 영향력 있는 작가에게 주어지는 상이 그에게 경의를 표하며 수여되었다.

해설

④ **[문법포인트] 현재분사 vs. 과거분사** 현재분사 giving 뒤에 목적어가 없고, 앞선 the prize를 수식하는데 상이 수여한다는 능동의 의미가 아닌 수여된다는 수동의 의미이므로 giving은 과거분사 given으로 고쳐야 한다. (giving → given)

① **[문법포인트] 관계대명사의 선택** 문맥상 작가의 책이라는 소유의 의미이므로 소유격 관계대명사 whose가 바르게 쓰였다.

② **[문법포인트] 전치사의 목적어** dedicated oneself to의 to는 전치사이다. 전치사의 목적어로 동명사 creating이 바르게 쓰였다.

③ **[문법포인트] 분사구문** ensuring의 의미상의 주어인 he가 확신하는 능동의 의미이므로 현재분사형으로 바르게 쓰였다. 뒤에 목적어인 명사절이 온 것으로도 현재분사형이 맞음을 알 수 있다.

정답 ④

[5 ~ 6]

어휘

outstanding 뛰어난 creativity 창의성 contribution 기여
impactful 영향력이 있는 achievement 업적 organization 조직
individual 개인 significant 중요한 dedication 헌신 innovation 혁신
complimentary 무료의 keynote speech 기조연설 confirm 확인해주다
attendance 참석 여부 occasion 행사 ultimate 최고의 talent 인재
recognition 표창 gala 행사 regardless of ~와 상관없이
accompany 동반하다

해석

(A) 혁신상 시상식에 참여하세요

우리 조직 내에서 뛰어난 창의성, 업계 기여, 그리고 영향력 있는 업적을 기념하는 자리에 함께하세요. 혁신 우수상은 헌신과 혁신으로 중요한 변화를 만들고 우리 모두에게 영감을 준 분들에게 수여합니다.

행사 세부 사항
• 날짜: 12월 14일 토요일, 오후 7시
• 장소: 도심 컨벤션 센터, 그랜드 홀

- 주차: B 구역에 무료 주차 가능
- 상금: 수상자에게 7,500달러의 상금 수여

만찬 전에 최고 경영자인 Michael Thompson의 특별 기조연설이 있을 것입니다.

참석 여부와 동반하시는 손님 수를 확인해 주시기 바랍니다. 이 특별한 행사를 함께 나눌 수 있기를 기대합니다.

5 ① 최고 인재 표창 행사
   ③ 직장 내 최고 조화 상
   ④ 초대장: 큰 감사의 밤

6 ① 상은 가장 성과가 뛰어난 팀에게 수여된다.
   ② 주차 위치와 상관없이 주차는 무료이다.
   ③ 수상자의 연설은 만찬 전에 진행된다.
   ④ 참석자는 손님을 동반할 수 있다.

해설

5 첫 번째 문단에서 축하 자리에 참석해달라고 하면서, 혁신 우수상이 헌신적이고 혁신적인 개인에게 상을 수여한다고 했다. 그 뒤를 이어 행사의 세부 정보와 참여 여부 확인에 대한 설명이 이어지고 있으므로 글의 제목으로 가장 적절한 것은 ② '혁신상 시상식에 참여하세요'이다.

6 ④ 마지막 문단의 첫 문장에서 참석 여부와 동반하는 손님의 수를 알려달라고 했으므로 글의 내용과 일치한다.
   ① 첫 번째 단락 두 번째 문장에서 개인에게 상이 수여된다고 했으므로 글의 내용과 일치하지 않는다.
   ② 〈행사 세부 사항〉의 '주차'에서 B 구역에 무료 주차가 가능하다고 했으므로 글의 내용과 일치하지 않는다.
   ③ 세 번째 문단에서 만찬 전에 최고 경영자인 Michael Thompson의 특별 기조연설이 있을 것이라고 했으나 수상자의 연설은 언급이 없으므로 글의 내용과 일치하지 않는다.

정답 5 ② 6 ④

7

어휘

be dedicate to ~에 전념하다   preserve 보존하다   artifact (인공) 유물
ensure 확실하게 하다   safeguard 보호하다   represent 나타내다
humanity 인류   heritage 유산   value 가치   foster 조성하다
continuity 연속성   collaboration 협력   collaborate 협력하다
organization 조직   reflect 반영하다   store 저장하다   properly 적절하게
effort 노력   strive 노력하다   inspire 영감을 주다   snapshot 단면
promote 촉진하다   exhibition 전시회   legacy 유산   preservation 보존
primarily 주로   work on ~을 위해 노력하다   advancement 발전

해석

타임 캡슐 협회

시간을 초월한 문화 보존

타임 캡슐 협회(TCS)는 미래 세대를 위해 문화적, 역사적, 그리고 기술적 유물들을 보존하는 데 전념한다. 타임 캡슐을 설계하고 관리함으로써, TCS는 현재의 정신이 우리 이후의 사람들에게 선물로서 신중하게 보호되는 것을 확실하게 한다. 이 캡슐들은 인류의 공유된 유산과 가치를 나타내며 세대 간에 연속성을 조성한다.

미래를 위한 세계적 협력

TCS는 각 그룹의 고유한 정체성을 반영하는 타임 캡슐을 준비하기 위해서 전 세계의 지역사회, 학교, 조직들과 협력한다. 협회는 의미 있는 물품을 선별하는 것에 대한 지침을 제공하고 캡슐들이 시간이 지나도 잘 보존된 채로 남아있도록 적절하게 저장하려고 노력한다. 이 세계적인 노력은 과거, 현재 그리고 미래를 의미 있는 방식으로 연결하는 것을 목표로 한다.

타임 캡슐 협회(TCS)는 오늘날 세계의 단면으로 미래 사회에 영감을 주면서 세대 간에 다리를 놓기 위해 노력한다.

① TCS는 전시회를 통해 문화 교류를 촉진하는 데 중점을 둔다.
② TCS는 미래 세대를 위해 인류의 유산을 보존하는 것을 목표로 한다.
③ TCS는 역사 보존에 대해 교육하기 위해 학교와 협력한다.
④ TCS는 주로 기술 발전을 보존을 위해 노력한다.

해설

글의 중심 소재는 타임 캡슐 협회(TCS)이다. 첫 문단의 첫 번째 문장이 주제문으로 미래 세대를 위해 현재의 문화적, 역사적, 기술적 유물들을 보존하는 것을 목표로 한다고 했다. 두 번째 문단에서 물품을 선별하기 위해서 전 세계와 협력하고 있고, 이 노력은 과거, 현재, 미래를 연결하는 것을 목표로 한다고 했다. 따라서 이 글의 요지로는 ② 'TCS는 미래 세대를 위해 인류의 유산을 보존하는 것을 목표로 한다.'가 가장 적절하다.

정답 ②

8

어휘

eliminate 제거하다   rumbling 우르렁거리는 소리를 내는
hammer 망치질하다   booming 쾅하고 울리는   blast 폭발음
geological 지질학의   drastically 급격히   alter 바꾸다
deafen ~의 귀를 먹게 하다   disorient 길을 잃게 하다   mammal 포유류
navigate 길을 찾다   impact 영향   particularly 특히   effect 영향
reptile 파충류   walrus 바다 코끼리   whaling 포경업   chirp 짹짹 소리
coal reef 산호초   acidification 산성화   polution 오염

해석

우르렁거리는 소리를 내는 선박, 망치질하는 석유 시추기, 그리고 지질학 조사의 쾅 하고 울리는 폭발음으로 인간은 해저 소리 환경을 급격히 바꿔왔다. (①) 어떤 경우에는 인간이 만든 소음이 소리에 의존하여 길을 찾는 고래, 돌고래, 그리고 다른 해양 포유류의 귀를 먹게 만들거나 길을 잃게 했다. (②) 이러한 소음과 그 영향, 특히 바다거북과 다른 파충류, 바닷새, 바다표범, 바다코끼리, 그리고 초식 포유류에 미치는 영향은 과학자와 정책 결정자들의 더 많은 관심이 필요하다. (③) 그러나 인간은 바다에 소음을 추가했을 뿐만 아니라, 자연적인 소리도 제거해왔다. 예를 들어, 1900년대에 포경업은 전 세계 바다에서 수백만 마리의 고래를 사라지게 했다 — 많은 고래의 노랫소리와 함께. (④) 그리고 산호초 주변의 짹짹 소리는 바다의 온난화, 산성화, 그리고 오염으로 인해 더 많은 산호가 죽으면서 점점 더 조용해지고 있다.

해설

중심 소재는 인간 활동이 바닷소리 환경에 미치는 영향이다. 주어진 문장에서 인간은 바다에 소음을 만들어 냈을 뿐 아니라, 자연적인 소리를 없애기도 했다고 한다. 따라서 주어진 문장 앞에는 인간이 바다에 소음을 추가한 내용이 나오고, 뒤에는 인간이 자연적인 소리를 제거한 내용이 나와야 한다. ③ 앞에는 선박, 석유 시추기, 지질학 조사로 인한 소음과 영향이 제시되었고, 뒤에는 인간에 의해 고래의 노랫소리와 산호초 주변의 자연적인 소리가 사라졌다는 내용이 나오므로 주어진 문장은

③에 들어가는 것이 가장 적절하다.

정답 ③

9

어휘
frank 솔직한   open 개방적인   self-disclosing 자기 공개적인
constantly 끊임없이   impact 영향   optimal 최적의   deny 주지 않다
appropriate 적절한   at least 최소한   confidence 자신감
effective 효과적인   harsh 냉혹한   underestimate 과소평가하다

해석
자신 자신에 대해 다소 자유롭게 다른 사람들과 소통하고, 솔직하고 개방적이며, 자신의 견해, 의견, 지식, 그리고 감정을 자유롭게 표현하고, 자신의 지식과 개인적인 경험을 다른 사람들과 공유하는 사람들은 자기 공개형으로 여겨질 수 있다. 이러한 사람들은 다른 사람들과 끊임없이 소통하며 그들에게 영향을 미친다. 이러한 소통 또는 자기 공개는 정보를 생성하는 데 도움을 주고 이러한 개인은 사적인 자아보다 공개적이고 대중적인 자아를 더 많이 가진다. 최적량의 자기 공개가 없으면 우리는 다른 사람들이 우리를 알 수 있는 기회를 주지 않으며, 우리 자신이 적절한 피드백을 받을 수 있는 기회를 주지 않는 것이다. 공개적으로 소통하지 않는 사람들은 자신을 완전히 발견하는 데 어려움을 겪고 있을 수 있는 사적인 사람들이다. 최소한 그들은 다른 사람들의 눈을 통해 자신을 온전히 보는 것이 어렵고, 그들 또한 다른 사람에게 제한된 영향만을 미친다.

① 스스로를 위해 당신 자신을 개방하라
② 자신감: 효과적인 소통의 핵심
③ 냉혹해지지 않고 솔직해지는 방법
④ 피드백의 힘을 과소평가하지 마라

해설
중심 소재는 자기 공개이며, 첫 문장에서 자기 공개의 의미를 정의하고, 명시적인 주제문 없이 자기 공개를 했을 때의 이점과 자기 공개를 하지 않았을 때의 단점들을 설명하고 있다. 자기 공개를 하게 되면 사람들과의 소통이 자유롭고, 그들에게 영향을 미칠 수 있고, 공개적이고 대중적인 자아를 가질 수 있다. 반면에 자기 공개를 하지 않는 사람들은 적절한 피드백을 받을 수 없으며, 스스로가 어떤 사람인지 발견하기가 어렵고 다른 사람에게 제한된 영향만을 준다고 한다. 따라서 자기 공개를 해야 한다고 주장하는 글이므로 이 글의 제목으로 가장 적절한 것은 ① '스스로를 위해 당신 자신을 개방하라'이다.

정답 ①

10

어휘
productivity 생산성   burnout 소진   firm 회사   recently 최근에
method 방법   ensure 보장하다   promptly 정확히   transform 바꾸다
measure 조치   build up 구축하다   priority 우선사항   achieve 성취하다
enforced 강요된   flexible 유연한   cooperation 협력   conflict 갈등

해석
낮 동안 사무실에서 생산성을 저하시키는 에너지 소진과 싸우기 위해, 암스테르담에 있는 한 디자인 회사는 회사 직원들이 정시에 퇴근하여 휴식을 취하는 것을 보장하는 새로운 방법을 최근에 도입했다. 매일 오후 정각 6시에, 모든 사람들의 책상이 강철 케이블에 의해 천장까지 끌어 올려지고, 그러고 나서 그 공간은 지역사회를 위해 무료로 개방되는 무도회장 또는 요가 스튜디오로 바뀐다. 그 회사의 광고 디자인 총괄 책임자인 Sander Veenendaal은 이 새로운 조치가 직원들의 삶을 개선시켰을 뿐만 아니라 또한 그들의 브랜드를 구축하는 데 도움이 되었다고 말했다. 강요된 휴식 시간은 비슷한 결과를 성취하고 싶어 하는 전 세계의 사무실들에서 중요한 우선 사항이 되고 있다.

② 융통성 있는 작업 일정
③ 향상된 협력
④ 갈등을 다루기

해설
글의 중심 소재는 한 회사의 조치이고, 주제문은 빈칸이 있는 마지막 문장이다. 글의 앞부분에서 한 회사가 직원들이 휴식을 취하도록 매일 오후 정각 6시에 사무실의 책상을 강제로 옮기고 그 공간을 지역사회를 위한 무도회장 또는 요가 스튜디오로 바꾸는 조치를 취했다고 소개했다. 즉 일을 더 하고 싶어도 못하게 만든 것이다. 그리고 빈칸 앞 문장에서 이 조치가 직원들에게도 도움이 되었지만 회사에도 도움이 되었다고 말하고 있다. 빈칸에는 회사가 취한 이 조치에 대한 내용이 들어가야 하므로 직원들이 일을 더 하고 싶어도 할 수 없는 상황으로 만드는 것인 ① '강요된 휴식 시간'이 가장 적절하다.

정답 ①

11

어휘
evidence 증거   manage 용케 해내다   construct 만들어 내다
convincing 설득력 있는   argument 주장   abundant 풍부한
insufficient 불충분한   reliable 믿을 수 있는   thorough 빈틈없는

해석
증거가 불충분했음에도 불구하고, 변호사는 설득력 있는 주장을 용케 만들어 냈다.

정답 ②

12

해석
만약 그녀가 학창 시절에 더 열심히 공부했더라면, 지금 성공적인 경력을 누리고 있을 텐데.

해설
[문법포인트] 기본 가정법 조건절의 in school이라는 과거 의미의 부사와 주절의 now라는 현재 의미의 부사를 통해 조건절과 주절의 시제가 일치하지 않는 혼합 가정법임을 알 수 있다. 주절은 현재 사실의 반대를 표현하기 위해서 가정법 과거를 사용했다. 그리고 종속절은 과거 사실의 반대를 표현해야 하므로 가정법 과거완료 「If + 주어 + had + p.p.」의 형태를 사용해야 한다. 그러므로 정답은 ④ had studied이다.

정답 ④

13

어휘
apply 신청하다   reception desk 접수처   minimum 최소
violate 위반하다   speed limit 제한 속도

> 해석

A: 노래 대회 신청했어?
B: 그러려고 했는데, 못 했어.
A: 왜? 네가 주민센터에 급히 들어가는 걸 봤는데. 늦었어?
B: 접수처를 찾는 건 쉽지 않았지만, 늦지는 않았어.
A: 그럼 왜 신청을 못 했어?
B: 그 대회에 나이 제한이 있어.
A: 아, 그건 몰랐네. 정말 실망했겠다.
B: 응, 하지만 괜찮아.
A: 그럼 나중에 다시 신청할거야?
B: 응, 그럴 거야. 최소 나이 제한이 18세라서 내년에 지원할 수 있어.

① 이렇게 될 줄 전혀 예상 못했어
③ 접수처에 제시간에 도착하지 못했어
④ 제한 속도 위반으로 딱지를 끊었어

 ②

14

> 어휘

maintain 유지하다   interconnected 상호 연결된
embark on ~을 시작하다   venture 모험   reflect on ~을 숙고하다
neglect 소홀히 하다   overcome 극복하다   consistent 꾸준한
effort 노력

> 해석

오늘날의 상호 연결된 세계에서 강한 관계를 유지하는 것은 그 어떤 것보다 중요하다. 새로운 모험을 시작하기 전에, 그것이 당신에게 가장 가까운 사람들에게 어떤 영향을 미칠지에 대해 숙고하라. 당신은 사랑하는 사람들의 지지가 당신의 성공에 얼마나 많이 영향을 미칠 수 있는지에 놀랄 것이다. 그 뿌리가 관계를 소홀히 하는 데에 있는 많은 어려움들은 꾸준한 노력과 소통으로 극복될 수 있다.

> 해설

③ [문법포인트] 주어 – 동사 수 일치 / 혼동하기 쉬운 동사의 불규칙 변화
동사 뒤에 목적어가 없으므로 자동사 lie가 쓰여야 하고, 주어가 the roots이므로 복수형 동사가 사용되어야 한다. (lies → lie)

① [문법포인트] 비교대상의 일치 Maintaining strong relationships와 doing anything else가 서로 비교되고 있고 more essential than으로 비교급 비교가 사용되었다. 비교되는 것이 maintaining과 doing으로 동명사로 비교의 대상이 일치되므로 doing이 바르게 쓰였다.

② [문법포인트] 현재분사 vs. 과거분사 감정유발동사는 주체가 감정을 일으키는 경우에는 현재분사로, 감정을 느끼는 경우에는 과거분사로 사용한다. 주어인 You가 감정을 느끼는 것이므로 과거분사인 amazed가 바르게 쓰였다.

④ [문법포인트] 능동태 vs. 수동태 구분 주어인 Many challenges와 동사 overcome의 관계도 수동이고, 타동사 overcome의 뒤에 목적어가 없으므로 수동태로 사용된 것임을 알 수 있다. 조동사 can 뒤에 위치하기 때문에 be overcome이 바르게 쓰였다. 참고로 overcome의 과거분사 역시 overcome 이다.

 ③

[15 ~ 16]

> 어휘

take pride in ~을 자랑하다   identity 정체성   thriving 번창하는
announce 발표하다   annual 연례의   showcase 보여주다
craftsmanship 기술력   craft 만들다   charity 자선   fund 기금
improvement 개선   participant 참가자   mismatched 짝이 맞지 않는
define 규정하다   proceeds 수익금   improve 개선하다
register 등록하다

> 해석

(A) 축제를 기념하며 지역 공장을 지원하세요

우리 지역은 번창하는 양말 산업의 중심지로서의 독특한 정체성을 자랑합니다. 열심히 일하는 지역 양말 공장들을 지원하기 위해, 우리는 양말 제작자들의 창의성과 기술력을 보여주는 재미있는 행사인 연례 양말 축제를 발표하게 되어 기쁩니다.

행사 주요 볼거리
• 양말 마켓: 지역 공장에서 생산된 고품질 양말을 특별 행사 가격으로 구매하세요.
• 양말 예술 경연 대회: 가장 예술적인 양말 디자인을 만드는 대회에 참가하거나 투표하세요.
• 양말 달리기: 참가자들이 알록달록하고 짝이 맞지 않는 양말을 착용하는 공장 개선을 위한 기금을 모으는 자선 경주에 참가하세요.

행사 세부 사항
• 날짜: 2025년 5월 11일 일요일
• 시간: 오전 10시 – 오후 6시
• 장소: Blue Ridge의 센트럴 파크

이 축제는 단순한 재미만을 위한 것이 아닙니다; 우리 마을을 규정하는 지역 산업을 지원하기 위한 것입니다. 행사 수익금 전액은 참여한 공장의 기계 업그레이드와 근무 환경 개선에 사용됩니다.

더 많은 정보를 원하거나 행사에 등록하려면 www.sockfestival.com을 방문하거나 info@sockfestival.com으로 문의하세요.

15 ② 양말 예술 경연 대회 안내
③ 양말을 통해 지속 가능한 패션을 지원하기
④ 양말 달리기에 참여하는 방법

> 해설

15 첫 번째 문단의 두 번째 문장에서 지역 산업을 지원하기 위한 양말 축제가 열리는 것을 알리고, 주요 볼거리와 세부 사항을 설명하고 있다. 따라서 제목으로 가장 적절한 것은 ① '축제를 기념하며, 지역 공장을 지원하세요'이다.

16 ③ 〈행사 세부 사항〉의 '장소'에서 양말 축제는 Blue Ridge의 센트럴 파크에서 열린다고 했으므로 글의 내용과 일치하지 않는다.

① 〈행사 주요 볼거리〉의 첫 번째 항목에서 지역 공장에서 생산된 양말을 구매할 수 있다고 했으므로 글의 내용과 일치한다.

② 〈행사 주요 볼거리〉의 두 번째 항목에서 가장 예술적인 양말을 만드는 대회에 참가 또는 투표하라고 했으므로 글의 내용과 일치한다.

④ 네 번째 문단의 두 번째 문장에서 모든 수익금은 기계를 업그레이드하고 근무 환경 개선에 쓰인다고 했으므로 글의 내용과 일치한다.

 15 ① 16 ③

17

어휘

resident 주민 availability 이용 가능성 concern 우려 사항
consideration 숙고 repurpose 용도를 변경하다
underutilized 활용도가 낮은 address 다루다 effectively 효과적으로
construction 공사 approximately 대략 impact 영향을 미치다
apologize 사과하다 inconvenience 불편 priority 우선 사항
enhance 향상시키다 overall 전반적인 convenience 편의
accessibility 접근성 cooperation 협력 closure 폐쇄
alternative 대안적인 announce 알리다

해석

수신: 모든 주민
발신: management@parkviewresidences.com
날짜: 2025년 6월 10일
제목: 커뮤니티 업데이트

주민 여러분께,

많은 분들이 아시다시피, 주차 이용 가능성은 우리 커뮤니티 내에서 점점 커지는 우려 사항입니다. 여러 제안들에 대한 신중한 숙고와 검토 끝에, 관리팀은 이 문제를 효과적으로 다루기 위해서 활용도가 낮은 테니스 코트를 추가 주차 공간으로 용도를 변경하기로 결정했습니다.

공사는 2025년 9월 1일에 시작될 예정이며, 대략 4주가 소요될 것입니다. 이 결정이 테니스 코트를 적극적으로 이용하시는 일부 주민들께 영향을 미칠 수 있다는 점을 이해하며, 이로 인해 불편을 끼쳐드린 점 사과드립니다. 우리의 우선 사항은 모든 주민의 전반적인 주차 편의와 접근성을 향상시키는 것입니다.

궁금한 사항이나 우려 사항이 있으시면, management@parkviewresidences.com이나 555-123-4567로 연락주시길 바랍니다. 우리 커뮤니티를 개선하기 위해 일하는 동안 여러분의 이해와 협조에 감사드립니다.

진심을 담아,
Parkview Residences 관리팀

① 테니스 코트의 일시적 폐쇄를 알리기 위해
② 새로운 주차 해결책에 대해 주민들에게 알리기 위해
③ 대안적인 주차 제안에 대한 피드백을 요청하기 위해
④ 새로운 주차장 개장을 발표하기 위해

해설

첫 번째 문단에서 주차장 문제를 해결하기 위해서 테니스 코트를 주차 공간으로 용도 변경을 결정했다고 했고, 두 번째 문단에서 공사가 시작되며 이 결정으로 인해 초래될 불편에 대해 사과하고 있다. 따라서 이 글의 목적으로는 ② '새로운 주차 해결책에 대해 주민들에게 알리기 위해'가 가장 적절하다.

정답 ②

18

어휘

impression 인상 consciously 의식적으로 unconsciously 무의식적으로
reject 거부하다 suppress 억제하다 unity 통일성 particular 특정한
aspect 측면 depict 묘사하다 possess 가지다 impartiality 공정함
indifference 무관심 infinite 무한한 tolerance 관용
unconcern 무관심 impure 불순한 precious 소중한 trivial 하찮은
in hand 작업 중인 aesthetic 미적인 emotional 감정적인
standard 기준 perceptive 통찰력 있는 awareness 인식

해석

소설 작품에 의해 만들어진 전체적인 인상은 작가의 예술적 목표에 대한 통찰력 있는 인식 없이는 올바르게 이해될 수 없다. 의식적으로든 무의식적으로든, 작가는 그가 묘사하고 있는 인간 삶의 특정한 측면에 통일성을 주기 위해서 어떤 사실들을 받아들이고 다른 사실들은 거부하거나 억제한다. 어떤 소설가도 자연의 공정함, 무관심, 무한한 관용을 가질 수 없다. 자연은 아름다운 것들과 추한 것들, 순수한 것들과 불순한 것들, 소중한 것들과 하찮은 것들을 완전히 무관심하게 우리에게 보여준다. 하지만 작가는 작업 중인 작품에 의해 요구되는 자연과 인간 본성의 측면을 선택해야만 한다. 그는 선택하고, 조합하고, 창조하도록 강요받는다.

① 미적 모의 실험
② 감정적 공정함
③ 비판적 기준

해설

중심 소재는 작가의 선택이고 첫 번째 문장이 주제문으로 주제문 완성형 문제이다. 작가는 절대로 자연과 같은 절대적인 무심함과 공평함을 가질 수 없고, 의식적이든 무의식적이든 사실을 선택해서 받아들일 수밖에 없다고 말한다. 따라서 작품을 제대로 이해하려면 단순히 내용을 아는 것만으로는 부족하고, 작가의 선택에 대한 이해가 있어야 할 것이다. 그러므로 빈칸에는 ④ '통찰력 있는 인식'이 가장 적절하다.

정답 ④

19

어휘

agriculture 농업 be responsible for ~에 책임이 있다 yield 수확량
sustainability 지속 가능성 agricultural practice 농경법
crop rotation 윤작 sustainable 지속 가능한 means 수단
conserve 보존하다 maintain 유지하다 fertility 비옥도
well-thought-out 심사숙고한 fertilization 비료 주기
pest control 해충 방제 by no means 결코 ~ 아닌 confine 국한시키다
exclusively 전적으로 sequence 순서 encompass 포함하다
concern 관심사

해석

농업은 증가하는 인구를 위한 식량을 제공할 책임이 있고, 수확량이 무한정 계속해서 증가할 수 없다는 것이 분명해지면서, 농경법의 지속 가능성이 점점 더 중요한 문제가 되고 있다. 윤작은 토양을 보존하고 비옥도를 유지하는 수단으로서 지속 가능한 농업 시스템에서 가장 중요한 관리 관행들 중의 하나이다. 심사숙고한 윤작은 비료 주기와 해충 방제를 포함한 취해질 수 있는 모든 조치의 75%에 해당하는 가치가 있다. 윤작은 전적으로 유기농 농업에만 국한되는 것은 결코 아니지만, 윤작 순서를 계획하는 과정에서 고려되는 것들 중의 많은 것들이 유기농 농부의 관심사를 포함한다.

① 지속 가능한 농업을 위한 윤작
② 유기농 농업의 과제
③ 더 많은 사람들을 위한 더 많은 식량 제공
④ 윤작을 위한 비료 주기와 해충 방제

해설

중심 소재는 윤작이며 주제문은 윤작이 지속 가능한 농업에서 중요한 역할을 한다

는 두 번째 문장이다. 농업의 지속 가능성에 대한 문제 제기를 하고 그 해결책으로 윤작을 제시했다. 이후에 윤작의 이점에 대한 설명이 이어지고 있으므로 글의 주제로 가장 적절한 것은 ① '지속 가능한 농업을 위한 윤작'이다.

정답 ①

20

어휘

arm 무장시키다 primitive 원시적인 severely 심하게
injure 부상을 입히다 encounter 전투 slay 죽이다 gigantic 거대한
height 절정 glacial 빙하의 separate 분리된 reward 보상
bring down 쓰러뜨리다 support 부양하다
imperceptibly 알아차릴 수 없게 unconsciously 무의식적으로
immigrant 이주민 unpopulated 사람이 살지 않는

해석

오직 원시적인 무기만으로 무장한 사냥꾼들은 화가 난 매머드와는 진정한 상대가 되지 못했다. 이 거대한 동물 중에 한 마리를 죽이는 데 필요한 근접 전투에서 많은 사냥꾼이 아마도 죽거나 심각하게 부상을 입었을 것이다. (B) 하지만 한 마리를 쓰러뜨렸을 때 보상은 대단했다. 한 마리의 매머드는 한 무리의 사람들을 오랫동안 먹이고, 입히고, 부양할 수 있었다. 사냥꾼들은 아시아에서 지금의 베링해를 가로질러 동쪽으로 매머드와 다른 대형 동물들을 따라갔다. (A) 그들 중 일부는 해안을 따라 작은 배를 타고 이동했을 수도 있지만, 많은 사람들이 걸어갔다. 마지막 빙하기의 절정인 2만 년 전에 해수면은 매우 낮아서 육지가 지금은 분리되어 있는 대륙들을 연결했다. (C) 천천히, 알아차릴 수 없게, 그리고 아마도 무의식적으로, 사냥꾼들은 육지 다리를 건너 이동했고 새로운 땅의 첫 이주민이 되었다. 빙하기가 없었다면, 북미는 수천 년 더 사람이 살지 않은 채로 남아있었을 것이다.

해설

중심 소재는 아시아에서 북미로 인간의 이주이고, 주어진 글에서 고대의 사람들이 매머드 사냥을 하는 것은 매우 위험했음을 이야기하는데, 이는 (B)에서 But으로 대조된다. 주어진 글의 one of these gigantic animals를 (B)에서 one으로 받아 한 마리를 잡았을 때의 보상이 대단했으며 사냥꾼들이 매머드를 쫓아서 이동하게 되었다는 내용이 이어진다. (B)의 The hunters를 (A)에서 Some of them으로 받아, 빙하기라 해수면이 낮아져서 대륙들이 육지로 연결되어 있었기 때문에 걸어서 동쪽으로 이동했다는 내용이 나온다. 그 이동의 결과로 새로운 땅인 북미로 이주했다는 내용의 (C)가 이어지는 것이 가장 적절하다. 따라서 ① (B) – (A) – (C)가 정답이다.

정답 ①

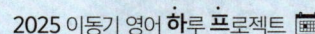

 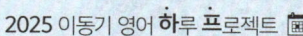